财政部规划教材
全国高等院校财经类教材

产业经济学

黄阳平　朱文涛　主　编

中国财经出版传媒集团
经济科学出版社
·北京·

图书在版编目（CIP）数据

产业经济学/黄阳平，朱文涛主编．——北京：经济科学出版社，2024.4
财政部规划教材　全国高等院校财经类教材
ISBN 978-7-5218-5706-1

Ⅰ.①产… Ⅱ.①黄…②朱… Ⅲ.①产业经济学-教材 Ⅳ.①F062.9

中国国家版本馆CIP数据核字（2024）第057209号

责任编辑：白留杰　凌　敏
责任校对：郑淑艳
责任印制：张佳裕

产业经济学

CHANYE JINGJIXUE

黄阳平　朱文涛　主　编

经济科学出版社出版、发行　新华书店经销
社址：北京市海淀区阜成路甲28号　邮编：100142
教材分社电话：010-88191309　发行部电话：010-88191522
网址：www.esp.com.cn
电子邮箱：bailiujie518@126.com
天猫网店：经济科学出版社旗舰店
网址：http://jjkxcbs.tmall.com
北京鑫海金澳胶印有限公司印装
787×1092　16开　23.5印张　580000字
2024年4月第1版　2024年4月第1次印刷
ISBN 978-7-5218-5706-1　定价：76.00元
(图书出现印装问题，本社负责调换．电话：010-88191545)
(版权所有　侵权必究　打击盗版　举报热线：010-88191661)
QQ：2242791300　营销中心电话：010-88191537
电子邮箱：dbts@esp.com.cn）

前言

在当前全球化、数字化不断加速的背景下,产业经济学作为一门研究产业组织、市场结构和企业行为的学科,对于我们理解经济现象、指导产业政策具有重要意义。本书旨在系统阐述产业经济学的基本理论、方法和应用,使读者能够深入了解产业经济学的内涵和发展动态,并能将其应用于实际问题的分析和解决。

目前国内外学者编写了一批知识点丰富、体系完整的产业经济学教材,这些教材为本书的编写提供了非常有益的参考。而相较于已有的教材,本书的特色主要体现在以下几个方面:一是系统性,本书全面系统地介绍了产业经济学的基本理论、方法和实践应用,既有深度又有广度;二是实用性,本书通过丰富的案例分析、国内外实证研究和政策解析,使理论更贴近实际,使读者可以更好地将所学运用到实际问题分析中;三是探索性,本书在传统产业经济学理论基础上,集合数字化时代的产业发展特点,展望了产业经济学未来发展趋势和方向。

本书共分为十五章,具体安排如下:第一章为产业经济学导论,主要介绍产业的概念与分类、产业经济学的研究对象、产业经济学的学科体系和学习产业经济学的意义与方法;第二至第八章为产业经济学的核心理论部分,包括产业组织理论、市场结构、进入与退出壁垒、企业并购、研发与创新、市场绩效、博弈论与企业的策略性行为等内容。第九至第十三章聚焦产业关联、产业结构理论、产业布局与经济绩效、反垄断政策和规制经济学等产业经济学的应用领域。第十四、第十五章则站在更高的战略高度,探讨产业发展理论和数字化背景下的中国产业发展展望,为读者描绘了一个全面、立体的产业经济学发展蓝图。

本教材由集美大学财经学院黄阳平教授拟订编写大纲,并对全书进行了审订工作;朱文涛在教材编写中做了初次统稿和协调组织工作。各章的撰写分工如下:朱文涛撰写第一、第二章和第六章;刘晔撰写第三、第四章;王娟撰写第五章和第八章;苏建平撰写第七章和第十一章;周闽军撰写第九章;施晓丽撰写第十章;马明申撰写第十二章和第十四章;林晓健撰写第十三章;黄阳平撰写第十五章。

本书是财政部规划教材，由财政部教材编审委员会组织编写并审定。全书内容简明扼要、浅显易懂，突出了为教学服务的特点，强化了产业经济学课程的中国特色，适用于普通高等学校经济管理专业本科和专科的教学，也可以作为广大经济管理工作者自学读物。

希望本书能够帮助读者建立起系统、科学的产业经济学知识体系，激发对产业经济学研究的兴趣，并在实际工作中发挥积极作用。在编写过程中，我们参考和吸收了国内外大量的产业经济学教材和学术研究成果，在此一并致谢，由于我们的水平有限，本书难免有错漏之处，诚挚邀请广大读者和同行提出宝贵意见和建议，共同推动产业经济学的繁荣发展。

编 者
2024 年 3 月

目 录

第一章 产业经济学导论 (1)
第一节 产业的概念与分类 (3)
第二节 产业经济学的研究对象 (8)
第三节 产业经济学的学科体系 (9)
第四节 学习产业经济学的意义与方法 (11)
本章小结 (15)
复习思考题 (16)

第二章 产业组织理论 (19)
第一节 产业组织理论及其发展 (21)
第二节 规模经济与范围经济 (27)
第三节 企业适度规模与企业多元化经营 (32)
本章小结 (40)
复习思考题 (40)

第三章 市场结构 (43)
第一节 市场结构含义及基本类型 (45)
第二节 市场集中度的测算及决定因素 (48)
第三节 市场势力的测算及决定因素 (56)
第四节 市场势力与社会福利 (60)
本章小结 (62)
复习思考题 (63)

第四章 进入与退出壁垒 (65)
第一节 进入与退出壁垒的含义 (67)
第二节 结构性进入壁垒 (68)
第三节 策略性进入壁垒 (75)

第四节　退出壁垒 ………………………………………………………… (81)
　　第五节　进入、退出壁垒的福利效应 …………………………………… (83)
　　本章小结 …………………………………………………………………… (85)
　　复习思考题 ………………………………………………………………… (85)

第五章　企业并购 ……………………………………………………………… (89)
　　第一节　企业并购概述 …………………………………………………… (91)
　　第二节　横向并购 ………………………………………………………… (95)
　　第三节　纵向并购 ………………………………………………………… (99)
　　第四节　混合并购 ………………………………………………………… (102)
　　本章小结 …………………………………………………………………… (105)
　　复习思考题 ………………………………………………………………… (105)

第六章　研发与创新 …………………………………………………………… (107)
　　第一节　研发与创新的内涵 ……………………………………………… (109)
　　第二节　专利与专利制度 ………………………………………………… (117)
　　第三节　其他促进研发创新的政府政策 ………………………………… (121)
　　本章小结 …………………………………………………………………… (124)
　　复习思考题 ………………………………………………………………… (124)

第七章　市场绩效 ……………………………………………………………… (127)
　　第一节　市场绩效的衡量 ………………………………………………… (129)
　　第二节　市场结构与市场绩效 …………………………………………… (135)
　　第三节　市场行为与市场绩效 …………………………………………… (140)
　　本章小结 …………………………………………………………………… (145)
　　复习思考题 ………………………………………………………………… (146)

第八章　博弈论与企业的策略性行为 ………………………………………… (149)
　　第一节　博弈论基础 ……………………………………………………… (151)
　　第二节　非合作策略性行为 ……………………………………………… (153)
　　第三节　合作策略性行为 ………………………………………………… (159)
　　本章小结 …………………………………………………………………… (164)
　　复习思考题 ………………………………………………………………… (165)

第九章　产业关联 ……………………………………………………………… (167)
　　第一节　产业关联概述 …………………………………………………… (169)

第二节　投入产出分析原理 ………………………………………… (173)
　　本章小结 …………………………………………………………………… (186)
　　复习思考题 ………………………………………………………………… (186)

第十章　产业结构理论 ……………………………………………… (189)

　　第一节　产业结构演变的影响因素 …………………………………… (191)
　　第二节　产业结构演变规律 …………………………………………… (195)
　　第三节　产业结构优化 ………………………………………………… (199)
　　第四节　产业结构政策 ………………………………………………… (203)
　　第五节　中国产业结构的历史演进 …………………………………… (209)
　　本章小结 …………………………………………………………………… (213)
　　复习思考题 ………………………………………………………………… (214)

第十一章　产业布局与经济绩效 ………………………………… (217)

　　第一节　产业布局理论概述 …………………………………………… (219)
　　第二节　产业布局的影响因素 ………………………………………… (224)
　　第三节　产业集群与经济绩效 ………………………………………… (228)
　　第四节　中国产业布局的历史演进 …………………………………… (238)
　　本章小结 …………………………………………………………………… (245)
　　复习思考题 ………………………………………………………………… (246)

第十二章　反垄断政策 ……………………………………………… (249)

　　第一节　垄断的经济分析 ……………………………………………… (251)
　　第二节　反垄断政策 …………………………………………………… (262)
　　本章小结 …………………………………………………………………… (270)
　　复习思考题 ………………………………………………………………… (270)

第十三章　规制经济学 ……………………………………………… (273)

　　第一节　规制经济学理论的发展 ……………………………………… (275)
　　第二节　规制的依据与目标 …………………………………………… (281)
　　第三节　规制的类型与工具 …………………………………………… (284)
　　第四节　规制政策的改革趋势与方向 ………………………………… (293)
　　本章小结 …………………………………………………………………… (302)
　　复习思考题 ………………………………………………………………… (303)

第十四章 产业发展理论 (305)

- 第一节 产业发展概述 (307)
- 第二节 产业生命周期理论 (310)
- 第三节 经济增长理论 (316)
- 第四节 产业发展趋势 (321)
- 本章小结 (331)
- 复习思考题 (331)

第十五章 数字化背景下的中国产业发展展望 (333)

- 第一节 中国产业发展历史回顾 (335)
- 第二节 数字化转型与中国制造业高质量发展 (344)
- 第三节 数字化转型与中国服务业高质量发展 (352)
- 第四节 数字化与产业高质量发展 (359)
- 本章小结 (360)
- 复习思考题 (361)

参考文献 (362)

第一章 产业经济学导论

■ 本章内容提要

本章主要介绍产业的概念和产业的主要分类方法、产业经济学的研究对象、产业经济学学科体系以及研究产业经济学的意义和方法等基本问题,目的是勾画出产业经济学的基本轮廓,为后面章节深入介绍产业经济学的具体理论提供必要铺垫。

第一节 产业的概念与分类

一、产业的概念

产业是指一组相关的企业或机构，它们在同一领域或产业中生产相似的产品或提供相似的服务，并在市场上相互竞争。每个产业都由许多企业和组织组成，它们在同一个市场上相互竞争，并提供不同的产品和服务。产业包括原材料和零部件的生产、制造、分配和销售等环节。产业通常由许多企业组成，它们之间有着不同的功能和角色，例如供应商、制造商、分销商、零售商等。

产业发展是经济发展的重要组成部分，它对国家和地区的经济增长和就业创造起着重要作用。不同的产业在经济中的地位和作用不同，例如，制造业是一个国家经济中的基础产业，服务业则是一个国家经济中的重要产业。随着科技和市场的发展，产业结构也会不断变化，新兴产业会涌现，旧产业会衰落，产业转型和升级成为经济发展的重要课题。产业是一个广泛的概念，通常包括采矿、制造、建筑、运输、通信、金融、保险、房地产、商业、服务业和公共事业等多个领域。产业在经济中发挥着重要作用，产业发展水平通常是一个国家或地区经济发展水平的重要指标之一，产业可以促进经济增长、创造就业机会、提高生活水平和财富水平。产业也是经济政策制定的重要对象，政府可以通过实施产业政策，鼓励或限制某些产业的发展，以实现经济调节和转型升级等目的。此外，产业也可以通过技术进步、创新和竞争等方式推动经济的发展。

二、产业的分类

为了更好地分析、统计和管理产业经济活动，有必要对产业进行分类。人们通常为了满足不同的研究或分析需要，会根据产业的某些相同或相似的特征将各种不同的经济活动划分为不同的集合。根据研究目标和研究内容的不同，可以对产业进行不同的分类，产业的一般分类方法包括三次产业分类法、农轻重产业分类法、国家标准产业分类法、国际标准产业分类法、生产要素密集度分类法、霍夫曼分类法和功能分类法等。

（一）三次产业分类法

三次产业分类法是指将经济活动分为三类的一种产业分类方法。国际上通常将三次产业作如下划分：第一产业，也称为原始产业或农业产业，是指从自然环境中获取原材料和资源的经济活动，包括农业、林业、渔业、畜牧业、矿业等；第二产业，也称为制造业产业，是指利用第一产业的原材料和资源，加工制造成各种产品的经济活动，包括工业、建筑业、制造业等；第三产业，也称为服务业产业，是指向人们提供各种服务的经济活动，包括交通运输、商贸、金融、教育、医疗、旅游、文化艺术、信息传媒等。

中国的三次产业分类与国际上一般的分类相似。根据《国民经济行业分类》（GB/T 4754—2017），我国三次产业具体分类如下：

第一产业： A. 农、林、牧、渔业
第二产业： B. 采矿业
　　　　　C. 制造业
　　　　　D. 电力、热力、燃气及水生产和供应业
　　　　　E. 建筑业
第三产业： A. 农、林、牧、渔专业及辅助性活动
　　　　　B. 开采专业及辅助性活动
　　　　　C. 金属制品、机械和设备修理业
　　　　　F. 批发和零售业
　　　　　G. 交通运输、仓储和邮政业
　　　　　H. 住宿和餐饮业
　　　　　I. 信息传输、软件和信息技术服务业
　　　　　J. 金融业
　　　　　K. 房地产业
　　　　　L. 租赁和商务服务业
　　　　　M. 科学研究和技术服务业
　　　　　N. 水利、环境和公共设施管理业
　　　　　O. 居民服务、修理和其他服务业
　　　　　P. 教育
　　　　　Q. 卫生和社会工作
　　　　　R. 文化、体育和娱乐业
　　　　　S. 公共管理、社会保障和社会组织
　　　　　T. 国际组织

三次产业分类法是经济学中常用的分类方法之一，用于描述不同类型的经济活动和各个行业之间的关系。随着经济的发展和结构的变化，第三产业在国民经济中所占比重越来越大，已经成为现代经济的主导产业。中国的三次产业结构发展历程较为典型，20世纪80年代以来，中国的第三产业比重逐渐增加，成为国民经济的支柱产业。2022年，中国第三产业占GDP比重达到了52.8%，已成为经济的主要增长点。随着中国经济结构调整和升级的推进，第三产业的比重还将继续上升。

随着经济全球化和数字化时代的到来，第三产业的比重越来越大，服务业又分出了许多新的领域，例如互联网服务、文化创意产业等。因此，三次产业分类法也在不断更新和演变，以适应经济结构的变化和新兴产业的发展。

（二）农轻重产业分类法

农轻重产业分类法是指根据不同产业的生产资料投入和产出的技术含量、附加值和比重等因素，将国民经济部门分为三类的分类方法，具体内容如下：（1）农业，是指以耕作和畜牧业为主的农业生产活动。农业是国民经济中最基础、最重要的部门，具有生产重要的粮食、经济作物和畜牧业等功能。（2）轻工业，是指生产以轻质、小型、便携为主的工业产品，例如纺织、食品加工、家具制造、日用品等。轻工业产品消费普遍，是国民经济中最广

泛的部门之一。（3）重工业，是指生产大型、复杂、重要的工业产品，例如钢铁、机械、航空航天等。重工业产品是国民经济中最高科技、最先进的部门之一，也是国家安全和经济发展的重要支柱。

农轻重产业分类法来源于苏联，在社会主义国家中曾被广泛应用。我国在新中国成立后至改革开放前的相当长一段时期内曾使用它作为制定国民经济和社会发展计划的最主要产业分类依据。农轻重产业分类法是马克思两大部类分类法在实际工作中的应用，是对两大部类分类法的改进和提高，比两大部类分类法应用更加广泛。目前不但社会主义国家普遍应用它，资本主义国家和许多国际组织也常常使用它。

新中国成立以来，我国一直采用这一产业结构分类法，表1-1展示了国家统计局对于农轻重产业的分类方法，但这种分类方法也有类似于两大部类分类法的局限性，一是轻、重工业的界限日益难以确定；二是同样没能把全部的物质生产部门和非物质生产部门包括进去。因此，自2013年下半年开始，国家统计局在相关数据发布时不再使用"轻工业""重工业"分类。

表1-1　　　　　　　　我国国家统计局农轻重分类法

农业	种植业、畜牧业、渔业和林业	
轻工业 主要提供生活消费品和制作手工工具的工业	以农产品为原料的轻工业	食品制造、饮料制造、烟草加工、纺织、缝纫、皮革和毛皮制作、造纸、印刷等
	以非农产品为原料的轻工业	文教体育用品、化学药品制造、合成纤维制造、日用化学制品、日用玻璃制品、日用金属制品、手工工具制造、医疗器械制造、文化和办公用机械制造等
重工业 为国民经济各部门提供物质技术基础的主要生产资料的工业	采掘（伐）工业	对自然资源进行开采的工业。包括石油开采、煤炭开采、金属矿开采、非金属矿开采和木材采伐等
	原材料工业	向国民经济各部门提供基本材料、动力和燃料的工业。包括金属冶炼及加工、炼焦及焦炭、化学、化工原料、水泥、人造板以及电力、石油和煤炭加工等工业
	加工工业	对工业原材料进行再加工制造的工业。包括装备国民经济各部门的机械制造工业、金属结构、水泥制品等工业，以及为农业提供的生产资料如化肥、农药等工业

资料来源：国家统计局．2013年中国统计年鉴之主要统计指标解释．

（三）国家标准产业分类法

国家标准产业分类法是指一国政府为了统一该国产业经济研究的统计和分析口径，以便于科学制定产业政策和对国民经济进行宏观管理，根据该国的实际而编制和颁布的划分产业的一种国家标准。我国于1984年首次公布了《国民经济行业分类》国家标准，此后2002年、2011年和2017年进行了几次修订，目前执行标准（GB/T 4754-2017）由国家统计局起草，国家市场监督管理总局、国家标准化管理委员会批准发布，于2017年10月1日开始实施。

国民经济行业分类（GB/T 4754 – 2017）中，共有 20 个门类、97 个大类、473 个种类、1 380 个小类。其中 20 个门类具体如下：

A. 农、林、牧、渔业

B. 采矿业

C. 制造业

D. 电力、热力、燃气及水生产和供应业

E. 建筑业

F. 批发和零售业

G. 交通运输、仓储和邮政业

H. 住宿和餐饮业

I. 信息传输、软件和信息技术服务业

J. 金融业

K. 房地产业

L. 租赁和商务服务业

M. 科学研究和技术服务业

N. 水利、环境和公共设施管理业

O. 居民服务、修理和其他服务业

P. 教育

Q. 卫生和社会工作

R. 文化、体育和娱乐业

S. 公共管理、社会保障和社会组织

T. 国际组织

（四）国际标准产业分类法

国际标准产业分类法，是联合国为了统一世界各国的产业分类于 1971 年编制和颁布的《全部经济活动的国际标准产业分类索引》。国际标准产业分类法实际上同三次产业分类法一致，且比后者更细致。它同三次产业分类保持着稳定的相关联系，其分类大项很容易组合成三部分，因而同三次产业分类法的三次产业相对应。例如第一大项为第一产业；第二至第五大项为第二产业；第六至第十大项为第三产业。因此，根据国际标准分类法所作的统计有很高的可比性，为产业经济问题的研究提供了很大方便，并被广泛运用。

联合国 1971 年颁布的国际标准产业分类法将全部经济活动分为大、中、小、细四个层次，并规定了相应的统计编码。它将全部经济活动分为 10 个大项，再将各个大项细分为若干个中项，然后将各个中项细分为若干个小项，最后将各个小项细分为若干个细项。其 10 个大项是：

1. 农业、狩猎业、林业和渔业；

2. 矿业和采石业；

3. 制造业；

4. 电力业、煤气业、供水业；

5. 建筑业；

6. 批发与零售业、餐饮业和旅店业；
7. 运输业、仓储业和邮电业；
8. 金融业、不动产业、保险业和商业性服务业；
9. 社会团体、社会及个人服务业；
10. 不能分类的其他活动。

（五）生产要素密集度分类法

按照生产要素密集度对产业进行分类主要是根据不同产业所需要的生产要素（例如劳动力、资本、技术、自然资源等）的密集程度，将产业划分为不同类别，以便更好地了解和分析不同产业的发展状况和特征。

根据生产要素密集程度，产业可以分为以下几类：（1）劳动密集型产业：这类产业所需的劳动力比较多，而其他生产要素的需求较少，例如农业、纺织业、餐饮业等；（2）资本密集型产业：这类产业所需的资本比较多，而其他生产要素的需求相对较少，例如金融业、房地产业、电力、石化等；（3）技术密集型产业：这类产业所需的技术含量较高，而其他生产要素的需求较少，例如计算机、通信、半导体、生物技术等；（4）自然资源密集型产业：这类产业所需的自然资源（例如石油、煤炭、矿产、森林、水资源等）较为丰富，而其他生产要素的需求较少，例如采掘业、水利、林业等。以上四类产业按照生产要素密集度的高低分别称为劳动密集型、资本密集型、技术密集型和自然资源密集型产业。

按照生产要素密集度进行分类是一种简单易懂的分类方法，可以帮助人们快速了解产业的特点和特征，可以为政府和企业提供重要的决策依据，帮助它们更好地制定产业发展战略和政策，可以更好地了解不同产业对生产要素的需求情况，从而有助于优化资源配置，提高资源利用效率。不同产业的生产要素密集度不同，其产业竞争力也不同，这种分类方法可以帮助评估不同产业的竞争力。但也有其不足之处，例如，按照生产要素密集度进行分类的方法比较单一，不能全面反映产业的发展情况和特点。不同产业内部生产要素的密集程度也不同，但是按照生产要素密集度进行分类无法反映这种差异。这种划分也忽略了技术的重要性，按照生产要素密集度进行分类，技术密集型产业仅仅是其中的一种，而忽略了技术在产业发展中的重要性。产业的发展不仅仅受生产要素影响，还受其他因素的影响，例如市场需求、政策环境、国际竞争等，这种分类方法无法全面考虑这些因素对产业的影响。但总的来说，这种产业分类方法有利于了解不同产业的特点和发展趋势，并为政府和企业在产业结构调整和发展战略制定上提供参考。例如，政府可以根据产业的生产要素密集度，制定不同产业的税收、补贴、贷款等政策，以促进其发展，提高资源利用效率和经济效益。

（六）霍夫曼分类法

德国经济学家霍夫曼出于研究工业化及其阶段的需要，将产业划分为消费资料产业、资本资料产业和其他产业三种类型。

消费资料产业，包括食品工业、纺织工业、皮革工业和家具工业。

资本资料产业，包括冶金及金属材料工业、运输机械工业、一般机械工业、化学工业。

其他产业，包括橡胶、木材、造纸、印刷等工业。

霍夫曼的分类目的在于区分消费资料产业和资本资料产业。分类的原则是某产业产品的用途有75%以上是消费资料则归为消费资料产业；75%以上作为资本资料的就归为资本资料产业。其中资本资料就是形成固定资产的生产资料，难以用上述原则确定归属的产业归为其他产业。

（七）功能分类法

产业的功能分类是按照各个产业在经济增长中的相互关系及其程度、方式以及各经济活动在区域经济发展中的地位、作用和功能，将其分为主导产业、辅助产业和基础性产业三大类。主导产业，代表区域经济的根本优势。它一方面在全国或其他较大区域的劳动分工中占有相当重要的地位；另一方面又是区域经济发展的支柱和核心，主导区域产业结构的发展方向，并带动区域其他产业的发展。辅助产业又称配套产业或关联产业，是对主导产业的产品进行再加工或对其副产品和废料进行综合利用的产业，以及为主导产业提供原料、半成品、零配件和其他服务性工作的产业，即围绕主导产业发展并服务、配套于主导产业的部门。基础性产业是指为发展生产和保证生产供应、方便居民生活而建设的区域基础设施和公共服务设施等各部门，包括交通、邮电、供水、电力、商业、金融保险、科研设计、文化教育、体育卫生等部门。由于这种产业分类十分注重产业间的经济联系，有利于组织合理的地域分工体系，建立合理的产业结构，因此，在产业分析中被广泛应用。

第二节 产业经济学的研究对象

现代西方经济学主要由微观经济学和宏观经济学构成，微观经济学以价格理论为核心，因此，它通常被称为价格理论，其研究对象是单个抽象的厂商（企业）或者消费者（家庭）在市场上的行为规律。其主要研究内容是：对企业而言，假定企业以追求利润最大化为目标，在有限资源的约束下，分析企业怎样理性地作出生产什么，如何生产和为谁生产的决策；对消费者而言，假定消费者以最大限度地满足其效用为目标，分析消费者怎样将有限的收入用于消费各种商品或劳务。宏观经济学以国民收入理论为核心，其研究对象是国民经济的总体运动规律，其主要研究内容是：分析国民收入、国内生产总值、总投资、总消费、进出口、外汇收支等总量变化及其协调关系。可见，无论是以个量分析为特征的微观经济学，还是以总量分析为特征的宏观经济学，都没有涉及产业这一层次。而从经济现实看，任何一个企业总是在特定的产业中生存和发展的，国民经济也是由各个具体的产业构成的，即大量的经济活动都发生在产业领域，这就为以产业作为研究对象的产业经济学的产生和发展提供了现实基础。

产业经济学是研究产业经济现象、产业结构、产业组织和产业政策等方面的经济学分支学科。它的研究对象主要包括以下几个方面：（1）产业结构。是指一个国家或地区中各个产业部门之间的比重和相互关系。产业经济学研究不同产业之间的关系及其发展趋势，分析产业结构的演变和调整对经济增长的影响。（2）产业组织。是指一个产业内部的企业、市场、技术和制度等方面的组织形式和运行机制。产业经济学研究产业组织的市场结构、企业行为和政策环境等因素对市场竞争、效率和社会福利的影响。（3）产业政策。产业政策是政府为促进产业发展而采取的政策措施，包括行业政策、技术政策、金融政策、外贸政策等。产业经济学研究政府对产业的干预对市场效率和社会福利的影响。（4）产业经济现象。产业经济现象是指在特定的经济制度和市场环境下，各个产业部门所表现出的各种经济现象，例如产业周期、产业生命周期、产业集中度等。产业经济学研究这些现象的产生机制和影响因素，为制定产业政策提供理论支持。综上所述，产业经济学主要研究产业经济现象、产业结构、产业组织和产业政策等方面的问题，以此为基础提供经济政策的理论依据和决策支持。

第三节 产业经济学的学科体系

对于产业经济学的学科体系，目前有两种不同的观点：一种观点认为产业经济学等同于产业组织学，是以特定产业为研究对象，主要研究产业内部、企业之间的组织结构和在一定组织结构下企业的经营战略、产出决策、定价行为、非价格策略性行为等，以及由其行为带来的市场绩效，以市场结构、市场行为、市场绩效和产业组织政策为基本理论框架；另一种观点认为产业经济学不仅包含产业组织理论，还应该包括产业结构、产业布局、产业发展、产业管理和产业政策等内容。目前欧美国家一般将产业经济学称为产业组织学，主要研究产业组织理论；而在我国产业经济学的研究领域比较广泛，产业组织理论只是其中的一部分。具体而言，我国产业经济学的理论体系主要包括以下几部分。

一、产业组织理论

产业组织理论是产业经济学理论的重要构成，是产业经济学的微观部分，其主要研究市场结构、企业行为和产业竞争等问题。该理论探讨企业如何在不同的市场结构下行动，以及市场结构如何影响企业的行为和绩效。它的目标是研究市场上的垄断和竞争问题，以及政府应如何干预市场以达到最优化的结果。产业组织理论关注的重点包括市场结构、企业行为、竞争政策、技术变革、消费者权益等问题，其中，市场结构是最基础的问题，研究市场结构可以帮助我们理解企业行为和市场绩效。在产业组织理论中最常见的市场结构是完全垄断、寡头垄断、垄断竞争、完全竞争等，每种市场结构都有其各自的特征。在企业行为方面，产业组织理论主要关注企业的定价策略、产品定位、广告策略、产能决策等问题。企业行为受到市场结构、竞争程度、技术水平、政府政策等因素的影响。在竞争政策方面，产业组织研究如何通过政府干预来促进市场的竞争，以及政府如何限制企业的行为。政府干预可以通过反垄断法、反垄断监督、产业政策、补贴政策等形式进行。产业组织理论为我们理解市场结构和企业行为提供了一个框架，也为政府制定有效的政策提供了依据。

二、产业结构理论

产业结构理论研究一个国家或地区中各个产业之间的比重和相互关系，以及产业结构的演变和调整对经济增长的影响。产业结构理论主要包括以下几个方面的内容：（1）产业结构的演变。产业结构的演变是指一个国家或地区中各个产业部门之间的比重和相互关系的变化过程，这一过程不仅反映了产业自身的发展趋势，还受到制度、技术和市场等多种因素的影响。（2）产业结构调整的动因。产业结构调整是指为适应外部环境变化而调整产业内部结构的过程。产业结构调整的动因包括技术变革、需求变化、国际贸易、政策变化等多种因素。（3）产业结构的效率。产业结构的效率是指在特定的产业结构下，经济系统所能实现的最大生产能力。产业结构的效率取决于各个产业之间的技术水平、市场结构、政策环境等因素。（4）产业结构的影响。产业结构对经济增长和发展的影响是一个重要的研究课题，产业结构的合理性、适度的分工和协调发展，有助于促进经济增长，提高社会福利水平。产业结构理论是研究产业结构演变和调整对经济增长和社会福利的影响的理论体系。在实践中，合理调整产业结构，优化产业布局，提高产业结构效率，是推动经济增长和实现可持续发展的重要手段。

三、产业关联理论

产业关联理论主要是指研究不同产业之间的相互关系和相互依存程度的产业经济学理论。该理论认为，不同产业之间存在着密切的关联和相互依赖，它们的发展和繁荣程度不仅取决于自身的因素，还受到其他产业的影响。产业关联理论的核心观点是，一个产业的发展水平会对其他产业产生正向或负向的影响。例如，如果某个产业的发展水平较高，那么它所需的原材料、零部件和服务等会带动其他相关产业的发展，从而形成产业链；反之，如果某个产业遭遇困难或衰退，也会对相关产业造成负面影响。产业关联理论的应用非常广泛，它可以帮助政府和企业了解产业间的关联关系，制定合理的产业政策和战略，提高整个产业链的效率和竞争力。同时，产业关联理论也可以用于预测和评估产业发展的趋势和前景，为投资和决策提供参考。

早期的经济学家对于产业间的关系进行了简单的描述和分析，但并没有形成系统的理论。20世纪50~60年代，美国经济学家瓦西里·里昂惕夫（Wassily Leontief）提出了"线性产业链模型"，将产业间相互依存关系量化，并强调了产业链上下游之间的协同作用。20世纪70~80年代，经济学家们开始使用非线性模型来研究产业关联问题，更加准确地描述了产业间的相互依存关系。20世纪90年代至今，随着信息技术的发展和全球化的加速，产业链的长度和复杂度不断增加，经济学家们开始将网络分析、复杂系统理论等新的分析工具引入产业关联研究中，不断完善和深化产业关联理论。

四、产业布局理论

一国或地区的产业发展最终要落到一定的经济区域来进行，这样就形成了产业在不同地区的布局结构。产业布局是一国或地区发展规划的基础，也是其经济发展战略的重要组成部分，更是实现国民经济持续稳定发展的前提条件，所以产业布局也是产业经济学研究的重要领域。产业布局理论主要研究产业在区域间的空间分布规律以及区域经济发展间的联系。产业布局反映的是产业的区域分工与协作关系和资源在空间上的配置关系。产业布局理论具体研究产业布局的影响因素、产业布局与经济发展关系、产业布局的基本原则、产业布局的基本原理、产业布局的一般规律以及产业布局政策等。随着全球化和技术进步的推动，产业布局理论也在不断发展和演变。

五、产业发展理论

产业发展理论旨在解释和预测不同产业的发展趋势，以及分析产业发展的影响因素和规律。产业发展理论在其发展中演化出不同的理论观点。目前主要的产业发展理论包括：阶段性理论、路径依赖理论、新经济理论和创新理论。阶段性理论认为，一个产业的发展过程可以划分为不同的阶段，每个阶段具有独有的特征和发展规律。路径依赖理论认为一个产业的发展方向和路径是受到历史和制度因素的影响，而不仅仅是市场因素。这意味着，在一个早期阶段的决策和选择，可能会对后续的产业发展产生深远的影响。新经济理论认为新的技术和信息技术的快速发展正在改变产业的发展模式和规律，对现有的产业结构产生重大影响。创新理论认为创新是推动产业发展的关键因素，产业的竞争力和长期发展取决于其创新能力，代表性的理论包括奥地利经济学家约瑟夫·熊彼特（Joseph Schumpeter）的创新理论和美国经济学家克里斯蒂安·希夫（Christian Hirsch）的技术演化理论。随着经济的不断发展和技术的不断变革，产业发展理论也在不断演变和发展。

第四节　学习产业经济学的意义与方法

一、学习产业经济学的意义

无论是从理论维度还是从实践维度，学习产业经济学都有重要意义。产业经济学为我们揭示了市场失灵的原因，例如市场垄断、外部性和公共物品等问题。这有助于政策制定者更好地理解市场的本质和市场失灵的原因，并采取相应的政策手段来促进市场竞争和创新。产业经济学为竞争政策的制定提供了重要的理论基础。政府可以通过监管、反垄断和其他政策手段来保障市场的公平竞争，从而促进市场的创新和效率。产业经济学为企业战略分析提供了重要的理论基础。企业可以通过研究市场结构和竞争环境来制定定价策略、生产策略和投资策略，从而更好地适应市场变化和提高企业竞争力。产业经济学研究了创新和技术进步在市场竞争中的作用，为我们理解技术进步、创新和知识产权的价值提供了重要的理论基础。同时，产业经济学可以帮助政策制定者更好地理解不同产业的市场结构和特点，从而制定出更加有效的政策，例如反垄断政策、行业监管政策等。企业可以借助产业经济学的研究成果，更好地了解市场环境和竞争对手，从而制定出更加合理的市场营销策略、产品定价策略、投资决策等。产业经济学可以对不同产业进行深入分析，掌握行业的市场规律和演化趋势，为投资者和产业从业者提供决策参考。产业经济学可以为政府部门提供监管和调查工具，帮助发现和打击市场垄断、价格操纵等违法行为，保障市场公平竞争。总之，产业经济学在政府、企业和投资者等不同主体中都有重要的实践意义，可以帮助它们更好地了解市场环境和产业现象，制定出更加合理和有效的决策和政策。

而从产业经济学各分支来看，加强对产业经济学的研究也具有重要意义。

产业组织理论研究了市场竞争的基本机制，从不同的角度剖析了市场竞争的影响因素和规律，对于深化市场经济的理解有重要意义。产业组织理论研究了市场竞争的影响因素和产业组织结构，这对于制定和实施产业政策有指导作用，通过研究市场结构和行业特征，可以指导政府实施有针对性的产业政策，促进产业发展和经济结构优化。产业组织理论研究了企业行为和市场竞争策略，可以为企业战略决策提供参考。通过研究市场竞争的规律和企业行为的动机，可以指导企业制定竞争战略，提高企业的竞争力和市场地位。产业组织理论研究了市场失灵和垄断行为，可以促进市场效率和公平。通过监管市场竞争行为，可以维护市场秩序，防止市场垄断和恶性竞争，促进市场公平和效率。同时产业组织理论通过研究跨国公司和国际竞争等问题，可以促进国际贸易和提高国际竞争力。通过研究跨国公司的行为和国际竞争的规律，可以为企业制定国际化战略提供指导，提高企业的国际竞争力。总的来看，研究产业组织理论对于深化市场经济的理解、指导产业政策和企业战略决策、促进市场效率和公平，以及提高国际竞争力等方面都有着重要的意义。

产业结构理论可以帮助人们分析不同产业之间的相互作用和变化，从而预测未来的经济发展趋势。了解产业结构理论可以帮助人们更好地了解各个产业的优势和劣势，从而更好地配置资源，优化产业布局，提高经济效益。产业结构理论也为政府制定产业政策和发展战略提供了理论依据和指导，有助于促进经济的持续发展和繁荣。另外，产业结构理论可以帮助人们认识到不同产业之间的相互作用和转型机会，促进经济从传统产业向新兴产业和高端产业的转型升级。

合理的产业布局可以提高资源利用效率，降低生产成本，增强企业竞争力。通过对不同产业的布局和协调，可以促进区域经济协调发展，提高整个区域的经济效益。通过对产业布局的规划和调整，可以优化产业结构，推动产业升级和转型，提高整个产业的竞争力和盈利能力。通过合理的产业布局，可以促进城乡经济一体化，提高农村地区的产业发展水平和收入水平。通过产业布局的合理规划和调整，可以增加就业机会，提高居民收入水平，改善人民生活质量。以上这些均要求我们加深对产业布局理论的学习。产业布局理论可以为政府提供科学的决策依据，指导政府制定相应的政策和计划，促进区域经济的发展。

学习产业关联理论也具有重要意义。例如产业关联理论可以帮助人们分析不同产业之间的相互依存关系，揭示不同产业之间的联系和相互作用；可以帮助人们发现产业链上的机遇和挑战，推动产业链的延伸和拓展，提高整个产业的竞争力和盈利能力；可以帮助企业了解市场变化和趋势，制定更为合理的经营策略，提高企业竞争力和盈利能力。产业关联理论可以为政府提供科学的决策依据，指导政府制定相应的政策和计划，促进区域经济的发展，还可以帮助人们认识到产业之间的关联和转型机会，推动产业升级和转型，提高整个产业的竞争力和创新能力。

产业发展理论可以帮助人们认识产业发展的趋势和演变规律，促进产业转型升级，从而提高整个产业的竞争力和创新力。通过产业发展理论的研究，可以了解不同产业之间的关系和相互作用，推动产业结构优化和协调发展，进而提高经济发展水平。对于企业而言，通过对产业发展理论的研究，可以了解市场发展趋势和未来的发展方向，制定更为合理的经营战略，提高企业竞争力和盈利能力。

研究产业经济学对新时代推进中国经济高质量发展更有着深刻的现实意义。当前，我国经济发展正由高速增长阶段向高质量发展阶段转换，经济增长方式从粗放型增长向集约型增长转变。在此背景下，迫切需要加深对产业经济发展规律的认识。研究产业组织理论能够为建立适应我国国情的产业组织结构提供政策指导，利用产业组织政策更好地维护市场秩序，规范市场行为，形成有利的竞争条件，实现资源的有效配置。研究产业布局理论，能够认识产业布局的一般规律，为制定合理的产业布局政策提供理论指导，通过科学地制定产业布局政策，形成合理的产业布局和调整机制，使产业布局与区域资源禀赋相适应，进而更好地实现区域间的分工与协作，从而形成比较优势，协调区域发展。

二、产业经济学的研究方法

（一）案例分析方法

案例分析法是研究产业经济活动的一种常见且十分有效的方法。无论是产业组织理论、产业结构理论还是产业政策理论，借助案例研究可以通过观察产业经济发展的最新进展，总结提炼出一般规律，从而有利于产业经济学理论创新。产业经济学家之所以比较喜欢采用案例分析法分析产业经济问题，主要是因为丰富的案例研究可能更容易再现驱动产业发展的因素和行为，从而创新产业理论框架，使产业分析更好地符合经济现实。例如在产业组织理论研究中，重大反垄断案件往往成为推动产业组织理论创新发展的重要力量。在中国的产业结构理论、产业布局理论研究中，丰富的产业政策实践为理论创新提供了众多具体产业发展和产业政策的案例样本，对这些产业经济案例进行深入分析总结进而凝练出一般规律，有助于深化产业经济学理论研究，完善产业结构政策、产业组织政策和产业布局政策，从而达到创新发展中国的产业经济学理论。

（二）博弈分析方法

博弈分析方法是产业经济学的主要分析方法之一。博弈论是一种研究决策者之间相互作用的理论，博弈论分析方法通常涉及以下几个步骤：一是确定博弈的参与者，确定参与博弈的所有决策制定者，这些决策制定者可以是个人、企业、政府或其他实体。二是确定策略，为每个决策制定者确定可能的行动方式，这些行动方式称为策略。每个决策制定者的策略集合可以是有限的或无限的。三是制定博弈矩阵，将所有决策制定者的策略组合在一起形成博弈矩阵。这个矩阵可以用数学符号表示。四是博弈求解，找到所有参与者的最优策略，这些策略构成了纳什均衡。纳什均衡是指，在这个状态下，没有任何决策制定者可以通过单独更改自己的策略来获得更好的结果。五是分析结果，分析纳什均衡的意义和结果，确定每个决策制定者的最优策略。博弈论分析方法被广泛应用于产业组织理论与实践中，成为产业组织理论分析的主要分析方法，通过博弈分析方法可以预测各种情况下的最优决策，并对各种策略进行优化。

（三）静态和动态分析相结合的方法

静态和动态分析相结合的方法是一种综合性的经济学研究方法，旨在更全面地评估某一政策或经济变化的影响。静态分析主要关注当前的经济状况和政策变化对经济的直接影响；而动态分析则考虑了随着时间的推移，经济变化可能会引起的反应和调整。静态分析通常涉及分析某一政策或经济变化对经济的短期影响。例如，当政府对某一产品或服务实施税收或补贴时，静态分析可以评估该政策对供求关系、价格和消费者行为等方面的影响。静态分析通常使用定量方法，例如计算机模拟和统计分析，以评估政策变化对经济的影响。动态分析则考虑到经济变化可能引起的反应和调整，以及这些调整可能如何影响未来的经济状况。例如，在评估一个国家的产业发展前景时，动态分析可能会考虑技术创新、资本积累和劳动力市场的变化等因素。动态分析通常需要考虑更长期的时间跨度，并使用经济模型来预测未来的经济变化。将静态和动态分析相结合可以更全面地评估某一产业政策或经济变化的影响，并提供更准确的政策建议。例如，政府可以使用静态分析评估实施一项产业政策的影响，同时使用动态分析来评估该产业政策可能会如何影响投资和创新，以及对未来经济增长的潜在影响。这种综合性的分析方法可以帮助政策制定者更好地了解经济变化的复杂性和不确定性，并制定更有效的产业政策措施。产业经济学中的经验性规律，大多是综合运用动态分析与静态分析相结合的研究方法得到的。

（四）定性和定量分析相结合的方法

在产业经济学中，将定性分析与定量分析相结合是一种常见的研究方法，旨在更全面地理解和解释产业现象和问题。定性分析通常包括访谈、观察和文献分析等方法，以获得深入和详细的理解。在产业经济学中，定性分析可以用于了解企业和市场的行为和动态，例如了解企业战略、竞争策略、创新和市场动态等。定量分析则使用数量化的数据分析方法，以支持和验证对产业现象和问题的解释。在产业经济学中，定量分析可以通过收集和分析大量的产业数据，例如企业的财务数据、市场份额数据、劳动力市场数据等，来揭示产业现象和问题的规律和趋势。将定性分析与定量分析方法结合起来具有许多方面的优势，例如通过使用定量分析方法，可以收集各种类型的数据，从而提高数据的广度和深度，这可以提供更全面和详细的信息，帮助研究者更好地理解和解释产业现象和问题。使用定量分析方法可以提供量化数据，这些数据可以用于验证定性分析的结果。定量数据可以提供更客观和可重复的数据，以支持研究结论的有效性和可靠性。定性分析可以帮助解释和理解企业与市场的行为、动机和战略；而定量分析可以提供更广泛的信息，并帮助研究者对数据进行量化分析。定性分析和定量分析相结合可以提供更好的信息，以支持产业政策的制定。定性分析可以提供更详细的信息，以帮助决策者理解产业问题和影响；而定量分析可以提供更广泛的信息，以支持决策制定。将定性分析和定量分析相结合可以提供更全面、更深入和更可靠的信息，以支持产业经济学的研究和政策制定。

（五）投入产出分析法

投入产出分析法是产业关联分析的关键方法。投入产出分析法就应用于国民经济体系中的产业关联分析来说，是通过编制棋盘式的投入产出表和建立线性方程体系，构建一个模拟现实国民经济各产业部门产品的相互"流入""流出"的社会再生产过程的经济数学模型，来分析各产业间的各种比例关系。借助投入产出分析可以计算出一个产业的总产出、总就业和总收入等指标，从而评估这个产业对整个经济体系的贡献。可以帮助研究一个产业内部的资源配置情况，以及生产要素之间的相互依赖关系。通过分析投入产出表，可以发现产业内部存在的生产瓶颈和效率问题，并提出相应的政策建议。可以分析不同产业之间的投入和产出关系，发现产业之间的依赖和衔接，从而研究整个经济体系内的资源分配和流动情况。也可以用来评估不同政策对产业的影响，例如减税、补贴和贸易政策等，预测这些政策对产业产出、就业和收入等指标的影响，以及对其他产业的影响。但需要注意的是，投入产出分析方法也有一些局限。例如，该方法假设经济体系的结构保持不变，而实际上，经济体系的结构会随着时间的推移而发生变化。此外，该方法也没有考虑到国际贸易和外部冲击的影响，这可能导致结果的偏差。但虽然有这些局限，投入产出法在产业关联分析中仍然是一个十分有用的主要分析工具，得到越来越广泛的运用。

（六）实证分析与规范分析相结合的方法

产业经济学研究中，实证分析和规范分析相结合是一种普遍适用的研究方法，它们被用于研究产业的经济现象和规律，以及制定相应的政策建议。实证分析是对产业实际情况进行定量研究，例如通过数据分析、统计模型等手段，探究产业内部和外部的经济现象和规律。实证分析可以帮助我们了解产业的内部结构、市场竞争情况、企业行为和政策影响等方面的问题。规范分析则是对产业经济学理论进行分析和评估，例如通过理论模型、比较静态分析等手段，研究产业中存在的问题和政策影响。规范分析可以帮助我们了解产业经济学的理论基础，评估政策的科学性和合理性，以及预测政策对产业的影响。实证分析和规范分析可以相互补充和验证，帮助我们更全面地了解产业的经济现象和规律，并提出相应的政策建议。例如，通过实证分析可以了解产业内部和外部的现实问题，然后结合规范分析的理论模型，评估这些问题的本质和影响，并提出相应的政策建议。同时，通过实证分析可以验证和修正规范分析的理论模型，提高模型的预测能力和科学性。

本章小结

◆产业的一般定义是指一组相关的企业或机构，它们在同一领域或产业中生产相似的产品或提供相似的服务，并在市场上相互竞争。每个产业都由许多企业和组织组成，它们在同一个市场上相互竞争，并提供不同的产品和服务。

◆根据不同的划分方法，可以对产业进行分类，常用的产业分类方法包括三次产业分类法、农轻重分类法、国家标准产业分类法、国际标准产业分类法、生产要素密集度分类法、霍夫曼分类法和产业功能分类法等。

◆产业经济学是以产业为研究对象的应用经济学科，属于中观经济学。产业经济学的理论框架包括产业组织理论、产业结构理论、产业布局理论、产业关联理论、产业发展理论等。

◆产业经济学的主要研究方法包括案例分析法、博弈分析法、静态和动态分析相结合的方法、定性分析和定量分析相结合的方法、投入产出分析法、实证分析和规范分析相结合的方法等。

复习思考题

1. 名词解释。

   产业　三次产业分类　霍夫曼产业分类　功能分类法

2. 简答题。

   (1) 产业的主要分类方法有哪些？

   (2) 产业经济学的研究对象是什么？

   (3) 简述产业经济学理论体系的主要内容。

   (4) 简述研究产业经济学的意义。

   (5) 产业经济学的主要研究方法有哪些？

3. 自评自测题。

   (1) 产业经济学的微观部分是（　　）。

   A. 产业组织理论　　B. 产业结构理论　　C. 产业布局理论　　D. 产业关联理论

   (2) 我国产业经济学理论体系不包括（　　）。

   A. 产业组织理论　　B. 产业结构理论　　C. 产业布局理论　　D. 宏观经济学

   (3) 产业组织理论不研究（　　）。

   A. 失业问题　　B. 市场结构　　C. 企业行为　　D. 竞争政策

   (4) 三次产业分类法以下属于第二产业的是（　　）。

   A. 畜牧　　B. 电力　　C. 餐饮　　D. 娱乐

   (5) 以下属于轻工业的是（　　）。

   A. 食品加工　　B. 钢铁制造　　C. 粮食生产　　D. 航空航天

4. 延伸阅读材料。

   [1] 吴汉洪. 西方产业组织理论在中国的引进及相关评论 [J]. 政治经济学评论, 2019, 10 (01): 3-21.

   [2] 黄纯纯. 产业组织理论的新挑战：网络外部性、有限理性与社会性 [J]. 教学与研究, 2018, 482 (12): 80-86.

   [3] 於勇成, 侯麟科, 魏建. 行为产业组织理论研究进展 [J]. 经济学动态, 2016, 669 (11): 126-136.

   [4] 周末. 政府经济管制与反垄断的理论基础：新实证产业组织理论述评 [J]. 江苏社会科学, 2016, 284 (01): 83-88.

   [5] 齐兰, 赵立昌. 基于消费者异质性的产业组织理论研究新进展 [J]. 经济学动态, 2015, 658 (12): 111-120.

   [6] 范林凯, 夏大慰. 图卢兹学派对产业组织及规制理论的贡献 [J]. 经济学动态, 2015, 648 (02): 120-129.

   [7] 黄纯纯. 行为产业组织：理论与实验 [J]. 南方经济, 2014, 300 (09): 121-127.

   [8] 于左, 韩超. 产业组织理论前沿与竞争政策——2014年产业组织前沿问题国际研讨会综述 [J]. 经济研究, 2014, 49 (08): 184-188.

   [9] 刘和旺, 王春梅. 西方新产业组织理论述评 [J]. 学习与实践, 2013, 353 (07):

47-55.

[10] 肖兴志,吴绪亮. 产业组织理论研究的新领域、新问题与新方法——2012年产业组织前沿问题研讨会综述 [J]. 经济研究,2012,47 (08):146-151.

[11] 黄纯纯. 网络产业组织理论的历史、发展和局限 [J]. 经济研究,2011,46 (04):147-160.

[12] 黄荣哲,何问陶,农丽娜. SCP范式从产业组织理论到经济体制分析 [J]. 经济体制改革,2009,158 (05):71-74.

[13] 程锦锥. 改革开放三十年来我国产业组织理论研究进展 [J]. 经济纵横,2008,276 (11):43-46.

第二章 产业组织理论

■ 本章内容提要

产业组织理论是研究企业在市场上的行为和市场结构的产业经济学重要分支。本章将介绍产业组织理论的发展历程和主要流派,并重点探讨规模经济和范围经济以及企业适度规模和多元化经营等方面的内容。

第一节 产业组织理论及其发展

一、产业组织理论的渊源

产业组织问题是西方产业经济学理论中最早研究并卓有成效的基本问题。产业组织理论的渊源可以追溯到古典经济学家亚当·斯密（Adam Smith）。亚当·斯密在《国民财富的性质及原因的研究》一书中提出了经常为后人推崇的两个原理：一个是市场竞争机制理论；另一个是劳动分工理论。这两个原理都论及自由竞争体制下厂商的市场行为问题，这对西方经济学和产业组织理论都产生了直接影响和重大作用。

19世纪末20世纪初，一些经济学家开始关注不完全竞争市场结构下的企业行为与产业组织。1890年，英国经济学家阿尔弗雷德·马歇尔（Alfred Marshall）在其《经济学原理》中对产业组织的效率特别是对大规模生产的优势进行了系统论述，认为随着企业规模的扩大，固定成本能够分摊到更多产品上，从而降低了每个产品的成本，使企业能够在市场上获得更高的利润，这就是所谓的规模经济。马歇尔还注意到，企业在市场上的定价和销售策略会影响市场的供求关系和价格水平，认为市场的竞争程度取决于市场上的卖方和买方数量，以及它们之间的交互作用。马歇尔还对垄断理论进行了阐述，考察了垄断组织行为及对垄断征税的影响，认为在垄断市场上，企业能够通过设置价格和产量来操作市场供求关系，从而获得更高的利润。他还提出了垄断定价的概念，即企业通过设置高于市场平均水平的价格来获得额外利润。马歇尔在研究收益递增时发现，规模经济和产业组织直接相关，对规模经济的追求必然导致垄断的出现，而垄断又会阻断价格机制在资源合理配置中的作用，这样追求规模经济与保持竞争便成了一对矛盾，这就是著名的"马歇尔冲突"。垄断可能会对社会造成负面影响，因为它会导致资源的浪费和效率的降低。为了解决这个问题，他提出了对垄断征税的概念，即对垄断企业征收适当的税收，以抵消其对社会福利的负面影响。马歇尔的这些观点为产业组织理论的形成奠定了坚实的基础。

1929~1933年，西方国家发生了资本主义发展史上延续时间最长、波及范围最广、打击最为沉重的一次经济危机。为了摆脱经济危机困境，一些资本主义国家政府加强了对经济的干预。纯粹的竞争和纯粹的垄断都无法很好地描述这些经济事实。1933年，爱德华·哈斯丁·张伯伦（E. H. Chamberlin）在《垄断竞争理论》中提出了垄断竞争的概念，探讨垄断形成的原因及其行为等。张伯伦认为垄断竞争是一种介于完全竞争和完全垄断之间的市场形式。在这种市场形式中，企业可以通过产品差异化来创造一定程度的市场垄断力量，从而能够在一定程度上控制产品价格。与此同时，市场上存在多个企业，彼此之间存在一定的竞争关系，这使得垄断企业无法完全控制价格。在此基础上，张伯伦进一步探讨了垄断形成的原因，认为垄断竞争可能是由于产品差异化、专利权、规模经济、市场集中度等多种因素导致的。此外，张伯伦也探讨了垄断企业的行为，包括定价、广告、产品创新等方面。琼·罗宾逊夫人（Joan Robinson）在《不完全竞争经济学》一书中阐述了垄断竞争市场的特征和行为，探讨了企业定价策略、产品差异化和创新、市场集中度等问题，罗宾逊夫人强调了垄断竞争市场的特征，即企业可以通过产品差异化来实现一定程度的市场垄断力量，但市场上存在多个企业之间的竞争关系，这使得垄断企业无法完全控制市场价格和需求，垄断企业可以通过定价策略来控制市场需求，从而实现超额利润。但是，由于其他竞争企业的存在，垄断企业不能把价格定得太高，否则消费者会选择其他企业的替代产品。企业可以通过产品差异化和创新来区分自己的产品，提高市场垄断力量，并实现超额利润。不完全竞争理论挑战了传统经济学中完全竞争市场的基本假设，为产业组织理论的发展开辟了新的道路，为产业组织理论的研究提供了分析基础，直接推动了产业组织理论向市场结构方向发展，尤其是张伯伦提出的产品差异性导致市场结构呈现垄断竞争而不是完全竞争的理论观点，构成了现代产业组织理论的重要理论基础，所以他们也被称为产业组织理论的先驱者。然而，尽管他们的著作分析了许多现实经济问题，但还有不少问题没有得到解决，特别是关于厂商数量众多的行业或市场中厂商的行为和绩效问题，以及市场结构、市场行为和市场绩效之间的关系问题。

二、传统产业组织理论

（一）哈佛学派

20 世纪 30 年代，西方经济学围绕"马歇尔冲突"进行了一系列更为接近实际的理论探讨。1930 年以后，以哈佛大学为中心逐步形成了产业组织理论的哈佛学派，梅森（E. S. Mason）于 1938 年在哈佛大学成立的产业组织研究小组，在继承张伯伦等的研究基础上，开始对市场竞争过程的组织结构、竞争行为方式和市场竞争结果进行经验性研究，提出了产业组织的理论体系和研究方向。1940 年，约翰·莫里斯·克拉克（John Maurice Clark）在研究现实市场条件下减少市场竞争与规模经济相互矛盾的方法和手段时，提出了既有利于维护竞争又有利于发挥规模经济作用的"有效竞争"概念，并对该指标的度量标准进行了分析探讨。他认为有效竞争问题，是一个以现实中产生的条件为基础、不断寻求缩小企业短期的、直接性的压力背离于市场长期均衡条件程度的方法和手段问题。

1959 年，贝恩（Joseph Bain）《产业组织》一书的出版标志着产业组织理论诞生，以及产业组织理论的市场结构、市场绩效两段论范式的基本形成。1970 年，谢勒（Scherer）出版了《产业市场结构和市场绩效》一书，在贝恩两段论基础上提出了市场结构—市场行为—市场绩效的分析框架，即 SCP 分析框架。在 SCP 分析框架中，产业组织理论由市场结构、市场行为、市场绩效这三个基本部分和政府的产业组织政策组成。由于哈佛学派特别强调市场结构对市场行为和市场绩效的决定作用，故而被称为结构主义学派。

市场结构，通常定义为对市场内竞争程度及价格形成等产生战略性影响的市场组织特征。市场结构是哈佛学派研究的起点和核心。决定市场结构的因素主要是市场集中程度、产品差异化、规模经济、生产要素的可移动性以及市场进入和退出障碍。其中市场集中度是指市场中主要企业所占据的市场份额，市场集中度可以通过诸如集中率、赫芬达尔指数（HHI）等衡量指标来描述。市场集中度高，则意味着少数企业占据了较大的市场份额，竞争可能降低；市场集中度低，说明市场份额较为分散，竞争相对激烈。产品差异化是指市场中企业生产的产品在消费者眼中的差异程度。产品差异化程度高，表明企业产品之间存在显著差异，消费者可能存在较强的品牌忠诚度；产品差异化程度低，企业产品在消费者眼中具有较高的替代性，竞争更加激烈。规模经济是指企业在扩大生产规模时，单位产品的成本下降。规模经济存在时，企业可以通过扩大生产规模降低成本，从而提高竞争优势。规模经济对市场结构的影响表现为行业中的大企业可能具有更高的市场份额和竞争优势。生产要素的可移动性是指生产要素在不同行业、地区之间流动的容易程度。生产要素的可移动性高，有助于市场竞争；生产要素的可移动性低，则可能限制市场竞争，形成壁垒。市场进入和退出障碍是指企业在进入或退出市场时所面临的各种困难。进入和退出障碍包括政策法规限制、技术壁垒、资本需求等。进入和退出障碍较高的市场，新企业进入市场的难度增加，竞争相对较弱；进入和退出障碍较低的市场，竞争更加激烈。这些影响因素共同塑造了市场结构，并直接影响市场中企业的竞争行为。不同的市场结构将导致不同的市场行为和市场绩效。因此，在SCP分析框架中，市场结构对市场行为和市场绩效具有重要的影响。

市场行为是指企业在特定市场上为谋取更多利润和更高的市场份额而采取的战略性行为或行动。市场行为受市场结构的影响，并通过市场竞争进一步影响市场绩效。市场行为主要包括定价策略、产量决策、产品策略、广告和促销、研发投入、合作与竞争、垂直整合与水平整合等，市场行为是企业在市场结构形势下所采取的竞争策略和行动。不同的市场结构将导致不同的市场行为，进而影响市场绩效。因此，在SCP分析框架中，市场行为是连接市场结构和市场绩效的关键环节。

市场绩效是对市场的效率和有效性进行评估的指标，它用于衡量市场是否能够有效地满足消费者需求、促进竞争和创新，并实现资源配置的最佳化。但在哈佛学派看来，资源配置效率和社会福利是主要标准，也即产业是否尽可能多地、尽可能好地向社会提供了产品，使社会福利最大化。可以从利润率、技术进步状况与X非效率、产品质量、消费者满意度、价格水平、资源配置效率等方面对市场绩效的优劣进行评价。如果按照这些评价标准判定市场绩效低下，就需要对市场结构进行政策介入。

产业组织政策是指国家对市场结构、企业行为和市场绩效等方面进行干预和调节的政策。产业组织政策的目的是促进市场竞争，提高市场效率，保护消费者利益，促进经济发展和社会福利。主要包括市场准入政策、反垄断政策、企业合并政策、价格管制政策、行业规范政策等。在哈佛学派看来，高市场集中度的市场结构会产生垄断行为，进而导致不良的市场绩效，降低了资源的配置效率。因此，产业组织政策首先应该对经济生活中的完全垄断和寡占等高集中度市场采取政府规制，以形成和维护有效竞争的市场结构，从而提高市场绩效。哈佛学派的政府干预政策对美国等国家反垄断政策的制定和实施产生了重大影响。

哈佛学派的产业组织理论是在吸收和继承马歇尔完全竞争的市场结构理论、张伯伦的垄断竞争理论和克拉克的有效竞争理论的基础上形成的。他们的最大贡献是创造性地提出了SCP分析框架，并运用该分析范式对产业组织各构成要素及其相互关系展开深入理论分析。哈佛学派的产业组织理论对第二次世界大战后的西方国家，尤其是美国反垄断政策的开展和强化产生了重大影响，并成为西方许多国家政府部门制定竞争与组织政策的重要理论依据。但是随着产业组织实践的发展，哈佛学派的产业组织理论日益显示出其固有的局限性。这种局限性源于其对企业异质性假定的片面性，即企业的异质性仅仅表现为规模和产出品的差异。

(二) 芝加哥学派

20世纪60年代末70年代初开始,资本主义国家受经济危机的严重影响,出现了"滞胀"现象,沉重打击了资本主义市场经济。这一时期美国政府为摆脱经济困境采取了一系列放松管制的政策,20世纪80年代初美国经济开始复苏。传统产业组织理论无法很好地解释这一现象,这推动了产业组织理论的进一步发展。不少研究者和分析家将导致经济不景气的主要原因归咎于哈佛学派主张强硬的反垄断政策。同时,传统产业组织理论由于在研究方法方面的缺陷以及微观理论基础上的不足,在20世纪60年代后受到了多方的批评和修正,这些批评中以乔治·斯蒂格勒(George Stigler)、哈罗德·德姆塞茨(Harold Demsetz)、布罗兹恩(Y. Brozen)和波斯纳(Richard A. Posner)等为代表的芝加哥学派最为直接,芝加哥学派就是在对哈佛学派的抨击中逐渐形成的。

芝加哥学派强调价格理论及其应用的重要性,认为产业组织及其反托拉斯问题应该通过价格理论的延伸来研究。其认为在一个充分竞争的市场中,价格是由供求关系决定的,当市场达到均衡时,价格会使得供应和需求相等,资源得到有效配置。芝加哥学派的经济学家对价格歧视现象进行了深入研究。他们指出,价格歧视在一定程度上可以提高资源配置的效率,例如通过三级价格歧视使得更多消费者能够购买到商品和服务。然而,他们同时认为,过度的价格歧视可能会导致资源配置失效和消费者福利损失。芝加哥学派在反垄断政策领域强调价格理论的应用。他们主张关注价格水平和消费者福利,而非单纯地维护市场竞争。例如,乔治·斯蒂格勒提出的消费者福利标准,强调反垄断政策应以保护消费者福利为目标。芝加哥学派认为,价格不仅是资源配置的调节机制,还是市场信息的载体。价格的变动反映了市场供求关系的变化,为企业和消费者提供了有关市场状况的重要信息。在他们看来,问题的关键是市场的集中及其定价的结果是否提高了效率,而不是像哈佛学派那样只看是否损害了竞争,兼并未必反竞争,高利润率并不一定就是反竞争定价的结果,而完全可能是高效率的结果。是绩效或行为决定了结构,而不是相反。由于芝加哥学派在产业组织理论研究中注重的是效率,因而也被称为"效率学派"。

芝加哥学派的思想对美国反托拉斯活动及政府管制政策产生了深远影响。在美国反托拉斯法的实施中,芝加哥学派的消费者福利标准起到了关键作用。例如,在20世纪70年代的美国钢铁业反倾销案中,法院采用了消费者福利标准来评估是否存在不正当竞争行为,这一判断标准强调了对价格、产量和创新等因素的关注,使得消费者利益在反托拉斯案件中得到更好的保护。芝加哥学派对市场结构和垄断行为的看法,影响了美国反托拉斯活动的实践。例如,在1978年的美国广播公司起诉美国全国广播公司案件中,法院采纳了芝加哥学派的观点,认为垄断行为不一定导致消费者福利损失,需要具体分析市场竞争状况和企业行为。芝加哥学派的理念还影响了美国对政府管制的态度。例如,在20世纪80年代的美国航空业和电信改革中,政府采纳了芝加哥学派的建议,放松了这些行业的管制。在里根政府时期,不但有许多芝加哥学派的经济学家或赞成其思想的经济学家成为司法部的顾问,而且有的还担任了美国联邦贸易委员会主席、司法部反托拉斯局局长或最高上述法院法官等要职。在这些人的影响下,司法部于1982年颁布了新的《兼并准则》。该准则偏重用效率原则来指导反托拉斯诉讼,放宽了判定商业活动反竞争的标准。美国的立法、司法和执法机构对兼并活动采取了20世纪以来最为放任的立场。例如,1982~1986年,美国联邦贸易委员会和最高法院只对上报的 7 700 多个兼并中的 56 个采取了强制行动。

三、新产业组织理论的兴起

20 世纪 80 年代以后，产业组织理论取得了一些突破性进展，表现为运用现代微观经济理论的最新成果来研究产业组织问题，例如交易费用、博弈论、信息论、可竞争理论、激励机制设计理论等，理论界把 20 世纪 80 年代后产业组织理论的新发展称为新产业组织理论，新产业组织理论从理论范式、研究方法和政策主张等几个方面对传统分析框架进行了突破和创新。

（一）新制度学派的交易费用理论

传统产业组织理论的理论基础是新古典经济学，无法解释企业的规模和市场边界。科斯（Ronald H. Coase）在 1937 年发表了著名的《企业的性质》一文，他指出企业与市场是两种可以互相替代的组织生产方式，企业的本质就在于节约市场交易费用。以科斯为代表的新制度学派撇开了企业的技术决定因素，通过"交易费用"概念打开了企业这个"黑箱"，对企业的存在及其规模作了令人信服的解释。科斯认为企业和市场交换是两种可以相互替换且不同的交易机制，企业取代市场实现交易可节约交易费用。而企业在内部化市场的同时也会产生额外的管理费用，当管理费用的增加与节约的市场交易费用相等时，企业规模趋于稳定，企业的边界也基本确定。因而，生产的集中和大企业的兴起并不仅仅是垄断的兴盛和自由竞争的衰落，还意味着企业这种协调手段对市场的替代，这为产业组织理论的研究提供了全新的微观经济视野。

1985 年，新制度学派的重要代表人物威廉姆森（Oliver E. Williamson）出版了《资本主义经济制度：企业、市场和关联合约》一书，对交易费用的理论体系、基本假说、研究方法等作了系统阐述，建立了比较系统的新制度学派的产业组织理论。交易费用理论认为企业的边界不单纯由技术因素决定，而是由技术、交易费用和组织费用等因素共同决定，其主要观点有：（1）借助资产专用性、有限理性和机会主义等概念，认为当市场交易活动产生的交易费用大于企业内部的组织费用时，企业规模应当扩大，企业之间应该实行兼并、联合。反之，企业规模应当缩小；（2）指出企业组织也是资源配置的一种合理、有效的方式，企业组织这只"看得见的手"和市场机制这只"看不见的手"共同参与资源的配置。他认为由于市场不完全和有限理性，交易双方需要通过一体化来最小化交易成本，以防止机会主义导致的欺诈问题，而决定一体化的主要因素是交易次数、不确定性和资产专用性的交易维度。另外，他进一步扩展了交易费用的内涵，运用该理论解释企业的组织调整行为。总体而言，新制度学派对西方产业组织的发展作出了至少两方面的贡献：一方面，他们使产业组织理论的研究重心从市场结构转向企业行为；另一方面，他们将产业组织的研究由同一产业内部企业之间的关系扩展到了市场与企业之间的中间性经济组织、企业之间的并购，企业新业务部门的设立和老业务部门的关闭、企业新的业务领域和退出不盈利的业务领域，以及分包制、企业集团、企业之间的战略联盟等内容，为产业组织研究提供了全新视野，使新的产业组织理论更趋现实。

(二) 新奥地利学派的产业组织理论

新奥地利学派的产业组织理论继承了奥地利经济学派的思想和方法,致力于个人行为的逻辑分析。同芝加哥学派一样,他们也信奉自由主义,赞赏市场有序的结构,批判哈佛学派反垄断政策和观点。他们认为,市场竞争过程就是对分散知识和信息发现与利用的过程,经济运营的根本问题就是在于如何发现和利用分散的知识和信息,使资源运用于社会有用度更高方面,并特别强调企业家及其创业精神在这一过程中的重要作用。竞争的强弱不能用集中度、企业数和市场占有率等指标来衡量,而是取决于企业家的创业精神,只要确保自由的进入机会,充满旺盛创业精神的市场就能形成充分的竞争压力。因此,他们强烈反对哈佛学派的反垄断政策主张,认为只要政府不介入市场,市场进入完全自由就能确保充分的竞争,而垄断企业实际上正是经历了市场激烈竞争而生存下来的最优效率的企业。尽管新奥地利学派极端自由主义政策主张在经济生活中是不现实的,但他们关于市场作为一种过程的理论分析很有价值。

(三) 可竞争市场理论

20世纪70年代以来,"可竞争市场理论"逐步产生影响,主要贡献包括鲍莫尔(William Baumol)、潘扎尔(J. C. Panzar)和威利格(R. D. Willing)等学者。这些学者认为,市场竞争并不是自动实现的,市场结构和产业组织形态都会对市场竞争产生影响。1982年,鲍莫尔与美国西北大学教授潘扎尔、普林斯顿大学教授威利格一起出版了《可竞争市场与产业结构理论》一书,系统阐述了可竞争市场理论,标志着系统化的可竞争性理论的形成。

可竞争市场理论主要以"完全可竞争市场"的概念来分析有效率的产业组织形态。所谓"完全可竞争市场"是指市场内的企业在退出市场时完全不负担沉没成本,进入和退出市场完全自由。该理论认为只要市场是完全(或近似完全)可竞争的,潜在的竞争压力就会迫使任何市场结构中的企业采取竞争行为。在这种情况下,包括自然垄断在内的高集中度的市场结构可以与效率并存。基于上述认识,该理论认为在完全或(近似完全)可竞争市场上,政府应当放弃反垄断政策,并放松对某些垄断性行业的政府管制。政府产业政策的着眼点应该是确保行业中具有充分的潜在竞争压力,为此关键是要尽可能地降低沉没成本。

基于这一理论,一些学者主张在完全或近似完全可竞争的市场环境下,政府应审视反垄断政策,并重新评估对具有垄断特征行业的管制。政府在制定产业政策时,应关注确保行业内的充分潜在竞争压力。实现这一目标的关键在于尽可能降低沉没成本,以减少市场进入和退出的障碍。此外,可竞争市场理论强调政府在制定产业政策时,应关注市场竞争的潜在性,而非仅关注表面的市场结构。这一理论认为,充分的潜在竞争压力有助于市场主体保持竞争状态,从而提高整体市场效率。这一理论为我们理解市场竞争、产业结构和政府政策提供了重要启示。政府在制定产业政策时,应关注潜在竞争压力的保障和降低沉没成本,以创造一个充满竞争活力的市场环境。

(四) 博弈论在产业组织理论中的应用

20世纪70年代以来,以泰勒尔为代表的经济学家将博弈论和信息经济学的分析方法有机地贯穿到产业组织理论的研究中,给传统理论带来了全新的研究方法。20世纪80年代后期泰勒尔（Jean Tirole）出版《产业组织理论》一书集中反映了该领域的主要研究成果。可以说，20世纪80年代后期产业组织理论在理论上的重大进展与博弈论的广泛应用密切相关。博弈论为经济学家理解和分析多元垄断与寡占状态下的市场结构、不完全竞争市场定价、企业战略行为以及反垄断规制等领域提供了强有力的分析工具。同时，博弈论及其机制设计、不完全合同理论的应用也使得产业组织经济学的理论基础大大加强。新产业组织理论运用博弈论将库诺特模型、伯川德模型等多元垄断模型进行严密细致的理论化，并用纳什均衡阐明企业的行为，分析市场初期条件给定时，如何通过企业行为实现新的均衡。也就是说，博弈论为新产业组织理论将分析重点放在企业策略性行为上提供了一种新的理论手段。随着博弈论自身的完善和发展，以法国学者让·梯若尔（Jean Tirole）为代表的西方学者利用博弈论的分析方法对整个产业组织理论体系进行了再造。

在博弈论分析方法基础上，学者们对具体的产业组织问题进行了新的探索，产生了一系列新的理论研究成果，其中比较具有代表性的有以下两种：一种是策略性行为理论。寡头竞争企业的策略性行为是新产业组织理论研究的核心内容。策略性行为包括合作博弈和非合作策略性行为。其中，非合作策略性行为是新产业组织理论研究的重点。在垄断或寡占市场中，市场环境不再是外生的，主导厂商可以通过策略性行为改变市场环境，从而影响竞争对手的预期，改变竞争对手对未来事件的信念，达到迫使竞争对手作出对主导厂商有利的决策行为。策略性行为理论主要包括两个方面内容：一是影响未来市场需求函数和成本函数的策略性行为；二是影响竞争者对时间估计信念的策略性行为。前者包括过度生产能力策略、提高对手成本的策略、品牌多样化策略等；后者包括与进入遏制和退出引诱相联系的限制性定价策略，掠夺性定价策略、消耗战策略、研发竞争策略等。另一种是产品差别化理论。产品差别化是企业非价格竞争的重要形式。新产业组织理论将传统产业组织理论中含义模糊的产品差别模型划分为垂直差别和水平差别两种。垂直产品差别是指由于产品质量不同所形成的差别；水平产品差别是指为了适应不同消费者的不同偏好而形成的产品种类的差别。产品差别化理论的主要内容包括三个方面：第一，分别运用伯川德—纳什均衡的方法分析两类差别的市场均衡及社会福利含义；第二，在差别化产品条件下的价格决定问题；第三，寡头垄断企业的产品选择问题。在具体分析中，产品差别化理论分别运用空间差别化的两个标准模型，即霍特林的线性选址模型和萨洛普两阶段博弈的圆形进入和定位模型，展示了具有差别产品的伯川德竞争性质，阐明了差别化的原则，并研究了自由进入的多种均衡问题。另外，产品差别化理论还对差别最大化和差别最小化、广告宣传与信息性产品差别化等问题进行了探索。

第二节　规模经济与范围经济

市场经济中，产业之间总存在着程度不同的经济特征。有些行业由小企业占主导，而一些行业则由大企业占主导，还有一些行业两者都存在。我们不禁要问：什么原因造成了这些产业之间如此大的差别？企业规模的大小究竟是由什么决定的？企业是否存在一个适度的规模？事实上，这些截然不同的市场结构，是同规模经济和范围经济紧密相关的。在不同的产业，企业的规模经济和范围经济存在很大差别。因此，研究规模经济和范围经济就具有特殊的意义。

一、规模经济的定义

规模经济是指企业或组织在生产或经营过程中，随着产量或规模的增大，其平均成本逐渐减少的现象。这是由于随着生产规模的扩大，生产成本可以分摊到更多的产品或服务上，从而降低了每个单位的成本。

规模经济可划分为内部规模经济、外部规模经济和城市规模经济。所谓内部规模经济是指企业内部生产规模扩大所带来的生产效益和成本效益的增长现象。例如，企业生产规模的扩大，一家工厂的设备、管理、生产线等固定成本可以分摊到更多的产品上，从而降低每个产品的生产成本。这种规模经济的来源包括技术进步、生产过程中的固定成本摊销和管理费用的下降等。外部规模经济是指企业与外部环境的规模，即企业所在的行业或市场随着企业数量的增多，企业生产成本会逐渐下降。例如，当一个行业中有很多大型企业时，它们可以共享技术、资源和经验，从而进一步提高生产效率和质量水平。此外，大规模生产还可以降低供应商成本和企业间交易成本，从而提高整个行业的效率和竞争力。城市规模经济是指城市规模对企业规模经济的影响，即企业所在的城市规模越大，企业生产成本就越低。这种规模经济的来源包括人力资源成本的下降、交通运输成本的下降和基础设施建设成本的下降等。

上述内部规模经济可分为不同的层次，包括产品规模经济、工厂规模经济和企业规模经济三个层次。其中产品规模经济，是指企业在生产一种产品时，随着生产规模的增大，单位产品成本逐渐降低的情况。这是因为生产规模的扩大使得固定成本分摊到每个产品上的成本降低，从而导致每个产品的平均成本下降。工厂规模经济是指在一个生产工厂内，随着生产规模的增大，单位产品成本逐渐降低的情况。这是因为生产规模的扩大可以使得设备和生产线更加有效地被利用，从而降低每个产品的平均成本。企业规模经济是指企业在整体规模上进行扩张，包括增加产品线、并购等扩张方式。随着企业规模的扩大，企业可以更好地利用资源、提高采购效率等，从而降低每个产品的平均成本，提高企业的竞争力。这三种规模经济都是企业在不同层次上的扩张带来的成本效益和生产效益的提高。内部规模经济是很多企业实现竞争优势和降低成本的关键因素。在许多行业中，规模经济促使一些大型企业占据了市场的主导地位。然而，规模经济也可能导致一些问题，例如企业变得过于庞大和不灵活，以及缺乏创新和适应市场变化的能力。

二、规模经济的来源

规模经济的来源是多方面，以下是一些形成规模经济的主要来源。

（一）分工和专业化

在现代经济中，企业规模越来越大，分工和专业化也越来越重要。随着企业规模的扩大，分工和专业化可以更好地实现，从而提高生产效率和降低生产成本。这是因为分工可以使工人在生产过程中专注于自己的任务，避免了时间和精力的浪费，提高了生产效率。而专业化则是指在生产过程中，不同的工人负责不同的工作，根据各自的专业领域进行专门化的操作，这样也能提高生产效率。分工和专业化的发展是产生规模经济的原因之一。分工可以使得不同工人的生产效率提高，专业化则可以使得不同的工人在各自的领域内达到更高的技术水平。这样，企业在生产过程中可以更好地发挥各个员工的特长，从而提高生产效率。此外，随着企业规模的扩大，企业还可以采取更多的生产自动化技术，从而进一步提高生产效率。例如，企业可以引入机器人来代替人工，实现生产过程的自动化。这样可以提高生产效率，同时也可以降低生产成本。

（二）规模化采购和销售

采购成本是企业经营过程中一个不可忽略的重要成本之一。采购成本的高低直接影响企业的利润水平和市场竞争力。大型企业采购量大，可以获得更大的折扣，同时也能够与供应商建立更紧密的合作关系，获得更好的服务和支持。这些优势不仅可以降低采购成本，同时还可以提高产品质量和企业的竞争力。相反，对于小型企业来说，采购成本较高是一个普遍的问题。由于采购量小，往往难以获得较好的价格和供应商支持。而大规模的产品销售，则有利于提高广告等促销活动的经济效益，降低单位产品的促销费用。同时，只有大规模的产品销售，才能在各地设立企业销售服务中心，以提高产品销售效率，更好地满足消费者需要。

（三）管理效率提升

管理效率是企业规模扩大所带来的最为显著的效益之一。大型企业拥有更多的资源和更为完善的管理系统，可以更好地利用信息技术来跟踪生产和销售数据，从而更加精确地掌握市场变化和产品需求。这样一来，企业可以更加有效地制订生产计划，避免过度生产或过度销售，从而提高生产效率并降低管理成本。总之，大型企业可以更好地利用信息技术和管理系统，从而更加精确地掌握市场变化和产品需求，提高生产效率并降低管理成本。

（四）大批量生产的经济性

随着企业规模的扩大，企业可以通过大规模的批量生产来实现规模经济，利用大批量生产的优势降低生产成本和提高生产效率。例如，某些产品的生产需要特定的生产线和工艺，一旦生产线投入使用，大规模生产可以大幅度降低生产成本。同时，在较大规模的企业中，拥有更雄厚的资金采购自动化设备和应用自动化技术，从而可以通过生产自动化来实现规模经济，降低人工成本和提高生产效率。例如，自动化生产可以减少人工干预，提高生产效率和产品质量。

（五）品牌效应

大规模企业相对于小规模企业具有更高的品牌知名度和品牌影响力，因此更容易通过品牌效应来实现规模经济。所谓品牌效应是指企业因其品牌知名度和形象而产生的影响力和信任度。品牌效应可以通过提高产品的销售量和价格水平，降低市场营销和推广成本，进而降低企业的成本，实现规模经济。大规模企业在市场上的知名度和影响力要高于小规模企业，因为它们通常具有更多的资源来投入品牌建设和市场影响。例如，大企业可以投入更多的资金在广告宣传和市场推广上，吸引更多的消费者，进而扩大市场份额和提高产品价格。同时，大企业还可以通过研发创新、质量保证等手段提高产品质量，从而提高品牌影响力和信誉度，因此品牌效应也是规模经济的来源之一。

（六）大批量运输的经济性

大批量运输是企业规模经济效应的来源之一。企业规模越大，其生产和销售产品数量也会随之增加，从而使得运输的物品数量也相应增加。而大批量的运输相对于小规模的运输来说，具有更低的运输成本和更高的运输效率。首先，大批量运输能够降低单位运输成本，在物流运输过程中，存在固定成本和可变成本。固定成本是指无论运输数量是多少，物流企业都需要支付的成本，例如车辆、设备和人力等费用。而可变成本则是随着运输数量的增加而增加的成本，例如燃料、维修和保险等费用，当运输数量越大时，固定成本相对来说占比更小，从而使得单位运输成本相应降低。其次，大批量运输能够提高运输效率。大批量的运输相对于小规模的运输，通常采用集装箱、货柜等批量装载方式，从而提高装卸效率和运输速度。同时大批量运输也可以通过优化物流配送和运输路线等手段，进一步提高物流运输效率和服务水平。因此，大批量运输的经济性是企业规模效应的来源之一，企业通过提高运输量和优化物流运输方式，可以降低单位运输成本和提高运输效率，实现规模经济。

（七）大规模投资的经济性

大规模投资的经济性是企业规模经济效应的另一个重要来源。企业规模越大，通常会有更多的机会进行大规模投资。这些投资可能包括新的设备、技术和生产线等，以提高生产效率和降低成本。此外，大规模投资也可能包括扩大市场份额、增加营销推广等，以提高销售量和销售额。首先，大规模投资能够降低单位生产成本。例如，一家大型制造企业可能会投资建设新的自动化生产线，从而取代传统的人工生产方式。自动化生产线可以提高生产效率和质量，减少工人的数量和成本，降低生产成本。又如，一家大型快递公司可能会投资购买更多的配送车辆和物流设备，以提高配送效率和降低配送成本。其次，大规模投资能够提高企业的生产能力和市场占有率。企业通过大规模投资扩大生产能力和提高产品质量，可以增加产品供给，满足市场需求，从而增加市场占有率和收益。例如，一家大型电子产品制造企业可能会投资研发新的高科技产品，以提高市场竞争力和市场份额。最后，大规模投资也能够提高企业的技术水平和创新能力。企业通过大规模投资购买先进的设备和技术，能够吸引更多的技术人才和创新资源，进一步提高企业的技术水平和创新能力。因此，大规模投资的经济性是企业规模经济效应的来源之一，企业通过大规模投资来提高生产效率、降低生产成本、扩大市场占有率、提高技术水平和创新能力，实现规模经济。

三、范围经济的定义

范围经济是指在同一企业内部生产多种产品或服务时，可以通过共享成本和资源等方式降低生产成本，提高经济效益的现象。也就是说，当企业拥有多种不同的产品和服务时，这些产品或服务之间存在一定的相互依赖性和关联性，从而可以实现成本共享和资源优化，降低单位产品成本，提高利润率。通常范围经济也可以通过以一个企业生产多种产品和多个企业分别生产一种或少数集中产品的相对成本来定义。如果令 $TC(Q_x, Q_y)$ 表示一个企业生

Q_x 个单位的产品 X 和 Q_y 单位的产品 Y 所发生的总成本,则存在范围经济的条件可以用式 (2-1) 表示:

$$TC(Q_x,Q_y) < TC(Q_x,0) + TC(0,Q_y) \tag{2-1}$$

即由一个企业同时生产产品 X 和 Y 比一个企业生产产品 X,另一个企业生产产品 Y 所花费的成本小[①]。

范围经济的实现需要企业具有多种产品或服务的生产能力和管理能力,同时要求这些产品或服务之间存在一定的相关性和互补性。例如,汽车制造企业可以在同一生产线上生产多个型号的汽车,从而实现生产成本的共享和优化;一家大型医药企业可以通过共享研发、生产、销售等资源,提高新药研发和市场推广的效率,降低生产成本。

范围经济也可以通过企业的垂直整合和水平整合来实现。垂直整合是指企业在生产过程中控制供应链中的多个环节,例如原材料采购、生产制造、产品销售等,以实现成本共享和资源优化。水平整合则是指企业通过并购或合作等方式,将多个相关或互补的产品或服务整合到一个企业内部,以实现成本共享和经济效益的提高。总之,范围经济是指企业通过共享成本和资源等方式,在同一企业内部生产多种产品或服务,实现经济效益提高的现象。

四、范围经济的来源

规模经济的一些成因,例如大批量采购和销售、大批量运输的经济性和大规模管理的经济性、大规模投资的经济性,也是产生范围经济的主要来源。此外,范围经济还来源于其他几个方面。

(一) 生产的灵活性

当企业在生产多种产品或提供多种服务时,它们可以通过提高生产灵活性来更好地适应市场变化。例如,一家餐饮连锁企业可以同时提供多种不同的餐饮服务,以满足不同地区和不同消费者的需求,从而提高生产灵活性。

(二) 资源的互补性

当企业生产多种产品或提供多种服务时,它们可以通过资源互补性来提高生产效率和产品质量。例如,一家化工公司可以在生产化学品的同时,利用副产品制造其他化学品,从而提高生产效率和产品利用率。许多零部件或中间产品具有多种组装性能,可以用来生产不同的产品,因而可以增加零部件和中间产品的生产批量,取得因规模经济而引起的范围经济。

(三) 网络效应

当企业在生产多种产品或提供多种服务时,它们可以通过网络效应来提高产品或服务的价值。网络效应指的是产品或服务的价值随着使用人数的增加而增加。例如,一家社交媒体公司可以通过同时提供多种社交功能来吸引更多的用户,从而提高社交媒体平台的价值和吸引力。

---

① 王俊豪. 产业经济学 [M]. 北京:高等教育出版社,2021:12.

(四) 技术和知识的扩散效应

当企业在生产多种产品或提供多种服务时，它们可以共享相同的技术和知识，从而提高生产效率和产品质量。企业一项研究开发技术的成果往往可以用于多种产品的生产，从而有利于扩散研究开发成果，大大降低单位产品所分摊的研究开发成本。例如，一家制药公司可以通过共享研发技术和设备，降低研发成本，并在多个领域获得更多的技术和知识。

(五) 交叉销售

当企业在生产多种产品或提供多种服务时，它们可以通过交叉销售来吸引更多的客户和市场份额。例如，一家家居用品商店可以在店内销售家具、装饰品和厨房用品等多种产品，从而扩大客户群和市场份额。

(六) 共享效应

当企业在生产多种产品或提供多种服务时，它们可以共享相同的生产设备、原材料、人力资源等，从而降低生产成本。例如，一家酒店可以使用同一批清洁工人来打扫客房、餐厅和会议室，从而减少工作重复和成本浪费。它们也可以共享相同的技术、知识和经验，从而提高生产效率和产品质量。例如，一家汽车制造商可以使用同一种发动机技术来生产多种车型，从而减少研发和生产成本，并提高产品性能。

第三节 企业适度规模与企业多元化经营

一、企业适度规模

(一) 企业规模与效率

通过第二节的学习，我们知道企业规模的扩大会带来很多好处。但是，企业规模是否越大经济效率就越高越好？或者说企业规模是否越大越经济，效率越高？虽然，随着企业规模的增大，可以实现生产规模的扩大，可以实现更细致的分工和协作，可以投入更多的研发资金和人力，可以更好地配置资源和管理成本，也更容易打造知名品牌，而实现生产效率的提高。但是，企业规模也不是越大越好，通常认为企业规模与效率并不是线性关系，也就是说，规模越大不一定就意味着效率越高。在一定范围内，随着企业规模扩大，生产效率会随着提高，但超过一定的规模后，由于管理成本、协调成本等因素的增加，效率增长率会逐渐降低，甚至出现逆效应。诺贝尔经济学奖获得者斯蒂格勒（George Joseph Stigler）认为，"规模收益会由于大企业管理困难而出现减少。企业越大，为了给中央决策提供必要信息和执行这些决策所必需的批准手续，它的行政机构必定越大越正规，庞大的机构必定较不灵活"。

一般经济学家会采用边际成本和平均成本的关系来描述规模经济和规模不经济。如果边际成本小于平均成本，也即 $MC < AC$，则存在规模经济；如果边际成本大于平均成本，也即 $MC > AC$，则存在规模不经济；如果边际成本等于平均成本，也即 $MC = AC$，则存在规模报酬不变。根据以上三种情况，可以采用判定系数 FC 来描述企业的规模经济特征。判定系数被定义为平均成本与边际成本之比，也即有：$FC = AC/MC$。如果 $FC > 1$，那么边际成本小于平均成本，随着产量的增加，平均成本将下降，存在规模经济；如果 $FC < 1$，那么边际成本大于平均成本，随着产量的增加，平均成本将上升，存在规模不经济；如果 $FC = 1$，边际成本等于平均成本，规模报酬不变，在一定的产量范围，平均成本曲线呈水平状态[①]。如图 2-1 所示。其中使得 $FC = 1$ 的最小 Q 值就是理论上的最小最优规模的理论值。

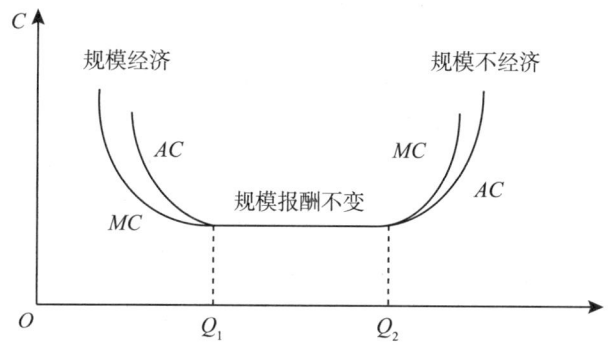

图 2-1　规模经济与规模不经济

但是，应该注意的是，以上判定系数只是一个理论值，在现实经济中很难得到具体数值。因此，通常可采用工程分析法、量本利比较法和运用现代技术手段来确定企业的最优适度规模。

（二）企业适度规模的确定方法

1. 采用工程分析法。工程分析法是一种基于工程技术的方法，通过分析企业的生产工艺和工艺流程，确定企业适度规模。具体来说，大致分为以下几个步骤：一是确定产品类型和生产工艺，企业首先需要确定自己所生产的产品类型，以及生产这些产品所需要的工艺流程，这个过程中需要考虑产品的特性、市场需求和生产工艺的可行性等因素。二是确定设备和生产能力，企业需要对所选的设备配置和生产能力进行成本和收益计算。这个过程需要考虑设备和人力资源的成本、生产能力的收益和市场需求等因素。三是确定企业的适度规模，通过比较不同规模下的成本和收益，确定适度规模。这个过程需要综合考虑多种因素，例如市场需求、技术水平和成本控制等。最后是优化方法，在确定适度规模后，企业需要进一步优化方案，以提高生产效率、降低成本等，这个过程需要考虑设备和生产工艺的优化、人力资源的配置等。需要注意的是，这种方法需要对企业的生产工艺和工艺流程有深入的了解，对于某些行业和企业来说可能并不适用。

2. 量本利比较法。量本利比较法是一种常用的企业适度规模确定方法。主要是通过对不同规模下的量本利指标进行比较，以确定最优生产规模。其具体步骤为：（1）确定比较期间和比较对象。一般情况下，比较期间为一年，比较对象可以是同行业同类企业，也可以是企业的历史数据。（2）进行数据收集，收集不同规模下的生产量、销售收入、成本费用

---

① 王俊豪. 产业经济学 [M]. 北京：高等教育出版社，2021：12.

等数据,并计算量本利指标,例如单位产品成本、单位产品利润等。(3)进行比较分析,将不同规模下的量本利指标进行比较,以确定最优生产规模。一般情况下,最优规模是指单位产品成本最低、单位产品利润最高的生产规模。(4)进行灵敏度分析,对最优规模进行灵敏度分析,以确定最终的适度规模。灵敏度分析包括对关键参数进行变动分析,例如市场需求量、原材料价格、劳动力成本等,以评估最优规模的稳定性和可靠性。值得注意的是,量本利比较法仅是一种参考方法,企业在确定最优规模时,还需要考虑市场需求、供应链协同、企业战略和未来发展等多方面因素,以制定合适的生产计划和策略。

3. 运用现代技术手段。现代技术手段例如数据挖掘、机器学习等方法可以帮助企业根据大量数据和算法,找出最优规模。企业可以通过收集市场数据、生产数据、客户反馈等信息,并运用机器学习算法、数据挖掘算法等工具,来确定最佳规模。其他一些技术手段也可以帮助企业确定适度规模。这些技术手段包括:(1)仿真模拟。通过构建模拟模型,可以模拟现实环境下的各种情况,以评估不同规模下的生产效率和成本等指标,从而确定最佳规模。(2)线性规划。线性规划是一种数学方法,可用于最大化或最小化目标函数,同时满足一组线性约束条件。企业可以使用线性规划方法来确定最佳生产量、资源分配和产品组合等。(3)决策树分析。决策树是一种可视化工具,可用于帮助企业确定最佳决策路径。企业可以使用决策树分析来确定最佳规模,基于不同的决策因素,例如市场需求、生产成本和利润等;企业可以利用各种现代技术手段来确定最优规模,但应注意选择合适的方法和工具,并将其应用于企业的具体情况中,以实现最佳效果。

二、企业多元化经营

(一)企业一体化与多元化战略

企业一体化战略是指企业通过收购、合并、联合等手段,将不同的业务和资源整合到一起,形成一个相对完整、有利可图的企业体系,从而提高企业的规模效益、市场竞争力和经营效率。在20世纪60年代末到70年代初,美国经济学家阿尔弗雷德·钱德勒(Alfred D. Chandle)提出了企业"规模与范围"理论,他认为企业要想在市场竞争中立于不败之地,就需要实现一定程度的规模扩大和产品范围的扩展。他认为企业应该利用自身的优势,通过整合外部资源和内部资源,形成"垂直整合"和"水平整合"的企业结构。美国学者彼得·德鲁克(Peter F. Drucker)提出的企业"联盟"战略和日本学者大内兴和提出的企业"经营联合体"等理论,为企业实施一体化战略奠定了基础。这些理论的共同点在于强调企业要通过整合资源,提高经济效率和市场竞争力,以适应外部市场变化。企业一体化战略通常包含水平一体化、垂直一体化和混合一体化等形式。企业通常采用这三种战略以形成大型企业。

1. 水平一体化。水平一体化是指企业通过收购或合并同一行业内的竞争对手,扩大自身规模,实现资源共享和成本优化,提高市场份额和竞争力。企业实施水平一体化战略通常有以下几方面原因:通过水平一体化战略,整合各类资源,包括人力、物流、供应链和技术等,从而实现资源的优化配置,提高资源利用效率和效益。企业通过水平一体化战略,可以通过扩大规模、优化业务流程和减少重复投入的方式,实现成本降低,提高企业的盈利水平。也可以通过扩大产品线、拓展市场份额，提高市场竞争力。还可以促进企业内部各业务板块之间的协作，提高协同效应，从而进一步提高整个企业的绩效表现。虽然实施水平一体化战略能够给企业带来诸多好处，但通常也会带来一些问题，例如企业在实施水平一体化战略时可能会浪费部分资源，尤其是在整合过程中可能会出现过度重叠和重复投入情况。水平一体化也有可能会扩大企业的风险范围，尤其是在扩大产品线和市场份额过程中，会面临更多的市场风险和经营风险。企业在实施一体化战略时，需要管理更多的业务板块和业务流程，也会面临管理困难等问题。另外，实施水平一体化战略需要进行重组和整合，在这个过程中需要耗费大量的人力、物力和财力，这会对企业财务状况和发展计划产生一定影响。

水平一体化一般适用于规模较大的企业，特别是在同一行业中具有一定影响力的领先企业。这类企业通常有较强的资源整合能力，可以通过水平一体化战略整合各类资源，实现成本控制、效率提升和协同效应，从而进一步提高市场竞争力。此外，一些行业中存在产业链上下游关系密切的企业，例如汽车、电子、制药等行业，也比较喜欢进行水平一体化战略，以加强产业链上下游的合作与整合。

2. 垂直一体化。企业垂直一体化战略是指企业通过对上下游企业资源的整合和控制，实现产品生产和销售全过程的控制。垂直一体化包括向上一体化和向下一体化两个方向。向上一体化是指企业通过收购或与供应商合作等方式，控制原材料的采购和生产环节，从而实现对产业链上游的控制；向下一体化是指企业通过收购或与分销商合作等方式，控制产品的销售和分销环节，从而实现对产业链下游的控制。企业垂直一体化战略具有如下优点：通过控制供应商和分销商等环节，企业可以更好地控制产品质量，提高产品质量的稳定性；通过控制原材料采购和销售环节，企业可以实现成本控制和效益最大化；通过垂直一体化，企业可以实现生产流程的优化和协调，提高生产效率；通过垂直一体化，企业还可以控制市场上游和下游，从而提高市场份额和竞争力。但是，企业垂直一体化战略也会让企业面临一定的风险，具体包括：企业需要进行大量的资本投入和收购，并承担相应的风险；企业垂直一体化将面临更多的市场风险，例如市场需求变化和价格波动等，且企业垂直一体化增加了内部经营层次和复杂性，需要更好的管理和协调。

垂直一体化是一种被广泛应用的企业战略。例如苹果公司就是一个非常成功的垂直一体化企业，从硬件、软件到服务，苹果公司一直致力于掌控整个产品生命周期。它自主设计并生产其硬件产品，例如 iPhone、iPad 和 Mac 电脑，同时开发和维护自己的操作系统 iOS 和 macOS。此外，苹果公司还拥有自己的在线应用商店 App Store 和音乐服务 Apple Music。亚马逊是一个以在线零售起家的公司，但它通过向上垂直一体化，控制了整个零售业务，从采购、仓储、物流到送货服务。此外，亚马逊还向下垂直一体化，拥有自己的云计算服务 AWS 和娱乐内容平台 Amazon Prime Video，从而创造了更多的利润来源。福特汽车公司是一家历史悠久的汽车制造商，它向下垂直一体化，掌控了整个供应链，包括采购、生产、物流和销售。福特不仅生产汽车，还生产自己的零部件和发动机，以确保产品质量和生产效率。此外，福特还拥有自己的金融服务公司 Ford Motor Credit，为客户提供融资和租赁服务。这些企业的成功证明了垂直一体化战略的价值。

但是，需要注意的是垂直一体化战略并不是一个万能的策略，也有一些垂直一体化战略失败的案例。例如通用公司（General Electric）曾经是一家成功实施垂直一体化战略的公司，但在近年来，公司遭遇了一系列挫折和失败。公司在航空、能源、医疗和铁路交通等领域进行了广泛的垂直一体化，但面临市场变化、高成本和竞争加剧等挑战，公司业绩下滑。2018年，通用电气被迫削减业务范围和员工规模，退出了许多不赚钱的业务。西尔斯（Sears）曾经是美国最大的零售商之一，但由于管理问题和竞争压力，该公司在20世纪末期和21世纪初期遭遇了业绩下滑和垂直一体化失败的问题。西尔斯尝试将其零售业务和金融服务业务垂直一体化，但该策略并没有成功。随着电子商务和在线零售的崛起，西尔斯面临了更加激烈的竞争，并于2018年宣布破产。IBM曾经是一家以计算机硬件和服务业务为主的公司，但在20世纪90年代后期，公司决定进行垂直一体化，扩大其软件业务。然而，IBM并没有成功实现该战略。公司面临的挑战包括技术变革、市场需求和管理问题。尽管IBM在软件领域投入了大量资金和资源，但该业务并未成为公司的主要利润来源。这些案例表明，垂直一体化并不是一种保证成功的企业战略。企业需要综合考虑内部资源、外部环境和市场需求，制定最适合自身发展的战略方向。同时，企业还需要注意垂直一体化的成本和风险，以确保其能够实现预期的效益。

3. 混合一体化。企业混合一体化是指企业在不同的产业和业务领域中，采用垂直和水平一体化的方式进行经营和管理。与垂直一体化不同的是，混合一体化涉及多个产业和业务领域，通常包括两种或两种以上的不同业务领域，例如制造业、金融业、零售业等。混合一体化就是企业经营多元化。

混合一体化可以使企业在多个产业和业务领域中实现协同效应，降低成本、提高效率、优化资源配置，从而获得更大的利润和竞争优势。此外，混合一体化也可以帮助企业扩大市场份额，提高品牌知名度，增强企业在产业链中的地位。例如，沃尔玛就是一个成功实施混合一体化战略的企业。沃尔玛不仅在零售业领域占据了领先地位，同时还在物流、供应链和金融服务等领域进行了垂直一体化，使企业在多个领域中实现了协同效应，降低了成本并提高了效率，从而获得了竞争优势。然而，混合一体化也存在一些风险和挑战，不同业务领域之间的协调和管理难度较大，企业需要处理不同的市场、法律和监管环境，同时还需要处理不同的文化和管理方式。因此，企业需要制定全面的战略规划，并具备强大的管理和执行能力，以确保混合一体化战略的顺利实施。

（二）企业实施多元化战略的动机

1. 分散风险。分散风险是企业实施多元化战略的一个重要动机。多元化战略可以帮助企业分散其风险，因为它们在不同的市场和行业中有多种收入来源。如果企业只在一个市场或行业中运营，那么它将面临更高的风险，例如受到市场变化、行业发展或政策变化的影响。通过实施多元化战略，企业可以将其风险分散到不同的市场和行业，从而降低整体风险水平。这也使企业更加适应经济周期中的波动，因为它们可以依靠多个收入来源来稳定其财务状况。分散风险可以帮助企业更好地应对竞争。在某些情况下，企业可能会遇到来自其他公司的竞争，这可能会对其收入和市场份额造成负面影响。然而，如果企业已经实施了多元化战略，它们可以通过提供不同的产品或服务来应对这种竞争，并依靠在不同市场和行业中的多个业务来稳定其财务状况。分散风险还可以为企业提供更大的机会来实现长期增长。当企业在多个市场和行业中运营时，它们可以寻找更多的机会来扩大其市场份额和增加收入。这可以通过开发新产品或服务，进入新市场或与其他公司进行战略合作来实现。通过实施多元化战略,企业可以扩大其业务领域并实现更长期的增长,而不仅仅是依靠单个市场或行业的短期成功。对"多元化可以分散企业风险"这一命题的理论依据是投资组合理论。投资组合理论认为通过不同业务种类之间不同业务周期的差别来分散风险,投资组合中互为负相关的投资种类越多,每项投资在总投资量中所占的比重越小,组合降低风险的效果就越好。

2. 扩大市场份额。扩大市场份额是企业实施多元化战略的一个重要动机。通过在不同的市场中提供不同的产品或服务,企业可以增加其市场份额,从而提高收入和盈利能力。在某些情况下,企业可能已经在其核心市场中达到了饱和,无法再进一步扩大其市场份额。此时,实施多元化战略可以为企业提供进一步扩大市场份额的机会。通过进入新的市场或提供新的产品或服务,企业可以吸引更多的消费者并增加其市场份额。此外,通过在不同的市场中拥有多个品牌或产品线,企业可以更好地满足不同消费者群体的需求。这种战略可以为企业提供更多的机会来扩大其市场份额,并在不同的市场中获得更高的收入和利润。通过扩大市场份额,企业还可以更好地应对竞争。如果企业已经在某个市场中拥有了大量的市场份额,那么其他竞争对手可能会进入该市场并试图夺取一部分市场份额。通过实施多元化战略并在不同的市场中拥有更大的市场份额,企业可以更好地抵御竞争对手的进攻,并保持其市场领导地位。扩大市场份额是企业实施多元化战略的一个非常重要的动机,因为它可以增加企业的收入和利润,满足不同消费者群体的需求,应对竞争,并提供更多的机会来扩大业务领域和实现长期增长。

3. 实现协同效应。实现协同效应也是企业实施多元化战略的重要动机之一。通过在不同的业务领域中运营,企业可以实现协同效应,从而提高其综合业务表现和盈利能力。协同效应是指多个业务领域之间的相互促进和补充。例如,一个公司可能同时在房地产和酒店业务中运营。在这种情况下,该公司可以通过在酒店和房地产之间共享资源和经验,实现更高的效率和更大的盈利能力。这可以包括共享客户数据库、拓展房地产业务的酒店客房服务等。此外,通过实现协同效应,企业还可以更好地利用其资源和能力。通过在多个业务领域中运营,企业可以更好地利用其资产和技能,并将其转化为更高的价值。例如,一个公司可能在运营旅游和旅行服务方面拥有强大的技能,同时在餐饮和酒店方面拥有强大的资产。通过在这些业务领域中协同作用,该公司可以更好地利用其技能和资产,并实现更高的盈利能力。通过实现协同效应,企业还可以更好地管理其风险,通过在多个业务领域中运营,企业可以将其风险分散到不同的领域,从而降低其整体风险水平,这可以使企业更加稳健和可持续,并降低其业务风险。协同效应是企业实施多元化战略的一个非常重要的动机,因为它可以提高企业的综合业务表现和盈利能力,更好地利用资源和能力,降低整体风险水平,并为企业提供更多的机会来扩大业务领域和实现长期增长。

4. 实现规模经济。规模经济效应也是企业实施多元化战略的一个重要动机之一。通过在多个业务领域中运营,企业可以实现规模经济效应,从而降低其成本,并提高其综合业务表现和盈利能力。多元化战略可以使企业拓展多个业务领域,从而增加其产量,实现规模经济效应。例如,一个公司可能在制造和零售两个业务领域中运营。在这种情况下,该公司可以通过在这两个业务领域之间共享生产线和物流网络,以及采购和销售资源等,从而实现成本的降低和效率的提高。此外,多元化战略还可以使企业获得更多的市场份额和更大的市场影响力,从而更好地利用规模经济效应。通过在多个业务领域中运营,企业可以更好地满足不同市场的需求,并为其客户提供更好的产品和服务。这可以帮助企业拓展其市场份额和影响力,实现更高的销售额和更强的盈利能力。多元化战略还可以使企业更加稳健和可持续。通过实现规模经济效应,企业可以降低其成本和风险,从而更好地应对市场的挑战和变化。这可以使企业更加稳健和可持续,并为其提供更多的机会来扩大业务领域和实现长期增长。实现规模经济效应是企业实施多元化战略的一个非常重要的动机,因为它可以降低企业的成本,提高其综合业务表现和盈利能力,拓展市场份额和影响力,更加稳健和可持续,并为企业提供更多的机会来扩大业务领域和实现长期增长。

(三)企业实施多元化战略的制约因素

在当今日益激烈的市场竞争中,企业为了在市场上取得更好的地位和竞争优势,往往会考虑实施多元化战略,即拓展业务领域、扩大产品线和服务范围。然而,企业实施多元化战略并不是一项轻松的任务,其过程中可能会面临一系列制约因素,从资源限制到范围经济组织结构和文化、市场环境、管理能力、品牌价值和声誉、创新能力等方面均需考虑。

1. 资源限制。企业实施多元化战略需要大量的资源支持,包括资金、人力、技术、物流、市场渠道等。然而,这些资源并不是无限的,企业需要在各种资源之间做出权衡和选择,从而确保实施多元化战略的可行性和有效性。此外,资源限制还会对企业在多元化战略中的投资决策、组织架构和管理模式等方面产生重大影响。因此,企业需要认真评估自身的资源情况,做好充分的资源规划和管理,以确保实施多元化战略的成功。

2. 范围经济。尽管范围经济可以为企业带来一定的盈利,但它也可能对企业实施多元化战略带来一些制约,例如不同业务之间的相互关系可能会造成业务之间的相互竞争或冲突,从而影响企业的绩效和效益。企业在扩大业务范围时需要管理不同的业务部门,不同的业务部门可能有不同的管理模式和文化,使得企业管理难度加大。企业在多个领域或产品线上经营,需要投入大量资源,这样就可能分散企业的资源,使得企业难以在某个领域或产品线上获得竞争优势。范围经济使得企业需要在多个领域或产品线上经营,使得企业管理效率下降,从而影响企业的盈利能力。企业在考虑实施多元化战略时,需要充分评估其内部资源和管理能力,并制订相应的战略计划,以确保实现多元化战略的成功。企业可以通过分散风险、实现协同效应、扩大市场份额等方式来克服范围经济带来的制约。

3. 组织结构和文化。企业的组织结构可能不利于实施多元化战略。如果企业的组织结构过于僵化、层级过多、决策效率低下等,将会使得企业难以快速适应市场变化和实现多元化战略的快速调整和实施。此外,不同业务领域之间可能存在协调难度和冲突,企业需要调整组织结构,建立适合多元化战略的组织形式。企业的保守文化也可能限制多元化战略的实施。如果企业的文化过于保守、缺乏创新意识和变革意愿,将会使得企业难以推动多元化战略的实施。企业需要改变文化氛围,营造开放创新的企业文化,鼓励员工创新、实验和尝试,从而更好地支持多元化战略的实施。企业在实施多元化战略之前,需要评估自身的组织结构和文化,找出其中的短板和不足,制订相应的调整方案,以确保组织结构和文化的适应性和支持性,从而提高多元化战略的实施和成功的可能性。

4. 市场环境。市场环境的不确定性包括竞争压力、技术变革、政策变化、消费者需求等多种因素。这些因素可能导致企业的多元化战略面临风险和挑战,例如新进入的市场可能存在不确定的需求和消费者行为,导致企业难以准确预测市场趋势和制定正确的策略;新技术的出现可能迅速改变市场格局,导致企业原有的业务模式不再适用。此外,不确定的市场环境还可能导致企业面临财务风险、运营风险等,这些风险可能会加剧企业面临的挑战和压力,使得多元化战略的实施更加困难。企业在制定多元化战略时需要认真评估市场环境的不确定性,尽可能多地了解市场动态和趋势,寻找市场机会和风险,制定相应的应对措施,以应对不确定性带来的挑战和压力,从而提高多元化战略的实施和成功的可能性。

5. 管理能力。实施多元化战略需要企业具备一定的管理能力,例如战略规划、项目管理、风险管理、人力资源管理等方面的能力。如果企业在这些方面的管理能力不足,将难以成功实施多元化战略。不同领域的业务可能需要不同的管理能力,例如企业要进入新的市场或领域时,需要具备相关的技术、市场、行业等方面的知识和能力,否则难以理解并适应该市场或领域的规则和趋势,从而难以制定正确的策略和管理方式。企业需要在实施多元化战略之前充分评估自身的管理能力和不足之处,制订相应的提升计划,例如加强管理人员的培训和发展、引进具有相关领域经验的人才等,以提高管理能力,为实施多元化战略打下坚实的基础。

6. 品牌价值和声誉。品牌价值和声誉是企业的重要资产,而实施多元化经营战略可能会对企业品牌和声誉带来影响,因此也成为制约企业多元化经营战略的因素之一。企业在多个领域或产品线上经营,如果其中某些领域或产品线存在品质问题或经营不善,将会影响整个企业的品牌价值。随着企业在多个领域或产品线上的扩张,如果在其中某些领域或产品线上出现不良事件,例如产品质量问题、服务不当等,将会严重影响企业的声誉,从而影响企业的品牌价值和市场地位。随着企业在多个领域或产品线上的扩张,消费者对企业的认知度可能会下降,从而影响企业在市场上的竞争力。企业在扩张新领域或产品线时可能缺乏经验和知识,可能会出现管理不善或运营失误等问题,从而影响企业的品牌价值和声誉。企业在实施多元化经营战略时,需要认真考虑其对品牌和声誉的影响,并采取措施来降低潜在风险,例如,加强产品质量管理、维护品牌形象、提高消费者满意度等。同时,企业还需要在实施多元化经营战略之前,充分评估自身实力和市场潜力,制订适合自身发展的战略计划。

7. 创新能力。实施多元化战略需要企业不断地进行创新和探索,以应对不同领域和产品线的市场需求和竞争压力,因此创新能力是实施多元化战略的重要基础。然而,企业的创新能力可能受到多种因素的制约。企业在拓展新领域或产品线时,可能需要掌握新的技术、知识或经验,但企业自身的知识储备可能有限,这可能会限制企业的创新能力;企业在实施多元化战略时,可能需要引进新的人才或培养内部员工的跨领域技能,但如果企业无法留住优秀人才或无法有效地培养内部员工的跨领域能力,也会限制企业的创新能力;企业的创新能力也受企业内部文化的影响。如果企业缺乏创新文化,缺乏创新激励机制和资源投入,员工可能缺乏创新动力,导致企业创新能力不足;实施多元化战略也需要企业承担一定的风险,但企业可能存在风险厌恶的情况,不敢承担创新和探索的风险,从而限制企业的创新能力和发展。企业需要在实施多元化战略之前,评估自身的创新能力和潜力,确定如何加强创新能力的措施,并营造良好的创新文化和创新激励机制,以提高企业的创新能力,实现多元化经营的目标。

本章小结

◆ 完全可竞争市场是指市场内企业在退出市场时完全不负担沉没成本，进入和退出完全自由的市场。

◆ 规模经济是指企业或组织在生产或经营过程中，随着产量或规模的增大，其平均成本逐渐减少的现象。规模经济可以划分为内部规模经济、外部规模经济和城市规模经济。而内部规模经济又可分为产品规模经济、工厂规模经济和企业规模经济三个层次。

◆ 分工和专业化、规模化采购和销售、管理效率提升、大批量生产的经济性、品牌效应、大规模运输的经济性、大规模投资的经济性等都是规模经济的来源。

◆ 范围经济是指同一企业内部生产多种产品或服务时，可以通过共享成本和资源等方式降低生产成本，提高经济效益的现象。

◆ 范围经济的来源主要有生产的灵活性、资源的互补性、网络效应、技术和知识的扩散效应、交叉销售和共享效应等。

◆ 企业一体化战略是指企业通过收购、合并、联合等手段，将不同的业务和资源整合到一起形成一个相对完整、有利可图的企业体系，从而提高企业的规模效益、市场竞争力和经营效率。

◆ 企业一体化战略通常包括水平一体化、垂直一体化和混合一体化等形式，企业通常采用这三种战略以形成大型企业。

◆ 企业之所以要实施多元化战略，主要是为了分散风险、扩大市场份额、发挥协同效应、实现规模经济等，但企业在实施多元化战略过程中会受到例如资源限制、范围经济、组织结构和文化、市场环境、管理能力、品牌价值和声誉以及创新能力等的制约。

复习思考题

1. 名词解释。

完全可竞争市场　规模经济　范围经济　企业一体化战略

2. 简答题。

(1) 请简述哈佛学派SCP分析框架的主要内容。

(2) 芝加哥学派对哈佛学派的批判主要在哪些方面？

(3) 规模经济的主要来源有哪些？

(4) 范围经济的主要来源有哪些？

(5) 企业为什么要实施多元化战略？制约因素有哪些？

3. 自评自测题。

(1) 产业组织理论的渊源可以追溯到古典经济学家（　　）。

A. 斯密　　　　　　B. 李嘉图　　　　　C. 贝恩　　　　　　D. 罗宾逊夫人

(2) 马歇尔冲突是指（　　）。

A. 完全竞争与市场的冲突　　　　　　B. 规模经济与垄断的冲突

C. 完全垄断与市场的冲突　　　　　　D. 市场结构与企业行为的冲突

(3) 标志产业组织理论正式形成是（　　）在1959年出版的《产业组织》一书。
A. 张伯伦　　　　B. 谢勒　　　　C. 罗宾逊夫人　　　　D. 贝恩
(4) （　　）学派被称为"效率主义者"。
A. 哈佛学派　　　B. 芝加哥学派　　C. 新奥地利学派　　D. 新制度学派
(5) 提出结构—行为—绩效框架（SCP分析范式）的是（　　）。
A. 哈佛学派　　　B. 芝加哥学派　　C. 新奥地利学派　　D. 新制度学派

4. 延伸阅读材料。

[1] 彭泽军. 当代产业组织理论研究的新进展 [J]. 企业经济, 2008 (06): 45-47.

[2] 阳立高. 产业组织理论的新进展——兼评2011年度克拉克奖得主乔纳森·莱文的经济思想 [J]. 经济问题探索, 2013 (04): 24-31.

[3] 李宝良, 郭其友. 产业组织理论与新规制经济学的拓展和应用——2014年度诺贝尔经济学奖得主让·梯若尔主要经济理论贡献述评 [J]. 外国经济与管理, 2014, 36 (11): 71-81.

[4] 於勇成, 侯麟科, 魏建. 行为产业组织理论研究进展 [J]. 经济学动态, 2016 (11): 126-136.

[5] 应珊珊. 有限理性与产业组织理论研究的进展 [J]. 产业经济评论, 2019 (04): 109-119.

[6] 黄纯纯. 行为产业组织：理论与实验 [J]. 南方经济, 2014 (09): 121-127.

[7] 范林凯, 夏大慰. 图卢兹学派对产业组织及规制理论的贡献 [J]. 经济学动态, 2015 (02): 120-129.

[8] 肖建忠, 唐艳艳. 西方产业组织理论的新进展：一个文献综述 [J]. 江汉论坛, 2001 (10): 25-28.

[9] 程玉春, 夏志强. 西方产业组织理论的演进及启示 [J]. 四川大学学报（哲学社会科学版），2003 (01): 132-137.

[10] 朱秘颖. 西方产业组织理论的演进与发展 [J]. 生产力研究, 2005 (04): 228-229.

[11] 周耀东. 现代产业组织理论的沿革和发展 [J]. 经济评论, 2002 (04): 112-116.

第三章 市场结构

■ **本章内容提要**

本章主要介绍了市场结构的含义、基本分类以及每种市场结构类型的主要特点及区别、市场集中度及市场势力的概念、测算及影响因素等基本问题,并分析了市场势力对社会福利的影响。

第一节 市场结构含义及基本类型

一、市场结构的含义

市场结构是现代产业组织理论中，特别是 SCP 分析框架最基本的概念，它一般是指企业间市场关系的特征和形式。具体而言，市场结构是指一个行业内部买方和卖方的数量及其规模分布、产品差别的程度和新企业进入该行业的难易程度的综合状态，也可以说是某一市场中各种要素之间的内在联系及其特征，包括市场供给者之间（包括替代品）、需求者之间、供给者和需求者之间以及市场上现有的供给者、需求者与正在进入该市场的供给者、需求者之间的关系，以及他们在市场上交易的商品及其特点形成了具体产业的市场结构。这些市场主体之间的关系在现实市场中的综合反映集中体现为市场的竞争和垄断关系。因此，根据市场的竞争和垄断程度的不同，一般将市场结构划分为完全竞争、垄断竞争、寡头垄断和完全垄断四种结构类型。

二、市场结构的类型

（一）完全竞争市场

1. 完全竞争市场的含义与特征。完全竞争市场，又称纯粹竞争市场，是指一种不受任何阻碍、干扰和控制的市场结构，即购买者和销售者的购买和销售决策对市场价格没有任何影响的市场结构。按美国经济学家张伯伦（E. H. Chamberlin）的观点，完全竞争就是没有任何"垄断因素"的竞争。完全竞争市场主要有以下四个特征。

第一，市场上有无数的买者和卖者。由于市场上有为数众多的商品需求者和供给者。他们中的每一个人的购买份额或销售份额，相对于整个市场的总购买量或总销售量来说是微不足道的，好比是一桶水中的一滴水。他们中的任何一个人买与不买，或卖与不卖，都不会对整个商品市场的价格水平产生任何影响。所以，在这种情况下，每一个消费者或每一个厂商都是市场价格的被动接受者，对市场价格没有任何控制力量。

第二，同一行业中的每一个厂商生产的产品是完全无差别的。这里的完全无差别的商品，不仅指商品之间的质量完全一样，还包括在销售条件、商标、包装等方面是完全相同的。因此，对消费者来说，购买哪一家厂商的商品都是一样的。如果有一个厂商提价，它的商品就会完全卖不出去。当然，单个厂商也没有必要降价。因为在一般情况下，单个厂商总是可以按照既定的市场价格实现属于自己的那一份相对来说是很小的销售份额。

第三，厂商进入或退出一个行业是完全自由的。厂商进出一个行业不存在任何障碍，所有的资源都可以在各行业之间自由流动。这样，各行业的厂商规模和厂商数量在长期内是可以任意变动的。但是在短期内，厂商规模和厂商数量仍然是不可变的。

第四，市场中每一个买者和卖者都掌握与自己的经济决策有关的商品和市场的全部信息。这样，市场上的每一个消费者或生产者都可以根据自己所掌握的完全的信息，确定自己的最优购买量或最优生产量，从而获得最大的经济利益。而且，这样也排除了由于市场信息不畅通而可能产生的一个市场同时存在几种价格的情况。

显然，理论分析上所假设的完全竞争市场的条件是很严格的，在现实的经济生活中，完全竞争的市场是不存在的，通常只是将某些农产品市场看成是比较接近的市场类型。我们之所以要对这一理论上抽象的市场进行分析，是为了理论体系的完整和加深对非完全竞争市场的理解。

2. 完全竞争市场的优势。在完全竞争的市场条件下，通过市场价格的自由调节作用，可以实现以下优势：

（1）产品的市场价格等于其长期边际成本。在完全竞争市场上，当行业和厂商达到长期均衡时，厂商的长期边际成本等于其产品的市场价格。表明完全竞争市场实现了资源配置最优化。

（2）平均成本最低。在完全竞争市场上，当行业与厂商达到长期均衡时，平均成本处于最低点，这说明通过完全竞争与资源的自由流动，使生产要素得到了最节约的使用，或者说使生产要素的效率得到了最有效的发挥。

（3）价格最低。在完全竞争市场上，当行业与厂商达到长期均衡时，产品的市场价格与其长期平均成本的最低点相等，厂商只能获得正常利润。

（4）经济剩余最大。对完全竞争市场的有效率也可以通过运用经济剩余的概念得到说明。经济剩余表示一个经济所得到的总效用或满足超过了它的生产成本，由消费者剩余和生产者剩余构成。

3. 完全竞争市场的局限性。完全竞争市场的局限性具体表现在以下几个方面。

（1）厂商的平均成本最低不一定代表社会成本最低。由于市场存在着外部性，特别是负的外部性，所以厂商的私人成本不一定等于社会成本，从而厂商的平均成本最低也不一定是社会成本最低。

（2）消费者的多种需求无法得到满足。在完全竞争市场上，产品是没有差别的。而在实际中，由于消费者的需求偏好是多种多样的，所以完全竞争市场是无法满足消费者多种多样的需求偏好的。

（3）不利于科技进步。在完全竞争市场上生产者的规模很小，且在长期只能获得正常利润，它们就没有足够的能力去实现重大的科学技术突破和新产品的开发。所以，从长远来看，完全竞争市场上的厂商既不可能有效地改进技术，也不可能有效地开发新产品。

（二）垄断竞争市场

1. 垄断竞争市场的含义及特点。垄断竞争市场是一种比较接近现实经济状况的市场结构。垄断竞争市场是一种厂商众多，每个厂商生产有差别但可替代的相似产品，厂商较易进入或退出的市场结构。这类市场的主要特点有：

第一，市场上有大量的厂商，每个厂商占有的市场份额较小。在这一市场结构里，厂商的生产规模相对较小，生产者所提供的产品相似，每个厂商对市场的控制力十分有限，对市场的影响几乎可以忽略不计。

第二，产品存在差别。所谓产品差别，是指同一种产品在质量、功能、包装、色泽、环境、商标、广告、服务等方面存在差别。由于垄断竞争厂商提供的产品具有差异性，使得每个厂商都有忠诚的顾客。也就是说，价格一定程度的提高并不会使厂商失去顾客；价格一定程度的降低也不会使其他厂商的顾客被全部吸引过来。因此，与完全竞争厂商不同，垄断竞争厂商具有一定的垄断力。一般来说，产品差别越大，垄断势力越强。但另一方面，由于这里所谓的产品差别是指同一种产品之间的差别，所以垄断竞争厂商生产的产品又具有很强的可替代性。

第三，厂商进入和退出较为容易。由于垄断竞争市场的厂商数量较多，每个厂商的规模较小，所需资本的数量不多，技术含量也相对不高，所以新厂商进入相对比较容易，而当其他行业获利较高或本行业利润下降时，退出也比较容易。

垄断竞争与完全竞争市场相比，其存在的产品差别可以满足消费者多方面的需要，有助于增进消费者的福利。在非价格竞争中，厂商必须不断开展技术创新、提高产品质量、改进服务方式，也有利于增进消费者的福利。

2. 垄断竞争市场的局限性。同样，垄断竞争市场也有其局限性，主要表现在以下几个方面。

（1）在均衡状态中垄断市场价格要高于完全竞争价格。在长期均衡中，相对于完全竞争市场中的厂商，垄断厂商没有以可能的最低成本进行生产，所生产的产量也小于在完全竞争市场中应该达到的产量。垄断厂商获得的超额利润被视为收入分配的不平等。

（2）垄断竞争时，不但产品价格高于最低平均成本、产量低于最低平均成本所对应的产量，而且厂商为了形成产品差别，在提高产品质量、进行广告促销等方面有着额外支出，使产品成本上升，造成资源的浪费。

（三）寡头垄断市场

寡头垄断市场也是一种常见的市场结构，又称寡头市场，是指少数几家厂商控制该行业大部分产品产量及销售量的一种市场结构。其主要特征如下：

第一，寡头垄断市场上的厂商数量较少，产业集中度高，市场由少数大企业控制。

第二，寡头垄断厂商生产的产品可能是同质的，例如水泥、钢铁、石油等，也可能是有差别的，例如汽油、电脑等。

第三，寡头垄断市场存在明显的进入障碍。产业内少数大厂商在资金、技术、知名度和销售渠道等方面有绝对优势，新企业很难进入，同时由于垄断企业的生产规模大、投入大，所以企业退出壁垒也很高。

第四，寡头垄断市场最大的特点就是厂商的相互依赖和相互影响。由于厂商数量不多且都有一定的垄断势力，因此每家企业在产量和价格方面的决策都会对其他竞争者以及整个市场产生影响。因而，每家厂商在决策时，除了考虑自身成本收益，还必须考虑其他企业对此可能作出的反应以及对整个市场的影响。

寡头垄断市场可以控制产量，从而不会出现产品过剩，避免了浪费，而且这类市场的厂商有较大规模，较好地实现了规模经济效益。但是，正是企业的规模经济使得市场进入和退出壁垒较高，并且寡头厂商为了获得超额垄断利润，容易形成合谋行为，从而会遏制竞争、保护落后、阻碍技术进步和阻滞要素的合理流动。

（四）完全垄断市场

1. 完全垄断市场的含义及特点。完全垄断又叫独占，它是指一种产品的生产和销售完全由一家厂商控制的市场结构。其主要特征如下：

第一，独家经营。一家厂商控制了整个行业的生产和销售，这就意味着一家厂商就是一个行业。

第二，产品不能替代。该厂商提供的产品完全没有相近的替代品。

第三，价格制定者。由于垄断厂商可以进行排他性生产和销售，意味着它控制了整个行业的产品供给，这样，垄断厂商就可以通过调整产量来影响价格，也就是说，垄断厂商是市场价格的制定者。

第四，要素不能自由流动。由于垄断形成有较高的壁垒，一旦形成后，或掌握了关键性的资源，或获取了法律的保护，或由于现行优势等使得其他厂商很难进入。

2. 完全垄断市场的优势。

（1）规模经济。这由于垄断导致独家经营，所以规模大，能够达到最低效率规模，从而可以低成本生产，这点是对社会有益的。

（2）创新能力强。由于垄断，所以创新的收益为企业所独享，而且垄断厂商有充足的资金投入科研创新，所以垄断市场上的厂商创新能力较强。

（3）垄断厂商因为垄断地位可以获取高的利润。利润的来源在于差别定价、限产提价、降低服务质量等。

3. 完全垄断市场的局限性。完全垄断厂商获得的超额利润被视为收入分配的不平等。垄断性超额利润在行业存在进入障碍的条件下才能为厂商在长期中获得，进入障碍的存在排斥了竞争，从而垄断性超额利润会被看成是以某种不平等为基础的收入。

决定市场结构的主要因素包括市场集中度、产品差异化、进入与退出壁垒、规模经济与范围经济、市场需求的价格弹性、短期成本结构等。上述因素是相互影响的，当其中一个因素改变时，也会导致其他因素的变化，从而使整个市场结构的特征发生变化。以下就市场集中度加以论述。

第二节 市场集中度的测算及决定因素

一、市场集中度的含义

市场集中是在市场中经济资源向优势企业积聚的现象，它表现为全部企业中仅占很小比例的企业或数量很少的企业，积聚或支配着很大比例的生产要素。市场集中度表示特定产业的投入要素和产出在各个企业间分布的不均匀状况。如果产业的销售额、产值以及劳动力的大部分分布在少数几个大企业之中，那么这样的产业市场集中度就高；反之，如果产业经济活动的要素或产出是平均分布在大量的企业之中，则市场的集中度就比较低。市场集中度反映了行业内大企业的发展程度和占有率，集中度越高，则大企业的市场占有率越大，市场势力越大，在一定程度上也反映出市场的竞争程度越低的特征。因此，市场集中度是决定市场结构最基本、最重要的因素，用来反映一个市场的竞争和垄断程度。有关产业组织的理论研究和实证检验成果都表明，市场集中度对市场竞争状态产生直接影响，与市场中垄断势力的形成密切相关，市场集中度变化引发市场竞争状态的变化。市场是由买卖双方组成的，相应地,市场集中度包括买方集中度和卖方集中度。由于买方集中仅限于某些特殊产业,因此产业组织理论对市场集中度的研究主要集中于卖方集中度。

二、市场集中度的测算

市场集中度是对整个行业的市场结构集中程度进行测度的指标,它用来衡量企业的数目和相对规模的差异,是市场势力的重要量化指标。市场集中度是决定市场结构最基本、最重要的因素,集中体现了市场的竞争和垄断程度,经常使用的集中度计量指标有:绝对集中度(CR_n)、赫尔芬达尔—赫希曼指数(HHI,以下简称赫希曼指数)、洛伦兹曲线、基尼系数等。

(一)绝对集中度指标

最基本的市场集中度指标是绝对集中度,通常用在规模上处于前几位企业的生产、销售、资产或职工的累计数量(或数额)占整个市场的生产、销售、资产、职工总量的比重来表示。其计算公式为:

$$CR_n = \sum_{i=1}^{n} X_i / \sum_{i=1}^{N} X_i \tag{3-1}$$

其中,CR_n 表示市场上规模最大的前 n 位企业的市场集中度(一般来说,n 在 4~8 之间,最常见的是 CR_4,测量市场或产业中最大的 4 个企业的资源份额);X_i 为按照资源份额大小排列的第 i 位企业的生产额或销售额、资产额、职工人数;N 为市场上卖方企业数目;$\sum_{i=1}^{n} X_i$ 表示前 n 位企业的生产额、销售额、资产额或职工人数之和。CR_n 接近于 0,意味着最大的 n 个企业仅供应了市场很小的部分。相反地,CR_n 接近于 1,则意味着非常高的集中程度。

实际操作中测量绝对集中度比较容易,而且这一指标又能较好地反映产业内生产集中的状况,显示市场的垄断和竞争的程度,因此绝对集中度作为市场集中度指标使用得非常广泛。但是,绝对集中度指标仅仅反映了产业中规模最大的前几位企业的市场集中程度,单凭这一指标还难以把握产业内全部企业的规模分布状况。例如,A、B 两个产业中各企业市场份额(单位:%)分布为 A(35,20,15,10,5,5,5,5)、B(20,20,20,20,10,10),如果用 CR_4 来测算的话,这两个市场的集中度均为 0.8 是相等的,但是两个产业中前 4 位企业的规模分布存在差别,而且产业内企业间的规模也显著不同。

美国经济学家贝恩(Joe S. Bain)利用绝对集中度指标对本国的产业集中度进行了经验分析研究,并根据集中度数值大小对市场结构进行了分类,如表 3-1 所示。

表 3-1   贝恩对产业结构的划分

类型	C_4 值	C_8 值
Ⅰ. 极高寡占型	>75%	
Ⅱ. 高集中寡占型	65%~75%	>85%
Ⅲ. 中(上)集中寡占型	50%~65%	75%~85%

续表

类型	C_4 值	C_8 值
Ⅳ. 中（下）集中寡占型	35%～50%	45%～75%
Ⅴ. 低集中寡占型	30%～35%	40%～45%
Ⅵ. 原子型	<30%	<40%

资料来源：Bain J. Industrial Organization [M]. New York：Harvard University Press，1959.

对产业集中程度的测定与把握，是政府制定有关公共政策，维护和健全市场秩序的基础。由于具体国情不同，各国政府有关部门和学者对本国产业的垄断和竞争类型划分的具体标准也不尽相同。例如，日本著名产业组织论学者越后和典教授，根据贝恩的分类方法和日本产业分类的实际情况，将日本产业的垄断和竞争类型分成五类[①]，分类标准如下：

A 型（极高寡占产业）：$CR_1 > 70\%$

B 型（高寡占产业）：$CR_3 > 80\%$，$CR_5 = 100\%$

其中：B_a 型：$CR_1 > 50\%$

B_b 型：B_a 型以外的情况

C 型（中寡占产业）：$CR_{10} \geqslant 80\%$

其中：C_a 型：$CR_1 \geqslant 35\%$

C_b 型：C_a 型以外的情况

D 型（准中寡占产业）：$CR_{10} > 50\%$

E 型（低集中产业）：$CR_{10} < 50\%$

根据上述分类标准，对日本 17 个部门 156 个产业的垄断和竞争程度进行分类。156 个产业包括了日本工业中的大部分主要产业。其中，属于 E 型的仅 21 个产业，加上 D 型也不过 57 个产业，可见日本工业中的绝大多数产业属于寡占产业。集中度高的产业最多的部门是化学工业；而集中度低的产业最多的部门是纤维制品和木材、木制品工业。

（二）赫希曼指数 HHI

赫希曼指数又称 H 指数，其公式为：

$$H = \sum_{i=1}^{n} \left(\frac{X_i}{X}\right)^2 = \sum_{i=1}^{n} S_i^2 \qquad (3-2)$$

其中，X 代表市场总规模；X_i 代表 i 企业的规模；$S_i = X_i/X$ 表示第 i 个企业的市场占有率；n 为该产业内的企业数。实际应用中，人们常用 10 000 乘以份额平方和来便利地表达 H 指数。当市场由一家企业独占，即 $X_1 = X$ 时，$H = 1$。当所有的企业规模相同，即 $X_1 = X_2 = X_3 = \cdots = X_n = X/n$ 时，$H = 1/n$。产业内企业的规模越是接近，且企业数越多，H 指数就越接近于零。而且，H 指数对规模较大的前几家企业（通常称为上位企业）市场份额的变化特别敏感。因此 H 指数在市场集中度的研究中，作为一个能综合反映产业内企业规模分布的指标而被广泛应用。

---

① 杨公朴，夏大慰. 产业经济学教程 [M]. 上海：上海财经大学出版社，1998.

案例 3.1 赫希曼指数在反垄断分析中的应用

第一,低度集中市场。欧盟《并购指南》认为,若企业并购后市场上赫希曼指数不足1 000 的情况下,属于安全港,并购不具反竞争效果;而美国和日本该标准为1 500。

第二,中度集中市场。美国认为,企业并购后市场上赫希曼指数为1 500~2 500,且并购后较并购前的赫希曼指数提高低于100 个点,一般不具反竞争效果。但若赫希曼指数提高了100 个点以上,则可能具有反竞争效果,需要作进一步分析。欧盟则认为,企业并购后市场上赫希曼指数位于1 000~2 000,且并购后较并购前的赫希曼指数提高低于250 个点,一般不具有反竞争效果,但有例外;如果并购后较并购前的赫希曼指数提高了250 个点或以上,则可能具有反竞争效果,需要作进一步分析;在中度集中市场,欧盟比美国的初始门槛宽松。

第三,高度集中市场。美国认为,企业并购后赫希曼指数提高超过2 500 时,属于高度集中市场,且并购后较并购前的赫希曼指数提高低于50 个点,一般不具反竞争效果;如果并购后较并购前的赫希曼指数提高了50 个点以上100 个点以下,则可能具有反竞争效果,需要作进一步分析;如果并购后较并购前的赫希曼指数提高了100 个点以上,一般具有反竞争效果,但需要综合其他因素作进一步分析。而欧盟则认为,赫希曼指数提高超过2 000 时,才属于高度集中市场,且并购后较并购前的赫希曼指数提高低于150 个点,一般不具有反竞争效果。但也有例外,如果并购后较并购前的赫希曼指数提高了150 个点或以上,则可能具有反竞争效果,需要作进一步分析;在高度集中市场,欧盟与美国存在市场集中度门槛级差。

第四,实践中的赫希曼指数的价值。企业并购中实测出的赫希曼指数通常比美国和欧盟《并购指南》规定的赫希曼指数标准要高得多,说明《并购指南》规定的赫希曼指数标准仅供参考,不能在企业并购的反垄断执法决策中起决定性作用,实际执法决策时要综合考虑市场集中度、市场份额、市场进入障碍、单边效应、协调效应与效率等因素,还要考虑是否有予以除外或豁免的事由等。

资料来源:根据美国、欧盟《并购指南》资料整理。

(三) EI 指数

EI 指数,又称熵、埃思塔罗比指数(entropy index)。其公式为:

$$EI = \sum_{i=1}^{n} S_i \log \frac{1}{S_i} \qquad (3-3)$$

其中,S_i 含义同前,市场的集中程度越是接近垄断和寡占,E 指数就越大。反之,越是接近于完全竞争状态,E 指数就越小。

借用信息理论的观点,EI 指数可以测量某种特定市场结构的不确定性程度。例如,如果市场只有一个企业,EI 等于0,意味着某个随机的消费者是否购买这个垄断者产品或服务的不确定性是最小的;相反地,如果所有的市场份额都相等,不确定性是最大的,$EI = n \times \frac{1}{n} \times \log n = \log n$。当企业份额的分布可以按照不同的企业规模、不同的产业或者不同的国家归并为几个不同的企业组时，EI 指数可以分解为几个部分，较为方便地测量组内或者组间的 EI。这是 EI 指数相对于其他集中度测量指标的优点。

（四）相对集中度指标

相对集中度是反映产业内企业的规模分布状况的市场集中度指标，常用洛伦兹曲线和基尼系数表示。洛伦兹曲线是市场占有率与市场中由小到大企业的累计百分比之间的关系，如图 3-1 所示。图 3-1 中横轴表示的是从最小企业开始的企业数累计百分比；纵轴表示这些企业的销售额占市场销售总额的百分比。洛伦兹曲线反映产业内全部企业的市场规模分布情况。当某一特定的市场上所有企业的规模完全相同时，洛伦兹曲线与图 3-1 中的均等分布线重合。当企业的规模不完全相同时，洛伦兹曲线是均等分布线下方的一条曲线，曲线越偏离对角线，企业规模分布的不均度越大。

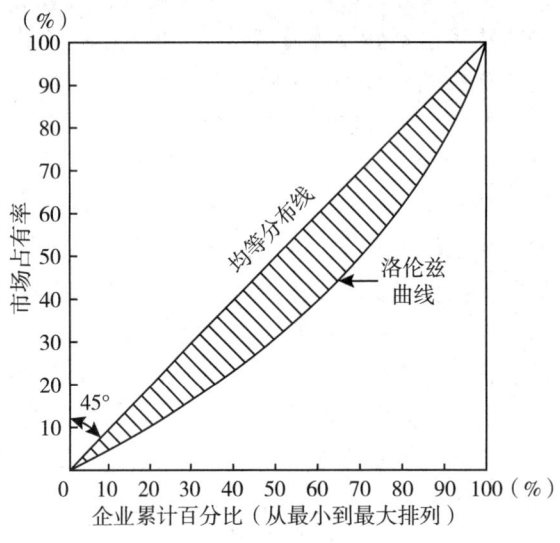

图 3-1 企业分布的洛伦兹曲线

基尼系数是建立在洛伦兹曲线基础上的一个相对集中度指标。基尼系数等于均等分布线和洛伦兹曲线之间的面积（阴影部分表示），与以均等分布线为斜边、以横轴为直角边构成的三角形面积之比，即：

$$基尼系数 = \frac{均等分布线与洛伦兹曲线之间的面积}{均等分布线以下的三角形面积}$$

基尼系数在 0~1 之间变动。当基尼系数等于零时，即意味着所有企业规模完全相等。反之，当基尼系数越大时，意味着阴影部分的面积越大，企业规模分布越不均匀。

用洛伦兹曲线和基尼系数表示的相对集中度指标，可以反映某一特定市场上所有企业的规模分布状况。但是，这种相对集中度指标也有其局限性。当两条不同形状的洛伦兹曲线所围的面积大小相等时，基尼系数相同。因此，基尼系数并不代表某特定市场中唯一的企业规模分布。此外还要注意，洛伦兹曲线以及相应的基尼系数作为相对集中度的指标，所反映的是特定市场中企业规模分布的不均匀程度，是相对集中度的量度而不是绝对集中的量度。例如，2家各自拥有50%市场占有率企业组成的市场，会与100家各自拥有1%市场占有率企业组成的市场具有同样的洛伦兹曲线（与均等分布线重合），它们的基尼系数都为零。然而，这两种情况下的市场结构显然是不同的。

一般来说，成熟产业的集中度比较稳定；而新兴产业的集中度变化较大。一种较为常见的产业集中变动趋势表现为：产业成长阶段，产业基础技术、主导盈利模式尚不清晰，存在大量、多样化的竞争性企业，产业市场集中度较低；在产业成熟阶段早期，市场集中度迅速提高，形成一些少数主导企业；随后市场集中度稳定在较高的水平上。

三、市场集中度测算中的相关问题

（一）限定市场（或产业）的范围

首先，是产业的定义。在理论上，一般将需求交叉弹性高的商品群定义为同一市场或产业。国民统计一般按照供给特性来进行产业归属：采用相同技术流程或者相同原材料的一群企业。因为采用相同技术流程和相同原材料的企业，可以容易地生产其他企业的产品，进而影响其他企业的行为和绩效，因此这种方法具有一定的合理性。

其次，考虑市场的地理范围，即市场是全国的，还是区域性的或者地方性的市场？是否要考虑进出口因素，即考虑包括进入本国市场的外国企业的产品等。

（二）确定具体的资源变量

企业和市场的规模是衡量集中度的基础。企业规模有多种不同计量基础，例如销售收入、总资产、员工数量等。尽管不同的计量基础测量出来的集中指标可能高度相关，但不同的计量基础仍然可能测量出不同的产业集中序列。因此，选择良好的计量基础仍然是值得注意的问题。

（三）确定具体的测度集中度的统计方法

具体采用哪种测度集中度的统计方法，应根据实际研究的需要来确定。由于各种衡量市场集中指标的性质特点各不相同，因此应尽可能综合地采用绝对集中度指标、相对集中度指标和HHI指数等进行测定，以正确反映产业集中的状况。

（四）传统测算方法的局限性

传统判断方法的逻辑是，用前几家企业的某一指标（销售量或销售额）占该行业总量的百分比来表示一个企业产业集中度的大小，可以表明它在市场上的地位高低和对市场支配能力的强弱，是企业形象的一个重要标志。这种逻辑是基于传统的大规模生产时代的市场和行业情况，由于产品间差异不明显，因此，凭企业的销售量或销售额就能说明该行业的整体结构，但是在现代经济的发展中，这种情况已经发生了明显的改变。

首先，产品分类日益细化，产品线长度和深度不断加强，产品间的差异越来越大，因而销售量的数据并不能准确判断行业的集中度。

其次，即使是基于销售额的行业集中度测算，相对基于销售量的计算结果有效，但其所能说明的含义也比较有限。一般认为，即如果行业集中度 $CR_4 < 30$ 或 $CR_8 < 40$，则该行业为竞争型；如果 $30 \leqslant CR_4$ 或 $40 \leqslant CR_8$，则该行业为寡占型。在产品更新日益迅速的今天，这种界定也已经失去了意义。在互联网时代的"长尾"市场中，无限小众市场的价值总和并不逊于如日中天的热门产品。面向特定小群体的产品和服务同样具有极强的竞争力，即使领头企业的市场份额很大，但行业的竞争程度仍然较高。

四、市场集中度的决定因素

现实中影响市场集中程度的因素有很多，根据影响的主体大体可以分为三大类，分别从企业、市场和政府三个层面各自形成影响市场集中度的决定因素。

（一）企业层面

1. 企业的规模经济效应。影响产业市场集中度高低的基本因素是规模经济。在某个特定产业的市场容量不变的情况下，少数企业的规模越大，规模经济水平越高，大企业的效率越高，其竞争能力也越强，在市场上所占市场份额也就越大，市场的集中度就越高。

导致企业规模发生变化的因素有两个：一方面企业自身追求规模扩展的动机。从企业层面分析，企业的规模经济效应反映了企业通过不断扩大生产规模而显著降低生产成本的规律。马歇尔曾经指出，随着科学技术的不断发展，高效的大型机器设备在企业生产中被广泛应用，而大型机器设备都有一个最低的使用规模，即任何生产设备、加工对象以及生产活动必须达到一定数量才能降低成本，才值得投入运行。大规模的生产必然导致大规模采购、大批量生产和销售的状况，即规模经济。如果是具有规模经济效应的行业，则随着产量的增加，单位产品的成本将随之下降，而企业总是力求把规模扩展到单位产品的生产成本和销售成本的最低水平。在长期产量选择中，企业长期平均成本达到最低的最小生产规模被称为最小有效规模（MES）。对于追求利润最大化的企业而言，为了获得规模经济的效益，会力求把规模扩展到单位产品的生产成本和销售费用降到最低水平的状态，即最小有效规模。企业通过扩大规模，提高市场占有率，就可以在行业市场上获得一定的垄断力量，也就因此具备了谋取垄断利润的条件。另一方面，企业的经营者也会出于自身利益和形象的需要而追求扩大企业的规模，因为企业的规模往往会被视为经营者能力和成就的一种信号。

可见，在具有规模经济效应的行业中，企业为达到最小有效规模将扩大生产规模，从而不断扩大市场份额，提高市场的集中度。例如，日本第二次世界大战后原有 50 多家钢铁企业，经过几轮的兼并、联合，到 21 世纪初调整为以新日本制铁、JFE 钢铁、住友金属和神户制钢所等 4 家大型钢铁企业为主的格局。相反，对于那些产品难以规模化生产的行业，则因其产品无法快速低成本复制而使得市场集中度较低。例如众多的手工艺品、土特产产品行业。

2. 企业策略性行为。企业可能主动采取一定的策略性行为影响市场集中状况，主要包括企业兼并、限制性行为、产品差异化等行为，以提高行业进入壁垒。企业兼并策略可在短期内迅速提高集中度，而长期对集中度的影响有待探究。企业还可以采取掠夺性定价、渠道闭锁、品牌扩散等行为建立策略性进入壁垒，遏制新企业进入，提高市场集中度。这些人为的策略性行为，不仅可以配合市场集中的自然力量，还可以单独发挥作用，形成高度集中的市场结构。

3. 企业自身其他方面的因素。市场集中度也受到企业自身其他特殊因素的影响。第一，企业受原材料供应制约。一些行业产品的生产基地必须建在原材料所在地周围，例如矿泉水业，受矿泉水源制约，大量企业难以向区外拓展，这是造成该行业市场集中度低下的重要原因。第二，企业产品本身性质决定。对一些保质期短暂的产品，例如糕点业、鲜奶业，1~5 天的保质期也在一定程度上决定了这类行业的集中度有一定的地域性。例如达能乳业在上海和广州设有两大生产基地，该公司品牌、管理、人才等综合实力俱佳，但因其受产品保质期和冷藏条件制约，业务范围集中于长三角和珠三角一带，全国市场的拓展受到一定限制。

案例3.2　特斯拉的规模经济效应

进入 2023 年，特斯拉宣布国产车型大幅降价，Model 3 起售价调整至 22.99 万元，Model Y 起售价调整至 25.99 万元，创下历史新低。而且不只是中国市场，特斯拉在北美、欧洲等市场也进行了不同程度的价格下调。特斯拉发布的最新数据显示，今年第一季度，特斯拉在全球累计生产电动车约 44.08 万辆，同比增长 44.3%；累计交付新车约 42.29 万辆，同比增长 36%，打破了特斯拉单季度的交付纪录。而特斯拉之所以能任性地降价收割订单，一个根本原因便是规模效应带来的成本优势。

马克西—西尔伯斯通在研究了 20 世纪 60 年代英国的汽车产业后，提出了最小有效规模的概念和曲线，用以描述汽车工业发展过程中的规模经济问题。最小有效规模，是指企业的平均成本逐渐减少至最低点时所对应的企业最小规模。根据"马克西—西尔伯斯通"曲线，随着年产量的爬坡，单一车型的平均成本会大幅下降，之后下降幅度趋缓，接着将达到最小有效规模临界点。

特斯拉大众车型 Model 3 和 Model Y 的推出和量产交付是业绩实现突破的关键。车辆生产规模增加将摊薄固定成本，特斯拉毛利在大众车型的生产规模扩大后体现出更好的规模效应。2018 年第三季度 Model 3 成功爬坡至周产 5 000 辆，毛利率由负转正到达 20% 以上。量产规模扩大后，单车折旧/摊销成本由 2017 年第四季度的 1.56 万美元下降至 6 002 美元，汽车业务毛利率回升至 25.5%。折旧摊销和可变成本的下降能够实现规模效应最大化，是单车毛利实现跃升的关键。

资料来源：2022 年新能源汽车行业专题研究 特斯拉盈利源自规模效应；更来自于创新，https：//www.vzkoo.com/read/20220824a365cd8d8d82837b252ff789.html。

（二）市场容量的变化

市场容量的变化会使市场集中程度发生变化。一般认为，市场容量扩大会降低集中度。因为伴随着经济成长的市场容量扩大，一方面抵消了由于企业合并和大企业规模膨胀而形成的集中趋势；另一方面又为产业内规模较小企业的成长和新企业的进入提供了机会，从而有可能使市场的集中程度降低。市场容量越大，企业扩张的余地越大，新企业的进入也越容易，大企业所占份额就可能变小，从而市场集中度就会降低。相反，当市场停滞或市场规模下降时，市场集中度往往容易提高。市场容量越小，竞争越激烈，企业扩张的余地越小，新企业越难进入，而大企业会凭借雄厚的实力在竞争中设法兼并挤垮弱小企业。

市场容量的变化对市场集中度的影响结果根本上取决于市场容量增长与大企业扩张速度的比较。因为在市场容量扩大时，处于优越竞争地位的大企业常常率先发展，只有当市场容量的增长率很高且超过大企业扩张的速度时，才有可能降低市场集中度。如果市场容量增长超过大企业扩张速度，则大企业所占市场份额就会减少，市场集中度减弱；反之，如果市场容量增长慢于大企业扩张速度，则大企业所占市场份额就会增加，市场集中度也会增加。

（三）政府政策与法律制度

政府政策与法律制度通过对企业规模产生一定的影响，进而影响市场集中度。政府政策包括反垄断法、专利法、关税、配额、并购政策以及各种管制政策等。在影响市场集中度各种政策与法制因素中，有些有利于提高市场集中度，而有些则成为限制市场集中度的因素。

一方面，政府为防止垄断损害竞争，许多国家都制定了反垄断法或反托拉斯法，限制大规模企业的联合与合并行为，并对大规模企业进行拆分，从而有效降低市场集中度。反垄断法是一种体现国家维护竞争的政策，在某种程度上是限制垄断和集中的一种因素。美国政府在20世纪40~70年代采取了严格的反垄断政策，发起了针对大企业的反垄断调整，执行严格的兼并标准，企业的规模扩张和垄断势力受到限制。此外，专利法是维护技术垄断的法律，专利法有利于巩固企业的已有优势，促成技术上的进入壁垒；政府保护中小企业合法权益的中小企业法，也在一定程度上有利于限制过度集中。

另一方面，各种产业合理化政策一般又有利于集中。为了提高本国企业在国际市场上的竞争力，政府会放宽对企业大规模合并和联合的限制，甚至采取一些优惠政策鼓励企业扩大规模，从而提高市场集中度。20世纪90年代，我国的企业集团建设就具有这种特点。还有，政府的订货、税制等方面的优惠政策以及生产许可证制度等也会成为促进集中的因素。另外，一些政府通过关税和非关税保护政策及限制外资的法律等来限制国外竞争者，以维持本国产业竞争力，在一定程度上也促进了本国市场集中度。

（四）技术进步

技术进步为企业扩大规模提供了条件和可能。随着生产技术的发展、许多大型生产设备和生产线的出现，使产品生产经营规模扩大，企业的规模经济效应相应地不断增大。

第三节　市场势力的测算及决定因素

一、市场势力的含义

市场势力是市场失灵的一种比较普遍的现象。它是指一个经济活动者或经济活动团体不恰当地影响市场价格的能力。具体表现为一个企业在长期能够持续地将价格提高到边际成本以上而获取超额利润的能力，是产业组织理论的核心概念。市场势力会造成市场不能有效配置资源，从而价格和数量背离供求平衡状态，导致市场无效率。

例如，一个镇子里的每个人都需要水，但只有一口井。这口井的所有者对水的销售就有市场势力——在这种情况下，他是一个垄断者，不受残酷竞争的限制，可以任意提高水的价格。在这种情况下，限定这口井的所有者收取的价格有可能提高经济效率。从企业的角度来看，拥有市场势力意味着能使其获得更多的利润；从消费者的角度而言，意味着不得不为拥有市场势力企业的产品支付更多；从社会的角度来看，市场势力的存在意味着社会资源使用的低效。

二、市场势力的分类

按照市场势力的拥有方将其分为：卖方垄断力和买方垄断力。生产者对产品价格的影响力是卖方垄断力；消费者对产品价格的影响力是买方垄断力。现实世界中，每个生产者和消费者实际上都具有一定的市场势力。

布兰多（Brandow）按照厂商拥有市场势力的时间长短，将其分为长期市场势力和短期市场势力；按照厂商行为的主动性，将市场势力分为防御性市场势力和进攻性市场势力。将市场势力按照时间长短进行划分是有重要意义的。短期意味着限于 2~3 年之内，厂商可能拥有影响其他厂商和市场参与者的能力。例如，一个大的液态牛奶供给商在短时间内可以在某个城市提高牛奶的价格。然而，随着其他厂商生产能力的扩张、潜在进入者的进入或者大的销售商通过垂直兼并进入液态牛奶生产领域，这一大厂商的市场势力就会受到削弱。但是，如果上述厂商能够引导其他厂商追随它的价格策略，那么，它就成为价格领导者。如果有可能通过法律壁垒将一些潜在进入者阻止在市场之外，那么厂商就拥有了长期市场势力。竞争对手的扩展、新厂商的进入或者其他限制厂商运用市场势力行为的发展所需的时间长短，决定了短期或长期市场势力的类型。

需要将市场势力进行短期和长期的区分是因为市场势力实际上是对垄断程度的测量。但是，拥有市场势力并不意味着厂商就一定能够运用这种势力从市场中获利，因为在仅仅拥有短期市场势力的条件下，市场势力的运用是受到极大限制的。从动态的行为策略来讲，厂商的目标是最大化跨时期利润现值之和，对仅仅拥有短期市场势力的厂商而言，如果运用了市场势力，那么其所得就会被接下来的损失所抵消，更糟糕的情况是损失超过所得。因此，拥有短期市场势力的厂商只能谨慎地运用市场势力，防止引发众多新厂商进入的局面。拥有短期市场势力的一个额外的好处是厂商能够具有保持市场的稳定能力和在一些短暂的情况下作出有利于自己的决策。而长期市场势力的存在，则会使厂商获得额外收益，同时引起资源的低效率配置。对于长短期市场势力的误判，会产生不同的后果。如果将短期市场势力判断为长期市场势力，结果很可能是厂商市场份额的缩小和竞争对手的扩张；而将长期市场势力判断为短期市场势力，则厂商不能从拥有的市场势力中获得额外收益。短期市场势力和长期市场势力的区别表明了市场进入条件对市场势力和市场绩效影响的重要性。

防御性市场势力和进攻性市场势力的区分，对于理解市场势力与市场绩效的关系也有重要意义。防御性市场势力是指厂商面对其他厂商采取进攻行为时所拥有的抵御这种进攻的能力，而且这种能力必须是可信的、确实存在的。例如，一个拥有短期市场势力和良好财务资源的厂商可能认为按照既往的行为行事更有利于其长远利益。因此，该厂商就不会主动对竞争对手、供应商和客户运用市场势力争取额外收益和市场份额。但是，如果竞争对手采取进攻性的行为，厂商就拥有足够的力量采取对抗性的战略，抵御竞争对手的进攻。从这一点上来讲，防御性市场势力的存在具有稳定市场的功能。例如，在寡占市场上，厂商之间比较容易达成不发动价格战的默契，因为对抗的结果很可能是两败俱伤。进攻性市场势力是指厂商具有主动扩大市场份额或者获得额外收益的能力。但是拥有进攻性市场势力，并不意味着市场势力是长期的。一般来讲，厂商拥有的防御性市场势力超过进攻性市场势力。

三、市场势力的测算

（一）勒纳指数

阿贝·勒纳（A. Lerner）提出了一种以垄断势力强弱来衡量市场结构的方法，即勒纳指数，也称为勒纳垄断势力指数，它通过测算价格与边际成本的偏离程度来反映市场中垄断力量的强弱。勒纳指数是指价格高出边际成本的比率。

$$L = (P - MC)/P \qquad (3-4)$$

勒纳指数（L）在 0~1 之间变动，数值越大表明垄断势力越大。勒纳指数实际上计量的是价格偏离边际成本的程度，价格越是高于边际成本，表明垄断势力越强。由于在完全竞争市场结构中企业产品价格等于边际成本，所以其勒纳指数为零。可见勒纳指数与企业拥有的市场势力呈正向相关，并与其所处的市场结构类型有关，即处于完全竞争市场中的企业市场势力最小，依次为垄断竞争市场、寡头垄断市场和完全垄断市场，并呈递增趋势，完全垄断市场中超额利润的形成与企业市场势力扩张到极致有关。通过勒纳指数的变化也能在一定程度上反映出产业竞争性的变化。即随着产业竞争性的增加，产品的市场价格越可能趋于下降，会逐渐接近于边际成本。从 20 世纪 90 年代中期以来，随着白色家电行业竞争性的增强，包括彩色电视机、空调、微波炉、VCD 机等诸多产品，都经历了大幅度的降价过程，反映了这些产业的成熟和竞争性的增强。

勒纳指数的测算方法尽管在理论分析上具有一定意义，同时也避免了必须从销售资料推算垄断势力的问题，但实践中基于以下原因，勒纳指数并不是衡量企业垄断性和竞争性的理想指标：一是边际成本的测算比较困难。同时，价格往往同产品质量有关，因此某一产业中厂商之间通过勒纳指数来比较垄断势力时，必须要考虑到产品质量因素，即在价格上要有可比性。二是勒纳指数是对厂商实际行为的一种量度，它没有测算厂商潜在的垄断力量。例如，某厂商从其规模或市场占有率来看，已经拥有较强的潜在垄断势力，但由于某种原因，其产品价格和边际成本相差不大，那么勒纳指数就无法计量该厂商的潜在垄断势力。三是勒纳指数是建立在对价格和边际成本进行静态比较的基础上，它没有深入考察造成价格和边际成本差异的具体原因，而把这种差异全部归之于垄断行为。实际上在很多情况下，造成价格和边际成本差异的原因复杂多样，市场势力只是一种可能。

（二）需求价格弹性和需求交叉弹性

需求价格弹性是需求量相对变化与价格相对变化之间的比率，用以反映需求量变化对价格变化的敏感程度。如果需求量变化超过价格变化，即计算结果大于1，就表明前者对后者的敏感程度强，弹性大；反之亦然。当需求量不变的情况下，提高价格，需求的价格弹性就会越小，等于1直至小于1，到最后趋近于0，成为无弹性，这时企业的市场势力最大，使其变成了一种理论市场中的唯一垄断者。可见，企业拥有的市场势力与需求价格弹性呈反向相关，即需求价格弹性越小，市场势力水平越高。当需求是完全弹性时，企业拥有的市场势力为零。

需求交叉弹性是一种商品需求量相对变化与另一种商品价格相对变化之间的比率，用以反映一种商品需求量对另一种商品价格的敏感程度。如果消费者认为这两种商品是可替代的，那么需求交叉弹性为正。商品交叉弹性越高，替代性越强，生产这两种商品的企业拥有的市场势力就越弱。它一般用于反托拉斯案例中，以帮助判断对于某特定企业的商品而言，消费者是否意识到市场中存在该商品的替代品。例如，耐克企业广告支出巨大，从而在运动鞋市场中建立了卓越的地位，反垄断的检查员要了解耐克企业生产的运动鞋所拥有的市场势力。可以通过计算其竞争者商品的价格变化对耐克鞋需求数量变化影响的交叉价格弹性，从而判断在运动鞋市场中是否存在耐克企业的真正竞争者。

（三）贝恩指数

长期看来具有市场势力的企业能够维持高于边际成本水平的定价，利润率是反映市场势力的基本指标。现代产业组织理论的先驱之一乔·S.贝恩（S. Bain）提出通过考察利润来确定企业垄断势力的大小。贝恩指出，在一个市场中，若持续存在超额利润，一般就反映了该市场存在垄断的因素，超额利润越高，市场垄断性越强。因此，贝恩通过对企业超额利润的衡量来判断企业或市场垄断的强度，即贝恩指数。

贝恩指数的计算公式为：

$$BI = \pi/v, \text{其中} \pi = (R - C - D) - i \times v \tag{3-5}$$

其中，π 为超额利润，v 为投资总额，R 为总收益，C 为当期成本，D 为折旧，i 为从投资中可以获得的正常收益率，即资本的机会成本。则 $(R-C-D)$ 为会计利润，超额利润或经济学家所说的经济利润为：$\pi = R - C - D - i \times v$。

贝恩指数实际上代表的是企业（一般也代表行业）的超额利润率。贝恩指数越高，表示该企业（行业）的垄断势力越强。

贝恩指数的优点是基础数据相对容易得到。同勒纳指数相比，与边际成本相比，平均成本的测算相对比较容易。但贝恩指数通过对超额利润的一种量度来反映市场势力，其本质是将超额利润等同于垄断。但现实中超额利润的形成并不一定是垄断的结果。在某些情况下，企业超额利润是由技术水平或经营管理水平较高而引起的，而非垄断的结果；在另一些情况下，有些企业没有超额利润但并不等于这些企业没有垄断势力，因为在市场对其产品需求不足的情况下，即使是一个纯粹的垄断厂商也无法获得超额利润。因此，同勒纳指数的测算一样，贝恩指数也是建立在对价格和平均成本进行静态比较的基础上，因此，贝恩指数也具有一定的不确定性。

四、市场势力的决定因素

企业市场势力的决定因素和决定市场集中度的因素大致相同，更多集中于企业和政府两个层面。具体来说，主要取决于以下几方面。

（一）规模经济壁垒

在长期的生产周期中，如果伴随着产量的增加企业长期平均成本呈下降趋势的话，那么就会产生很强的规模经济壁垒。因此，如果一个新企业进入这种类型的市场，为了降低成本，它就必须以较大的规模进入，才能和目前已经在市场中的企业保持一致的成本水平。大规模进入市场这个要求本身并不是进入壁垒，但如果商品需求的规模比较小，则相对而言进入壁垒就比较强了。

（二）企业维持市场势力的策略性行为

如同影响市场集中度一样，企业也可能主动采取一定的策略性行为来维持市场势力。例如，通过提高消费者转移购买其他供给者提供的替代产品的困难程度来减少供给替代，或者通过产品的主客观差异化而提升消费者偏好等行为维持企业市场势力。企业还可以采取掠夺性定价、渠道闭锁、品牌扩散等行为建立策略性进入壁垒，遏制新企业进入，以维持市场势力。这些主动性的策略性行为，单独或者结合在一起使用，有效维持企业市场势力。

（三）政府设置的壁垒

发放特许权和经营执照是政府干预产生垄断企业的重要方法。因为，根据法律规定，没有特许权和经营执照的企业是不允许进入市场的。法律规定的另一种壁垒是专利权法。法律允许一个人申请并拥有的生产某种物品的专利权，或拥有以成本优势的生产过程生产该种商品的权利。但有的时候，拥有产品专利权或生产过程专利并不一定带来想象中的结果。专利权并不能阻止竞争者对替代品的研究与生产，或类似的生产过程的研究与开发。当利润能够激励竞争者找到进入市场的途径时，市场势力水平其实是非常脆弱的。即使专利权能够给予产品以表面上的保护，但替代品的发展还是能够迅速地破坏这个保护层的。

第四节 市场势力与社会福利

一、社会福利

社会福利是和市场效率相联系的概念，简单地说，市场效率能够在既定的资源条件下给社会带来福利增长。如果产品既定，则市场效率是指静态效率，也就是以相同的产品为社会带来的福利大小；如果产品或者工艺技术可以改变，则市场效率是指动态效率，即是指以不同的产品或工艺为社会带来的福利大小。社会福利也被称为总剩余，其构成包含两部分，即消费者剩余和生产者剩余。如果生产者为了增加自己的剩余造成消费者的剩余更多地减少，则社会福利会下降，这种行为对社会有害。

市场效率是从社会角度来衡量和评价市场的，市场效率越高，社会所能够得到的利益越大。如果存在市场势力就会造成效率损失，称为失效率（无谓损失）。就静态效率而言有两种失效率：一是资源分配失效率，它是由于企业追求市场势力而将产品市场价格定得过高，企业利润增大，消费者利益减少，价格作为分割企业与消费者的利益尺度偏向了企业一方，使消费者利益受损。其结果是需求变小,产量和社会福利也随之减少。二是生产失效率。在市场价格较高的情况下,较高成本的企业就能够维持生存,这种市场环境相当于保护了大量的劣质企业,从而使市场上的平均成本升高,降低了市场效率。

失效率是指相对最大静态效率而言的。如图3-2所示,在完全竞争市场状态下,厂商会按照边际成本等于价格的原则决定产量,此时的产量和价格分别为Q^*和P^*,消费者剩余为图中三角形EP^*G部分的面积,此时成本和价格达到最低,产量可以达到最大,社会福利的总剩余也达到最大,失效率为零。如果社会总产量和社会福利减少,则会形成失效率。而同样情况下,如果是具有市场势力的垄断厂商为了实现利润最大化,会根据边际收益等于边际成本的原则把产量决定在Q^m处,并索取相应的价格P^m,此时消费者剩余为三角形EP^mF的面积。垄断相比于完全竞争而言,所减少的消费者剩余的一部分转化为垄断厂商的利润;另一部分(三角形FHG的面积)就是垄断引起的社会福利净损失,它代表由于市场势力造成的低效率带来的损失。一般情况下,简单地用减少的社会福利或总剩余来评价静态效率的损失,而动态效率的损失更加难以衡量,其重要原因是市场边界无法进行事先确定。

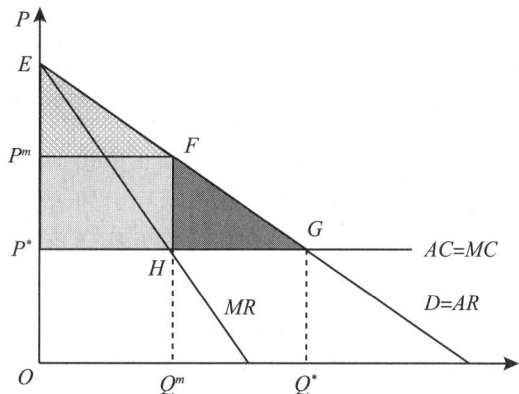

图3-2 具有市场势力的企业产生的失效率

如果允许市场势力存在,由于市场势力最方便的来源之一是政府特许,可能诱导企业向官员谋求特许利益而产生的寻租行为。寻租是指某些企业为了影响政策制定者以获取特许利益而耗费的没有用于生产资源的行为,寻租是企业为了建立和维护市场势力的行动,这种企业资源投向的错误会造成更大的社会资源浪费、市场扭曲和福利下降。

二、对市场势力的评价

(一)企业角度的分析

对市场势力的评价因不同的角度而异。在位企业通常希望拥有更大的市场势力。我们之前提到的市场势力计算公式,可以用于计算产业市场势力,也可以用于计算企业自身的市场势力。

通常情况下,市场制约主要针对产业市场势力,但由于竞争的存在,企业的市场势力往往无法独立存在,它与产业市场势力总是相互关联的。如果受到来自外部对产业市场势力的制约和限制,或者市场对企业市场势力进行制约和限制,企业将减少超额利润。在位企业通常是产业市场势力的拥护者,因此在评估产业市场势力时,它们往往认为市场势力并不严重。

然而,对于潜在的新进入者而言,他们并不希望产业市场势力过于强大,因为强大的市场势力会排斥新进入者,使他们无法获得机会。但同时,新进入者在一定程度上又会支持市场势力,因为一旦他们进入市场,他们也需要利用市场势力来获取利润。因此,这些企业对市场势力的态度可能较为模糊。

(二) 消费者角度的分析

从消费者角度评价,市场势力会产生对消费者利益的侵害。在边际成本确定以后,所有的市场势力都必须依靠提高价格,这时消费者剩余会减少,并存在着高价格排斥一部分消费者无法进入消费的情况,引起消费地位的差别和不公平。如果市场势力是以成本下降为手段,对消费者并没有损害,但大多情况下消费者并没有从企业进步中获得好处。

(三) 政府角度的分析

从政府角度对市场势力的评价则是十分复杂的。如果政府站在消费者立场上,它应该以保护消费者为目标;如果站在社会立场上,它应该把资源配置效率放在第一位,即让社会财富增长最大化;如果站在企业的立场上,则应该让企业利润最大化。但上述目标并非独立的,财富增长往往与利润联系在一起。一方面,财富增长依赖于资本积累,利润是资本积累的重要来源;另一方面,利润诱导是投资者进入最有吸引力的信号,如果不允许企业有超额利润,则会削弱投资者进入的动机和激励,整个行业的发展会受到制约。通常政府会更多地考虑公众利益,但有时政府也会考虑其他方面的利益,例如集团利益或者为其提供政绩的企业利益。对于发展中国家,跳出低收入水平循环陷阱是民族振兴的重要使命,所以往往会以经济增长为首要目标,因为过低的市场势力不利于积累和吸引投资者;所以很多发展中国家会提高对市场势力的容忍程度。因此,如果用发达国家的标准来评价发展中国家的市场势力,可能会导致评价目标的失误。

以上讨论的都是静态效率,有时还需要对市场势力进行动态效率的评价。新奥地利学派的开创者熊彼特从动态效率的视角探究市场势力,认为市场势力的存在有利于创新,市场势力是推动创新的重要动力,是技术发展的前提。

本章小结

◆市场结构是某一市场中各种要素之间的内在联系及其特征,根据市场的竞争和垄断程度的不同,一般将市场结构划分为完全竞争、垄断竞争、寡头垄断和完全垄断四种结构类型。

◆市场集中度表示特定产业的投入要素和产出在各个企业间分布的不均匀状况。市场集中度是决定市场结构最基本、最重要的因素,用来反映一个市场的竞争和垄断程度。

◆市场集中度测算指标主要有绝对集中度、赫希曼指数、EI 指数和相对集中度。

◆市场势力是指一个经济活动者或经济活动团体不恰当地影响市场价格的能力。测算市场势力的常用指标包括勒纳指数、需求价格弹性、需求交叉弹性和贝恩指数。

复习思考题

1. 名词解释。

市场结构　市场集中度　勒纳指数　市场势力

2. 简答题。

(1) 市场结构的类型有哪些？各自主要特点是什么？

(2) 什么是市场集中度？影响市场集中度的主要因素有哪些？

(3) 市场势力的测算方法有哪些？各有何优缺点？

(4) 市场势力对社会福利有何影响？

3. 自评自测题。

(1) 考察市场结构的首要因素是（　　）。

A. 资本集中　　　　B. 产业集聚　　　　C. 市场集中　　　　D. 一般集中

(2) 下列各项指标中，不是用来衡量市场集中度的指标是（　　）。

A. CRn　　　　B. HHI　　　　C. EI　　　　D. GDP

(3) HHI 指数的优势在于（　　）。

A. 必须收集到该市场上所有企业的市场份额信息

B. 计算量不大

C. HHI 对规模最大的前几个企业的市场份额变化反映特别敏感

D. 便于收集资料

(4) 勒纳指数与贝恩指数相比较，以下说法正确的有（　　）。

A. 两者都不是建立在不完全的理论假定基础上

B. 两者都建立在完全的理论假定基础上

C. 勒纳指数与贝恩指数相比，较易取得

D. 勒纳指数与贝恩指数相比，较难取得

(5) 下列说法错误的一项是（　　）。

A. 垄断市场的供应量比完全竞争市场高　　　B. 垄断造成巨大的福利损失

C. 垄断产生规模经济　　　D. 垄断必须以法律形式予以禁止

4. 延伸阅读材料。

洞察2022：中国工业互联网行业竞争格局及市场份额（附市场集中度、企业竞争力评价等），https：//baijiahao.baidu.com/s?id=1747450637413587142&wfr=spider&for=pc.

第四章 进入与退出壁垒

■ **本章内容提要**

本章将学习产业组织理论的核心问题之一——产业的进入与退出壁垒。本章首先介绍进入与退出壁垒的含义,在此基础上深入分析结构性进入壁垒、策略性进入壁垒以及退出壁垒的成因和影响因素,并对进入壁垒和退出壁垒的福利效应进行分析。

第一节 进入与退出壁垒的含义

进入与退出壁垒是衡量一个产业竞争程度的重要指标,也是产业组织理论的核心问题之一。对于完全竞争的市场而言,进入和退出是无障碍的,企业能够自由地进入和退出。但是,对于不完全竞争市场而言,企业要进入市场必然面临着许多困难、障碍和不利因素,这些因素就好像是市场的一道壁垒,对潜在进入者产生阻碍作用,构成了市场的进入壁垒;而在位企业要退出市场时也面临一系列阻力,即退出壁垒。进入和退出壁垒影响企业的进入和退出,从而影响市场中企业的数量和规模,进而影响市场的竞争程度。因此,进入和退出壁垒也是影响市场结构的重要因素之一。

一、进入壁垒的含义

所谓"进入"(entry)是指在某产业内出现新的卖者(企业),或是指一个厂商进入新的业务领域,即开始生产或提供某一特定市场上原有产品或服务的同质产品或充分替代品。进入某一市场或进入某一产业领域至少包含两个要素:其一是进入的程度,反映在市场份额的变化上;其二是进入的速度,即进入一旦发生,以什么样的速度进行,也就是说,进入者在一开始就以大规模生产,还是先以小规模生产而后逐渐扩大规模。

如果某一产业存在超额利润,则提供了新企业进入该行业的经济激励。对于潜在进入者,它们更关注在进入某一有利可图的产业时所遇到的困难和障碍,即进入壁垒。因此,简单地说,进入壁垒是企业进入某一行业时所面临的约束其进入的障碍和限制。进入壁垒是指相对于产业内已有企业,新企业在进入该产业时所遇到的不利因素和障碍,反映的是现有企业与准备进入的企业之间的竞争关系,也是原有企业排斥竞争、获取长期经济利润的决定性因素。进入壁垒是反映市场结构的一个重要因素,由于新企业的进入一般会造成产品价格的下降,从而降低原有企业的盈利能力,因此原有企业会尽可能利用自己的在位优势,通过自己的主动行为来排挤和限制新企业的进入,实施有效的进入阻挠,保护自己的垄断地位和利润。因此,进入壁垒是在位企业相对于新进入企业的一种优势,可使在位企业的价格高于竞争价格,却不会引起新企业的进入。进入壁垒根据其形成原因可以分为结构性进入壁垒和策略性进入壁垒两大类。

二、退出壁垒的含义

退出是和进入相对而言的,有进入就要有退出。所谓"退出"指的是一个企业从原来的业务领域中撤出来,即放弃生产或提供某一特定市场上的产品或服务。企业进入一个行业不容易,存在诸多进入门槛。同样,企业退出一个行业也可能会面临重重壁垒。一般而言,某一企业在市场竞争中被其他企业击败,就应该退出该产业或市场,但由于受到种种限制和制约,很难从该产业或市场中退出,这些妨碍企业退出的限制因素,就称为退出壁垒。形成退出壁垒的原因多种多样,包含经济、政治、法律等各个方面的因素。

第二节 结构性进入壁垒

在进入壁垒理论的发展过程中，不同学者把进入壁垒按各自的标准划分为不同的类型。本章按照成因将进入壁垒分为结构性进入壁垒和策略性进入壁垒两类。结构性进入壁垒是由于进入行业本身长期稳定的基本特征决定的，它涉及技术、消费者偏好、规模经济和市场容量等多方面因素。具体指由于规模经济、绝对成本优势、必要资本量、产品差别化、网络效应、制度法规等因素形成的进入壁垒。

一、规模经济壁垒

规模经济是指企业生产的平均成本随着产量的增加而下降，企业的最小有效规模（MES）是其长期平均成本最小时企业能生产的最小产量。如果一个行业的总市场需求量较小，而这个行业内企业的最小有效规模又很大，那这个行业可以容纳的企业数量会很多吗？图4-1清晰地展示了企业最小有效规模和最大市场容量的关系，LAC是某产业中企业的长期平均成本曲线，OB是最小有效规模产量MES，OM是在现有市场需求条件下的最大市场容量。如果B点和M点很近，规模经济如何形成进入壁垒呢？如果新企业进入，其面临的选择只有两种：一方面，进入企业只能以$(M-B)$的产量进行生产，这明显小于最小有效规模，新进入企业的长期平均成本处于较高位置，与在位企业比缺乏效率，面临亏损，因此新企业进入就存在困难；另一方面，如果市场需求有限，新企业如果以有效率的规模进入，并按与在位企业一样的成本进行生产，就会导致整个行业供过于求，使得市场价格降低，则所有企业利润都可能降低。这时新企业无法通过进入这一产业获利，规模经济成为进入壁垒。

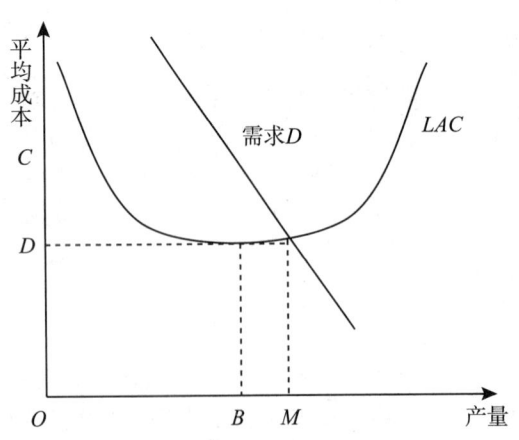

图4-1 规模经济与进入壁垒

因此，规模经济壁垒的高低主要取决于：（1）市场容量OM的大小；（2）最小有效规模产量OB相对于OM的大小；（3）产量小于OB时平均成本曲线斜率的大小。一个产业的

MES 越大,且在 OM 中所占份额越大,则该产业客观上只能容纳少数企业存在,从而进入壁垒较高。产量小于 OB 时,平均成本曲线斜率的绝对值越大,表明产量小于 MES 的企业的生产成本劣势越大,进入壁垒也就越高。

案例 4.1　顺丰的规模经济壁垒

顺丰诞生于 1993 年,经过 27 年来不断的资本投入和战略调整,已经成长为以快递为核心,兼具重货快运、冷链、同城、国际、供应链业务的综合物流服务商。协同性强的综合物流网络、重资产模式的强大竞争壁垒、直营模式带来的全流程绝对控制力是助力顺丰成为物流行业标杆的核心优势。

从规模经济的角度看,顺丰以商务件为主营业务,由于对时效要求较高,在揽收派件端需要 5~6 频次/天,干线运输频次也远大于"通达系"快递,成本大约为"通达系"成本的 3 倍,规模效益不及后者。顺丰先后于 2013 年、2018 年、2019 年探索电商件快递市场,充分利用过去投入的相对冗余资源以及科技优化,在不增加额外资源投入的背景下,通过业务量的增加来提升干支线装载率水平,从而降低整体成本,带来边际正贡献,助力公司成本红利释放。数据显示,顺丰推出特惠专配后,单票人工成本在 2019 年第二季度出现 6% 的增长后,随着业务量增加,2019 年第三、第四季度和 2020 年第一季度持续同比下行,分别为 -4%、-13% 和 -20%;单票运力成本 2019 年第二季度基本持平,第三季度下降 1%,第四季度和 2020 年第一季度均明显下行,分别为 -3% 和 -7%,较好地实现了规模效应。

资料来源:根据顺丰公开资料整理。

二、绝对成本优势壁垒

绝对成本优势是指原有在位企业在任一产量水平下的平均成本都低于潜在进入者。如图 4-2 所示,进入者的最低平均成本为 P_2,原有企业的最低平均成本为 P_1,市场需求曲线为 $D(P)$,如果原有企业把价格定在 P_1 和 P_2 之间并满足市场需求,则原有企业在获得经济利润的同时阻止了潜在进入者的进入,原有企业的绝对成本优势构成了进入壁垒。

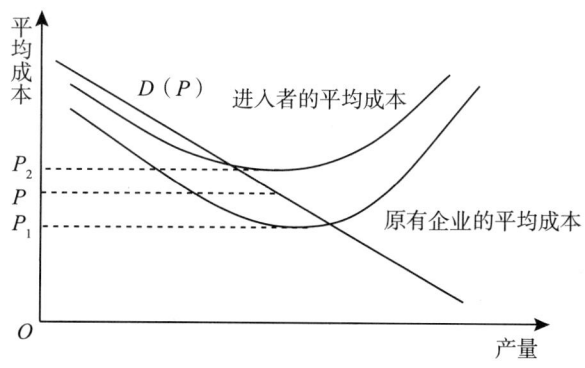

图 4-2　绝对成本优势

原有企业的绝对成本优势可能源于以下因素:(1)原有企业通过专利或技术秘诀控制了最新的生产工艺。(2)原有企业可能控制了高质量或低成本投入物的供应渠道。(3)原有企业可能控制了产品的销售渠道。(4) 原有企业拥有具有特殊经营能力和其他技术专长的人才或者历史悠久的驰名品牌或商标。(5) 进入企业在筹集进入资金时可能需要支付更高的资金成本。绝对费用壁垒致使新企业在进入市场时的生产成本总是高于原有企业。

案例4.2 贵州茅台的绝对成本优势

联合国工业计划署的调查表明，名牌在全球品牌的比重虽然不到3%，但其市场占有率高达40%以上，销售额占50%以上。一般来说，品牌的市场占有率越高，品牌的市场价值越大。品牌的市场价值是企业在长期经营过程中不断进行资本投入的结果。贵州茅台作为国内最具声望、历史悠久的驰名品牌，在高档白酒消费市场的地位独领风骚。其他白酒品牌需要投入巨资构筑其营销渠道才能卖掉自己的产品，而贵州茅台却长期限量销售、供不应求，二手市场价格更高。正是历史悠久的驰名商标使得贵州茅台的销售成本远低于任何新兴白酒品牌，这一绝对成本优势在一定程度上也构成了贵州茅台在高端白酒市场的进入壁垒。

资料来源：根据贵州茅台公开资料整理。

三、必要资本量壁垒

必要资本量是指新企业进入市场必须投入的资本。不同产业的必要资本量随技术、生产、销售的不同特性而表现出很大的差异。一个行业的技术复杂程度越高，生产过程的资本密集程度越高，新进入者需要的启动资金就越大，即必要资本量越大，而新企业与在位企业相比自身积累资本相对不足，筹措资金更加困难，因而进入市场的难度也就越大，这就是必要资本量壁垒。

金融市场的不完全性和信息不对称造成新企业筹措资金困难。由于金融市场的不完全性和信息不对称，使得金融市场缺乏系统性地鉴别潜在进入者的能力，而原有在位企业的声誉可使金融市场估计出它们发生破产的概率，如果进入者破产的概率大于原有企业，金融市场向进入者收取的资本成本将高于原有企业，以补偿进入者可能破产造成资金无法收回的风险，原有企业因此获得融资成本的优势。已有的经验研究也证明了新企业进入后的失败率确实比原有企业的失败率高，因此进入者就比原有企业面临一个系统性的更高的资本成本，两者之间在融资成本上存在的不对称性成为新企业的进入壁垒。

案例4.3 大型民航客机的必要资本量壁垒

大型民航客机生产就是典型的必要资本量过高导致行业高度垄断的例子。目前，全球商用大飞机的供应基本被美国波音和欧洲空客两家企业垄断，我国自2008年正式启动国产大型民航客机研发项目C919，2017年首次试飞成功。该项目的初始总投资预算高达2 000亿元，后续追加投资规模未知，这种高额投资和长回报周期必然会将绝大多数企业拦在门外。

资料来源：原小能. 产业经济学 [M]. 北京：中国人民大学出版社，2022.

四、网络效应壁垒

网络效应也称为网络外部性，是指消费的外部性，即购买某种商品的消费者数量的增加将提高消费者的效用水平，从而增加了消费者对该商品的需求。网络效应分为直接网络效应和间接网络效应。直接网络效应是指由于消费某一相同产品的用户数量增加而导致的网络价值的增大。这种效应也被称为消费方的规模经济。通信网络，诸如电话、在线服务、微信、支付宝等，都是体现直接网络效应的典型例子。间接网络效应是指随着某一产品使用者数量的增加，该产品的互补品数量增多、价格降低而产生的价值。这种网络效应主要是由基础产品与辅助产品之间技术上的互补性所形成的。间接效应的例子包括作为互补商品的计算机软硬件。当某种特定类型的计算机（智能手机）用户数量提高时，就会有更多的厂家生产该种计算机（智能手机）所使用的软件，这将导致这种计算机（智能手机）的用户可得到的相关软件数量增加、质量提高、价格下降，消费者因此获得了额外的利益。

用户从一种网络产品（或是直接的网络，或是间接的硬件/软件系统网络）所获得的效用取决于现有的用户基数。某个网络的用户基数越大，越能吸引新的用户加入，而新用户的加入又使原有用户在不用增加付费的情况下增加了可连接性，用户基数的扩大增加了网络对新老用户的价值，存在典型的正反馈效应。在具有网络效应的产品市场上，由于原有企业先进入市场，因此在用户基数上相对于潜在进入者往往具有明显的优势。因此，用户基数的初始不对称就成为网络市场上的进入壁垒。

案例 4.4 互联网企业的网络效应

互联网企业的成长空间与其产生流量的能力十分相关，流量越大，从流量中截取利润的可能性就越大。互联网企业的网络效应模型，主要包含以下类型：

1. 全网络效应。假设网络中所有节点之间可以两两相通，理论上可存在 $n(n-1)/2$ 条连接。社交网络就是典型的全网络效应模型。网络中每两个人之间都可能发生信息交互。全网络效应模型揭示了社交类互联网平台价值的可怕之处，当企业动辄拥有几亿，甚至几十亿用户的时候，其信息流是 n 的二次方级别，变现的价值非常大。例如美国的社交网络龙头 Facebook，全球有接近 24 亿的用户，其主营仅靠互联网广告就支撑了 6 000 多亿美金的市值。中国的社交龙头腾讯，依据其 QQ 和微信的十几亿用户，通过互联网广告、网络游戏和互联网金融科技三大变现领域的支撑，也达到了 4 万多亿元人民币的体量。今天以微信为代表的社交网络平台，连接的节点已经不仅仅局限于"人+人"，还扩大到了"人+人+服务"，这进一步拓宽了平台的网络效应，且增加了竞争壁垒。

2. 双边网络效应。网络平台根据节点属性可分类，交互只产生在不同类别的用户之间，相同类别用户之间几乎不产生交互。例如打车平台，只有乘客和司机之间存在交互，乘客与乘客，司机与司机之间，并不在打车平台上交互；电商平台，商家之间，消费者之间几乎不交互；外卖平台，餐馆之间，食客之间几乎不交互。这些都是典型的双边网络效应。

电商里有一个现象级的平台拼多多，区别于传统的电商平台，拼多多充分利用了社交裂变的优势，利用社交软件让有共同需求的人快速拼团。从网络效应的角度看，极大地刺激了客户之间的信息交互，也就是，同类节点之间的网络交互丰富起来，这是以往"网络交易平台"不具备的特点。因此，拼多多能够进一步提升电商平台里买卖双方匹配的效率，加快周转率，从而降低成本。根据经验，有两类商品在这种网络平台下特别好用。一是以水果为代表的时效性较强的商品，能在最短的时间内匹配到更多的用户，商品的售价自然会有更大的折扣；二是一些不注重品牌的白牌商品，客户更在意性价比而不是商品的品牌，这类通过组团认购的方式，也是很有市场的。

资料来源：根据Facebook、拼多多等企业公开资料整理。

五、产品差异化壁垒

产品差异是市场结构的重要决定因素，企业控制市场的程度取决于其所提供产品的差异化程度，企业对于那些与其他替代品存在差异的产品拥有绝对垄断权，从而构筑了其他企业的进入壁垒。产品差异化壁垒主要来自消费者对某一企业产品的偏好和忠诚，这种偏好优势是时间的增函数，存在累积效应，这就使先进入市场的原有企业享有新进入企业所没有的消费者偏好优势。对新进入企业，由于还没有得到消费者的认同，所以消费者不可能对它的产品形成特殊的偏好，新进入企业获取或转移消费者偏好就需要花费一定的成本，这种成本就构成新进入企业的进入壁垒。

（一）产品差异化的含义

产品差异化是指产业内相互竞争的企业所生产的产品之间替代的不完全性。即同一产业内的不同厂商所提供的同类商品，存在内外方面的某些差异，从而引起消费者对不同厂商生产的同类商品具有不同的偏好。产品差异化可以看作企业的一种竞争手段，也是一种非价格竞争策略，企业在形成产品实体的要素上或在提供产品过程中，造成足以区别于其他同类产品以吸引购买者的特殊性，从而导致消费者的偏好和忠诚。因此，产品差异化不仅形成了迫使外部进入者耗费巨资去征服现有客户的忠诚度的障碍，而且又在同一市场上使本企业与其他企业区别开来，在市场竞争中占据有利地位。

（二）产品差异化的形成原因

产品差异化形成原因可以概括为两类：一类是真实客观的产品物理差异。包含产品在设计、结构、功能、空间及越来越重要的服务等方面存在的差异，从而导致了消费者的不同偏好。通过改变产品设计、质量、外观等，争取购买者的偏好，是企业非价格竞争的主要内容。服务差异指企业在售前和售后提供的服务内容和服务质量方面存在的差异。包括向买方提供有关产品信息、技术指导、维修、信用支持等方面存在的差异。服务是产品完全价值的一部分，优质的服务能够引起消费者一定范围的需求差异。对于一些结构比较复杂、知识含量比较高、普通消费者往往不能很快熟练使用的产品，良好的差异性服务更能吸引消费者的偏好。另一类是主观的人为差异。即消费者买方的主观差异，主观产品差异主要来源于市场中的消费者对在位企业产品在长期中所形成的消费者偏好的差异。由于企业的广告、宣传、其他促销手段而造成消费者主观上认识的差异，或者消费者受潮流影响而对某商品产生偏好，主观性差异还会因企业的广告宣传以及商标法、知识产权法、专利法等法律的支持而得到强化。

因此，产品差异化减少了同类产品的可替代性，从而带来市场竞争的不完全性和寡占或垄断。这种可替代性的减少程度通常用需求交叉弹性来衡量。将同一产业不同企业的产品的需求交叉弹性进行比较，就可反映产品差别化的程度。

一般来说，原有企业主要在以下几个方面对新进入企业形成差异化壁垒：

第一，在位厂商以专利或技术秘诀形式拥有在优良产品设计方面的有效控制权，使消费者把控制权与优良的产品等同化，企业成了高品质产品的象征，提高了消费者对该企业产品的偏好度。

第二，在位厂商在定价和销售服务等方面所树立的良好声誉，提高了消费者对该企业产品的偏好度。

第三，在位厂商通过已投放的广告宣传而建立的消费者忠诚度以及对销售渠道的控制，使得新进入企业在销售成本上处于劣势。

第四，由于消费者对原有厂商和新进入企业产品质量的信息不对称而引起的产品差异化进入壁垒。假定某一产品市场上存在多个潜在进入企业，能够以相同的技术、相同成本生产标准产品。每个企业都可以生产标准产品，消费者对标准产品的评价是 M，但消费者并不知道每个企业产品的确切价值。因此，消费者对没有试用过的产品评价为 $Me(Me<V)$。这种低评价主要是由于绝大多数消费者是风险规避者，在产品质量信息不对称的情况下，消费者对质量不确定的产品评价较低。而原有企业的产品已经被消费过，因此原有企业的产品质量是已知的，消费者对其产品的评价为标准产品的评价 M，但新进入者的产品质量未知，消费者对其的评价为 Me。只有消费者预期会获得更多的剩余时，才会转向购买新进入者的产品，即 $Me - p_2 > M - p_1$，或者 $p_2 < p_1 - (M - Me)$，其中 p_1、p_2 分别是原有企业和新进入企业的产品价格。很明显，先进入市场的企业可以获得溢价收入 $(M - Me)$，它的定价只要稍稍低于进入企业的平均成本与溢价收入之和，就会使新进入企业遭受亏损，因而可以成功阻止潜在企业的进入，保持市场的垄断地位并获取超额利润[①]。

案例4.5 苹果公司的差异化战略

自2010年正式进入中国市场以来，苹果手机销售量不断上升。目前，苹果手机在中国高端智能手机市场上的份额已经达到80%以上。获得这样的成果，很大程度上归功于苹果公司独特的差异化战略，主要包含以下几个方面：

1. *苹果公司差异化的核心就是创新*。苹果的创新并非来自外部的压力和要求，而是源于企业的自我否定和自我更新。苹果公司有一支强大的创新团队，不断加快研发速度。创新已经成为一种苹果文化，苹果公司已经形成了成熟的制度创新。在新产品开发阶段的苹果公司，通过长时间的市场调研、消费者行为研究和需求，完全从客户的角度加强产品功能的设计，提高产品的兼容性，满足并引领消费者的需求。

2. *产品差异化*。利用超强的技术创新能力实现苹果产品差异化。由于苹果强大的创新能力，使得苹果的外观和功能显著区别于其他同类的电子产品，苹果的电子产品善于把握时尚并在一定程度上引领时尚，有效掌握并且应用了消费者的求异心理和从众心理。苹果产品采用全新的足以与微软抗衡的操作系统，使得其产品的稳定性及响应能力得到很大提升。

3. *营销差异化*。苹果公司新颖的市场营销策略也是其差异化战略的一部分。对于品牌塑造、价值观共鸣与产品营销的极致追求，融入了苹果产品发布的前中后全流程，以令人眼前一亮的产品创新为核心，举办极具引爆效应的发布会，通过人性化的文案、广告、内容与

---

① 王俊豪. 产业经济学 [M]. 北京：高等教育出版社，2008.

名人等传播策划，以及普世参与的体验店营销，再融合极具价值感的企业社会责任，一体化触达与触动用户。

4. 服务差异化。苹果公司不仅是提供产品这么简单，在消费者购买苹果产品以后，就享受到了个人在线专属服务。苹果的线下零售商店更加专注于帮助客户，苹果推出了 Apple Genius Bar，这是一个综合服务中心，可以帮助任何客户解决 MacBook，iPhone 或 iPad 的问题。

资料来源：根据苹果公司公开资料整理。

六、行政制度性壁垒

由于政府的进入管制而形成的壁垒即行政制度性壁垒。一般来说，政府的政策和法规对于企业而言是既定的外生变量，因此将行政制度性壁垒归为结构性壁垒。但对于某些行业，例如电信、石油等企业对政府政策法规制度的制定具有一定的影响力，因而对这类行业，行政制度性壁垒被列入策略性进入壁垒。

由于政策的管制，例如各种审批、进入数量管制都使潜在进入者难以进入。如果政府认为一个产业中只适合少数几个企业生存，为避免过多企业进入引起的过度竞争，政府就会实行许可证制度来限制新企业的进入。当某个产业中存在政企不分的现象时，这种壁垒可能更严重。在位企业完全可以利用手中的行政审批权力将潜在进入者挡在行业门外。

世界范围内很多国家现阶段的某些产业中存在着以行政力量保护既得利益者的行政性进入壁垒。政府利用对资源的控制对不同性质的企业给予差别性待遇，从而人为地造成企业之间在某些方面的不对称性，以排斥和限制企业的进入。还有一些地方政府利用行政措施限制外地产品的进入，优先销售本地产品，以垄断市场，也构成了行政性壁垒。

这些行政制度性壁垒的存在，严重制约了市场竞争机制的有效运行，妨碍了公平竞争，是对市场秩序的最大威胁。只有通过不断完善市场机制，限制政府对经济活动的过分干预，打破这些人为设置的进入障碍，优胜劣汰的竞争规律才能真正发挥作用，经济运行的效率才能从根本上得到改善。

案例4.6 外资进入的行政制度性壁垒

为了保障国民经济的稳定和安全，世界各国基本都会在部分敏感领域禁止外资企业投资进入，我国也制定了《外商投资准入特别管理措施（负面清单）》（2020年版），其中对科学研究和技术服务业以及教育产业的外资企业投资限制措施如下：

1. 禁止投资人体干细胞、基因诊断与治疗技术开发和应用。
2. 禁止投资人文社会科学研究机构。
3. 禁止投资大地测量、海洋测绘、测绘航空摄影、地面移动测量、行政区域界线测绘，地形图、世界政区地图、全国政区地图、省级及以下政区地图、全国性教学地图、地方性教学地图、真三维地图和导航电子地图编制、区域性的地质填图、矿产地质、地球物理、地球化学、水文地质、环境地质、地质灾害、遥感地质等调查（矿业权人在其矿业权范围内开展工作不受此特别管理措施限制）。

4. 学前、普通高中和高等教育机构限于中外合作办学，须由中方主导（校长或者主要行政负责人应当具有中国国籍，理事会、董事会或者联合管理委员会的中方组成人员不得少于1/2）。

5. 禁止投资义务教育机构、宗教教育机构。

第三节 策略性进入壁垒

策略性进入壁垒也称为进入阻挠，是指产业内在位企业为保持其在市场上的主导地位，获取垄断利润，利用自身的优势通过一系列有意识的策略性行为构筑起的防止潜在进入者进入的壁垒。策略性行为是在位企业通过影响竞争者对该企业行动的预期，使得竞争者在预期的基础上做出对该企业有利的决策行为。与结构性进入壁垒不同，策略性行为有时也会使在位企业本身蒙受一定的经济损失。常见的策略性进入壁垒成因包括以下几方面。

一、过剩生产能力投资

一般来说，企业提高产出需要增加新的设备，投入必要的劳动力和原材料。在位企业可在潜在进入者进入前进行过度生产能力投资，这些生产能力在进入发生之前是闲置的。一旦进入者进入，原有企业可利用已投资的闲置生产能力迅速扩大产量，实施价格竞争策略，从而使得进入者蒙受损失。潜在进入者在观察到在位企业已经做出的过度生产能力投资后，理性预期到自己进入后将招致激烈的价格战，自己无法从中获得预期利润，因此会放弃进入。

如图4-3所示，在位企业利用过度生产能力扩大产出时，其边际成本为新增单位产量所增加的劳动力等可变要素的成本 w。而进入者增加产出时除了投入劳动力等可变要素的成本 w 之外，还必须同时投入资本设备要素的成本，其边际成本为 $w+r$。在位企业在进入发生前的产量为 q_1，但其生产能力为 q_2，具有过度生产能力。由于边际成本的优势使在位企业在进入发生时，利用闲置过度生产能力扩大产出，从而通过价格战获得更高利润，进而可有效地阻止潜在进入者的进入。

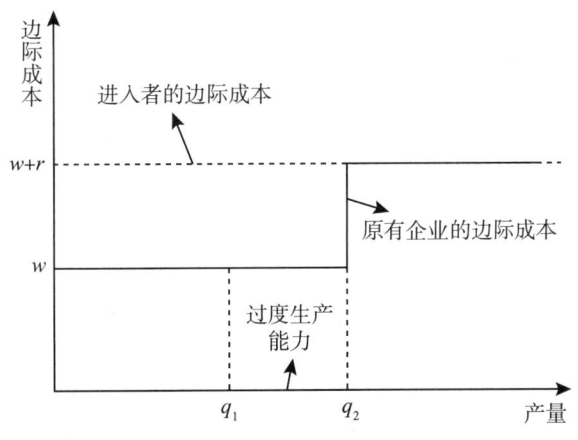

图4-3 过度生产能力投资

案例 4.7　瑞幸咖啡的产能过剩策略

对于制造业企业来说，产能过剩策略的重点是积累一定的库存或保留较强的产能扩张能力；对于生活服务类企业而言，产能过剩策略则表现为保持较强的门店扩张能力，吓退竞争对手。瑞幸咖啡于 2018 年初开始运营，作为一家结合线上线下的本土咖啡品牌，其主要产品为现磨咖啡，旨在通过互联网技术重新定义中国咖啡消费市场的模式，进而成为中国咖啡市场的新领军品牌。瑞幸咖啡自成立以来，以巨额补贴的打法快速开店，以最快的速度抢占国内咖啡市场。艾媒数据中心的数据显示，在 2020 年中国市场主流咖啡品牌门店数量统计中，瑞幸咖啡以 4 507 家门店位居榜首，成功超越星巴克的 4 292 家门店。截至 2023 年 6 月，瑞幸咖啡全国门店数已经突破 10 000 家，门店扩张速度创下行业纪录。其出色的门店扩张能力使得目前国内咖啡行业没有新企业敢挑战瑞幸咖啡的行业龙头地位，在一定程度上构筑起了该行业的进入壁垒。

资料来源：根据瑞幸咖啡公开资料整理。

二、干中学

干中学也称学习效应，是指随着企业所生产产量的累计增加，因为生产经验的不断积累，使企业的生产效率不断提高，生产的平均成本下降（见图 4-4）。经研究发现，在许多生产技术复杂的产业中，都存在这种学习效应，而且生产过程越复杂，学习效应越明显。在位企业先进入市场，因此在学习效应上具有天然的优势，相对于进入企业拥有更多累积的生产经验，从而在市场竞争中就会享有成本优势。可以通过一个简单的两阶段模型来分析。第一阶段，市场上只有在位企业；第二阶段，进入者可能进入市场。在位企业通过第一阶段的干中学，就会降低它在第二阶段的成本。为了获得更多的生产经验和学习效应，第一阶段原有企业降低产品的价格以增加销量，它在第二阶段的成本将随着第一阶段累计产量的大幅增加而显著下降。第一阶段由于降低价格所损失的利润就是在位企业为阻止进入所进行的策略性投资。如果干中学形成的成本优势足够大，潜在进入者可能选择放弃进入，而在位企业在以后阶段将获得较高的利润。

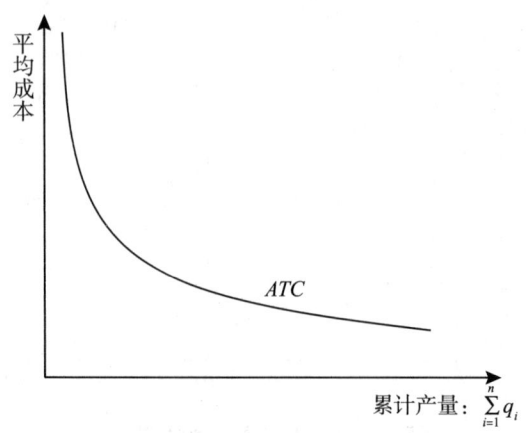

图 4-4　干中学

干中学能使在位企业获得优势取决于两点：（1）在位企业通过干中学能比新进入企业降低多少成本；（2）学习需要花费的时间。如果学习周期很长或很短，原有企业所能获取的优势都不会很大。学习周期很短时，新进入企业会较容易赶上原有企业。学习周期很长时，原有企业只能稍稍领先，不会有太大的优势。当学习周期趋中时，干中学的策略效应比较明显，在位企业能通过在干中学策略性投资阻止进入，并获取较高的利润。

案例4.8　永新光学的阶梯式学习路径

2019年1月3日，"嫦娥四号"成功着陆在月球背面预选着陆区，开启了人类探索月球新篇章。"嫦娥四号"降落月球时的第一眼画面，是由探测器搭载的降落相机光学镜头拍摄的。降落相机光学镜头的生产厂商是来自宁波一家专业生产显微镜和光学元件的光学企业——永新光学。

永新光学成立于1997年，是我国仪器仪表行业协会副理事长单位、光学仪器分会理事长单位和光学显微镜国家标准制定单位，年产十万余万台光学显微镜和数千万件光学元件组件，是徕卡相机、德国蔡司、日本尼康等国际知名企业的核心供应商。

回顾永新光学的发展历史，可以看到一条清晰的阶梯式技术学习路径（见图4-5）。从早期向领先客户学习基本的生产工艺与产品设计知识，到与高校院所进行产学研合作学习新产品开发，再到参与国家重大工程进行研发学习来探索前沿技术。通过多来源的技术学习模式，以及在不同发展阶段主导学习机制的及时切换，永新光学逐步实现了技术能力的飞跃，产品从功能单一的低端显微镜扩展到光学显微镜，自身也从加工光学元件的小企业成长为一家为嫦娥人造卫星制造多款光学镜头的冠军企业。

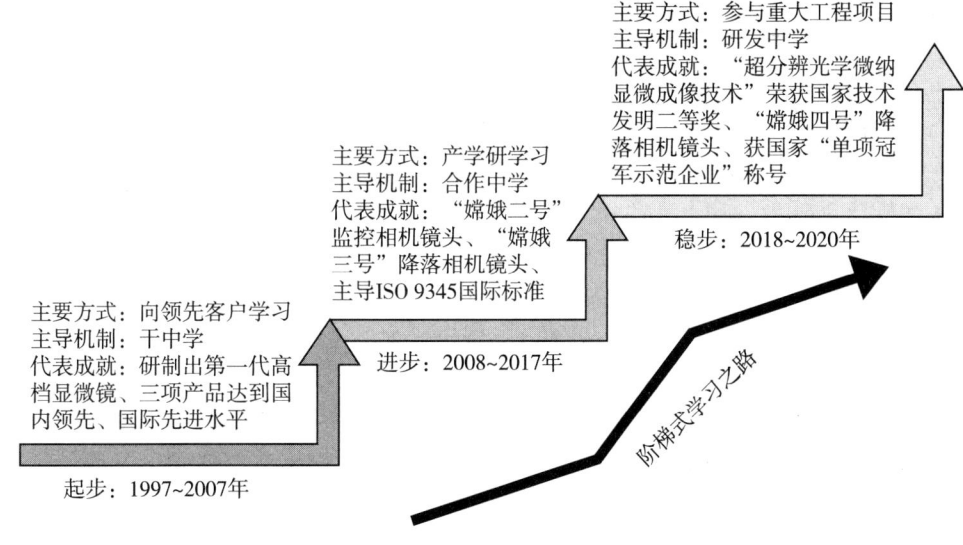

图4-5　永新光学阶梯式技术学习路径

起步（1997～2007年）：向领先客户学习。

这个阶段企业技术能力落后，资金积累薄弱，选择为行业领先客户代工不失为一条快速成长的道路。因而，此阶段永新光学加大了与行业领先企业合作的力度。在与摩托罗拉建立了合作关系之后，又开始与尼康、徕卡等国际领先企业合作。合作的形式主要是"以销定产"，即根据客户需求提供产品制造的工艺方案，并进行加工生产。永新光学在这样的经营模式中与客户保持着较高的黏性，订单数量越来越多，不仅获得了充裕的资金，更是通过"干中学"实现了生产工艺的稳步提升。

进步（2008~2017年）：产学研合作中学习。

2008年，美国次贷危机爆发，次贷危机使得光学行业原材料价格上涨，劳动力成本上涨，产品销售价格降低，同时永新光学在北美的订单数量骤减，与美国领先企业的合作变得困难。仅仅依靠领先企业进行廉价的加工与组装产品无法使代工企业缩短与领先企业的差距，也无法应对多变的国际环境，代工企业的转型升级刻不容缓。通过十年与领先客户的干中学，永新获得了转型升级的初始资源和技术知识，也获得了较强的环境识别能力。在技术交流方面，永新与国内高校院所开展了产学研技术合作。高校通常掌握着学科的前沿知识，但生产技术与工艺落后；企业则有着先进的生产工艺，而研发方面相对薄弱。高校院所与企业的产学研合作，一方面，高校院所可以了解企业的生产难题及技术需求，为未来技术研发指明方向；另一方面，企业可以充分利用高校的学科情报、图书资料以及先进的实验室，提高新产品开发以及技术攻关的效率，同时吸引高科技人才加盟。永新先后与浙江大学、清华大学、宁波大学、上海理工大学、复旦大学附属医院、南京医科大学等知名高校院所建立了合作关系，并且与浙江大学签订了"硕士研究生联合培养协议"，共建博士后工作站，培养企业所需的科研人员和复合型人才。产学研合作使得永新光学开发产品的技术领先性和质量可靠性大幅提升。

稳步（2018~2020年）：重大工程项目中学习。

2018年，永新光学成功在上海证券交易所上市。上市后，永新光学有了更加充裕的资金，也加大了研发资金的投入。2019年，永新光学与浙江大学、宁波"五位一体"校区教育发展中心、浙江大学光电学院合作，共建浙江大学宁波研究院光电分院，打造出以永新光学为主体，以行业先进技术为导向，汇聚高校和研究院研发能力的深度产学研融合，为永新光学在国家重大科研项目中承担好角色打下了坚实的基础。截至2020年，永新光学先后承担国家重点新产品项目5项，国家"火炬计划"项目5项，企业研发能力快速提升。参与国家重大工程使永新光学通过"研发中学习"在光学元件组件事业上获得了高水平的技术能力，这又为永新在全球光学产业链中的位置提升提供了重要的能力支撑。

1997~2020年的二十多年，从早期融入光学全球价值链的"干中学"，到发挥产学研平台优势的"合作中学"，再到积极参与国家重大工程项目的"研发中学"，永新通过对内外部环境的持续扫描、监控和审视，及时切换主导学习模式，形成了阶梯式学习路径，成功抵御了外部危机的冲击，企业收入和利润逐年增加，老牌企业焕发出勃勃生机，自身得到快速发展的同时也推动了我国光学行业的进步，并提升了我国光学企业在全球产业中的地位。

资料来源：彭新敏，王昕冉，慈建栋. 永新光学：阶梯式学习铺就冠军之路[J]. 清华管理评论，2021（06）：98-104.

三、提高竞争对手的成本

在位企业通过策略性行为提高竞争对手的成本可以使自己占据成本优势，从而达到阻止进入的目的。提高竞争对手成本的方式很多，主要有以下几点。

（一）垂直一体化

在位企业通过垂直一体化的方式，向后进入原材料生产阶段，或是向前进入销售，向前或向后延伸自己的市场控制力，从而提高竞争对手的生产和进入成本。例如，原有企业利用其对上游产品的控制力对最终产品市场上的竞争对手采取歧视性手段，提高向对手供应原材料的价格，或采取排他性供应的方式拒绝向竞争对手提供原材料，从而提高对手的成本。

（二）利用政府管制

原有企业可以凭借自身的在位优势，利用政府管制增加进入企业的生产和进入成本。例如，原有企业可以游说政府对新进入企业执行更严格的环保要求，同时利用"老企业"的身份要求对自己执行相对宽松的特殊政策，从而增加新企业的进入难度。

（三）提高工资和其他投入品的价格

当潜在进入者想进入市场时，原有企业利用自己在市场上的主导地位，影响行业的投入品的价格，使进入企业处于不利地位。例如，如果原有企业所采用技术的资本密集程度比竞争对手更高，那么它通过支付更高的工资从而提高行业的工资水平使竞争对手承担更高的成本，使竞争对手处于成本劣势的地位。

（四）利用产品的互补性和配件生产

原有企业可以利用自己产品的市场优势，采取拒绝与竞争对手产品或配件相兼容的方法，使得进入者需要开发额外的转换器才能与在位企业产品兼容。从而提高竞争对手的成本。

四、提高消费者转换成本

转换成本是指消费者因为从原有企业处购买产品转向从新企业处购买产品时而面临的一次性成本。转换成本的存在降低了消费者的需求弹性，限制了用户的转移，导致新企业必须付出更高的成本才能吸引用户的转移，从而阻碍了新企业的进入。转换成本主要包括学习成本、交易成本、转换品牌的优惠折扣损失以及改变习惯或更换品牌时的心理成本等。在位企业可以用提高用户转换成本的策略把用户锁定在自己的产品上，使进入者难以获得足够的市场需求，从而放弃进入。原有企业提高转换成本的方式有很多，例如对消费者进行培训和个性化服务；在系统产品中使自己的产品与对手的产品不兼容；根据消费者的累积购买量进行优惠折扣等。

原有企业也可以利用长期契约锁定产品需求来提高消费者转换成本。即原有企业可利用与用户之间签订长期契约的方式来锁定未来需求，当用户转向新的供应者时必须支付一定的违约金。用户由于不能确定进入者的产品质量和价格，为减少供应中的风险，也愿意与原有企业签订合理的长期契约。

案例 4.9　Keep 利用数字技术应用，提高转换成本

在互联网主导的新消费背景下，消费者转换成本大幅降低是当前新消费面临的重要挑战，维系消费者的品牌忠诚度变得越来越困难。然而在行业实践中，仍不乏具有创新意识和杰出智慧的品牌，正在披荆斩棘积极探索，并取得了较好成效，健身运动品牌 Keep 就是其中之一。

Keep 是一款移动健身应用 App，于 2015 年 2 月上线，上线后 105 天粉丝破百万人。此后，其线上活跃用户数量一直高走。2017 年 8 月，注册用户数突破 1 亿人，从差不多同时起步的 1 000 多个运动类 App 中脱颖而出。据 2022 年 4 月 Keep 宣布的数据显示，目前其 App 日活跃用户数量超过 600 万人，用户总量约 3 亿人。几年来，Keep 月均活跃用户数与日活跃用户数均稳居行业第一。

Keep 主要通过以下两种方式来提高品牌转换成本：首先，个性化数据生成，建立"健身银行"。Keep 为每位登录平台的用户建立个性化数据系统，用户登录 App 后，可以免费获取自己喜欢的课程，每次运动完毕，系统立即自动生成多维度的运动数据，对运动项目、运动时长、运动时段、训练部位、能量消耗情况进行记录，并生成运动周报，评估运动目标达成情况等，以及根据数据统计评定用户级别等。一旦用户离开 App，也就意味着健身历史记录的消失，无形中提高了品牌的转换成本。

其次，智能化课程定制，培养用户习惯。Keep 利用会员制方式，根据会员自身情况及具体锻炼目标进行智能化运算，为会员提供个性化定制课程。为实现会员的预期锻炼目标，每门课程都设有一定的学习周期以及过程提醒，不断鼓励用户保持持续锻炼的习惯，久而久之，逐渐成为用户身边的健身顾问和忠实朋友。

另外，巩固消费者互动关系。在互联网时代，没有互动基因的品牌很难维系消费者关系，虚拟社群是 Keep 用以维护消费者关系的重要渠道。Keep App 中的虚拟社群设有"关注""圈子""精选"三个模块，用户每学习完一次课程都设有打卡分享环节，并可以在"关注"中查看自己关注的用户的内容分享和运动记录；在"精选"栏目中可以围观运动达人的日常生活和运动分享，并进行互动交流；而通过"圈子"则可以加入自己感兴趣的运动项目，例如"减脂总动员""雕刻肌肉"等，与具有同样兴趣爱好或同样需求的人群形成更紧密的关系。虚拟社群本来是弱纽带，但 Keep 虚拟社群中，由于有自己的运动行为和分享行为，再运用用户的自传播特性，容易从弱纽带变为强纽带，在一定程度上也提升了消费者的转化成本。

资料来源：张玲. 新消费时代，如何留住消费者？——Keep 品牌策略探析[EB/OL]. BBI 品牌智库，[2022-01-11]. https://mp.weixin.qq.com/s/YYo-lJKmhdxmkl0TFURdKw.

五、产品扩散策略

由于消费者偏好的差异，产品市场往往被分割成不同的细分市场（产品空间），而企业也可能以差别化的产品供应某一细分市场。潜在进入者要想成功进入市场，就必须寻找到可使自己盈利的细分市场。在产品需求空间有限的情况下，原有企业可在新企业进入发生之前推出多种系列产品或品牌，利用产品多样化的策略先占满相关的细分市场，使潜在进入者难以找到可以获利的产品空间，因而放弃进入。

案例 4.10 宝洁的产品扩散策略

宝洁是全球日化用品巨头,也是品牌扩散策略的成功践行者,它们在一条产品线上一般会同时推出多个定位不同的产品品牌,以占满超市货架的方式来宣示自己的行业霸主地位。例如,宝洁公司在中国内地经营的个人护理产品品牌有 SK Ⅱ、OLay 玉兰油、舒肤佳三种,分别定位于高、中、低端消费群体;美发护发产品品牌有海飞丝、潘婷、飘柔、沙宣四种,分别定位于去屑、修复、柔顺、专业美发四种功能。宝洁的这种产品扩散战略在一定程度上成功构筑了该行业的进入壁垒,对于其多年处在日化用品行业的霸主地位功不可没。

资料来源:根据宝洁公司公开资料整理。

第四节 退出壁垒

退出壁垒是企业在退出市场时遇到的阻碍。退出壁垒的存在对于企业进入决策具有很大影响。如果行业退出成本很高,那么企业进入该行业的积极性就会相对减弱。相反,如果进入退出没有成本,新进入企业就会采取"快进快出,赚了就跑"的策略,即面对存在较高利润的产业,潜在进入者迅速进入市场攫取在位者的利润,并且于在位者作出反应之前迅速撤出。形成退出壁垒的因素多种多样,主要体现在以下几个方面。

一、资产的专用性

企业的固定资产中有通用性资产、半通用性资产和专用性资产。因此,当企业决定转产时,必须面对半通用性资产和专用性资产处置和变现的损失。对于产业市场中产业的规模经济来自行业专用的固定资产(例如煤矿用地、油气管道等)的行业,有相当数量的投资一旦进入该行业就成为沉没成本,即那些即使完全停止生产也无法消除的成本。沉没成本一经发生,必然形成一种实际净损失,因而沉没成本与退出壁垒呈正相关关系,它的大小一般与资产专用性成正比。如果市场上对某资产需求比较低,资产的专用性越强,沉没成本就越大。较大的沉没成本,致使资产清算价值下降,转移成本上升,企业主动退出行业的动机也就越弱。因此,资产专用性越强,沉没成本就越大,从而退出壁垒就越大;反之,资产专用性越弱,沉没成本就越小,从而退出壁垒就越小。

二、战略性退出壁垒

实行多元化战略的企业要退出某一特定业务,可能会导致企业总体战略的损失。这一特定业务可能是企业标志和形象的中心,可能会损害企业与主要分销商的关系,从而会削弱企业总体购买能力,也可能会妨碍企业销售其他产品,甚至可能会动摇资本市场对企业的信心而引发市价的大跌,进一步会影响企业纵向整合的其他环节等,从而引发一系列负面反应。另外,由于企业多项业务之间共用资产和内部定价的大量存在,使得一项业务的失败可以被其他业务的成功所掩盖,一旦某项业务退出,则失败的信息被提供,从而引起连锁反应,因此经理们明知从经济上退出是合理的,却不愿退出。

三、联合生产壁垒

联合生产企业的业务单元之间存在着密切的关联,一种产品的生产会影响到该企业其他产品的生产,以及整个企业的效率或利润水平。因此,作为联合生产中的一个产品,当其销售困难,或生产出现亏损时,企业会顾及整体利益,而不会轻易退出该产品市场。这主要表现在两个方面:一是纵向联合生产形成的退出壁垒。在纵向一体化企业中,一项产品是否退出市场取决于整个生产链。例如,包括炼铁、轧钢、机床生产在内的一体化企业中,即使铁产品生产亏损,企业会顾及轧钢和机床的生产,而不会退出铁产品市场。二是混合联合生产形成的退出壁垒。在混合联合企业中,一项产品生产是否退出市场取决于企业的声誉。例如,以双星品牌为依托,双星集团发展了双星运动鞋、双星轮胎、双星房地产、双星机械等系列产品。即使双星运动鞋盈利程度很小或已经不存在盈利,但它是该企业的传统产品,是品牌形成的基础,它的退出可能影响到整个品牌的形象和声誉,因而无法退出。更典型的"联合生产"导致高退出壁垒的是化工行业,某一类产品往往是其他产品的副产品,不但生产成本很低,而且生产的组织有连续性和整体性。有时候,就算是这种产品需求不足,市场价格很低,工厂也会继续生产;反之,如果主产品要退出或缩减产能,这些副产品盈利状况再好,也会随之退出。

四、各种固定成本退出壁垒

现代企业的运营不可避免地会涉及各种合作关系的建立,企业与员工、合作对象、客户等建立起来的民事合作关系可能并不都是短期的,一旦企业决定退出某一行业,就必然会面临单方面解除长期合作关系的赔偿问题。如果企业的规模较大且经营时间较长,这种赔偿有时候可能是一笔巨大的支出。企业退出现处行业时通常要支付给律师、会计师、资产评估师等专业人员高额费用,要向职工支付安置费用。如果企业准备退出,撕毁原本订立的购买原材料及推销产品的长期合同会被罚款,企业必须支付违约成本。企业的退出会影响职工的情绪,生产能力下降,财务状况容易恶化。退出表明企业没有发展前景,增加了企业转移出去后的融资困难,使企业的信用等级降低,提高了融资成本。企业要承担宣布决定后客户退货、供应商取消优惠等损失。

五、政府和社会壁垒

退出对工人而言意味着失业,对政府而言意味地方经济的衰退、财政收入的减少和财政支出的增加以及社会矛盾的加剧。政府作为宏观调控的主体,不仅要考虑经济效益目标,在一定程度上还要考虑解决就业、社会安定等社会目标。因此,政府和社会为了一定的目的,往往通过制定政策和法规来限制某些行业中企业的退出。例如,在电力、邮电、煤气等公益事业行业中,政府出于确保稳定服务的目标,对有关企业的退出往往是加以限制的。为了稳定就业水平,政府对那些能够容纳大量劳动力的劳动密集型产业给予政策性支持,延缓了这些行业中企业的退出,例如纺织工业、钢铁工业等。在一些发展中国家,政府为控制价格总水平,对某些基础行业实行限价政策,结果往往导致有关行业出现政策性亏损,这种情况下企业要退出该行业,也会受到政府干预。

案例 4.11 中国影院行业的退出壁垒

影院行业的退出壁垒比较高,是名副其实的"进得来,退不出"的行业。影院行业退出壁垒主要包含以下几类:

第一类退出壁垒:专门资产。

影院是一种专门资产,通常是大型商业中心在规划时就专门设计的,它的建筑空间结构、消防卫生等要求,完全是为了影院而设计的,很难转换成其他的业态。更重要的是,影院业务是周期性的,影院的生意集中在春节档、暑假档和有大片上映的时间,很多低线城市影院本身租金不高,只做这两个档期的生意,短期雇用临时员工,低成本运营,即使短期停业,但不会退出,到了相应黄金档期,迅速复活。

第二类退出壁垒:联合生产。

联合生产是指该产品是其他产品生产的副产品,故不能根据盈亏状况独立考虑是否退出。影院是城市大型购物中心标配的导流业态,即用影院吸引有消费能力的年轻人,给其他利润高的业态导流。所以,影院在购物中心的经营之初,其本身的盈利并不是第一位的,可以在微亏的状态下存在。

第三类退出壁垒:政府限制。

政府限制退出的行业往往是劳动密集型企业或对地方有不可取代作用的行业,很多四五线城市可能只有一两家影院,成了民生项目,就算经营不好政府也不让关。

影院行业集中了这三类退出壁垒,虽然票房收入大幅下降,但产能出清却非常困难。

资料来源:企投俱乐部:为什么影院是高退出壁垒行业?[EB/OL]. https://mp.weixin.qq.com/s/l2KD7bqKQCZ_tncUBmEgoA.

六、管理者声誉与情感壁垒

现代公司管理体系中的管理者与所有者相分离的模式必然会导致管理者与所有者的利益不一致。当一家公司决定退出某一行业时,最直接受损的就是公司的管理层,他们可能会因此失业,并且由于这一段不成功的管理经历,会影响管理者在市场的声誉甚至会影响到其职业生涯。所以,一般而言,公司的管理层会千方百计地阻挠所有者想要退出某一行业的决定。另外,退出某一行业通常意味着企业的某种失败和企业认同感的放弃,使得决策者具有一定的情感壁垒而不愿放弃从理智上来看非常合理的退出选择。

第五节 进入、退出壁垒的福利效应

企业的进入和退出是市场经济的重要特征之一,其本质是资源重新配置的一种方式,从长期看,进入壁垒对社会福利有双重效应,而退出壁垒会使市场机制配置资源的作用弱化。

一、进入壁垒的福利效应

如果根据帕累托静态效率中边际成本等于价格的观点来判断进入壁垒的福利效应,进入壁垒的存在无疑造成了资源配置效率的损失。但是完全竞争理论的零成本自由进入市场和存在大量无差异原子型企业的市场结构绝非对现实市场环境的客观描述,完全竞争所描述的市场结构在现实的竞争环境中是无法实现的。现实中,几乎所有的企业都是在不完全竞争的市场中从事生产经营活动。

从长期看,进入壁垒对社会福利有双重效应。一方面,进入壁垒易于产生垄断性的市场结构,引起价格扭曲,减少产出,造成社会福利净损失。产业进入壁垒越高,进入越困难,能进入的新企业就越少,从而越容易产生垄断。反之,进入壁垒越低,进入越容易,能进入的新企业就越多,产生垄断的可能性就越低。由于进入壁垒限制了潜在进入者的进入,从而减少了产业中企业的数量,产业集中度和产业内大企业的市场势力增加,这些大企业运用市场势力定价,而引起价格扭曲,造成社会福利净损失。另一方面,进入壁垒的存在又具有正面作用,一定高度的进入壁垒可以提高资源的配置效率,增进社会福利。进入壁垒的正面效应表现在:(1)在一般的情况下,由产品差异化产生的进入壁垒越高,产品越具有多样化,所实现的社会总效用就越多。(2)对于规模经济显著的产业来说,由于进入壁垒的存在,可以阻止低效率的原子型小企业进入市场,提高产业集中度,从而获得规模经济效益。(3)企业进入或退出市场,其实质是资源重新配置的一种方式。在其他条件既定的情况下,资源配置成本与资源转移频率呈正相关关系。进入壁垒的提高使企业进入后在产业内的经营活动具有相对的稳定性,从而降低资源重新配置的成本,提高资源配置的净收益。(4)适度的进入壁垒和产业集中度可以提高企业利润率,为企业提供技术创新所需的资金,增加技术创新的预期收益,有利于技术创新和产业技术进步。

策略性进入壁垒的福利效应的评价则更为困难,策略性行为的有效性取决于一系列复杂的假定:相互竞争企业的行为假定、企业之间竞争方式的假定以及有关信息的假定。对策略性行为的研究尽管从理论方法上有统一的模式,但这些研究模型对现实竞争的解释能力依赖于其假定条件,因此相关的福利效应分析缺乏清晰明确的结果,多属于个案研究。

二、退出壁垒的福利效应

市场效率的提高,一方面来自企业内部配置效率的改进;另一方面也来自对低效企业的淘汰。如果退出壁垒过高,企业退出的手段不成熟,不完善,将会直接导致产业调整的步伐受阻。如果同一产业内存在众多的企业参与竞争,生产能力利用不足,价格大战此起彼伏,企业在长期处于低利润甚至亏损状态的情况下,却由于市场存在的阻碍生产要素流动的因素及退出壁垒的作用,导致亏损企业继续生产而不愿意退出,则必然导致大量资源滞留于经营低效的企业,阻止过剩生产要素的撤离,不能实现资源的合理流动和优化配置,使整体的经济效率受到很大影响。因此,退出壁垒使市场机制配置资源的作用弱化,行业内企业不能够通过兼并、重组来实现规模经济和有效竞争。

本章小结

◆进入壁垒和退出壁垒是衡量一个产业竞争程度的重要指标。进入壁垒是使进入者难以成功地进入一个产业，从而使原有企业能够持续地获得超额利润，并能使整个产业保持高集中度的因素。退出壁垒是妨碍企业退出某一市场或产业的限制因素。

◆进入壁垒根据其形成原因可以分为结构性进入壁垒和策略性进入壁垒两大类。结构性进入壁垒是指不受企业支配的、外生的，由产品技术特点、社会法律制度、政府政策及消费者偏好所形成的壁垒。结构性进入壁垒的形成因素主要有规模经济、绝对成本优势、必要资本量、产品差别化、网络效应和行政制度性因素。

◆策略性进入壁垒是指市场中企业通过对影响竞争对手选择的资源进行投资从而改变竞争环境的行为，包括过剩生产能力投资、干中学、提高竞争对手的成本、提高消费者转换成本以及产品扩散策略等阻挠进入行为。

◆企业退出行为受多种因素制约。一般来说，企业退出壁垒主要源于以下几种因素：资产的专用性、战略性退出壁垒、联合生产壁垒、各种固定成本退出壁垒、政府和社会壁垒以及管理者声誉与情感壁垒。

◆企业进入或退出市场，其实质是资源重新配置的一种方式。从长期看，进入壁垒对社会福利有双重效应（一方面进入壁垒容易产生垄断，另一方面进入壁垒的存在又具有正面作用，一定高度的进入壁垒可以提高资源的配置效率），而退出壁垒会使市场机制配置资源的作用弱化。

复习思考题

1. 名词解释。
进入壁垒　退出壁垒　结构性进入壁垒　策略性进入壁垒　网络效应壁垒
2. 简答题。
(1) 简述进入和退出壁垒的含义与分类。
(2) 选取某一行业分析其主要的结构性进入壁垒有哪些？
(3) 试述结构性进入壁垒和策略性进入壁垒的差异。
(4) 分析进入壁垒双重福利效应。
3. 自评自测题。
(1) 所谓绝对成本优势是指原有在位企业在任一产量水平下的（　　）都低于潜在进入者。
A. 边际成本　　　　B. 平均成本　　　　C. 固定成本　　　　D. 可变成本
(2) 在现有企业的行业中，影响进入壁垒高低的因素是（　　）。
A. 规模经济　　　　　　　　　　　B. 行业规模
C. 进入壁垒的大小　　　　　　　　D. 顾客讨价还价的能力
(3) 下列四种常见的市场结构类型中，（　　）的进入壁垒最高。
A. 垄断竞争市场结构　　　　　　　B. 寡头垄断市场结构
C. 完全垄断市场结构　　　　　　　D. 完全竞争市场结构

(4) 在我国,下列属于低进入壁垒的产业是(　　)。
A. 电力行业　　　　B. 烟草业　　　　C. 服装业　　　　D. 石油天然气开采业
(5) 下列不属于结构性进入壁垒的是(　　)。
A. 规模经济　　　　B. 网络效应　　　　C. 绝对成本优势　　　　D. 长期契约策略

4. 延伸阅读材料。

中国能否打破国外飞机的航空壁垒

2022 年 5 月 8 日,C919 客机首架交付机在浦东机场第五跑道进行了中、低速滑行测试。这说明,第一架交付给东航的 C919 客机已经制造完毕,即将首飞。

目前全球民航大飞机被波音和空客两家公司垄断,不论这两家的飞机质量如何,你都不得不去选择其一,我们作为"甲方"却只能被动接受。另外,近几年全球局势扑朔迷离,疫情加剧了国际矛盾,假设局势突然发生变化,我们的民航公司一旦失去了飞机厂商的供货和售后,后果不堪设想。在这样的背景下,国产 C919 飞机成为打破航空壁垒的关键。

国产 C919 飞机的发展历史。

C919 飞机是我国首款完全按照国际先进适航标准研制的单通道大型干线客机,具有我国完全的自主知识产权。最大航程超过 5 500 公里,性能与国际新一代的主流单通道客机相当。

大型客机总设计师吴光辉说:"C 是 China 的首字母,也是中国商用飞机有限责任公司英文缩写 COMAC 的首字母,同时还有一个寓意,就是我们立志要跻身国际大型客机市场,要与 Airbus(空中客车公司)和 Boeing(波音)一道在国际大型客机制造业中形成 ABC 并立的格局。"

吴光辉说,第一个"9"的寓意是天长地久,"19"代表的是我国首型大型客机最大载客量为 190 座。他说,"C919"之后未来的型号也可能命名为"C929",其中"29"代表这一机型的最大载客量为 290 座。

发展历程。

2006 年,国产大飞机是《国家中长期科学与技术发展规划纲要(2006～2020)》确定的 16 个重大专项之一。让中国的大飞机飞上蓝天,是国家的意志,人民的意志。

2008 年,中国商用飞机有限责任公司在上海成立,设计研发中心承担了我国首次自主研制的 C919 客机、ARJ21 新支线飞机的工程设计任务和技术抓总责任。大飞机项目总体投入将达 2 000 亿元。

2009 年,亚洲国际航空展览大飞机 C919 机身外形设计首度亮相。

2009 年,C919 初步定型,在成都正式开工制造。

2011 年,中国商用飞机有限责任公司与 CFM 国际公司正式签署 C919 大型客机项目推进系统合同,选择 CFM 国际公司作为 C919 项目国外唯一的推进系统供应商,选定 CFM 国际公司研发的 LEAP - X1C 发动机为 C919 大型客机唯一启动动力装置。

2011 年,C919 大型客机首次型号合格审定委员会会议在上海召开,C919 飞机研制全面进入正式适航审查阶段。

2014 年,C919 飞机首架机前机身部段、平尾部件装配、中机身部段、后机身部段、中央翼、副翼部段陆续交付,开始总装。

2015年11月2日，C919客机首架机在浦东基地正式总装下线。

2016年12月25日，C919飞机首架机交付试飞中心。

2017年4月18日，C919客机通过首飞放飞评审。

2018年2月26日，中国商飞与华融金融租赁签署30架C919大型客机和20架ARJ21新支线飞机购机协议。

2018~2021年，C919陆续完成试飞任务、高寒试验等。

2011年6月29日，商用航空发动机有限责任公司，正式推出"长江-1000A"（CJ-1000A）航空发动机。（意味着C919飞机关键配件不需要依赖进口）

2022年，C919即将正式交付，订单已达850架，预计单价0.8亿美元。

根据商飞公司预计，到2040年，全球客机机队规模将达到45 397架，中国的机队规模将达到9 957架，占全球客机机队比例22%，成为全球最大的单一航空市场。

C919于2025年进入快速交付阶段。中国商飞对未来市场预测，到2037年，仅国内市场就将新交付160座级客机4 284架，预计C919将获得20%的市场份额，也就是857架，总销售收入达5 000亿元。

如果C919是打破欧美垄断壁垒，那C929才是真正挑战波音和空客的市场地位。

2017年5月22日，C929开发者——中俄国际商用飞机有限责任公司（中俄商飞）在上海正式成立。双方已完成了飞机级指标初步定义，明确了基本型的航程（12 000公里）和座级（280座）。

中航高科披露已经完成C929项目4米级坠撞壁板交付和桶段坠撞实验，通过了中国商飞特种工艺能力鉴定和供应商综合能力评估，并且参与C919复合材料尾翼优化项目。

C929复合材料含量占比，将从C919的12%提升至超50%，与空客A350机型的52%、波音B787机型的50%相近。

完全具备能力挑战波音和空客的市场地位。

何时问世？C919从立项到首飞用了10年时间，积累经验后C929预计需要7年左右，到产品交付预计需要10年时间。

目前全球贸易保护主义盛行，当下C919上市就要解决美国的出口管制难题。

此外，飞机是一个巨大的全产业链，国内各零部件供应商的发展也要步伐一致，追逐顶端技术，满足内部产业链的同时，抢占国际细分市场。

中国的民航大飞机未来前途光明，但任重而道远。

资料来源：共享飞机俱乐部，国产飞机「C919」即将上市，中国能否打破国外飞机的航空壁垒？[EB/OL]. https://mp.weixin.qq.com/s/2SkGdnqxdBWKbnF_BkECmA.

结合本案例，请讨论下列问题：

（1）构成进入壁垒的结构性因素主要有哪几方面？航空行业面临的结构性壁垒主要有哪些？

（2）构成进入壁垒的策略性因素有哪些？我国航空业面临的策略性进入壁垒是什么？

（3）比较结构性进入壁垒和策略性进入壁垒，说明二者之间的关系。

第五章 企业并购

■ 本章内容提要

本章首先介绍了并购的概念、分类以及全球企业并购的六次浪潮,然后分别介绍了横向并购、纵向并购、混合并购的动因及其对社会福利的影响。

市场经济的发展使得企业所处的市场环境变得复杂多变。企业要在市场竞争中生存和发展，就必须及时适应市场环境的变化，调整自身的规模结构。产权交易为企业提供了一种有效的手段，使企业能够根据市场需求和自身优势，灵活地通过产权转让、兼并、重组等活动调整自身规模，从而提高企业的经营效率和竞争力。

第一节　企业并购概述

一、并购的概念

企业并购（mergers and acquisitions，M&A）包括兼并（merger）和收购（acquisition）两层含义、两种方式。国际上习惯将兼并和收购合在一起使用，统称为 M&A，在我国称为并购。

兼并，含有吞并、吸收合并之意。兼并包括狭义和广义两个层面的意思。狭义的兼并是指在市场机制作用下，企业通过产权交易获得其他企业的产权，使这些企业法人资格丧失，并获得其控制权的经济行为。简单地说，有 A、B 两个企业，如果 A 企业兼并 B 企业，那么 B 企业就不存在，而成为 A 企业的一部分了。广义的兼并是指在市场机制作用下，企业通过产权交易获得其他企业产权，并企图获得其控制权的经济行为。仍以 A、B 企业为例，在广义兼并的情况下，如果 A 企业兼并 B 企业，出现的结果可能会有以下三种：一是 B 企业被兼并后不存在，而成为 A 企业的一部分；二是 A 企业兼并 B 企业后，A、B 企业都解散而成立一个新的 C 企业；三是 A 企业兼并 B 企业后，A、B 企业都存在，但是 A 企业控制了 B 企业。

收购，是指对企业的资产和股份的购买行为。收购涵盖的内容比较广，A 企业收购 B 企业，结果或者是 A 企业吞并了 B 企业；或者是 A 企业获得 B 企业较多的股权而控制了 B 企业；或者是 A 企业只购买了 B 企业很少的股份，从而成为 B 企业的一个股东。

兼并与收购是企业进行资本运作和经营的主要形式。兼并与收购有一定的区别，主要体现在企业法人实体和控制权方面。兼并是指一个企业吸收其他企业而存续，被吸收的企业失去法人资格或改变法人实体。收购是指一个企业用现金或有价证券购买另一个企业的股票或资产，以获得对该企业的控制权。无论是兼并还是收购，都涉及企业产权的交易，都以获取企业控制权和产权转移为主要特征。因此，并购泛指在市场机制作用下，企业为获得其他企业的控制权而进行的产权交易活动。

通常，我们把主兼并或主收购公司称为兼并公司、收购公司、进攻公司、出价公司、标购公司或接管公司等；把被兼并或被收购的公司称为被兼并公司、被收购公司、目标公司、标的公司、被标购公司、被出价公司或被接管公司等。

二、并购的类型

基于不同的角度，企业并购有多种分类方法。

以并购主体的经营模式来划分，企业并购可以分成横向并购、纵向并购和混合并购三类。当并购企业与被并购企业处于同一产业，或产品同属于一个市场，这种并购称为横向并购。当并购企业的产品处在被并购企业的上游或下游、前后工序，或生产与销售之间的关系时，这种并购称为纵向并购。纵向并购是一种经营单位向其产品的加工和销售各阶段的延伸。纵向并购可能是并购投入要素或原材料的生产企业，也可能是并购最终生产和销售企业。当并购企业与被并购企业分别处于不同的产业部门、不同的市场，且这些产业部门的产品没有密切的替代关系，并购双方企业也没有显著的投入产出关系，这种并购称为混合并购。

以企业的国籍来划分，可以分为国内并购与跨国并购。前者是发生在同属一国的企业之间的并购，例如美国波音公司与麦道公司之间的并购；后者则是分属不同国家的企业之间的并购，例如中国化工对瑞士先正达股份公司的并购。在全球经济一体化大潮的推动下，跨国并购已变得越来越普遍。

根据并购双方的实力对比，可以分为"强强联合"的并购和"强弱联合"的并购。前者是指两个大型企业之间的并购，目的是形成行业领导者和提高竞争力。后者是指一个大型企业与一个中小型企业之间的并购，目的是获取技术等优势。

根据双方合作程度，可以分为善意并购和恶意并购。善意并购是指并购双方都愿意合作，并通过协商达成一致条件的并购，成功率较高。恶意并购是指并购一方在另一方不知情或反对的情况下强行进行，并通过要约收购等手段获得控制权，并购成功率较低。通常收购公司采取突然在二级市场大量购入目标股票的手段，发动要约收购，而目标公司在得知收购公司收购意图后，会采取反收购措施。

根据支付方式分类，并购可以分为现金式支付、股权式支付和混合式支付。现金式支付是指收购方用现金换取被收购公司股票或资产的方式，需要具备较强的资金实力。股权式支付指的是收购公司向被并购公司的股东发行自己的股票换取对被并购公司的控制，收购公司因此不需要支付大量现金，但也会使原有股东对公司的控制力受到削弱。混合式支付指的是收购公司同时使用现金式支付和股票式支付换取对被并购公司的控制。

三、世界企业并购的五次浪潮

自 19 世纪末期以来，全球企业并购经历了六次浪潮。

第一次并购浪潮发生于 19 世纪末至 20 世纪初期，并购类型以横向并购为主。优势企业通过对同行业劣势企业的兼并，集中了同行业资本，在市场上获得了一定的市场势力。在这次并购浪潮中，J. P. 摩根创建的美国钢铁公司一共收购了 785 家独立公司，成立了美国钢铁集团，它的产量一度占到美国钢铁行业生产总量的 75%。除此之外，美国烟草公司享有当时 90% 的市场份额，J. D. 洛克菲勒所拥有的标准石油公司占到市场份额的 85%。

第二次并购浪潮发生于 20 世纪 20 年代，并购方式以纵向并购为主。例如通用汽车、IBM、英国电器、英国帝国化学工业集团等大型综合企业就是在这一时期形成的。

第三次并购浪潮发生于 20 世纪五六十年代，并在 20 世纪 60 年代后期达到高潮。这一时期的并购以混合并购为主，企业通过兼并实现多元化经营以降低经营风险。

第四次并购浪潮发生于 20 世纪 70 年代中期至 80 年代末期。这次并购没有哪种形式占主导，各种并购形式并存；这次并购的规模大大超过了前三次浪潮，演变成了一次超级并购浪潮，在美国，1974~1986年，交易额超过1亿美元的并购数量增长了20多倍。跨国并购开始发展，1988年，外国公司以并购形式在美国的投资占投资总额的92.3%。这一时期，银行业内的横向并购异常频繁，花旗集团、汇丰控股公司等大型金融机构在全球展开并购。

20世纪90年代中期发生了第五次全球并购浪潮，这次浪潮的特点是横向并购与纵向并购并存。许多企业通过并购同类业务企业来扩大规模，提高竞争力，实现资源优化配置。这一时期，银行业的横向并购异常频繁，许多大型金融机构，例如花旗集团和汇丰控股公司都在全球范围内展开了并购活动。

2005年以来，全球国际资本流动继续增加，特别是全球并购活动迅速增多。2006年，全球并购交易总额达到3.9万亿美元，第六次并购浪潮席卷而来，并出现一些新的特点：一是能源与原材料行业、保险业的并购规模迅速扩大，尤其是保险企业间的并购增长迅猛；二是并购方式呈现多元化，横向、纵向和混合并购形式并存；三是来自拉美、亚洲等地的新兴市场企业并购活动越来越活跃，成为此次并购浪潮的主体。

目前，我国正在进行产业结构转型升级，我国企业的海外并购规模持续上升，特别是2008年经济危机以来，我国企业在海外的并购愈发积极主动，出现中石化与加拿大石油公司的并购、吉利收购沃尔沃、三一重工收购德国普茨迈斯特、安邦保险收购美国华尔道夫酒店等大型并购案。

案例5.1 贝恩发布《2023年全球及中国并购市场报告》：市场将提供充足机会

全球战略并购市场进入盘整阶段，中国市场与全球趋势一致。贝恩公司发布的《2023年全球及中国并购市场报告》显示，2022年全球并购市场的总交易规模为3.8万亿美元，同比下跌36%，其中，战略交易规模为2.6万亿美元，同比下跌32%，整体上两者几乎与新冠疫情暴发前持平。中国市场与全球趋势一致，战略交易的金额为3 040亿美元，较2021年下降了约34%。

但展望2023年，交易方展现出高度信心，高达80%的受访企业高管将并购视为业务战略的核心，且预计将在今年达成相同数量或更多的交易。

贝恩公司全球合伙人、大中华区私募股权和兼并收购业务主席周浩表示，"根据历史经验，当前资产价格处于多年来的低位，市场将提供充足的机会，企业应当把握窗口期，大胆采取行动：一方面，通过积极深入的尽职调查，从而提升并购速度和质量；另一方面，开展范围交易来强化核心业务的能力或拓宽公司的战略选择。"

交易倍数下滑，交易仍在持续进行。

2022年，全球战略交易倍数（企业价值/息税折旧摊销前利润）的中位数为11.9倍，降至10年以来最低点。虽然交易倍数大幅下滑，外加超大型交易在年中陷入停滞，但是交易量仅下降了9%，表明交易仍在持续进行。

亚太地区总体上与全球市场呈现出相同的趋势。2022年，亚太地区的并购交易额同比下降22%。此外，区域内并购占亚太地区交易量的88%，该比例高出全球平均水平的73%，与中国、印度和日本相似，以上三个国家超过90%的交易发生在国内。

在中国，战略交易金额和数量较2021年分别下降了约34%和24%。按月来看，交易金额在9~11月出现下滑，但是交易数量在9~12月稳步增长，说明市场出现了大批小型交易。进一步看，中国交易大多规模较小：50亿美元以上的交易仅发生5笔，占比为17%，同比下降6%；而5亿美元以下的交易占比达到了38%。

医药健康行业2023年或将引领并购活动的反弹。

2022年，各个行业的估值纷纷下跌，特别是科技、医疗健康及生命科学行业。医疗健康行业的战略并购交易量下跌30%以上，平均交易规模下降约15%，战略交易倍数的中位数从历史高点的20.3倍降至15.1倍。值得注意的是，2021年第四季度的超大型交易预示了并购交易的长期基本驱动力依然强劲：在医疗健康行业的细分领域中，平均而言，1个百分点的内生或外延增长对股东总回报（TSR）的影响是1个百分点的息税折旧摊销前利润率（EBITDA margin）的4倍。此外，前二十五大医药、医疗科技和支付方企业至少持有过去12个月收入的15%，都坐拥大量现金储备。放眼未来，2030年将有1 000亿美元专利到期，为了填补潜在增长缺口，医药健康行业在2023年或将引领并购活动的反弹。

能源和自然资源行业正在迅速调整业务组合。调研发现，80%的能源行业受访者曾经评估过分离或分拆部分业务的可能性。2022年前三季度，剥离活动总额高达2 500亿美元。同时，推动能源转型的并购活动不断增长：目前，该主题的并购在能源和自然资源行业所有交易中占比27%，高于2021年的21%。这一趋势可能会延续，72%的受访者表示，未来的并购活动将聚焦新的业务领域，或是建立新的增长引擎。

值得一提的是，工业企业的ESG并购数量有所增长，但是，这些企业目前尚难以量化ESG参数下的并购活动。贝恩估计，各个工业领域中，每10笔交易就有1笔涉及ESG，具体包括两种类型：第一类，企业通过收购邻近业务，快速进入更环保、更有利的细分市场；第二类，企业希望通过收购提高生产或制造能力，以此实现自身ESG目标。

企业开展并购的绝佳窗口期到来。

贝恩研究了近2 900家企业在2008~2009年经济衰退期的并购活动，历史表明，在上次经济衰退期间开展并购的企业，在长期表现上更胜一筹：那些进行一次或多次收购交易的企业，在2007~2017年复合增长率达到了5.9%，高于无收购交易的企业。因此，尽管存在挑战，但是经济衰退无疑是企业开展并购的绝佳窗口期。对此，本次报告提出了五大并购主题：现金充裕的企业投资更为激进；中小型交易盛行；规模和范围交易达到平衡；估值面临进一步压力；企业通过剥离实现业务重组。

贝恩建议，企业可采取三大策略：

第一，通过并购扩大第二引擎。领先企业能确定在哪些领域以及如何通过并购加速或扩大创新，或是建立第二引擎。此外，企业可以关注更多潜在标的公司，扩大交易项目储备。

第二，通过尽职调查提高确定性。在充满不确定的市场中，成功的企业会通过快速的战略性尽职调查和估值提高确定性，对标的公司在未来多种情境下的韧性取得信心。

第三，弥合文化断层，保护公司价值。通过整合保护并提升价值也更为关键。企业需要聚焦最有可能破坏整合的特定"文化断层"，而不是花费数年时间完全解决文化差异。

贝恩总结出三种常见模式：第一，连续收购核心业务类似的企业；第二，通过收购能力，构建新核心业务；第三，收购已具规模的新核心业务。周浩指出，相比内部建立相关能力和团队，并购的速度更快、投入更少、效果更好。在经济放缓、收购方和标的企业的基础业务受到影响的环境下，交易相关方应当清楚了解并购市场的周期性本质，利用尽职调查形成独到见解,从而抢在竞争对手前采取行动,把握机会、重塑行业,从而脱颖而出。

资料来源:徐晶卉. 贝恩发布《2023年全球及中国并购市场报告》:市场将提供充足机会[EB/OL]. https://www.whb.cn/zhuzhan/cs/20230223/508922.html. 2023-02-23.

第二节　横向并购

横向并购又称"水平并购",是现代经济中企业扩张的一种常见形式。从消费者角度来看,横向并购是生产产品具有替代关系的两个或多个企业之间的并购。例如,2009年,美国达美航空公司和美国西北航空公司的合并,就是横向并购的一个例子。

一、横向并购的含义与动因

纵观世界企业并购的历史,西方国家第一次并购浪潮就是以横向并购为主要形式,至今横向并购仍是最常见的并购方式,且并购规模日趋庞大。是什么原因驱使企业进行横向并购呢?从企业成长壮大的历史考察,横向并购加速了企业的发展,造就了一大批世界级的巨型企业,极大地提高了企业的规模经济水平。

企业实施横向并购的动因主要有以下几个方面。

(一)实现规模经济

规模经济效应是指产品的单位成本随着生产规模的扩大而逐渐降低的现象。在并购过程中,并购双方企业的厂房、设备、技术等资源实现整合,迅速扩大生产能力,提高生产效率。横向并购可以扩大企业的生产规模,增加产量,有利于分摊固定成本,降低平均成本;随着企业规模的扩大,企业的实力不断增强,企业可以更低的折扣购买原材料,以更低的成本筹集到经营所需的资金。因此,横向并购使企业获得成本领先优势,提高市场竞争能力,提高利润。例如,2016年12月1日,宝钢、武钢联合重组成立中国宝武钢铁集团有限公司。当年,中国宝武的粗钢产量只有5 840万吨。2019年6月2日,中国宝武收购安徽省最大的钢铁企业马钢集团,当年中国宝武的钢产量达到了9 546万吨。2020年8月21日,中国宝武重组太钢集团,中国宝武的钢产量达到惊人的10 840万吨,亿吨宝武目标正式达成。中国宝武通过一系列的并购重组提升了企业规模,降低了单位产品的成本,提升了产品的竞争力。

(二)增强市场势力

企业的市场势力取决于市场份额、产品差异化和进入壁垒。企业通过横向并购减少竞争者,提高市场份额和支配力,从而获得更多的利润。其具体方式包括:一是并购后的企业如果占据了很大的市场份额,成为市场领导者,就可以限制产量,提高价格。二是并购后的企业数量减少,寡头企业更容易形成价格或产量的合谋,稳定垄断利润。因为追逐市场势力的横向并购会限制竞争,因此各国反垄断法都有控制合并的规定,特别是对横向并购进行严格审查。

(三) 管理协同效应

管理协同效应是指当两个管理内容相似而管理能力具有差别的企业发生并购之后，整体管理效率将得以提高。当一个企业拥有高效率的管理团队，而其管理能力又超过企业管理的需要，那么并购同行业管理低效率的企业，将使这些管理能力迅速转移到低效率企业，提高合并后企业的管理效率。该理论包含了以下假设：第一，收购方的管理能力来自企业长期发展中的积累，与企业的资产和团队密不可分，任何资产和人员离开了该企业的环境无法体现出原有的价值，只能通过并购后改变目标企业的环境，才能转移并发挥这种企业的专属能力。第二，并购双方的生产经营是相似的，确保管理能力可以有效地转移。这种类型的并购一般只发生在同一行业，也是横向并购的理论依据。

(四) 管理者自身利益最大化

在现代企业制度中，企业的所有权与经营权分离，在企业的所有者与管理者之间存在一种委托—代理关系，企业所有者是委托人，企业管理者是代理人。他们之间存在信息的不对称，所有者不能完全监督管理者的行为，管理者不一定按照对所有者最有利的方式行事。管理者有较强的扩大公司规模的动机，因为他们的报酬和稳定性取决于公司规模、成长性、效益、经营风险等。因此，公司管理者会寻求机会进行扩大规模、分散风险的投资，甚至接受回报率很低的项目。例如管理者决定收购另外一家公司，如果投资成功，他将得到丰厚的回报。如果失败，投资产生的损失会由企业的债权人承担。

二、横向并购对社会福利的影响

(一) 横向并购的正面效应

1. 获得规模经济，降低生产成本。企业通过横向并购可获得规模经济效应。横向并购获得规模经济的前提条件是该行业存在显著的规模经济效应，且并购前企业的规模小于最优经济规模。通过横向并购来扩大企业规模，企业可以获得规模经济效应，从而引起成本降低、利润增加。但这种规模经济存在一个临界点，如果超过该点，企业继续扩大规模，便会处于规模不经济阶段。

2. 提高资源配置效率。由于同一产业内不同企业的生产成本往往不同，因此企业可以通过横向并购提高资源配置的效率。如果一家企业通过横向并购而控制了多家企业，那么该企业可以关闭其中效率较低的企业，即将低效率企业的资源转移到高效率企业中去，从而使资源配置得到优化。对于那些面临需求衰退的产业来说，横向并购能够消除产业内过剩的生产能力。

(二) 横向并购的负面效应

1. 增强市场势力。企业之间的横向并购可能使并购后的企业获得市场势力，限制竞争，损害消费者的福利。这种市场势力主要表现在提高产品的价格以及控制产品的产量等方面。与企业之间的共谋协议相比，横向并购一般会对社会福利产生更为严重的后果。这主要是因为共谋企业的内部经常会出现欺骗或背叛行为,而这种欺骗行为会促进竞争。如果企业通过横向并购取得了足够大的市场份额,那么并购后的企业就可能滥用市场势力,减少产量,提高价格。从这个角度来讲,横向并购会减弱市场竞争,损害消费者的福利。

2. 有利于企业之间达成串谋协议。生产相同产品的企业有可能会出于共同的盈利动机达成串谋协议,限制产量,提高价格,以增加利润。一方面,横向并购减少了行业中相互竞争的企业数量,有利于同行业的企业间达成串谋协议。行业中企业数量越少,串谋就越容易成功。另一方面,横向并购有可能造成市场高度集中,在这种情况下,行业内市场份额位居前列的几家大企业可以独立行动而不顾其他小企业的反应,小企业不得不根据大企业的行为来调整自己的战略,从而达成一个非正式的串谋。

3. 提高行业的进入壁垒。企业通过横向并购扩大了生产规模,具备绝对成本优势,提高了行业的绝对成本优势壁垒和规模经济壁垒,新企业贸然进入,很可能会出现严重的亏损。同时,在位企业有雄厚资金作为保障,可以采取限制性定价等策略阻止新企业进入。

(三) 威廉姆森的福利权衡模型

一方面,横向并购使企业获得了规模经济效益,降低了生产成本,提高了效率;另一方面,横向并购提高了企业的市场份额,增强了企业的市场势力,从而导致产量降低、价格上升、消费者福利受损。威廉姆森(Williamson)的福利权衡模型综合分析了并购带来的成本节约和福利损失。

在图 5-1 中,DD_1 是商品的市场需求曲线,C_1 是企业的平均成本曲线和边际成本曲线。为了便于说明,这里假设需求曲线为直线并且平均成本和边际成本均为常数。同时假定并购前市场处于完全竞争状态,企业在价格等于边际成本的情况下生产,产量为 Q_1。一方面,横向并购使企业获得了规模经济,从而降低了生产成本,企业的平均成本由 C_1 下降到 C_2;另一方面,企业规模的扩大造成了一定的市场势力,从而导致价格由 P_1 上升到 P_2,产量从 Q_1 下降到 Q_2。图中的阴影部分面积 A_2 和 A_1,分别表示横向并购产生的成本节约和福利损失。其中 A_2 表示企业实现规模经济而带来的成本节约;A_1 表示产品价格上升导致消费者剩余减少引起的福利损失。$A_2 - A_1$ 就是社会福利净收益。具体的计算公式为:

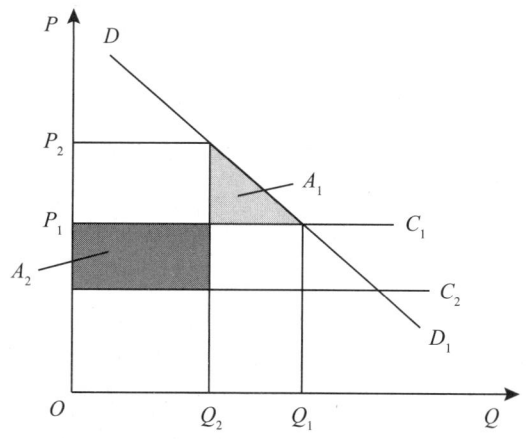

图 5-1 并购前没有市场势力

$$A_1 = \frac{1}{2}(P_2 - P_1)(Q_2 - Q_1) = \frac{1}{2}\Delta P \times \Delta Q \tag{5-1}$$

$$A_2 = (C_1 - C_2)Q_2 = \Delta C \times Q_2 \tag{5-2}$$

$$A_2 - A_1 = \Delta C \times Q_2 - \frac{1}{2}\Delta P \times \Delta Q \tag{5-3}$$

横向并购对社会总福利的影响，需要进行综合比较并购带来的成本节约和福利损失。如果横向并购的成本节约大于福利损失，则总福利为正；反之，则为负。除了这一因素，还要考虑并购在其他方面的影响。例如，并购所导致的成本节约只限于并购企业，而价格上升对整个行业都会产生影响，因此需要对整个行业的福利损失与并购企业的成本节约进行比较。此外，并购可能会降低企业创新的动力，对收入分配产生不利影响。虽然该模型不能全面解释并购对社会福利的影响，但为研究企业的并购行为提供了一个分析思路。

案例5.2 后疫情时代全球航空业并购态势

1. 捷蓝航空收购精神航空。

捷蓝航空收购精神航空成为美国第五大航空公司集团。2023年2月7日，美国规模最大的两家超低成本航空公司精神航空（Spirit Airlines）和边疆航空（Frontier Airlines）对外宣布合并意向。边疆航空的行动引起了捷蓝航空的焦虑，4月6日，捷蓝航空发出收购意向，提出以36亿美元收购精神航空，比边疆航空的报价高出7亿美元。三家航空公司在并购问题上进行了激烈的博弈。7月27日，精神航空和捷蓝航空以38亿美元的交易价格达成了收购协议，捷蓝航空将以每股33.5美元的现金收购精神航空，该交易将使捷蓝航空成为美国第五大航空公司集团。

2. 大韩航空收购韩亚航空。

在亚太地区，最大的整合是大韩航空提议收购当地竞争对手韩亚航空。在新冠疫情之前，韩亚航空就已经在财务上苦苦挣扎。2020年，韩国政府宣布了这一并购计划：大韩航空将以超过6亿美元的价格收购韩亚航空近65%的股份，并将其整合。这两家航空公司还将合并各自的低成本航空公司（釜山航空公司和首尔航空公司），形成一个更大的低成本子公司。合并完成后，大韩航空预计将成为全球最大的10家航空公司之一。

此后4年里，决定这项并购案能否成功的关键程序是，大韩航空要向包括韩国在内的14个国家和地区进行反垄断申报。

迄今为止，该并购案已获得11国政府反垄断部门的批准，其中就包括关键性的韩国、中国和英国。2023年3月，大韩航空以支持维珍大西洋航空进入伦敦—首尔航线为"代价"，获得了英国政府对该并购案的"绿灯"。

2023年5月中旬，欧盟委员会（EC）表示，对韩国大韩航空公司与韩亚航空公司的并购方案初步持反对意见。

欧盟委员会称，根据两家航司提供的内部文件，并收集了存在竞争关系的航司和相关客户意见后，担心并购会损害韩国与法国、德国、意大利和西班牙之间在客运航线、货运航线上的市场竞争。"如果两家航空公司合并，将成为这些航线上最大的客运和货运航空公司。这一合并可能使市场客户失去一个重要的替代选择。其他竞争对手在扩大服务方面又面临着监管和其他方面的障碍，难以对二者合并后的公司形成足够的竞争压力。"欧盟委员会

(EC)同时表示:"我们将确保大韩航空收购韩亚航空不会阻碍竞争,也不会导致更高的机票价格、更少的运力或者客货航空运输服务质量的下降。"欧盟委员会表示,对这项韩国两大航司并购案的最终意见如何,会在8月3日前给出。

数据显示,在韩—美关键航线上,大韩航空和韩亚航空两家航空公司占据着2/3的份额,这必然会触碰美国反垄断机构的红线,也会引发美方的担忧:并购后的市场格局或许将不利于美国航司,甚至会被韩国航司压制,机票价格上涨的可能性也更高。为了尽快通过各国的反垄断审核,大韩航空—韩亚航空在市场份额上必须要有所主动收缩,即提交补救措施,典型的做法就是让渡出部分航线、航班时刻给新兴航司、新竞争对手。

资料来源:看航空融媒体工作室. 韩国航空业近三十年来最大一次重组,缘何4年依然无果?[EB/OL]. https://www.thepaper.cn/newsDetail_forward_23250392. 2023-05-27. 占芬. 后疫情时代全球航空业并购态势及动因[J]. 国际航空,2022(08).

第三节 纵向并购

纵向并购又称垂直并购,是指居于上下游不同生产环节的企业之间的并购。从纵向并购的方向看,有前向并购(前向一体化)和后向并购(后向一体化),前向并购是指生产原材料的企业通过并购进而向经营第二次加工阶段的业务扩展,或者一般制造企业通过并购向经营流通领域等业务扩展;后向并购是指装配或制造企业通过并购向零件或者原料生产等业务扩展。

一、纵向并购的动因

(一)降低交易成本

交易成本是指由于存在信息的不完全和不对称、有限理性和投机行为,经济并不是理想中的"无摩擦"的运行,交易双方在买和卖的过程中需要支付一定的成本。企业可以通过纵向一体化来降低交易成本。根据新制度经济学原理,交易成本理论揭示了企业存在的原因,即企业内部交易费用低于市场交易费用。科斯认为,企业是市场机制的替代物,市场和企业是资源配置的两种可以互相替代的手段。企业通过一体化形成规模庞大的组织,使组织内部的职能相分离,建立一个以管理为主的内部市场体系。市场交易费用和企业内部管理成本之间的平衡关系决定了企业和市场的边界。当交易成本过高时,企业选择自己采取行动而不是依赖于市场。纵向一体化使企业之间的监督问题转化为企业对员工的监督问题。在企业内,雇主可以协调不同部门的决策,以一种企业完全独立时无法实现的方式来监督员工。

威廉姆森(1975,1985)指出,纵向一体化的主要影响因素是纵向两个生产过程中的"资产专用性、机会主义和环境不确定性"。

首先,资产专用性的问题。资产专用性意味着一个上游或下游企业已经做了专用性投资,对双方来说只有在这两个企业进行交易时才能获得最大的事后盈余。虽然事前是竞争性的,但是专用性投资造成了事后双边垄断。由于合约不完全和机会主义,在双边垄断的结构下,双方都想占有事后的总盈余,由于双方都害怕在事后的谈判中被"套牢",所以双方都不愿意做专用性投资,从而影响了事后有效交易的实现和事前专用性投资的数量。因此,为了避免沉淀资本投资的潜在损失,上下游企业之间就会有纵向一体化的动机,促使企业进行纵向并购。

其次,当上下游企业需要合作,尤其是同步的合作时,也会导致纵向一体化。例如网络型产业,为了提供完整的服务,可能会需要相关企业相应的合作,此时如果某一个垄断势力较强的企业采取了不合作的态度,这项服务的质量就会打折扣,甚至无法提供这项服务。为了效率的提高,一体化就是必要的。这也可以解释为什么铁路部门容易形成垄断。

再次,当某一企业为其下游企业提供关键的投入品,并且这种投入品的技术更新非常快的时候,就产生了不确定性的问题。因为下游厂商为了保证其最终产品的竞争力,很重要的一点就是要了解投入品技术改进的状况。而且,如果人们对未来的技术更新没有一个统一的预期,因而对最终产品的性能也无法预期的时候,这种不确定性会更加突出。在这种情况下,下游企业有可能会通过纵向并购,收购上游企业。

最后,保证重要投入品的供应。在某些产业,企业对某种重要的原材料或中间产品需要稳定及时的供应,例如,钢铁厂对铁矿石的需求等。在这种情况下,通过纵向一体化收购上游企业可以保证企业的稳定生产,当需求快速增长的时候,企业能够及时增加产量,以获取更大的利润;同时一体化也使得下游企业不至于在这种情况下被上游企业"敲竹杠"。

(二) 消除垂直价格扭曲

在纵向分离的情况下,由于上游生产企业和下游零售企业在决策时只考虑各自的利润最大化决策,各自在边际成本上进行加价,上下游企业之间出现"双重加价"问题,会导致高价格和低产量,并使上下游企业的总利润低于纵向一体化的总利润。假设上游企业 U 向下游企业 D 出售某种投入品,上游企业的边际成本为 c,出售给下游企业的批发价格为 w,上游企业的加价为 $w-c$;下游企业的零售价格为 p,其加价为 $p-w$。如果上游企业提高价格,下游企业产品价格上升,而需求下降,因此上游企业提高批发价格会对下游企业产生负的外部性影响。并购后企业有动机降低 U 和 D 的价格,以便最大化利润。这里,纵向一体化避免了双重加价的出现,因而降低了产品零售价格,企业利润增加的同时提高了消费者的福利。

纵向并购使得产业链下游市场的最终产品的价格下降,对于市场消费者来说更有利。与纵向分离时相比,纵向并购降低了下游产品制造商的生产成本,它们可以扩大自己的产量使得市场的总产量增加,并将成本降低这一利益向下游传递,使得最终产品的价格下降。

(三) 规避政府的干预

纵向并购还可以规避政府干预的影响。政府干预经济的手段有价格控制、税收及对利润率的管制等。当政府对某一重要的部门进行价格控制时,这些企业也可以收购其下游的企业。由于政府无法控制企业内部的价格,而下游产品的价格政府又没有理由进行控制,因此一体化就可以起到避免政府干预的作用。

根据企业选址区域的不同,企业的税收体系、税率也会随国家或地区的不同而不同。一家纵向一体化的企业通过简单地改变其部门间出售的内部物资的转移价格,即可将利润从一地转移到其他地方的公司，通过将利润从高税收管辖区转移至低税收管辖区，提高企业的利润。

当企业的某个部门的利润率受到管制时，它往往以纵向一体化的形式转移利润，即将利润从受管制的部门转移到未受管制的部门，从而提高企业的总利润。在地区间贸易与国际贸易中，企业可以通过纵向一体化绕过区域进入壁垒或关税壁垒。

二、纵向并购的负面效应

（一）形成进入壁垒

如果某种产品的生产是高度纵向一体化的，那么企业就可以掌握关键投入资源和销售渠道，这样可以阻止行业的新进入者，避免竞争对手进入。因为潜在进入者必须在多个生产阶段同时进入，这需要投入更庞大的资金，并带来高的经营风险，这使得在位企业的垄断地位不易被打破。IBM公司是采用纵向一体化限制进入的典型。该公司生产电脑的微处理器和记忆芯片，设计和组装电脑，生产电脑所需要的软件，并直接销售最终产品给用户。IBM公司认为，该公司生产的许多电脑零部件和软件都有专利，只有在公司内部生产，竞争对手才不能轻易获得这些专利，从而提高了进入壁垒。

（二）增加经营风险

要实现纵向一体化，企业必须通过并购或内部发展的途径，把自己的业务延伸到上游的原料供应或下游的产品销售领域，这样会导致企业的资金压力增加；而企业业务范围的扩大，一方面让企业难以形成自己的资源优势、技术优势，另一方面也让企业的管理延伸到整个价值链的各个环节，这无疑增加了管理的难度；此外，企业在投入大量所有资源、建立自己的价值链体系的同时，也逐渐失去了对市场变化的快速响应能力。例如，英国ICI化学工业公司采用纵向一体化战略，把业务向上游延伸到石油开采，向下游延伸到纺织品制造，但后来其总裁琼斯发现，"垂直化不仅是我们已经建立一切的风险隐患，而且控制生产的每一个阶段使我们失去了灵活性和时间"。还有一个例子也可以说明在不同时期人们对纵向一体化的不同看法。美国汽车行业在20世纪初期经历了大规模的并购，汽车大亨福特曾说过，"获得高品质产品的方法就是自己生产"。但是市场毕竟是一个分工合作的市场，过度地强调自己生产，必然导致效率低下。因此，丰田公司的执行副总裁大野耐一（Taiichi Ohno）也曾说过："获得高品质产品的方法就是到市场上购买"。另外，在企业进行纵向一体化时，还要涉及很多法律、会计方面的问题，这需要雇用专业的人员、公司来处理，是一笔不小的开支，也是一个不能忽视的重要因素。

此外，纵向一体化增大了企业对市场和行业的依赖性。当企业所在的行业普遍不景气的情况下，采用纵向一体化的企业不仅会在最终消费市场上遭遇销售不畅的困扰，而且会在本产业的各个纵向市场上面临同样尴尬的局面。整个企业处于四面楚歌、腹背受敌的境地，企业对市场和行业的依赖性大大增加，难以把握自己的命运，极易受到市场变化、新技术和新产品的冲击。同时，采用纵向一体化，使企业的退出障碍越来越高，企业难以迅速调集有限的资源，以捕捉新兴的市场机会，最后深深陷入现有行业而难以自拔。

案例 5.3　美国杜邦公司收购大陆石油公司

杜邦公司是美国十大财团之一，是由杜邦家族组成的依靠化学工业和军火工业起家的财团。20 世纪初，杜邦公司通过兼并其他化学公司的方法，开始全面进入化学工业产品市场。到 20 世纪 30 年代初，杜邦公司已经发展成为生产各种化工产品巨大的垄断组织。1981 年，杜邦公司以 80 亿美元的价格收购大陆石油公司，成为美国当时最大的纵向并购案例。杜邦公司是美国著名的化工公司，生产石油化工产品；而主营石油开发的大陆石油公司是石油生产企业，因而杜邦收购大陆石油公司属于纵向并购。

杜邦收购大陆石油公司的主要原因是降低交易成本，稳定石油供应。杜邦公司 80% 的产品原料是石油，收入的 70% 来自石油制品，但杜邦公司并没有像其他化工公司一样控制大型石油公司。1973 年以来的石油危机使该公司蒙受重大损失。1980 年，石油输出国组织提高了石油的价格，直接导致杜邦公司的成本上升了 6%，从而使杜邦公司在石油化工产品生产中的竞争力明显下降。因此，杜邦公司并购大陆石油公司可以建立稳定的原料供应基地，不受或减少石油涨价的影响，也会进一步稳定它在石油化工产业中的地位。

资料来源：闫二旺. 产业经济学概论［M］. 北京：中国财政经济出版社，2017.

第四节　混合并购

混合并购，是指分属不同产业、生产技术上也不存在投入产出关系的企业之间的并购。在混合并购中，并购双方处于不同产业链，不存在直接的生产经营联系。混合并购的主要动因包括分散风险、提高资源利用率和扩大经理人声誉。

一、混合并购的动因

（一）分散风险

如果企业只生产一种产品，它们的销售收入、利润就会受到市场风险的影响。如果市场需求减少，或竞争对手的压力增大，企业的收入和利润就会大幅度波动。但是，如果企业实施多元化战略经营多种产品，单个产品市场需求的变化对整个公司的影响就会减弱。因此，企业通过混合并购，把自己的业务拓展到不同的市场中，可以减轻收入的波动，降低它的资金运作成本，分散经营风险。

（二）提高资源利用效率

资源利用理论认为，企业的核心竞争力来源于其拥有的独特和稀缺的资源，包括有形资源和无形资源。有形资源指企业的资产、设备、技术等；无形资源指企业的品牌、知识、能力、文化等。某些资产相对来说是产品专用资产，只能用于生产特定的商品和服务；而另一些资产则可以通用于生产一定数量的产品和服务。如果这种类型的资产在企业内部没有得到充分利用，或者根据企业的经营现状无法得以充分利用，那么把它用于其他方面就可以获得更多的收益。利用的方式可以是出售或出租这部分资产，也可以通过多元化并购自己留用这部分资产，特别是在市场机制失灵的情况下，企业更倾向于通过多元化并购来利用这部分资产。这些资产的利用可能包括以下几种：（1）资产是一种固定的生产要素。例如铁路，可以把固定成本分摊到尽可能多的品种的产品或服务上，从而降低成本，提高收益。（2）对那些具有季节性需求的产品，生产互补性的季节产品可以提高工厂的利用率。（3）对于产品的需求是变化的，生产几种产品可以弥补由需求的变动而引起的设备利用率的下降。

除了有形资产，无形的管理经验同样是一个企业重要的资源。一些企业往往拥有具备特殊组织才能和有企业家才能的管理队伍，在这种情况下，扩展经营范围，企业可以更有效地利用它的管理资产。经营管理才能，一般不局限于某种具体产品的生产。因此，通过多元化并购，能充分利用这些管理才能，提高这些资源的利用效率。另一类无形资产是技术知识，这种技术知识和创新的应用往往超越企业现有的经营范围。企业既可以出售这种技术知识获利，也可以通过多元化来利用这种技术知识。如果企业通过自己利用这种技术知识的预期收益高于出售这种技术知识的预期收益，企业就可能扩大其经营范围，自己从事生产经营。最后，利用企业已有的良好信誉，推销专长，或已建立的经销网，也可能成为多元化并购的一个资源利用因素。

（三）扩大经理人声誉

混合并购还有一个潜在的动因，那就是扩大经理人的声誉。企业并购活动在一定程度上符合经理人个人利益最大化的需求。经理人通过混合并购，可以表现出自己的决策能力和战略眼光，从而提高自己在市场和行业中的地位和影响力。多元化经营使经理人掌握了更多的资源，增加了其职权范围；多元化经营降低了经理人自身职业的风险；多元化经营扩大公司规模，有利于提高经理人的报酬，这种动因能会影响经理人的并购决策，使其偏离公司的最佳利益。因此，混合并购需要有一个有效的监督机制，以确保经理人的行为符合公司的长期目标和利益相关者的期望。

二、混合并购的负面效应

（一）减少潜在竞争

传统上禁止的依据主要是潜在竞争理论。潜在竞争理论认为，如果企业独立地或者通过购买一个小企业的方式进入一个新的市场，则该企业的市场进入会增加市场的竞争，降低现有市场集中度；相反，如果该企业是通过购买该市场上现有的一个大企业而进入市场，则进入市场的积极作用就没有了，因为这不仅消灭了一个潜在的竞争者，而且还增强了在位企业的市场势力。

在关于混合并购的反垄断法律中，传统上主要依据潜在竞争理论来禁止。潜在竞争理论认为，如果企业单独地或者通过收购一个小企业的方式进入一个新的市场，那么这会提高市场的竞争程度，市场集中度下降；反之，如果该企业是通过收购该市场上现有的一个大企业，那么进入市场的积极作用就消失了，因为这不仅消除了一个潜在的竞争者，而且还加强了在位企业的市场势力。

在 1964 年的一起（EI Paso Natural Gas 和 Penn-Olin Co.）混合并购案中，美国联邦最高法院首次运用了潜在竞争理论。联邦最高法院裁定指出，该项企业并购虽然属于市场扩大型的混合并购，但是由于两家企业均有可能进入对方市场，因而实际上已经处于潜在的竞争关系当中，成为彼此的潜在竞争者，该项并购损害了市场竞争，因而该项企业并购被联邦最高法院认定为非法。

因为潜在竞争理论的应用具有很大的主观性，为此美国联邦最高法院对其适用做出了严格限制。总体来说，现有的产业组织理论的研究认为混合并购造成严重伤害市场竞争的证据并不是很充分，因而各国的反垄断机构很少对混合并购提起诉讼。

（二）形成市场封锁

企业在实施混合并购后，可以向用户同时出售相互关联或者独立的多种产品，存在利用搭售或捆绑手段将一个市场的市场势力传递到另一个市场的能力和动机。在很多情况下，企业之所以进行捆绑销售和搭售，往往是为了向顾客提供更好的产品或是提高产品的性价比。然而，在某些情况下，这类行为有可能减少实际或潜在竞争者的数量或者降低竞争的动力，这有可能会减轻合并后企业的竞争压力，从而使其可以提高价格。

混合并购是否会造成市场封锁取决于以下几个因素：一是并购企业是否有能力形成显著的市场封锁，条件是其至少在其中一个市场具有显著市场支配力；二是并购企业是否有动机形成市场封锁，实行市场封锁是否会带来更高的利润；三是市场封锁策略是否会对竞争造成显著损害。

案例 5.4 美的集团多元化之路

2022 年《财富》中国 500 强排行榜中，美的集团股份有限公司在其中排名第 35 位，同时美的集团还入选了《中国 500 强最赚钱的 40 家公司》榜单。

美的集团能够多年上榜，与其集团多元化布局和多个业务的盈利分不开关系。美的在 1993 年就确立了"坚持以家电制造业为主、多元化发展"的相关多元化发展战略。1993 年 4 月，美的与威灵（香港）有限公司合资兴办广东美的电饭煲制造有限公司，进入电饭煲市场，以此进军小家电领域。

为了能在多元化道路上更加灵活，1997 年，美的决定实行事业部制，进行了全面的组织变革，以产品为中心划分成 5 个事业部。空调、电风扇先后成立事业部，随后厨具、电机、压缩机也相继成立事业部。各个事业部拥有自己的产品和独立的市场，享有很大的经营自主权，实行独立经营、独立核算。

至 2003 年，美的又涉足微波炉、冰箱等领域，逐渐形成一个"坚持以家电制造业为主、产品相关多元化发展"的家电制造企业。在多元化的早期，美的依然是以家电制造为主，其开拓的新业务也是与家电制造的上下游产业链相关。这样的多元化尝试令美的集团营业收入从 1992 年的 4.8 亿元增加到 2003 年的 175 亿元，增长了 35 倍。

2002 年，家电市场爆发第一次价格大战，部分原材料价格上涨，行业的市场竞争进一步加剧，使美的陷入低利润怪圈。2002 年，美的利润陷入冰点，从 2001 年的 2.63 亿元下降到 1.55 亿元，净利润率仅为 1.4%。这一打击让美的把目光从家电行业投向其他行业，力求培养多个支柱产业。

2003年10月16日，美的集团正式入主三湘客车，进军汽车产业。但在2008年金融海啸的冲击下，美的客车最终亏损停产。

在汽车行业折戟的美的，在家电行业的扩张却进行得较为顺利。2004年5月，美的与东芝签署合作协议，同年收购华凌和荣事达，实现了从空调巨头到冰箱、洗衣机等白电系巨子的转变，2005年4月收购江苏春花吸收其吸尘器的产能技术优势，2008年4月收购小天鹅，同年将荣事达和小天鹅进行全面整合，建立完善的洗衣机产业链。

2015年8月，美的集团开始布局工业机器人业务，并于同年8月，通过境外全资子公司MECCA首次对库卡实现5.4%持股。这一对库卡的收购过程长达7年，直至2022年11月，美的集团完成收购库卡全部100%股权。

除库卡外，近年来美的先后投资菱王电梯、合康新能以及万东医疗等企业，涉足半导体、新能源汽车以及医疗等多个领域。

目前来看在转型和求变的路径上，美的要比外界想象得更加积极，只是其发力多元化的逻辑是否正确还需要时间和市场一起验证。

资料来源：家电网．家电企业多元化之123，美的多元化之路走通了吗？[EB/OL]．https：//m.163.com/dy/article/HCAI2Q4R05118JLV.html．2022-07-15．

本章小结

◆以并购主体的经营模式来划分，企业并购可以分成横向并购、纵向并购和混合并购三类。

◆横向并购是生产产品具有替代关系的两个或多个企业之间的并购。横向并购的正面效应有获得规模经济、降低生产成本、提高资源配置效率等。负面效应有增强市场势力、有利于企业之间达成串谋协议、提高行业的进入壁垒等。

◆纵向并购是指居于上下游不同生产环节的企业之间的并购。纵向并购的动因有降低交易成本、消除垂直价格扭曲、规避政府的干预。纵向并购的负面效应有形成进入壁垒、增加经营风险等。

◆混合并购，是指分属不同产业、生产技术上也不存在投入产出关系的企业之间的并购。混合并购的动因有分散风险、提高资源利用效率、扩大经理人声誉。混合并购的负面效应有减少潜在竞争、形成市场封锁等。

复习思考题

1. 名词解释。

企业并购　横向兼并　纵向兼并　混合兼并

2. 简答题。

(1) 简述横向并购的动因及其对市场结构和社会福利的影响。

(2) 简述纵向并购的动因及其负面效应。

(3) 简述威廉姆森的福利权衡模型。

(4) 举一个并购的案例，并分析企业实施该并购的原因及并购效应。

3. 自评自测题。

(1) 由于（　　）会带来企业数量减少和集中度上升，这会促进企业之间的合谋。

A. 纵向并购　　　　　　　　　　　B. 横向并购
C. 上下游企业之间的并购　　　　　D. 混合并购

(2) （　　）是两个或两个以上相互没有上下游关系和技术经济联系的企业之间的并购。

A. 横向并购　　B. 纵向并购　　C. 混合并购　　D. 跨国并购

(3) 以下属于横向并购的效率效应的是（　　）。

A. 规模经济　　B. 降低交易成本　　C. 分散风险　　D. 促进合谋

(4) 下列并购类型最有利于进入新的市场的是（　　）。

A. 水平并购　　B. 垂直并购　　C. 混合并购　　D. 同行业并购

(5) 一家机器制造企业并购一家零部件生产企业，这种并购属于（　　）。

A. 横向并购　　B. 纵向并购　　C. 水平并购　　D. 混合并购

4. 延伸阅读材料。

[1] 李嫦，樊海潮，黄浩文. 供应链视角下的企业并购 [J]. 经济学（季刊），2023，23（04）：1617-1633.

[2] 牛腾，赵息. 信息不对称下业绩补偿承诺对企业并购时机的影响研究 [J/OL]. 中国管理科学：1-13.

[3] 蒋冠宏，彭勇. 外商企业在华并购的目标："樱桃"还是"柠檬"？[J]. 世界经济研究，2023（07）：32-46，134.

[4] 解学芳，陈天宇. 中国电影企业本土并购网络的时空演进研究 [J]. 地理科学，2023，43（04）：699-708.

[5] 谢宜璋. 全球科技企业并购的趋势、竞争隐忧及反垄断应对 [J]. 大连理工大学学报（社会科学版），2023，44（03）：84-92.

[6] 潘文泳，朱小明. 经济政策不确定性对企业并购的影响研究 [J]. 大连理工大学学报（社会科学版），2023，44（03）：36-44.

[7] 胡洁，韩一鸣，钟咏. 企业并购能否抑制经济"脱实向虚"——基于产业优化发展的视角 [J]. 技术经济，2022，41（12）：144-156.

第六章 研发与创新

■ **本章内容提要**

当今世界正处于快速变革的时代，科技的迅猛发展和全球化的深入推进使得产业经济学的研究与实践变得更加关键和复杂。在这个充满机遇和挑战的时代，研发与创新成为推动经济增长和社会进步的重要引擎。本章将讨论有关研发与创新、专利和专利制度的若干基本概念，分析研发与创新的驱动因素，讨论企业规模、市场结构与研发创新的关系，并介绍几种较为常见的政府推动创新政策。通过深入了解研发与创新的本质和特点，我们将能够更好地理解现代产业经济中的关键问题。

第一节　研发与创新的内涵

一、研究与开发

根据经济合作与发展组织（OECD）对研究与开发的定义。研究与开发是指为了增进知识存量（人力资本、文化和社会资本）而进行的创造性工作，以及利用现有知识开发新的应用和用途[①]。研发按照其目的可以分为基础研究、应用研究、开发研究和更高层次的创新研究等四个层次。

基础研究是对自然界和现象的基本原理和规律进行探索和理论研究的活动。它的目的是增加对科学基础的理解，推动学科的发展，而不是直接解决实际应用问题。基础研究通常由大学、研究机构和学术界进行。

应用研究是基于基础研究成果的基础上，将知识转化为实际应用的研究活动。它的目的是解决实际问题、改进现有产品和技术，为产业和社会提供实际的应用价值。应用研究通常由企业、研究机构和政府部门等进行。

开发研究是指将已有的科学和技术知识应用于产品开发、工艺改进、系统设计等实际应用环节的研究活动。它的目的是将科学和技术成果转化为具体的产品、服务或解决方案，并进行实际的开发和测试。开发研究通常由企业和工程技术团队等进行。

创新研究是一种更高层次的研发活动，着重于通过创新的方式开发新产品、新技术、新商业模式等，以满足市场需求和创造新的价值。创新研究强调从用户需求出发，以市场为导向，不断寻找新的商业机会和创新点，并进行实验、验证和推广。创新研究通常涉及跨学科合作和创新团队的协作。这些层次的研发相互关联，构成了一个从基础到应用、再到开发和创新的研发链条。不同层次的研发活动在推动科学进步、技术创新和经济发展方面发挥着不同的作用和价值。同时，这些层次之间也存在着相互依赖和相互促进的关系，共同构成了研发生态系统的重要组成部分。

研究与开发在推动创新过程中发挥着关键作用。通过投入大量的资源和人力，进行科学研究和实验验证，可以推动新理念、新技术和新产品的涌现。研发活动不仅能够改进现有产品和流程，还能够开发全新的创新产品和技术，为企业带来竞争优势和市场机会。通过持续的研发投入，企业能够不断改进和优化产品、工艺和服务，提高生产效率和质量，降低成本，增强竞争力。同时，积极的研发活动还能够培养和吸引高素质的科研人才，促进科技创新文化的形成，进一步提升整个产业经济的创新能力。此外，研究与开发也与知识产权保护和转化密切相关。研发过程中产生的知识和技术成果，通过专利、版权等知识产权的保护，可以为企业提供独特的竞争优势和商业利益。同时，有效的知识产权保护还能够鼓励企业加大研发投入，提高技术创新的积极性和保护创新成果的能力。

---

① OECD. Main definition and conventions for the measurement of research and experiment development [R]. Paris: OECD, 1994 (04).

二、创新

熊彼特（Joseph Alois Schumpeter）将创新定义为"新组合的引进"，即将现有资源和技术以新的方式组合起来，创造出新的产品、服务、生产方法或市场。熊彼特在他的创新理论中提出五种"新组合"的情况。这些情况描述了创新者（企业家）如何引入新的组合方式来推动经济发展：一是新产品的引入，创新者可以通过开发新产品或服务来引入新组合，这可能涉及新的技术、材料、设计或功能等，以满足市场需求或创造新的需求。二是新生产方法的引入，创新者可以引入新的生产方法或生产流程，以提高效率、降低成本或改善产品质量，这可能包括采用新的技术、自动化、流程再造工程等。三是新市场的开拓，创新者可以通过进入新的市场或开拓现有市场的新细分领域来引入新组合，这可能涉及开拓新的地理市场、针对新的消费群体或满足不同的需求。四是新供应链的构建，创新者可以通过重新设计供应链或引入新的供应链合作伙伴来引入新组合。这可以提高供应链的效率、可靠性或灵活性，使企业能够更好地满足市场需求。五是新组织形式的采用，创新者可以引入新的组织形式或商业模式，以改变产业组织和市场结构。例如，引入垂直整合、联盟合作、平台模式等，以促进更高效的资源配置和价值创造。这些新组合的情况都代表了创新者如何通过引入新的元素、方式或关系来打破现有的经济平衡，创造新的经济增长机会。熊彼特认为，这些新组合的引入是经济发展和变革的主要驱动力之一。

熊彼特将创新者称为"企业家"，他们是经济发展的关键推动者，企业家通过引入新的组合方式，打破现有的经济平衡，推动经济的不断变革。创新的动力来自企业家的创造性破坏。他们通过引入新的产品、技术或商业模式，颠覆现有的市场结构和产业组织，推动经济向更高质量发展。创新是一种周期性的现象，创新的浪潮会引发经济的繁荣期，但随着时间的推移，新的创新会变得成熟和标准化，逐渐失去创新的冲击力，导致经济陷入衰退。然而，新一轮创新的出现将再次推动经济的增长。创新对经济的影响是广泛而深远的。它不仅带来技术进步和经济增长，还改变了市场结构、产业组织、社会和文化。熊彼特的创新理论将创新视为经济发展和变革的核心驱动力。他的理论强调企业家的角色，认为他们通过创造性破坏和新的组合方式，推动经济向前发展。这一理论对后来的创新经济学和创新政策产生了重要影响。

按照熊彼特的看法，"创新"是一个"内在的因素"，经济发展也就是来自内部自身创造性关于经济生活的一种变动。随着经济社会实践的不断发展，创新的经济学意义在熊彼特创新理论基础上逐步深化，形成了技术创新理论、制度创新理论和知识创新理论，但在产业经济学中，创新研究的重点是技术创新。技术创新过程通常分为几个阶段：（1）研究和开发阶段：这是技术创新的起点，在这个阶段，企业或研究机构进行科学研究、实验室实验和技术开发，以探索新的概念、原理和技术解决方案，这个阶段的目标是理解技术的可行性和潜在应用。（2）原型开发阶段：在这个阶段，基于研究和开发阶段的成果，企业开始着手制作技术创新的原型或样品。原型是一个实验性的产品或系统，用于验证技术的可行性、功能性和性能。（3）测试和验证阶段：一旦原型完成，企业会进行测试和验证，以评估技术的实际效果和可行性。这可能涉及实地试验、实验室测试、用户反馈等，以确定技术的强项、局限性和改进空间。（4）商业化阶段：商业化是将技术创新转化为商业产品或服务的过程。在这个阶段，企业会考虑市场需求、商业模式、生产规模、供应链等因素，并制定商业化计划。它可能包括市场调研、产品定位、市场推广、渠道建设等活动。（5）扩展和改进阶段：一旦技术创新成功商业化，企业会进一步扩展和改进技术，以满足市场需求并保持竞争优势。这可能涉及产品线扩展、技术改进、成本优化、用户反馈循环等活动，以持续改进和发展技术。

需要注意的是，技术创新过程是一个循环迭代的过程，不同阶段之间可能会有交叉和重叠。此外，创新过程还需要持续的资源投入、人员协作、项目管理和市场导向，以确保创新的成功和可持续发展。

案例分析6.1　谷歌自动驾驶汽车从发明到商业化

2009年，谷歌启动了自动驾驶汽车项目，旨在开发能够自主行驶的汽车技术。它们组建了一支研究团队，包括工程师、科学家和专家，进行技术研究和开发。在这个阶段，它们探索了各种传感器、算法和人工智能技术，以实现汽车的自动驾驶功能。谷歌的研发团队在研究和开发阶段积累了大量的技术知识和实验数据。基于这些成果，它们逐渐将自动驾驶汽车技术演化成具备实际运行能力的创新解决方案，进行了大量的路测和实地测试，对算法进行优化，并不断改进和完善技术。随着技术的成熟和验证，谷歌决定将自动驾驶汽车技术商业化。它们成立了子公司Waymo，专门致力于自动驾驶汽车技术的商业化。Waymo开始与汽车制造商和共享出行平台合作，推动技术的应用和商业化进程。它们与合作伙伴进行合作，共同开发自动驾驶汽车，并进行市场测试和推广。它们通过持续的研究和开发，实现了技术的突破和创新。随着技术的成熟，它们将其转化为商业化机会，并与合作伙伴合作推动市场应用。这个案例展示了一个成功的技术创新过程，并且证明了研发、创新和商业化相互关联、相辅相成的关系。

三、研发与创新的驱动力

对于研发与创新的驱动力，主要有以下几种学说，需求驱动说、供给推动说和利润动机说。

（一）需求驱动说

需求驱动创新学说认为，市场需求是创新与研发的主要推动力。需求的变化和演变促使企业和组织开展研发活动，以提供新产品和服务来满足市场需求。该学说强调以顾客为中心，将顾客需求和洞察作为创新和研发的起点，企业通过深入了解市场、消费者行为和需求变化，识别出潜在的需求缺口和机会。基于对市场需求的理解，企业和组织努力开发创造性的解决方案来满足需求，这可能包括开发新产品、改进现有产品、提供定制化服务或开拓新的市场领域。创新应该始终与市场联系紧密，企业通过与顾客和市场的互动来获取反馈，不断改进和调整创新方向，以确保其创新成果与市场需求保持一致，倡导企业快速反应市场需求的变化，并灵活调整创新策略和研发方向，通过快速迭代和试错的方法，企业可以更快地将创新产品和解决方案推向市场。企业应与顾客、供应商、合作伙伴和其他利益相关者进行紧密合作，实现共同创新和共同价值创造，通过合作，企业能够更好地理解市场需求，并从不同领域的专业知识和资源中获益。

对需求驱动创新的最早阐述可能是希克斯（John R, Hicks）。希克斯于1932年提出了引致创新说（induce innovation），认为需求变化可以引发创新。根据希克斯的理论，技术创新往往是由于市场需求的变化而引起的。当市场对某种产品或服务的需求发生变化时，企业为了满足这种需求而采取创新的行动，开发新的技术和方法。希克斯认为，这种创新是为了降低生产成本或提高产品质量，从而使企业在竞争中获得优势。实际上从早期的传统创新经济学代表人物施穆克勒（Schmookler）到内生增长理论的代表人物罗默（Romer）等，都将需求作为影响创新的重要决定性力量。1966年施穆克勒（Schmookler）出版了具有开创性的《发明与经济增长》一书，利用实证数据发现，新产品投资与专利强度高度相关，由此得出结论：创新活动与需求行为密切相关。根据施穆克勒的理论，需求的改变强有力地影响着科技的发展和经济活动的分化。

（二）供给推动说

"供给推动创新"强调供给方面的因素对经济发展和技术创新的重要性，该学说认为技术创新主要受到供给侧的推动，即来自科学进步和实验室研究的发现，实验室的研究和科学进步是企业技术创新的主要驱动力。科学研究的进展可以产生新的知识、发现新的原理和理论，这些知识和发现可以被企业应用于产品和服务的创新中。实验室研究通常由学术界、政府机构或私人企业资助和进行，这些实验室致力于解决现实世界中的问题、挑战和需求，并推动科学知识的进一步发展。实验室研究的成果可以成为技术创新的基础，为企业提供了新的商机和竞争优势。企业通常与实验室进行合作，以获取最新的研究成果和知识。这种合作可以通过技术许可、技术转让或研发合作等形式实现，企业利用实验室研究的成果，结合市场需求和商业考虑，进行产品创新、工艺改进或新技术应用的开发。创新的供给推动学说在政策制定和经济发展中具有重要的启示，政府和企业可以通过鼓励创新活动、提供支持和资源，以及改善创新环境来推动经济增长。同时，教育和研发投资也被认为是培养创新能力和推动供给创新的关键因素。总的来说，创新的供给推动学说认为创新是经济增长和发展的关键推动力量。通过供给方面的创新，可以提高生产效率、满足消费者需求、创造新的市场机会，并为经济带来长期可持续的增长。

（三）利润动机说

熊彼特认为，经济增长的目的就是创新者进行创新活动的目的，也就是为了谋取利润。个体或企业参与研发与创新的主要动机是为了追求利润最大化，人们在追求经济利益时会作出理性的决策，个体或企业在进行研发与创新之前，会评估预期的成本和风险，并对潜在的利润进行估计，如果预计研发与创新活动能够带来更高的利润，它们就会有动力去投入时间、资金和资源来进行这些活动。利润动机是研发与创新的主要推动力，因为通过创新和研发可以产生新产品、新技术和新服务，进而创造巨大的经济价值和竞争优势。通过引入新产品或改进现有产品，企业可以吸引更多的消费者，增加销售额和市场份额，从而获得更高的利润。利润动机说还强调市场竞争的作用。在竞争激烈的市场环境中，企业为了在市场中生存和获得竞争优势，需要不断进行创新和研发。利润动机激发了企业之间的竞争，促使它们不断寻求创新和改进，以满足消费者的需求并取得市场上的成功。

四、企业规模与研发创新

熊彼特曾经认为，拥有垄断力量的大公司更有可能提高产业技术，因为它们可以轻松获取资本来支持研究和开发实验室，并且能够利用规模经济效应和集聚风险的能力。这种观点形成了熊彼特的第一个假设：企业规模越大，技术创新越高效。换句话说，大企业比小企业更有创新能力。然而，在企业规模与研发创新的关系问题上，学者们持有不同的观点。一些学者支持熊彼特的观点，认为大企业对研发和创新活动更有效。另一些学者则认为情况并非如此，小企业在创新活动方面更具积极性。阿克斯（Acs）和奥特利奇（Audretsch）对熊彼特假设进行了验证，并指出在具有不完全竞争特征的市场上，大企业具备创新优势，而在更接近竞争模型的市场上，小企业则具备创新优势。这意味着在存在垄断或垄断力量较强的市场环境中，大企业更有可能投入更多资源进行研发和创新，因为它们可以更容易地获取资金和人力资源。大企业还可以通过规模经济效应降低成本，并通过集聚风险来承担创新活动的风险。然而，在竞争激烈的市场中，小企业更具有创新优势。小企业通常更加灵活和敏捷，能够更快地适应市场变化并采取创新的策略。它们可以更容易地实施新的想法和试验，并且更容易吸引具有创新思维的员工。一些研究指出，大企业由于其规模和资源优势，能够在研发和创新方面投入更多的资金和人力资源。它们通常拥有更多的研究实验室和专业团队，能够承担更大规模和更复杂的创新项目。大企业还能够进行长期的研发计划，因为它们有更强的财务实力来支持这些计划，并且能够承担失败的风险。而小企业由于其灵活性和创新意识，也可以在研发创新方面表现出积极性，小企业通常能够更快地做出决策和行动，快速推进创新项目，它们的组织结构相对扁平，决策过程更为简洁，这使得创新的决策能够更快地得到执行。此外，小企业通常更加注重创新，因为创新可以帮助它们在竞争激烈的市场中脱颖而出。

因此，企业规模与研发创新之间存在着密切的关系。大企业的规模经济和研发能力使其在创新领域具备优势，而中小企业则在创新动力和效率方面展现出独特的优势。在这种背景下，以下三个方面得到广泛认同：首先，大企业在创新投入方面相较于中小企业拥有更大的优势，这种优势主要体现在资金、人力投入上和信息资源的获取上。大企业能够投入更多的资金和人力资源用于创新研发，同时也能够获取更广泛的信息资源，从而为创新提供有力支持；其次，从动态的角度来看，中小企业在创新效率方面可能优于大企业，中小企业更擅长捕捉非连续性技术创新的机会，这说明它们在技术创新管理方面相对更高效。与此相对应，大企业可能面临较低的创新效率问题；最后，大企业能够通过分散投资来降低风险并提高研发项目的成功率。大企业可以将技术创新经费投向多个项目，从而分散风险。此外，它们还能够雇佣各领域的专家，实现相互分工与合作，以解决需要跨学科知识才能完成的研究项目，从而提高研发项目的成功概率。

（一）中小企业的研发和创新优劣分析

中小企业研发与创新有以下几方面优势：相比大型企业，中小企业通常结构更加灵活，决策过程更加迅速，能够更快地对市场需求和变化作出反应。例如在20世纪70年代兴起的苹果计算机公司和其他小公司率先开发出微型计算机技术，并敏锐地捕捉到具有很大潜力的计算机市场，创造出一个新型行业——微型计算机业，随之又带动了软件开发业和多媒体技术等行业的发展。中小企业具有更高的技术创新敏感性，对新产业的研究开发更具有活力。小米科技在智能手机市场迅速崛起，紧密关注全球科技趋势，不断推出具有创新功能和设计的产品，例如全面屏手机、5G技术应用等，以满足用户不断变化的需求；蚂蚁金服致力于利用科技创新推动金融领域的发展，积极研究区块链技术、人工智能、大数据分析等前沿技术，并将其应用于支付、借贷、投资等金融服务中，为用户提供便捷、安全的金融解决方案；京东通过创新的物流技术和智能供应链系统，为用户提供高效、便捷的在线购物体验，积极投资于人工智能、无人机配送、自动化仓储等新技术，推动电子商务行业的发展。它们还积极与各行业合作伙伴进行深度合作，探索新的商业模式和创新解决方案。这些中小企业具有高度的技术创新敏感性，在新产业的研究开发方面极具活力。中小企业通常不会受到烦琐的层级和冗长的决策链条的束缚，可以更迅速地进行创新和试错，并在市场上推出新产品或服务；中小企业通常具有更加紧密的团队氛围和较少的层级差异，这有助于促进创新文化的培养和传承。员工之间的密切合作和高度互动的环境，有利于创造新的思路和创新解决方案。此外，中小企业通常能够吸引更具创新精神和激情的员工，因为它们更有机会在创新过程中发挥自己的才能和影响力。中小企业通常能够与客户建立更为密切的关系，深入了解客户需求和市场动态。它们更容易获得来自客户的反馈和建议，并将其转化为具体的创新和改进。这种紧密的客户关系和市场洞察力使得中小企业更有可能满足市场的个性化需求，更好地抓住市场机遇；中小企业在研发创新中通常更加倾向于与其他企业、研究机构、大学等建立合作与伙伴关系。这些合作可以为它们提供更多的资源、专业知识和技术支持，帮助它们更好地进行研发创新。通过与合作伙伴共享资源和经验，中小企业能够降低研发成本、减少风险，并加快创新的速度。

当然，中小企业在研发与创新方面也存在一些劣势：相较于大型企业，中小企业往往面临资金不足问题，研发和创新需要投入大量的资金用于研究设备、人力资源、市场调研等方面，而中小企业通常无法承担这些高额费用；吸引和保留高素质的人才对于中小企业来说可能更加困难。大型企业通常能够提供更具吸引力的薪酬和福利待遇，同时拥有更多的资源用于培训和发展员工，这使得中小企业在研发和创新领域面临竞争激烈的人才市场；中小企业在将研发成果转化为商业化产品或服务时可能面临一定的困难，这可能涉及技术的规模化生产、市场推广和销售渠道的建立等问题。相比之下，大型企业通常拥有更完善的市场渠道和商业化经验，更容易将创新转化为商业价值。中小企业可能缺乏充足的研发经验和专业知识，它们可能无法投入足够的时间和资源进行研究和试验，也难以建立起完善的研发流程和团队。相比之下，大型企业通常具有更多的研发资源和经验，能够更好地组织和管理创新项目。另外，中小企业在创新过程中可能面临法律和知识产权保护方面的挑战。它们可能无法承担起专利注册和法律诉讼等高昂成本，也难以应对知识产权侵权问题。这可能导致中小企业在创新领域的投入受到限制。

（二）大型企业的研发和创新优劣分析

大型企业在研发与创新方面的优势主要体现在资源投入能力、人才和专业知识、组织和管理能力、技术和市场影响力，以及长期战略规划等方面。这些优势使得它们能够在创新领域更具竞争力，推动行业的发展和技术的进步。大型企业在研发与创新方面的优势体现在以下几个方面：一是大型企业通常拥有更多的财力和资金资源，能够在研发和创新领域进行大规模的投资。可以承担更高的研发成本，包括设立研究实验室、雇用顶尖人才、购进先进设备和技术等，以支持创新活动的开展。二是大型企业吸引和雇佣大量的高素质人才，这些人才在各自领域具有丰富的经验和专业知识，企业可以组建跨学科团队，促进不同领域的知识交流与合作，以实现创新的跨界融合。三是大型企业通常拥有完善的组织结构和管理体系，能够有效地协调和整合各个部门的资源和人力。这种优势使得大型企业能够更好地管理研发项目，提高创新的执行效率，并及时调整战略以适应市场需求和技术变革。四是大型企业往往在行业中具有较高的技术和市场影响力，它们可以通过自身的技术实力和市场份额来推动行业发展和创新进程。同时，大型企业也更容易与其他企业建立合作关系，共享资源和知识，促进创新的合作与联合研发。五是大型企业通常具备长期战略规划和稳定的市场地位。这使得它们能够更好地预测和应对市场需求的变化，有足够的时间和资源进行战略性的研发和创新，推动技术的突破和市场的颠覆。

同样，大型企业在研发与创新中也存在如下劣势：一是大型企业通常有庞大的组织结构和复杂的决策过程，这可能导致决策的缓慢和创新的阻碍，创新需要快速的决策和灵活的反应，而大型企业的层级结构和繁文缛节可能使得创新过程受到限制；二是大型企业往往有稳定的企业文化和行为准则，这可能导致对新思想和创新方法的抵制，创新需要鼓励冒险、接受失败和推崇新思维方式，而大型企业的传统文化可能更倾向于保持现状和遵循已有的做法；三是虽然大型企业通常拥有更多的资金资源，但它们也可能因为规模庞大而面临资金分配的挑战，创新项目通常需要资金投入，并且可能需要经过一段时间的研发才能取得回报，大型企业可能更倾向于将资金投入到已有的业务和稳定的项目上，而在创新方面投资较少；四是大型企业通常会吸引到一些优秀的人才，但同时也可能因为组织复杂性和创新限制而导致人才流失，有些创新人才可能会感到受限或者缺乏挑战，而选择离开大型企业去寻求更有创新空间的机会，这种人才流失可能削弱了大型企业在研发与创新方面的竞争力；五是大型企业由于其规模和市场地位，通常面临更多的监管和合规性要求。这些要求可能对创新活动施加限制，因为新的想法和实践可能需要符合严格的法规和标准，这会增加创新的成本和时间。

五、市场结构与研发创新

企业创新投入受到诸多因素的影响。从外部因素来看，企业研发创新会受到市场竞争和需求、技术进步和行业趋势、法规和政策环境、合作伙伴和外部网络等因素的影响；从内部因素来看，企业研发创新会受到企业的组织文化和价值观、领导力和管理风格、内部资源和能力、组织结构和流程等方面的影响。其中，市场结构对企业创新的影响尤其引起学者的关注。熊彼特首创了市场结构影响企业创新的现代研究。在《经济发展理论》《资本主义、社会主义与民主》《商业周期》等著作中系统阐述了其关于创新的理论，提出了创新假说。熊彼特认为创新是驱动经济发展的主要力量，企业通过实施创新来获取竞争优势，从而实现超额利润。然而，这种超额利润会引起其他企业的模仿和竞争，导致利润逐渐回归正常水平。这一过程被称为"创新—模仿—竞争"的循环，它将不断推动经济体在技术、组织和市场等方面的进步。相较于价格竞争，熊彼特认为创新是企业超越竞争对手更为有效的方法，大企业在研发上更有能力和优势。大企业通常拥有更为丰富的资源，例如资金、人才和技术，这使得大企业能够投入更多的资金进行研究和开发，以支持创新项目。此外，大企业在市场上的地位和信誉有助于吸引优秀研发人才，进一步提升创新能力。大企业通常拥有更为成熟的组织结构和管理体系，这使得它们能够更有效地协调各个部门、团队和人员，提高创新项目的成功率，大企业的组织和管理优势有助于降低创新过程中的风险和不确定性。大企业在生产和销售方面具有规模经济优势，规模经济使得大企业能够更快地将创新成果应用于生产，并推广到市场。这有助于降低创新成本，提高创新效率，从而在竞争中获得优势。熊彼特认为，大企业在产业链中通常具有更广泛的合作伙伴和关系网络。这有助于它们获取最新的行业信息、技术动态和市场需求，从而为研发创新提供有力的支持。同时，大企业通过与其他公司、研究机构和政府部门的合作，也可共享创新资源，降低创新风险。熊彼特强调，大企业通常具有较高的品牌知名度和市场影响力，这意味着它们在推出新产品或服务时，消费者和市场更容易接受，从而降低创新的市场风险，品牌效应和市场影响力的优势有助于大企业在竞争中获得更大的市场份额。

熊彼特反对新古典经济学对完全竞争市场有效性的评价。熊彼特认为，大企业相较于小企业更具有创新能力和优势。大企业可以承担更高的研发费用，并通过大规模试验来消化创新失败，从而获得更多的创新成果。此外，熊彼特指出，市场垄断力量是企业获取创新成果的关键因素，因为只有具有一定市场垄断力量的企业才能够在市场竞争中获得足够的利润，以维持其持续的研发和创新活动。这些观点被学者总结为"熊彼特假说"。熊彼特假说包含两个方面。首先，企业规模越大，其创新能力越强。这是因为大企业可以利用其更高的资源和资金来投入创新研发，同时也能够承受更高的风险和失败成本，从而更容易获得成功的创新成果。其次，市场竞争程度与创新负相关，即在保证技术创新成果方面市场垄断力量是必需的。这是因为只有具有一定市场垄断力量的企业才能够在市场竞争中获得足够的利润，从而有能力维持其持续的研发和创新活动。

对于熊彼特假说，学者们展开了广泛且深入的理论和实证研究。一些学者认为，大企业的规模和资源确实可以为其创新提供优势，但市场竞争对于创新的推动也是必要的，因为竞争可以激发企业的创新活力和创新能力。例如阿罗（Arrow）研究表明，相对于垄断型企业，竞争型企业会对非剧烈的工艺创新有更多的投资[1]。这是因为对于创新前的市场而言，创新成果对于垄断型企业只是"锦上添花"，只是增加了利润；而对于竞争型企业而言，创新成果则改变了它原先在市场中只能勉强生存的局面，起到"雪中送炭"的效果，并且"这种现象在剧烈的创新时更为明显"[2]。另一些学者则认为，熊彼特假说的第二个方面是有一定道理的，因为市场垄断力量确实可以为企业提供更多的创新资金和资源，但是过度的垄断也可能会导致创新的减少和市场效率的下降。在熊彼特假说的研究中，还有一些学者对其两个方面进行了分别探讨。例如，对于熊彼特所认为的大企业创新能力更强这一观点，一些学者认为企业规模本身并不一定能够决定其创新能力的强弱，而是与企业的资源配置、组织结构和文化等因素密切相关。因此，他们提出了一些新的理论模型和实证研究，以探索企业

---

[1] ARROW. Economic welfare and the allocation of resource for inventions [M]. NELSON R R. The rate and direction of invention activity. Princeton University Press, 1962.

[2] 马丁·佩泽. 产业组织：市场和策略 [M]. 上海：格致出版社，上海三联书店，上海人民出版社，2015.

规模与创新能力之间的复杂关系;另外,对于熊彼特所认为的市场垄断力量是获取创新成果的关键因素这一观点,也有一些学者提出了不同的看法。他们认为,在当前全球化和数字化的时代,市场竞争已经不再是传统意义上的单一市场竞争,而是一种更为复杂和多元化的竞争形式。因此,他们认为市场垄断力量对于创新的作用可能不再像熊彼特时代那样重要,而更加依赖于企业的技术能力、创新战略和市场定位等因素。这些学者认为,政府应该通过不同的政策手段来引导企业的创新和市场竞争,以实现经济增长和社会福利的提高。此外,学者们还从实证角度对熊彼特假说进行了深入的研究。一些研究表明,大企业确实具有更强的创新能力和优势,但是其创新成果也可能受到管理层的限制和创新风险的影响。另外,一些实证研究显示,市场竞争对于创新的推动也是必要的,因为竞争可以激发企业的创新活力和创新能力。

除了理论和实证研究外,学者们还从其他角度对熊彼特假说进行了探讨和批评。例如,一些学者指出,熊彼特假说可能具有一定的时代和地域限制性,因为其对于大企业和市场垄断力量的论述可能更适用于 20 世纪的工业化时期,而在当今全球化和数字化的时代,小型企业和创新型企业也具有很大的发展潜力和优势。总之,熊彼特假说虽然在经济学领域存在争议,但它提出的企业规模和市场竞争之间的关系以及市场垄断力量对于创新的作用等观点,为人们深入探讨企业创新和市场竞争之间的复杂关系提供了启示。

第二节　专利与专利制度

加强知识产权保护是提高社会创新活力的重要基础,有必要了解为什么要加强知识产权保护,认识作为知识产权保护的主要手段——专利和专利制度的基本内涵。

一、创新活动中的市场失灵和政府干预

创新活动过程广泛存在市场失灵现象。而之所以会存在市场失灵,主要原因有以下几方面:一是创新往往涉及知识产权(例如专利、著作权),但知识产权保护很难完全实现,这可能导致创新者不能充分受益于自己的创新成果,从而降低创新积极性;二是创新活动通常伴随着较高的研发投资风险,这可能导致企业和个人在创新投资上过于保守,从而影响创新活动的开展;三是创新活动可能产生负外部性,例如环境污染、信息泄露等,市场机制往往无法有效地解决这些问题,进而导致资源配置不合理;四是创新活动也往往具有正外部性,即创新者的投入可以为其他参与者创造价值,由于正面外部性难以完全内部化,创新者可能无法充分受益于创新活动,从而降低创新激励;五是创新活动中的信息不对称可能导致市场参与者无法准确评估创新项目的价值和风险,从而影响资源配置,导致优质的创新项目难以获得投资。另外,创新活动中的规模经济和网络效应可能导致市场集中度过高,妨碍竞争。例如,某些网络平台企业由于规模经济和网络效应而形成垄断地位,阻碍其他竞争者进入市场。

创新活动中的市场失灵现象为政府干预提供了理论依据。为了减少创新活动中市场失灵现象的发生,政府一般通过多种支持措施引导企业进行技术创新:通过拨款、贷款、税收减免等方式为创新型企业提供资金支持,鼓励企业在研发方面投入更多资源;通过建立技术转

移中心等机构,将研发成果转化为实际生产力,并将技术向中小企业和创业公司等推广;制定相关政策,例如技术标准、行业规范等,促进技术创新和市场竞争,减少市场失灵现象发生;通过招聘、奖学金和实习机会等方式,吸引更多的人才从事科技创新,提高国家的创新能力;制定相关法律法规,保护创新者的知识产权,鼓励企业进行技术创新;投资建设科技创新平台,例如科研机构、孵化器、技术转移中心等,为企业提供技术支持、资源整合等服务,帮助企业进行创新活动。

二、专利

专利是一种知识产权,其主要目的是保护发明创造。通过专利制度,发明者可以获得对其发明创造的独家使用权,这一权利在一定时间(在我国发明专利的保护期限为20年,实用新型和外观设计专利保护期限为10年)内有效。在这期间,其他人未经专利持有者许可的情况下,不能生产、销售、进口或使用该专利技术。

专利具有新颖性、创造性、实用性、可操作性、排他性、地域性、可转让性等特征。专利所保护的发明或创造必须是全新的,即在申请日之前,未在国内外公开发表、使用或者已知的技术中存在。专利所保护的发明或创造不仅要求新颖,还要具有创造性,这意味着发明或创造所涉及的技术方案对于本领域的技术人员来说,不是显而易见的。专利所保护的发明或创造必须具有实用性,也就是能够产生实际效果或者具有实际应用价值。专利申请的描述和说明必须足够详细,使得具备相关技术背景的专业人士能够理解并实施该发明。专利授予发明者拥有对专利在一定时间内的独家使用权。在这期间,未经专利持有者许可,其他人不得生产、销售、进口或使用该专利技术。专利的保护期限是有限的,保护期满后,该发明或创造将成为公共领域的一部分,任何人都可以自由地使用、生产和销售。专利的保护范围仅限于授权国家或地区。如果发明者希望在其他国家获得专利保护,需要分别在这些国家提交专利申请。专利权可以转让给其他人或组织。发明者可以选择将专利出售、许可给他人,或者通过合同等方式将其转让给他人使用。专利的转让有助于技术的传播和创新。

专利有发明专利、实用新型专利和外观设计专利等三类。其中发明专利是最常见的专利类型,它涉及新的技术方案、新的产品或制造方法,发明专利要求具有创造性、新颖性和实用性;实用新型专利保护的是产品的新型结构或组件,与发明专利相比,实用新型专利的要求较低,但所提供的保护期限也较短(通常为10年);外观设计专利保护的是产品的外观设计,包括形状、图案和颜色等,外观设计专利要求具有新颖性和创造性,同时不能与现有的设计造成混淆。申请专利需要向专利局提交专利申请,详细说明发明创造的内容、技术方案等。专利局会对申请进行审查,以确保发明符合专利法的要求。一旦获得专利,专利持有者可以授权他人使用该专利技术,或者将其出售、许可给他人。专利可以帮助发明者实现经济利益,同时促进技术的传播和创新。

三、专利制度

专利制度是一种国家或地区的法律制度,旨在保护和激励发明创造。专利制度授权发明者在一定时期(通常为20年)内对其发明或创造享有独家使用权,这包括生产、销售、进口和使用该专利技术,在专利保护期内,未经专利持有者许可,其他人不得侵犯其专利权。

在专利制度中,专利发明人需要向专利局提交专利申请,详细披露发明创造的技术内容,专利局会对申请进行审查,以确保发明符合专利法的要求(例如新颖性、创造性和实用性等),经过审查后,如果发明创造符合专利法的要求,专利局将授予发明者专利权,发明者可以在专利保护期内独家使用、许可或出售专利技术。如果未经专利持有人许可,他人在专利保护期内生产、销售、进口或使用该专利技术,构成专利侵权,专利持有人可以依法追究侵权者的法律责任。专利的保护期限是有限的,在保护期满后,专利技术将成为公共领域的一部分,任何人都可以自由地使用、生产和销售。专利制度的目的是保护发明者的权益,促进技术交流和创新,提高市场竞争力,鼓励投资和研发,以及增强国家的科技实力。在全球范围内,各国和地区的专利制度在具体规定和操作上可能存在差异,但其核心目标和原则是相似的。

专利制度的历史可追溯至文艺复兴时期,早期的专利概念出现在 15 世纪的意大利,当时的一些城邦颁布法令,授予发明者在一定时间内对其发明的独家使用权,这些法令的目的是鼓励创新和技术进步。其中,最为著名的例子是 1421 年佛罗伦萨颁布的一项法令,授予一位德国工程师对其新型磨坊的独家使用权。专利制度在 16 世纪的英国取得重要进展。1557 年,英国女王伊丽莎白一世颁布了一项法令,授予一位荷兰人在英国生产和销售一种纺织机的独家权利,这被视为英国的第一个专利。1624 年,英国通过了《专利法》明确规定了专利的要求和保护期限,这一法律被认为是现代专利法的起源。19 世纪末,随着科技和贸易的全球化,各国开始寻求建立国际专利制度的协同机制。1883 年,巴黎公约签订,为国际专利申请和保护提供了基本框架。1970 年,世界知识产权组织(WIPO)成立,推动了全球知识产权制度的协调和发展。专利制度的由来和发展经历了一个漫长的过程,从早期的文艺复兴时期的法令到现代专利法,专利制度不断发展和完善,以适应科技和经济的发展需求。

四、最优专利期限

专利期限,即专利保护的时间长度。在当前的专利法下,各个国家的专利期限各不相同。中国的专利保护期限中,自申请日起,发明专利的保护期限为 20 年,实用新型专利为 10 年,外观设计专利为 15 年;在日本,自申请日起发明专利的保护期限为 20 年,实用新型专利为 15 年,外观设计专利为 10 年;在德国,发明专利保护期限为 20 年,实用新型专利为 10 年,外观设计专利为 20 年。专利在保护期内,受到专利制度的严格保护,而一旦超过专利期限,专利成为公共品。所以,一般而言,专利期限越长对拥有专利的企业越有利,因为专利期限越长意味着企业可以获得的垄断利润越多,企业创新激励越大,但同时消费者剩余的损失也越多。相反,专利期限越短,企业可获得的垄断利润越少,创新激励也越少,但社会福利的损失也越小,这意味着存在最优专利期限问题。

经济理论能够对专利期限的合理性进行分析,而对于最优专利期限,关键是要找出专利拥有者根据研发投资赚取收益的能力和专利到期竞争出现后消费者所获得的利益之间的平衡点。美国经济学家诺德豪斯(Nordhaus,1969)建立了一个基本的模型对专利最优保护期限进行分析,如图 6-1 所示。

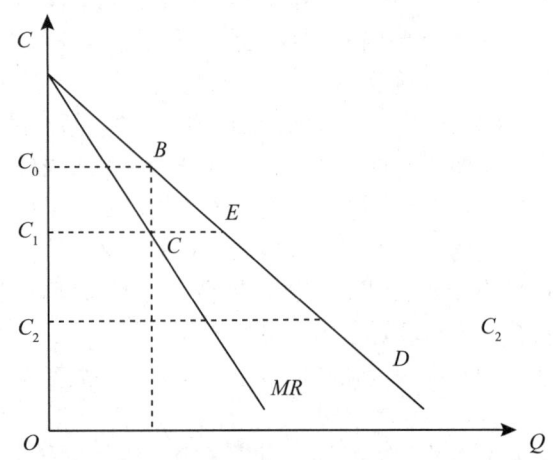

图 6-1 诺德豪斯模型对于专利最优保护的说明

在诺德豪斯基本模型中,它将专利的整个过程分为三个阶段:(1)在获得专利前,众多厂商处于完全竞争状态,它们的平均成本(或边际成本)是一样的,且为图 6-1 中的 OC_0,因为是在完全竞争条件下,所以价格也为 OC_0;(2)某个厂商成功地获得了一项能把成本降到 OC_1 的专利技术,由于该技术创新使得该厂商的平均成本低于其他厂商,从而将其他厂商逐出市场,此时的市场是完全垄断的,假定第二阶段的长度就是专利保护的期限;(3)专利保护到期,其他厂商都能够无偿享有专利技术,市场结构又恢复到完全竞争状态。但与第一阶段的完全竞争状态不同的是,由于专利技术被普遍采用,整个社会的生产成本和市场价格都要低于第一阶段水平,因此,整个社会的消费者剩余得到增加。该过程可以结合图 6-1 进行说明。在诺德豪斯的基础上,谢勒还假定在第二阶段,该厂商获得完全垄断地位时,其价格仍然为 OC_0,原因在于提高价格虽然可以满足边际成本等于边际收益的垄断利润最大化原则,但其他潜在竞争对手将以较低的定价将该厂商挤出市场;除此之外,厂商面临的需求曲线弹性也被假定为相对小,并且,由于技术创新带来的成本下降不低于图中的 OC_2,在这种情形下,厂商的最优选择是维持现有价格和产量。

在图 6-1 中,专利保护期内技术创新给社会带来的好处可以用图 C_0BCC_1 的面积来表示。专利到期后,社会处于完全竞争状态,技术创新给社会带来的好处完全体现在消费者剩余 C_0BEC_1 的面积中。假定这种剩余在生产者和消费者之间的分配并不重要,即认为专利拥有者和社会收入的边际效用相同,那么社会福利最大就等同于对第二阶段生产者剩余和第三阶段消费者剩余的现值之和求最大值。

对于发明者而言,专利保护期限是个参数。但是对于政府来说,则是个政策变量。所以政府在确定最优专利期限时,应该使得延长专利保护带来的边际社会成本等于边际社会收益。如果从技术创新的社会成本和社会收益来看,在专利保护制度下,社会为一项能将生产成本从 OC_0 降到 OC_1 的技术创新所付出的成本,为发明者的研发成本加上保护期内所损失的消费者福利,即 $BCE = (C_0BEC_1 - C_0BCC_1)$,$BCE$ 代表专利保护带来的垄断造成了社会总福利的减少。随着专利保护期的延长,企业研发成本会上升,同时,所损失的 BCE 的现值也会越来越大。另外,专利保护期的延长,也会对社会收益带来影响。这是因为,研发成本的增加会使生产成本进一步下降，从而使生产者剩余和消费者剩余都增加。

因此，诺德豪斯认为，专利保护期限并不是越长越好，随着保护期限的延长，企业会进行更多的研发投入，但是，一定阶段后研发活动会呈现出边际收益递减的特征，因此会导致发明本身给社会带来的福利呈现边际递减的趋势。而同时延长专利保护期限导致了社会福利损失的增加，所以在专利保护期限的双刃剑作用之下，根据边际社会收益等于边际社会成本的原则，可以确定使社会福利最大化的专利最优保护期限。

五、对专利制度的评价

专利制度在促进创新方面发挥着重要作用。在专利制度下，发明者可以获得对其发明创造的独家使用权，这使得发明者在一定时间内能够确保自己的技术不被他人侵犯，从而有机会从创新中获得经济回报。专利制度要求发明者在申请专利时详细披露其发明的技术内容，这有助于技术的传播和公共领域的扩大，同时激发其他研究者和组织进行更多的创新。专利制度鼓励专利持有者与他人进行技术许可和转让，促进技术的交流和合作，这有助于整合各方资源，加速创新成果的推广和应用。专利制度通过保护创新成果，帮助企业建立竞争优势，提高市场地位，这激励企业投资研发，以不断推出新产品和新技术，进一步提高其市场竞争力。另外，专利制度为投资者提供了一定程度的保障，使他们更愿意投资创新型企业和项目，有助于推动研发活动，创造更多的知识产权和技术成果。

专利制度也存在一些局限性，部分企业可能会滥用专利权，进行专利诉讼、专利垄断等行为，影响行业的公平竞争和消费者利益。随着专利申请数量的增加，专利审查机构面临巨大的工作压力，可能导致审查质量下降，出现低质量专利泛滥的现象。过度的专利保护可能会限制技术的发展和创新，导致技术进步受阻。专利申请、维护和诉讼费等费用较高，可能导致小型企业和个人发明者难以承担。因此，专利制度在鼓励创新和促进科技发展方面具有积极作用，但同时也存在一定的问题。为了充分发挥专利制度的优势，需要政府和相关部门加强对专利制度的监管，防止滥用现象，并在保护知识产权的同时，注重创新和发展的平衡。

第三节　其他促进研发创新的政府政策

除了专利制度外，其他促进研发创新的政府政策主要包括政府补贴、国际交流与合作、市场开放与竞争政策、创新基础设施建设、教育和人才培养等。

一、政府补贴

政府补贴是政府为了实现政策目标，通过财政资金支持特定领域或行业的一种经济手段。在创新方面，财政补贴可以为企业、研究机构和个人提供资金支持，降低研发成本，进而促进创新活动。研发创新往往需要投入大量资金，但创新成果的不确定性使得企业和个人承担较高的风险。财政补贴可以有效降低企业和个人的研发成本，减轻创新风险，使其更愿意投入创新活动。基础研究是创新的基石，但其回报周期长，风险高，很难立即产生经济效益，政府通过财政补贴支持基础研究，有助于为创新提供源源不断的技术储备。高风险项目往往具有较高的创新潜力，但由于风险和成本问题，企业和投资者可能不愿意投资，政府可以通过财政补贴支持这些高风险项目，推动技术突破和创新。财政补贴可以支持企业与科研机构、高校合作，促进产学研一体化发展，实现技术成果转化和创新成果推广，政府可以通过财政补贴支持战略性新兴产业发展，为新技术、新产品的研发创新提供资金保障。财政补贴可以通过奖励创新成果、支持创业创新等方式，激励企业和个人更加积极地投入创新活动。通过对特定地区或产业园区的财政补贴，政府可以推动区域创新能力的提升，实现区域经济的可持续发展。财政补贴作为一种重要的政府政策手段，可以在很大程度上推动创新活动，促进科技进步和经济发展。然而，财政补贴政策的设计和实施需要谨慎，避免产生依赖、滥用等不良影响。在实践中，应结合实际情况制定合适的财政补贴政策，并加强监管和评估，确保政策效果的最大化。

二、国际交流与合作

政府可以积极推动国际科技合作与交流，加强与其他国家的创新合作，吸引国际创新资源，促进本国创新能力提升。通常有以下几种方式：一是建立科技交流与合作项目，政府可以与其他国家或地区的政府、研究机构、高校等建立科技交流与合作项目，通过开展联合研究、科技人员互访、技术转移等方式，加强跨国科技合作，促进创新成果的共享和交流；二是共建创新产业园区，政府可以与其他国家合作建设创新产业园区或科技园区，吸引国内外高技术企业进驻，通过提供优惠政策、场地资源和服务支持，创造良好的创新生态环境，推动技术创新和产业发展；三是加强人才交流与培养，政府通过开展人才交流计划，鼓励科技人员参与国际交流与合作项目，通过派遣人员到海外研究机构、高校或企业交流学习，引进国际高水平人才，以此加强人才培养和提高创新能力；四是参与国际科技合作组织，政府可以积极参与国际科技合作组织，例如联合国教科文组织（UNESCO）、国际标准化组织（ISO）等，通过参与国际合作项目、分享创新经验和资源，推动全球科技创新合作；五是设立投资和合作基金，政府可以设立投资和合作基金，用于支持与其他国家的科技创新合作项目，通过投资、资金支持和资源整合，促进国际科技创新合作，加快技术转移和产业化进程。通过以上方式，政府可以借助国际交流与合作，促进创新资源的跨国流动，加速科技成果应用和推广，提高本国的创新能力和创新力，同时，也有利于建立开放型创新体系，促进全球科技创新合作与发展。

三、市场开放与竞争政策

政府可以通过市场开放与竞争政策促进创新。例如降低市场准入壁垒，通过减少市场准入的限制和审判程序，简化注册和创业手续，降低创新企业进入市场的门槛，鼓励更多新兴企业和创新者进入市场竞争；打破垄断与限制垄断行为，政府可以制定法律和政策，打破市场垄断，限制垄断行为，维护市场的公平竞争环境，这将促使企业在创新能力、产品质量和服务等方面进行竞争，推动创新；鼓励自由竞争，政府可以制定法规和政策，保护自由竞争的市场环境，鼓励企业在产品、技术、价格和服务等方面进行自由竞争，从而激发创新活动和提升企业的竞争力；奖励创新和成果转化，政府可以设立创新奖励制度，给予创新者和创新企业一定的奖励和激励，鼓励他们进行更多的创新研究和成果转化，这可以激发创新的热情，加强科技成果的应用和商业化；支持创新型企业，政府可以提供财务支持、税收优惠和研发资金等政策措施，重点支持创新型企业和初创企业的发展，这将促进创新企业的兴起和壮大，推动市场创新活动；政府还可以鼓励国内外企业进行合作与联盟，共同开展研发和创新项目，通过合作共赢的方式，整合资源、技术和市场，推动创新能力的提升和跨国创新合作。同时，政府可以通过加大知识产权保护力度，完善法律制度和执法机构，保护创新者的知识产权。政府市场开放和鼓励竞争政策，将有助于增强创新者的创造动力，鼓励更多创新活动的进行。

四、创新基础设施建设

高质量基础设施是支持创新的基础，政府通过创新基础设施建设促进创新。政府可以通过多种方式建立和完善创新基础设施。一是投资高速互联网、电力供应和交通运输等基础设施，确保其覆盖范围广泛、性能优越，政府可以通过提供高速数据传输、可靠的电力供应以及便捷的交通运输，为创新提供必要支持。二是建设研发中心和科技园区，政府可以建设专门的研发中心和科技园区，提供先进的实验室设备、研发资源和技术支持，这些中心和园区可以成为科学家、工程师和创新者们交流合作的场所，促进不同领域之间的跨界合作和创新。三是支持孵化器和加速器的建设，政府可以设立和支持创业孵化器和加速器，为初创企业和创新项目提供资源和支持，这些机构可以提供资金支持、导师指导、市场推广等方面的帮助，可以有效帮助创新者将想法转化为可行的产品或服务。四是促进公私合作。政府可以与私营部门合作，在基础设施建设方面共同投资和合作，这种公私合作可以有效地整合资源，提高基础设施建设的效率和质量，从而为创新提供更好的支持。五是制定创新的政策和法规，政府可以制定支持创新的政策和法规，例如提供税收优惠、知识产权保护以及创新基金等方面的支持，这些政策和法规可以激励企业和个人进行创新，并为其提供必要的保护和支持。通过以上措施，可以较好地激发创新活力，推动经济实现可持续发展。

五、教育和人才培养

大力发展教育，提高创新人才培养水平，也是政府促进创新的政策之一。政府通过推动教育体系改革，将创新与创造力的培养纳入教育课程，鼓励学生主动探索、提高批判性思考和解决问题的能力，培养创新思维和实践技能；政府通过增加科学研究的资金投入，建立研究基础设施和实验室，提供资金支持和奖励措施，鼓励科学家进行前沿研究，设立科学研究项目，通过招标等方式引导科学家和研究团队开展关键技术研究；建立创新创业孵化器和科技园区，为创新创业者提供场地、资金、导师等资源支持，帮助创业者转化科技成果为商业化产品或服务，通过设立风险投资基金，提供创业资金和投资机会；推动产学研合作，建立产学研联盟，促进企业与高等教育机构、科研机构之间的合作，通过为其提供资金支持和税收优惠，鼓励企业与学术界共同展开研发项目，促进科研成果转化和应用。政府还可以通过加强职业教育和技能培训，根据市场需求培养具有创新能力和实践技能的技术人才，通过政府与行业协会、企业合作，制定适应市场需求的课程和培训计划，提供资金和补贴，鼓励人才培养机构开展创新型技能培训。政府可以完善知识产权法律和监管机制，加强知识产权的保护力度，鼓励创新者进行创新研究和知识产权的申请与保护。这将有助于鼓励创新者投入更多精力和资源进行创新活动。

本章小结

◆研究与开发是指为了增进知识存量（人力资本、文化和社会资本）而进行的创造性工作，以及利用现有知识开发新的应用和用途。

◆研发按照其目的可以分为基础研究、应用研究、开发研究和更高层次的创新研究四个层次。

◆对于研发与创新的驱动力，主要有以下几种学说：需求驱动说、供给推动说和利润动机说。

◆企业规模与研发创新之间存在着密切的关系。大企业的规模经济和研发能力使其在创新领域具备优势；而中小企业则在创新动力和效率方面展现出独特的优势。

◆专利是一种知识产权，其主要目的是保护发明创造。通过专利制度，发明者可以获得对其发明创造的独家使用权，这一权利在一定时间（在我国发明专利的保护期限为 20 年，实用新型和外观设计专利保护期限为 10 年）内有效。在这期间，其他人未经专利持有者许可的情况下，不能生产、销售、进口或使用该专利技术。

复习思考题

1. 名词解释。

研究与开发　创新　专利　专利制度　专利期限

2. 简答题。

（1）有哪几种学说可以解释为什么企业有动力进行研发与创新活动？

（2）大企业在推动研发创新方面有哪些优势和局限？

（3）小企业在研发与创新中的优势和局限表现在哪些方面？

（4）市场结构如何影响研发创新？

（5）促进研发与创新的政策有哪些？

3. 自评自测题。

（1）中国的专利保护期限中，发明专利保护期限为（　　）年。

A. 5　　　　　　　　B. 10　　　　　　　　C. 15　　　　　　　　D. 20

（2）专利的类型不包括（　　）。

A. 发明专利　　　　B. 实用新型专利　　　C. 外观设计专利　　　D. 著作作品

（3）建立专利制度目的不包括（　　）。

A 保护专利权人的合法权益　　　　　　B. 鼓励发明创造

C. 鼓励垄断　　　　　　　　　　　　　D. 鼓励发明创造的应用

(4) 专利制度可能存在的局限不包括（   ）。
A. 滥用专利权　　　B. 专利垄断　　　C. 恶意专利诉讼　　　D. 推动研发创新
(5) 以下创新属于发明专利的是（   ）。
A. 产品新组件　　　B. 产品新外观设计　　C. 新产品或制造方法　　D. 新的产品标志图案

4. 延伸阅读材料。

[1] 罗德明，周嫣然，史晋川. 南北技术转移、专利保护与经济增长 [J]. 经济研究，2015, 50 (06): 46-58.

[2] 文豪，刘斌. 中国知识产权制度的运行绩效：基于专利制度的实证分析 [J]. 宏观经济研究，2012, 160 (03): 55-60.

[3] 刘美秀. 最优专利期限问题研究 [J]. 宏观经济研究，2010, 141 (08): 42-45, 71.

[4] 潘士远. 最优专利制度、技术进步方向与工资不平等 [J]. 经济研究，2008, 477 (01): 127-136.

[5] 潘士远. 最优专利制度研究 [J]. 经济研究，2005 (12): 113-118.

第七章 市场绩效

■ **本章内容提要**

本章主要介绍了市场绩效的相关概念,分析市场结构、市场行为与市场绩效的相互关系,为特定产业的绩效分析提供一个基本的框架。

第一节 市场绩效的衡量

市场绩效是指在特定市场结构下,通过一定的市场行为使某一产业在价格、成本、产量、利润、产品质量、品种及技术进步等方面达到的最终经济成果。它实质上反映的是在特定的市场结构和市场行为条件下市场运行的效率。这里的市场行为既包括产业内的企业行为(微观经济行为),也包括政府对产业进行组织管理与调节引导的行为(宏观经济管理行为及宏观政策微观化),企业间的价格竞争及非价格竞争行为,政府对产业的规制及各种经济性监控行为等,无不影响产业的绩效。研究市场绩效就是要通过对市场结构及企业行为的分析,来评价市场结构和市场行为的合理性及有效性程度,评价产业政策与经济运行的契合程度,以期通过政策调整求得最佳的产业绩效。

一、市场绩效的综合评价

市场绩效既反映了在特定的市场结构和市场行为条件下市场运行的实际效果,也表示最终实现经济活动目标的程度。产业组织学研究的经济活动目标,主要不是企业层次上的,而是产业和整个国民经济层次上的。因此,在对市场绩效进行评价之前,我们应首先了解产业和整个国民经济层次上的目标具体是什么。毫无疑问,这个目标本身是多元化的,但从经济学的角度看,社会福利是最主要、最具综合性的目标,而社会福利本身又可分解为许多内容,包括社会经济活动的效率、公平、稳定与安全、进步等多层次和多方位的目标,这也决定了对市场绩效的测量与分析也必然是多层次和多方位的。下面,从产业的资源配置效率、产业的规模结构效率、产业技术进步程度等方面进行分析。

(一) 产业的资源配置效率

资源配置效率是指配置资源的有效性,它是同时从消费者的效用满足程度和生产者的生产效率高低的角度来考察资源的利用状态。它包括以下三方面的内容。

第一,有限的消费品在消费者之间进行分配,使消费者获得的效用满足程度。

第二,有限的生产资源在生产者之间进行分配,使生产者所获得的产出大小程度。

第三,同时考虑生产者和消费者两个方面,即生产者利用有限的生产资源所得到的产出的大小程度和消费者使用这些产出所获得的效用满足程度。

现代产业组织理论认为,资源配置效率是反映市场绩效优劣的重要指标,这个指标在实际运用中常常使用收益率标准。一般的价格理论认为,竞争的市场机制能保证稀缺资源的最优配置。因为在完全竞争条件下,价格由自由竞争的市场决定,资源在产业间和企业间的自由流动,使得产业间的利润率趋于平均化,所有的产业和企业都能获得正常利润,不存在垄断利润。所以,可以用产业和企业的收益率作为衡量资源配置效率的指标。

一般情况下,市场竞争越充分,资源配置的效率就越高;与此相反,市场垄断程度越高,资源配置效率越低。福利经济学第一定理表明:完全竞争市场经济的一般均衡是最优的。一般均衡表明整个经济处于效率状态,因此,所有的消费活动都是有效率的,所有的生产活动也都是有效率的，而且消费和生产活动是协调一致的，即对于任何两种资源，所有消费者的边际消费率全部相等，所有生产者的边际技术替代率都相等，且边际消费率与边际技术替代率也相等。虽然这个定理本身也有些不严密性，受到了某些学者的质疑，但对于完全竞争的市场结构能够实现资源配置的最优状态这一点，绝大部分经济学家是深信不疑的。

与理想的完全竞争相比，垄断市场的供应量比完全竞争市场低，而垄断价格通常比竞争价格高。经济学分析表明，与完全竞争的市场相比，垄断企业通过较高的价格和较低的产量提供商品，攫取了一部分消费者剩余，使消费者剩余减少；与此同时，还导致了一部分消费者剩余的永久性损失，即所谓的社会福利的净损失，或称效率损失。当然，垄断所导致的社会福利的损失不仅仅表现在上述这一方面，垄断企业为了谋取和巩固其垄断地位还经常采取一些特殊的手段并为此支付巨额的费用，诸如广告和特殊产品差异化、设置人为的进入壁垒等。经济学家认为，只要是为竞争市场所不必要的手段及其开支，都可以看作是一种社会资源的浪费。

（二）产业的规模结构效率

产业的规模结构效率，又称产业组织的技术效率，反映产业经济规模和规模效益的实现程度。产业的规模结构效率既与产业内单个企业的规模经济水平密切相关，还反映出产业内企业之间分工协作水平的程度和效率。衡量某个特定产业的规模结构效率可以从以下三个方面来进行：（1）用达到或接近经济规模的企业产量占整个产业产量的比例来反映产业内经济规模的实现程度；（2）用实现垂直一体化的企业的产量占整个流程各阶段产量的比例来反映经济规模的纵向实现程度；（3）通过考察产业内是否存在企业生产能力的剩余来反映产业内规模能力的利用程度。这有两种情况：一是某些产业特别是集中度低的产业，企业未达到经济规模，但又存在开工不足、利润率低的情况；二是多数企业达到经济规模，但开工不足，能力过剩。

产业内企业规模经济性的状态可以分为以下三种类型。

一是低效率状态。低效率状态即产业市场上未达到获得规模经济效益所必需的经济规模的企业是市场的主要供应者。这种状态表明该产业未能充分利用规模经济效益存在着低效率的小规模生产。

二是过度集中状态。过度集中状态即市场的主要供应者是大大超过经济规模的大企业。由于过度集中，无法使产业的长期平均成本降低，在这种情况下，大企业的市场力量得到了过度的增强，反而不利于提高产业资源配置效率，例如我国在改革前的电信、石油、电力等一些国家垄断产业。

三是理想状态。理想状态即市场的主要供应者是达到和接近经济规模的企业。这表明该产业已经充分利用了规模经济效益，产业的长期平均成本达到最低，产业的资源配置和利用效率达到了最优状态。

在市场经济发达国家，例如美国、欧洲和日本，多数产业已经实现了产业规模经济水平的理想状态，贝恩（1951）对美国产业的研究结果是70%～90%。即主要生产企业都是达到经济规模的企业，尤其是那些规模经济性显著的产业，例如钢铁、石油化工、汽车和家电等。而在另外一部分产业中，存在着超经济规模的过度集中。贝恩发现，许多过度集中的产业中大企业的生产成本比规模较小的企业高。可见，过度集中实际上是降低了产业的规模结构效率。

影响产业的规模结构效率的主要因素有两方面：一是产业内的企业规模结构，是指产业内不同规模企业的构成和数量比例关系，它同时反映了大企业和中小企业所占的比例。根据不同产业的特点，形成大型、中型、小型企业按照一定比例组合的规模结构，有利于整个产业实现生产的协同效应。在这样的规模结构中，大企业负责开拓市场、设计新产品、使用大型自动化生产线完成产品总装的工作，中小企业则通过专业化为大企业提供零部件等配套产品，通过这样的协作可以从整体上发挥产业的规模经济水平。二是市场结构，是影响产业规模结构效率的直接因素。大量实证研究表明，市场的过度集中和分散都会降低产业的规模经济水平。

（三）产业技术进步程度

产业技术进步是指产业内的发明、创新和技术转移（扩散）的过程。技术进步渗透于产业的市场行为和市场结构的方方面面，并且最终通过经济增长表现出来。产业技术进步反映了一种动态的经济效率，它是衡量经济绩效的一个重要指标。

不同规模的企业在技术进步过程中的作用和地位，是产业组织和技术进步关系的重要研究内容。对于这个问题，不同的经济学家有不同的看法。熊彼特等认为，大企业对技术进步的作用最大。谢勒（1980）等认为，小企业在推动技术进步方面的作用更大。

在一定的规模临界点以内，研究开发投入随企业规模扩大而增长，研究开发成果也随之增加，这种规模临界点因产业而不同。大量研究表明，在研究开发能力方面，大企业确实比小企业强。经济学家所做的部分研究数据表明，大企业在发明和创新的投入中占的比重大于其规模的比重，可见在研究开发的实际投入方面大企业的确占据了主导地位。这不仅证明了大企业投入的能力，而且也不可否认地表明了大企业技术投入的意愿。就实际贡献来说，实证研究表明，大、中、小型企业在发展和创新方面的作用与产业类别、技术进步阶段的特点、专业化分工程度以及政府政策这些因素有着密切的关系。大型企业和中、小型企业的作用经常是互相补充和联系的，正是小企业的技术发明和创新对处于垄断地位的大企业构成了一定程度的挑战和竞争压力，从而加速了大企业技术进步的进程。因此，技术进步并不限于某个特定规模的企业，所有规模的企业在技术进步上都可以有所作为。

（四）X—非效率

哈佛大学雷本斯坦（Leibenstein）教授于1966年首次提出的X—非效率（X-inefficiency）理论，也称内部低效率理论，它是反映市场绩效优劣的一个指标。该理论认为，垄断性大企业由于外部市场竞争压力小，组织内部层次多、机构庞大，加上所有权和控制权的分离，它们往往并不追求成本最小化，这种现象统称为"X—非效率"，它与"X—效率"相对应。

X—非效率理论涉及市场环境（ME）、企业组织（EO）和经济效率（EE）三个变量之间的关系，其中经济效率是市场环境和企业组织的函数，即：

$$EE = f(ME, EO) \tag{7-1}$$

在变量 ME 为给定（即没有市场竞争压力）的条件下，变量 EE（即 X—非效率的程度）就取决于变量 EO（即垄断厂商）适应环境的情况。X—非效率理论的整个分析框架是建立在"庇护下的厂商追求利润极小化"这个前提假设之上的，并一反传统理论中的"经济人"假设，将人性的弱点假定为"惰性"以及由此形成的"习惯"，即：

$$\text{企业行为} = f(\text{惰性}，\text{环境}) \tag{7-2}$$

因此，在没有压力的市场环境中，最高决策者（经理）的行为模式是"极小型"的，他不可能把压力从最高层逐级向下传导下去。于是，垄断企业全体员工的这种利润极小化行为模式就"集体"地构成了企业组织的行为模式。在没有压力的市场环境下，经济效率的值就不可能是 X—效率，而只能是 X—非效率。

二、市场绩效的衡量指标

目前，被普遍用来衡量市场绩效的指标有四个，即收益率、价格—成本加成（勒纳指数）、托宾 q 和贝恩指数。

（一）收益率

收益率是一种衡量每 1 元投资盈利多少的方法。在产业组织理论中的收益或利润是指经济利润，而不是会计利润。经济利润等于收入减去机会成本；而会计利润则是根据标准的会计原则所计算的利润。

经济利润的计算公式为：

$$\pi = R - LC - RC - KC \tag{7-3}$$

式 (7-3) 中，R 为收入，LC 为劳动力成本，RC 为原料成本，KC 为资本成本，资本成本是资本的租金率乘以资本价值。资本价值是 $P_K \times K$，其中 P_K 是资本价格，而 K 是资本量。如果租金率为收益率 r 加上折旧率 δ，即为 $(r+\delta)$，那么，经济利润的计算公式变为：

$$\pi = R - LC - RC - (r+\delta)P_k \times K \tag{7-4}$$

赚得的收益率是使经济利润为零的那个 r。令 $\pi = 0$ 并解式中的 r，得：

$$r = \frac{R - LC - RC - \delta P_k \times K}{P_k \times K} \tag{7-5}$$

因此，赚得的收益率是净收入除以资本价值，这里净收入等于收入减去劳动力成本、原材料成本、折旧。

微观经济学理论认为，在完全竞争的市场结构中，资源配置实现最优，该市场上所有企业都只能获得正常利润，且不同产业的利润水平趋于一致。也就是说，产业间是否形成了平均利润率是衡量社会资源配置效率是否达到最优的一个最基本的定量指标。这是利用收益率指标来描述市场绩效的理论依据。

用收益率指标来衡量市场绩效的方法是：如果收益率越高，则意味着该产业获取了越多的超额利润，市场就越偏离完全竞争状态，资源配置效率就越低；如果收益接近正常利润，市场也就越接近完全竞争状态，资源配置效率就越高。

以收益率指标来衡量市场绩效，实际上是把超额利润的产生完全归因于市场势力，而市场势力的形成必然会导致偏离完全竞争状态。但是，引起超额利润的因素绝不仅仅是市场势力的形成，至少还包括：（1）作为风险投资报酬的风险利润；（2）有不可预期的需求和费用变化形成的预料外的利润；（3）因成功地开发和引入新技术而实现的创新利润。显然，把超额利润完全归因于市场势力是十分片面的，由此以收益率指标来衡量市场绩效就具有一定的局限性。

此外，收益率的正确计算会遇到诸多困难，主要有：（1）由于会计定义的使用代替了经济定义的使用，资本经常没有被恰当地估价；（2）折旧通常没有被适当地衡量；（3）由于广告及研究和开发的影响是跨时期的，对它们的估价较难准确反映；（4）通货膨胀的影响；（5）计算的收益率可能不恰当地包括了垄断利润；（6）可能计算了税前收益率而不是正确的税后收益率；（7）收益率可能没有经过恰当的风险调整；（8）有一些收益率没有恰当地考虑负债。

（二）价格—成本加成

为了避免有关收益率计算的问题，许多经济学家使用一种不同的方法来衡量市场绩效，这就是价格—成本加成，即勒纳指数。勒纳指数的计算方式如下：

$$L = \frac{P - MC}{P} \tag{7-6}$$

式（7-6）中，L 为勒纳指数；P 为价格；MC 为边际成本。

而边际收益可表示为：

$$MR = P\left(1 + \frac{1}{\varepsilon}\right) \tag{7-7}$$

式（7-7）中，MR 为边际收益；P 为价格；ε 为需求的价格弹性。

企业利润最大化时的条件为边际收益等于边际成本，即 $MR = MC$，则勒纳指数 L 可以表示为：

$$L = \frac{P - MC}{P} = 1 - \left(1 + \frac{1}{\varepsilon}\right) = -\frac{1}{\varepsilon} \tag{7-8}$$

微观经济学理论认为，在完全竞争市场中，长期均衡的条件是价格等于边际成本，这时帕累托条件得以满足，资源配置效率最高，社会福利达到最大。也就是说，价格是否等于边际成本也是衡量社会资源配置效率是否达到最优的一个基本的定量指标之一。这是利用勒纳指数来衡量市场绩效的理论依据。

勒纳指数的数值在 0~1 之间变动。数值越大，反映价格对边际成本的偏离越大，意味着市场势力越大，市场竞争程度越低，资源配置效率就越低；反之，数值越小，反映价格对边际成本的偏离越小，意味着市场势力越小，市场竞争程度越高，资源配置效率就越高。

必须指出的是，勒纳指数本身反映的是当市场存在支配能力时价格与边际成本的偏离程度，但是却无法反映企业为了谋取垄断地位而采取的限制性定价和掠夺性定价行为（在这两种情况下，勒纳指数为0，但是却不表明该市场是竞争性的）。另外，在实际计算过程中，由于边际成本的数据常很难获取，常常会使用平均成本来代替边际成本，即用价格—平均成本加权来作为近似方法，但这会导致两者间的较大偏差。

（三）托宾 q

托宾 q 是指一家企业资产的市场价值（通过已经公开发行并售出的股票和债券来衡量）与这家企业资产的重置成本的比率，是衡量市场绩效的一个指标。其计算公式为：

$$q = \frac{R_1 + R_2}{Q} \tag{7-9}$$

式（7-9）中，q 表示托宾 q；R_1 表示企业的股票市值；R_2 表示企业的债券市值；Q 表示企业资产重置成本。托宾 q 值根据企业资产价值的变化来衡量市场绩效的高低。

托宾 q 的初始用意是使用该指标进行投资决策，分子部分可视为投资所带来的现金流入现值，分母部分可视为投资所需要的现金流出现值，q 值反映的是在同一时点上每单位投资（现金流出现值）所带来的收益（现金流入现值），表达的是利润率或收益率的含义。后来经济学家发现，托宾 q 能够适当地用于市场绩效的估量。

当 $q>1$ 时，说明企业以股票和债券计量的市场价值大于以当前市场价格评估的资产重置成本，意味着企业在市场中能获得垄断利润。q 值越大，企业能获得的垄断利润越大，社会福利损失越大，市场经济绩效越低。

在一个完全竞争市场上，该市场中所有企业的 q 值为1。在该情况下，企业的市场价值等于该企业所拥有资产的价值。当 $q>1$，并且市场可以自由进入时，新的企业将有动机进入这个产业，购买与现有企业一样的股本并预期其投资的市场价值会提高。同时，原有的企业会有扩张的动机，因为有更高的投资回报率。如果进入壁垒较低，新进入者（或者扩张者）将会使 q 值降低，这一调整将会随着 q 值趋于1而结束。而如果这一比率持续高于1，则表明存在阻止进入该市场的垄断势力。另外，对一个价格接受企业来说，它赚取经济租金，q 值也可能高于1，因为它拥有独一无二、可有效生产的资产。根据德姆塞茨的效率理论，一家企业可以因为它比竞争者更有效率，而不是因为它拥有更多的市场势力而获得超额利润。当托宾的 q 值作为一个企业的获利能力指标时，它并没有揭示产生该获利能力的原因。

很多经济学家对 q 值的宏观变化进行了实证评估。林德伯格和罗斯（1981）把他们的分析建立在一组涵盖17年257家企业的样本上。他们发现样本中大部分企业的 q 值大于1。对于那些拥有巨大垄断利润租金或者通过使用可作为进入壁垒的特殊资源（例如专利）而拥有租金的企业来说，q 值特别大。对于另一类企业来说，它们的 q 值较低（但是仍然高于1），这些企业通常使用了产品差异化（谷类和化妆品），并且享有很强的专利保护（摄影器材、药品）。处于下坡路的产业（例如钢铁和初级金属制造业）以及受管制的产业，往往具有较低的 q 值。

林德伯格和罗斯得出的结论还表明，随着研究时间的推进，q 值呈现下降趋势。q 的平均值为1.5，即企业的平均价值约高出其重置成本的50%。

(四) 贝恩指数

贝恩曾提出通过考察利润来确立垄断势力的大小。贝恩指出,在一个市场中,若持续存在超额利润,一般就反映了垄断的因素。超额利润越高,市场垄断性越强。因此,贝恩通过对企业超额利润的衡量来判断市场垄断或竞争的强度。他把利润分为会计利润和经济利润两种,贝恩指数(Bain index)的计算公式为:

$$BI = \pi_e / V \qquad (7-10)$$

式(7-10)中,$\pi_e = (R - C - D) - iV$,π_e 为经济利润,贝恩将(R-C-D)定义为会计利润,i 为正常投资收益率,V 为投资总额。经济利润就是总收入 R 减去当期成本 C、折旧额 D 和正常投资收益报酬 iV。即:

会计利润 = 总收益 − 当期总成本 − 折旧
经济利润 = 会计利润 − 正常投资收益率 × 投资总额
贝恩指数 = 经济利润 / 投资总额

贝恩指数代表的是行业的超额利润率。它的理论依据是:市场中假如持续存在超额利润(或者说经济利润),那么一般情况下就表明该市场上存在垄断势力,且超额利润越高,垄断力量越强。

贝恩指数的优点是基础数据相对容易得到,但是贝恩指数在某些情况下无法反映市场结构的真实情况。因为,企业或行业所获得的高利润并不一定是通过垄断力量实现的,在某些情况下,超额利润是由技术水平高或经营水平高引起的,并不是垄断的结果;而确实存在垄断力量的市场中这些指标也不一定就表现得更高,即在一些情况下,没有超额利润并不等于没有垄断势力,例如,垄断企业往往会出于驱逐竞争对手和阻止新竞争者进入的目的而制定低价格,使行业市场显得无利可图。因此,贝恩指数具有一定的不确定性。

第二节 市场结构与市场绩效

市场结构与市场绩效之间的关系,一直是产业经济学研究的重要领域。本节将首先简单回顾市场结构的指标和测定,然后介绍哈佛学派和芝加哥学派的观点,并分析 SCP 关系争论的原因。

一、传统 SCP 范式

产业组织理论哈佛学派构建了现代产业组织的描述性研究范式,即市场结构(market structure)、市场行为(market conduct)、市场绩效分析框架(market performance),简称 SCP 范式。SCP 范式假定,可以对市场绩效进行客观的度量,并认为市场绩效取决于市场行为,而市场行为又取决于市场结构。由于存在这种单向的决定关系,可以用市场结构来解释市场绩效(见图 7-1)。

产业经济学

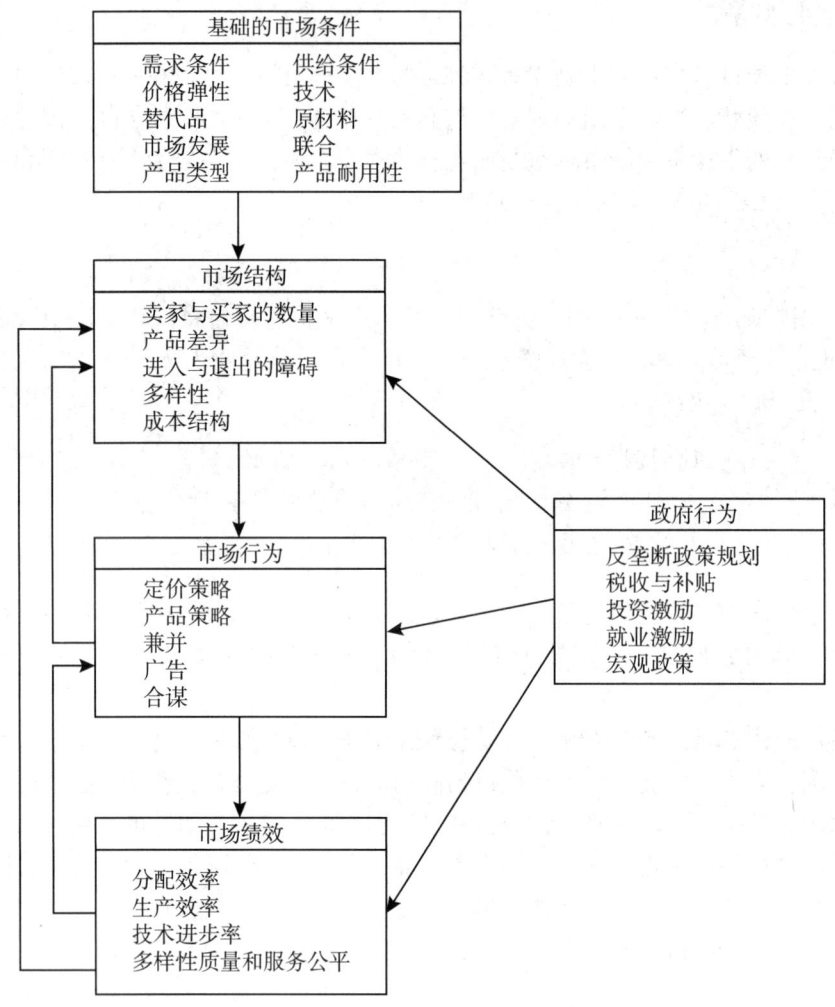

图 7-1　结构-行为-绩效理论范式

根据 SCP 范式,企业产品的价格 P 与其边际成本 MC 的关系以及经济利润的大小取决于市场结构。因此,在垄断产业中,企业具有市场力量,可以将价格提高到边际成本以上,从而获得经济利润,资源配置效率较低,市场绩效也就比较差。企业之间的竞争程度越高,企业的市场势力就越小,价格越接近边际成本,难以获得经济利润,资源配置效率就比较高,市场绩效好。

价格 P 与边际成本 MC 的关系,以及经济利润的存在和持续取决于市场结构,如表 7-1 所示。

表 7-1　　　　　　　　以市场结构为基础的预期

	$P-MC$	π_S	π_L
竞争	0	+ 或 -	0
垄断竞争	+	+ 或 -	0

续表

	$P - MC$	π_S	π_L
垄断	+	+或−	+或0
寡占	+	+或−	+或0

注：P 为价格；MC 为边际成本（短期）；π_S 为短期利润；π_L 为长期利润。

在一个由相同厂商组成的能自由进入的竞争产业中，价格等于短期边际成本，短期利润或正或负，长期利润为零。即使厂商是价格的接受者（竞争性），只要每家厂商能平等地获得相同的技术及投入，它们的利润长期看来等于零。如果一些厂商成本低于其他厂商，它们的利润不会被进入者完全侵蚀。自由进入会保证进入的获利最少的厂商（边际厂商）的长期利润为零。

在垄断或寡占中，价格超出边际成本，短期利润或正或负而长期利润或零或正。在垄断竞争中，价格高于边际成本而进入推动长期利润为零。

基于表7-1概括的关系可以得出两个重要结论：（1）检验长期利润是否为零是一个自由进入而非（完全）竞争的检验。自由进入保证长期利润为零，而不是价格等于边际成本。在垄断竞争产业中的厂商可能获得零利润，尽管价格高于边际成本。为了确定价格是否超出边际成本，必须检查价格数据而非利润数据。（2）短期利润对产业中竞争程度揭示很少。因为在所有的市场结构中，短期利润可以为正也可以为负。

从连续的角度来看，价格偏离边际成本的程度和利润的大小会随着竞争对手的数量以及进入壁垒的大小而发生相应的变化。例如，三家企业的寡占与五家企业的寡占在定价上会有所不同，各企业获得的利润也可能存在差异。

将市场结构与市场绩效联系起来，从实证的角度研究两者之间的相互关系是哈佛学派的主要研究领域。在这方面做出开创性工作的是贝恩（S. Bain），他对产业的利润率和市场结构之间的关系进行了大量的开拓性研究，为后续研究奠定了坚实的基础。贝恩调查了42个产业并将它们分为两组：市场集中度CR8≥70%的产业和市场集中度CR8＜70%的产业。与较不集中产业7.5%的收益率相比，较集中产业的收益率为11.8%。在此基础上，贝恩根据对进入壁垒程度的估计将产业作了分类，并提出假说："在高集中率和高进入壁垒产业中，利润应比较高"。

曼恩使用1950~1960年的数据得出与贝恩相似的结论。他还发现，具有极高进入壁垒的产业享受比具有较高进入壁垒的产业更高的利润；而具有较高进入壁垒的产业又赚得比具有中低进入壁垒产业更高的利润。他证实了贝恩的预期和发现：具有极高进入壁垒的集中产业的平均利润率高于不具有极高进入壁垒的集中产业。

对于价格—成本加成与集中度关系的统计学检验发现，价格—成本加成与集中度间的关系是不稳定的，而且即使存在关系也很微弱，因此，还需要更科学的经济计量学研究作出更有说服力的解释。

关于托宾q与市场结构之间的关系，目前的研究还不太成熟。一般认为，如果托宾q值大于1，企业赚取比资产成本能保证的收益率更高的收益率，这样的收益若没有长期壁垒则不能持续。实证分析发现，企业的托宾q值在一段时间内是稳定的，而且q值高的企业倾向于拥有独特的产品和生产要素，q值低的企业通常存在于竞争性的或受到严格管制的产业中。

二、关于 SCP 关系的争论及其原因

（一）关于 SCP 关系的争论

在传统的哈佛学派的 SCP 范式中，市场结构是基本决定因素，不同的市场结构对市场绩效产生不同的影响。但自 20 世纪 60 年代以来，SCP 范式成为理论界和经济界讨论与批评的热点，这些批评主要来自芝加哥大学的经济学家们，正是在这一批判的过程中，芝加哥学派崛起并逐渐取得了主流地位，其代表人物施蒂格勒还因其对产业组织理论的开创性研究而被授予 1982 年诺贝尔经济学奖。

哈佛学派的"集中度 – 利润率"假说是芝加哥学派批判的焦点。他们认为，在高集中度的市场结构中存在的高额利润是源于大企业的高效率，而并非像哈佛学派所说的那样是来自垄断势力；高集中度产业中的高利润率与其说是资源配置非效率的指标，倒不如说是生产效率的结果。德姆塞茨（Harold Demsetz）指出，集中度与利润率的正相关很可能并不反映高集中度产业内主要企业相互勾结提高价格的行为，倒是更能反映高集中度产业内主要大企业的更高效率和更低的成本。因为如果市场集中和大企业利润率的正相关关系是由于协调定价和价格上升的结果，那么按照这种逻辑，产业寡头垄断定价行为能获得利益，它们的利润率提升也应该带动该产业内的小企业或该产业中不同规模企业的利润率。德姆塞茨通过比较不同集中水平、规模的企业，发现最小资产规模的企业利润率并没有随不同产业集中程度的上升而提高，这表明，高度集中导致企业垄断、勾结定价，从而获得垄断利润的假定并不符合实际情况。布罗曾的研究也表明，贝恩 1951 年最初研究的 42 个产业中，高度集中的产业群（CR8＞70%）和较不集中的产业群（CR8≤70%）间存在 4.3% 的利润率差异，到 20 世纪 50 年代中期，这一差异已降至 1.1%。因此在芝加哥学派看来，如果高度集中的市场上长期出现高利润率，这只能说明是该市场大企业高效率经营的结果。因为不是建立在高效率经营基础上的高利润水平，都会招致其他企业的大量进入而使利润率很快降至平均水平。例如，在高集中度的市场中，如果企业之间采取秘密卡特尔等共谋或协调行为的话，也许就可以获得高利润率。但是，即便这种由于高集中度形成的市场势力导致垄断弊端的产生，也只能是短期的现象或者说是一时的不均衡。只要没有政府进入管制，这种高集中度产生的高利润率会因为新企业的大量进入或卡特尔协定的破裂而难以长期为继。因此，按布罗曾的话说，在高集中度的市场上企业获得高利润率是市场处于非均衡状态时的暂时现象，它会随市场趋向均衡而消失。既然高集中部门获得高利润不是长期的稳定现象，也就不存在高额垄断利润和作为其基础的垄断势力。

除芝加哥学派以外，新奥地利学派也认为，当今的市场基本是竞争性的，高额利润是企业创新和规模经济的报酬。该学派与芝加哥学派相似，且更偏激，反对政府严厉的反托拉斯政策。该学派还强调企业家创新精神的重要性，认为高利润是企业家创业的回报。从企业家精神出发，只要市场是自由进出的，市场能形成充分的竞争压力，那唯一的进入壁垒就是政府的进入管制和行政垄断，因此可以对大企业保持宽容态度。新奥地利学派及其政策主张在产业组织学界产生了一定的影响，同时也遭到一些批评。

20 世纪 70 年代以来，由于可竞争市场理论、交易费用理论和博弈论等新理论、新方法

的引入，产业组织理论研究的理论基础、分析手段和研究重点等发生了实质性的突破，大大推动了产业组织理论的发展。新产业组织理论沿着 SCP 范式的方向发展成为"新产业组织学"，不再强调市场结构，而是突出市场行为，将市场的初始条件及企业行为看作是一种外生力量，而市场结构则被看作内生变量，逐渐形成了从重视市场结构的研究转向重视市场行为的研究，即由"结构主义"转向"行为主义"，突破了传统产业组织理论单向、静态的研究框架，建立了双向的、动态的研究框架。因为从长期来看，市场结构是在变化的，而市场结构的变化往往是市场行为变化的结果，有时企业绩效的变化也会直接使市场结构发生变化。例如，企业的技术进步影响产业的成本结构、产品差别和进入条件等方面，导致市场结构的变化；企业兼并行为会提高市场的集中度；企业的价格策略会影响新企业的进入，等等。因此，市场结构、市场行为和市场绩效之间是相互影响、相互作用的关系。在长期中，市场结构、市场行为和市场绩效之间不是单向的因果关系，而是双向的因果关系。但一般来说，结构对行为、行为对绩效的影响是主要的；而绩效对行为和结构的影响是相对次要的。

（二）SCP 关系争论的原因

对 SCP 关系的许多问题存在争议的原因是不同产业在企业最优规模、企业数量、技术变化率以及制度等方面存在差别。国家之间也由于产业和市场规模、制度以及政策和规则的不同而存在显著差别。此外，在具体研究过程中，还有一些原因会导致结论的差异。

1. 研究假定和变量的差异。不同的学者在研究中所使用数据的不完全性以及错设变量，这是产生不一致结果的重要原因。例如，集中度的误用会导致错误和矛盾，相关市场界定的差异也会影响研究结果。

变量误设的部分原因在于它们是用不同的方式界定的。例如，大部分产业研究使用比市场范围宽得多的三位数产业组别。即使在四位数分类中，数据并不是与所有的经济现实都一致，在研究中只能够选取部分产业。尽管如马丁（1994）所指出的："使用企业层面的数据的好处在于：可以考察市场份额变化而不是市场集中度对市场绩效的影响。市场份额是市场势力程度的主要结构性决定因素之一"，但是只有小部分研究使用企业层面的数据。

在研究中，变量选取差异同样会导致结果不同。例如，只有少数研究使用了国际贸易的数据，在经济联系日益密切的条件下，这一数据非常重要。国际上的竞争降低了企业在国内市场上的优势，同时，买方集中、垂直一体化、多样化以及公共政策等因素被大量忽略了。如果考虑了这些因素，则最终实证结果会发生很大变化。这些因素可以产生影响，并且它们的影响随着产业的变化而变化；不把它们包含在模型中会导致类似的研究产生不同的结果。

2. 产业特性差异导致研究结论不同。贝恩曾经指出，集中度对生产资料获利能力的影响比其对消费资料产业获利能力的影响小。在某种程度上，这可能和生产资料产业进入壁垒较低有关。产品差异化作为进入壁垒产生的主要原因，相对于个体而言，对于产业购买者的重要性比较小。

很多学者提出，集中度与绩效之间联系的强度取决于所研究的产业的性质。通过对一个涵盖 1963 年 417 个四位数标准产业分类制造业样本的研究，柯林斯和普雷斯顿（Collins and Preston，1969）得到了下述结论：集中度对价格与平均成本差的最重要影响出现在消费资料产业的大企业里面。对于该产业的小企业，市场集中度并没有转化成较大的价格与平均成本差。只有当小企业处于竞争劣势时，市场集中度才提高价格与平均成本差的事实表明：产差异化本身是竞争优势（劣势）的一个重要来源。

多莫维兹等（Domowitz et al., 1986）在其研究中重述了产业本质所导致的差异。他们发现1974~1981年，在生产资料产业，获利能力与卖方集中度之间并不存在显著的联系。他们通过使用产出产品来区分生产资料和消费资料：如果一个产业超过50%的产出被直接使用而不是用作下一步的生产，那么这种产业就属于消费资料产业。

考林（Cowling）认为，在卖方势力提高的情况下，生产资料和消费资料之间的区别可能就不那么重要了。价格与平均成本差确实一般在批发环节而不是零售环节下测量。需要有消费/生产资料区分方式以外的其他划分方式。考林和沃特森（1976）的研究重新提及了这种需要。他们在研究中把样本划分为耐用品和非耐用品产业。他们还突出强调了早期研究（特别是柯林斯和普雷斯顿的研究）的主要缺陷，即那些研究没有在区分产业的基础上测量需求的价格弹性。他们的研究结果与其他许多方面的研究结果相反。他们发现在耐用品产业中价格与平均成本差和集中度之间存在显著的联系；而在非耐用品产业中，他们的等式对于价格与平均成本差没有解释力。他们得出的结论是："研究结果与观察结果相一致：相对于非耐用品而言，耐用品通过质量变化而导致的价格弹性较大"。

3. 忽略宏观环境对结构—绩效关系的影响。研究发现，集中度和绩效之间存在不同的关系，这是必然现象，因为这些研究是在商业周期的不同时间点进行的。韦斯（Weiss）认为，在早期的产业跨部门研究中所强调的利润—集中度关系的强度，似乎随着时间的变化而改变。因此需要把商业周期归入关系的研究中。多莫维兹等（1986）也曾指出：通过运用一个涵盖284个产业的样本，他们发现在1958~1981年，产业平均价格与平均成本差和卖方集中度的关系大幅削弱了。同时，相对于以衰退年代（20世纪70年代中期）为基础的横截面研究结果，在基于相对繁荣年代的横截面研究结果中，获利能力和集中度的联系更强一些。

20世纪70年代，低迷的需求连同上升的成本挤压了集中性产业的利润率。这与以下的观点一致：相对于小企业，大企业有更高的资本—销售比率，在经济衰退期，更易承受来自固定成本的冲击。在经济衰退期，低迷的需求可能引起更为激烈的竞争。但是，即使是将经济周期考虑在内，仍不能够平息争论。我们看到的一种观点是，在经济衰退时期，竞争加剧了。这种观点遭到其他学者的质疑［例如（罗腾伯格和沙劳纳，1986）］，他们认为寡头垄断者在经济繁荣时期倾向于采取更具竞争性的行为。

综上所述，现代普遍观点认为，产业结构是决定产业绩效的一个因素，但不一定是最重要的因素。除此之外，潜在进入壁垒、买方集中、经济增长、对外贸易等都会对产业绩效产生影响。这些因素也以不同的方式与集中度及市场结构有相关性，从而使得对结构—绩效之间关系的估计相当复杂。

第三节 市场行为与市场绩效

市场行为是指企业为在市场上赢得更大利润和更高市场占有率所采取的一系列策略性的活动，包括价格行为和产品差异化、广告、研究与开发等非价格行为。本节分析垄断者的定价行为及其福利损失，比较垄断企业与竞争性企业的创新动力和创新能力，并简要阐述进入威胁与进入壁垒对垄断者市场行为与市场绩效的影响。

一、价格行为与市场绩效

在竞争性的市场结构中，企业无力左右市场价格，只是价格的被动接受者。因此，价格行为总是与有市场势力的企业联系在一起。

（一）垄断定价与福利损失

产业组织理论给出了垄断定价导致社会福利净损失的形式化证明。垄断者根据边际规则以求利润最大化，但垄断价格引致需求降低，使得消费者剩余与生产者剩余之和下降，社会福利出现净损失。垄断造成社会福利损失的原因，一是消费者支付了较高的价格，但却消费较少的产品数量，造成消费者剩余减少；二是垄断使企业的生产能力未得到充分利用，造成效率损失。

在图 7-2 中，边际成本曲线与边际收益曲线交于 F，垄断价格为 P_m，产量为 Q_m，消费者剩余与生产者剩余之和为 $AFED$ 的面积。如果垄断者制定竞争性价格 P_c，消费者剩余与生产者剩余之和为三角形 AGD 的面积。三角形 FGE 的面积就是垄断定价下的福利净损失，消费者剩余由竞争性价格下的三角形 P_cGD 的面积变成了垄断定价下的三角形 P_mED 的面积。由此可见，垄断的市场结构导致垄断定价行为，其市场绩效低于竞争性市场结构。

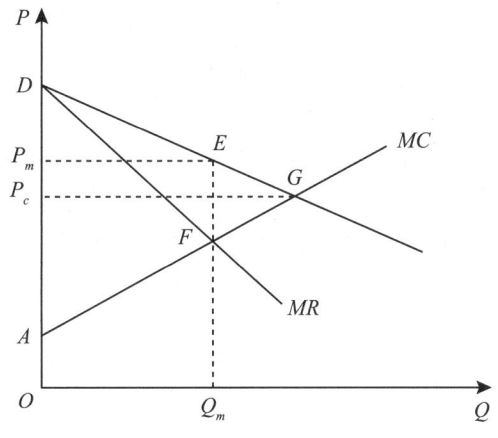

图 7-2　垄断定价与福利损失

（二）价格歧视侵占消费者剩余

在完全竞争市场中，厂商对产品完全没有价格决定权，所有的厂商都只能接受既定的市场价格。但是，大多数的市场并不是完全竞争的市场，因此，厂商在确定价格上会拥有一定的决策权。如果厂商向不同的消费者出售相同的产品时，收取不同的价格，这样的厂商就是实行了价格歧视。价格歧视是非统一定价的一种，一般对市场绩效有负面影响。

价格歧视可以使厂商获得更多的利润。但是，只有在特定的条件下，厂商才能成功地实行价格歧视并获得期望的效果。（1）厂商（或厂商的集团）必须拥有一定的市场势力，否则就不可能对消费者收取高于竞争性价格水平的价格。（2）厂商必须了解或者能够推断消费者的购买意愿，而各个消费者的购买意愿必须是不同的，或者消费者的购买意愿是随购买量而变化的（即个人的需求曲线向下倾斜）。(3) 厂商必须能够阻止或限制转卖行为，即以低价购买再以高价出售给另外的消费者。转卖的可能性对于任何类型的价格歧视都是关键性的因素。

价格歧视的基本类型包括一级价格歧视、二级价格歧视和三级价格歧视。一级价格歧视向每个顾客索要不同的价格，即向每个顾客索要其愿意为所购买的产品付出的最高价格。这是一种完全的价格歧视，在实际的交易中，企业不一定能够真正做到。一级价格歧视的特点是：垄断者能够将价格定在使消费者完全没有消费者剩余的水平上。例如游客去马尔代夫旅行，临走时看到了一件纪念品非常喜欢，想要买下来，走到老板的摊位前，老板上下打量一番就已经知道了游客大概的"剩余"是多少了，很快老板说："这件 300 元"，游客觉得有点贵，于是讲价到 280 元，愉快地离开了。过了一会儿另一位顾客也想要买这个纪念品，老板还是打量了一番，她拎着 LV 的包，戴着卡地亚的手镯，穿着香奈儿的裙子，于是对她说："这件 1 800 元"，顾客觉得不算贵马上付了钱开心地买走了。

二级价格歧视是根据消费量实行的价格歧视，通过对相同货物或服务的不同消费量或区段索取不同价格来实施。二级价格歧视如果导致产量增加，则可能比独家垄断对社会的影响更为有利一些。二级价格歧视的菜单式定价就是按销售量定价，是指消费者就某一商品或服务支付的总价格同购买的总数量不呈线性比例的一种定价方式，例如通常所说的数量折扣和数量补贴。与此相反，单位产品或服务的价格始终保持不变的定价方式则是传统的线性定价。自 20 世纪 70 年代以来，工业化国家普遍放松了对诸如电力、通信、自来水、煤气、铁路、民航等公用事业企业的规制，非线性定价也因此在这些行业的价格政策中得到了广泛的应用，其在理论层面的研究得到了主流经济学的重视，成为产业组织理论、企业理论以及规制理论等微观经济学最新领域的核心研究内容。

三级价格歧视将消费者分为有不同需求曲线的组别，对不同的组别收取不同的价格。三级价格歧视对效率的不利影响有两个方面：(1) 使价格高于边际成本，从而降低产量，即降低产出效率。(2) 对消费效率产生不利影响。因为不同的消费者对同样的产品支付不同的价格，每个消费者的边际支付意愿不同，由于不能通过进一步的交易而增加消费者福利，这就导致了消费效率的损失。垄断企业能够通过对消费者的一些外部特征信号，将他们分为一些相互分割的市场，从而对同一种产品在不同市场上收取不同的价格，或者对于不同消费者收取不同的价格。例如在民航客票定价中，航空公司将潜在的乘机者划分为两种类型（相当于将客票销售分割成两个市场）。一类是因公出差人员、私企公司高级职员等。他们对乘机时间要求较高，对票价不计较。因而对他们可收取相对高的票价，而在时间上给予优惠，允许他们提前一天订票。另一类是收入较低的旅行人员、淡季出游者等。这部分人群对时间要求不高，但在乎票价。对于他们，在票价上可相对较低，而在时间上要求对航空公司有利。这样，可以充分利用民航的闲置客运能力，增加公司收益。若不进行市场分割，实行单一的较高票价，就会把这部分潜在的消费者推出客运市场，公司的闲置客运能力便不能产生效益，这对公司是不利的。

二、技术创新与市场绩效

随着经济社会的进步，科学技术的重要性日益凸显。在市场经济的竞争中，企业的发展也越来越依赖于技术创新。因此，技术创新也表现为一种动态效率。

（一）市场集中度与技术创新

关于市场集中度与技术创新的关系，经济学家们存在着较大的分歧，分歧的焦点在于什么样的集中度水平更有利于实现企业技术创新。哈罗维茨、汉伯格等通过检验行业的市场集中度与创新活动之间的关系，揭示了行业研究开发支出占销售额的比率与行业集中率之间存在着正相关关系。1956年，菲利普斯发现，1889~1939年，美国28个产业中，高集中度行业的企业有更多的技术创新。卡特和威廉姆森在1957年对英国1907~1948年12个产业的统计调查，证实了菲利普斯的结论。持市场集中度与技术创新成正比观点的经济学家一般认为：集中度高，垄断程度强，企业更有条件实现技术创新带来的超额利润，从而具有更强的技术创新动力；研究开发活动的规模经济性；研究开发活动需要较大的资金支持，只有集中度高的行业中的企业才能具备这样的资金实力，同时才能承受创新失败的风险等。

但是也有学者提出的观点与此相反。他们认为，虽然有资料证明，生产和市场的集中与技术创新正相关，但是并不能够说明生产的集中程度越高技术创新活动就越多，也可能会影响技术创新的动力。另外，经济学家道西（Doci）认为，生产集中度本身并不是独立的可以说明部门之间创新差异的变量。也就是说，市场集中度并不是创新活动上升的解释变量；相反，可能是创新活动的成功导致市场份额的扩大，从而引起生产集中。据此，道西认为，市场结构与企业规模本身是由部门的技术性质和技术进步所决定的内生变量。威廉姆森在1965年对1919~1958年某产业四家最大的企业数据进行回归分析，认为市场集中度对四家最大企业的创新具有负面的影响。还有的学者认为，存在一个最佳的集中度区域，在达到这一区域之前，创新活动随着集中度的上升而增加；在此之后，创新活动随着集中度的上升而减少，呈现"倒U形"关系。由此可见，在集中度与技术创新的关系方面并没有形成一致的观点。

（二）进入壁垒和技术创新

进入壁垒也是影响企业技术创新的重要因素。格罗斯基在研究1976~1979年英国79个行业组成的样本时发现，在这个时期全要素生产率提高的过程中，进入因素大约起到30%的作用。对进入壁垒与技术创新关系的分析，一般是从进入壁垒与市场结构的竞争性关系角度进行的。一般认为，竞争性市场有利于促进企业技术创新，提高经营管理效率，降低生产成本，并最终提高市场运作绩效。竞争性市场形成的一个必要条件是市场进入壁垒较低，从而，低进入壁垒有利于促进技术创新。关于进入壁垒与企业技术创新的关系，应该注意以下几点：

进入壁垒对企业技术创新的影响具有两面性。一方面，降低进入壁垒，有利于强化企业技术创新动机；另一方面，一定的进入壁垒还可以成为促进企业进行技术创新的条件。因为技术创新是一种具有风险性的市场行为，需要付出一定的代价，创新者的目的是获得一定的市场回报，在补偿了创新成本后还能够得到额外的收益。如果不能够获得这种收益，创新者就缺乏应有的创新激励。对创新者创新权益的保护可以通过专利法获得。通过专利法，企业可以形成一定的市场进入壁垒，限制其他企业进入，以享有自己的技术创新收益。这种行业进入壁垒有利于促进企业的技术创新。

进入壁垒对技术创新的影响与新技术的模仿难度有关。在低进入壁垒的产业，规模经济水平、产品差异化和技术复杂系数都比较低，因而新技术容易被窃取和模仿。与此同时，在低进入壁垒的产业，存在大量规模较小的企业，它们实力较弱，在专利利益维护方面承担不起过大的交易成本，从而导致对专利维护方面的激励不足。另外，由于产业的进入壁垒过低，一旦价格大于平均成本存在超额利润，将引致大量的新企业进入，使市场供给增加，价格下降。在这种情况下，企业很难积累起足够的资金投入到日益昂贵的科研开发活动中去。

进入壁垒对企业创新的影响还与产品的生命周期有关。一般来说，进入在新产品生命周期的早期阶段会在激励创新方面发挥重要的作用。戈特和克莱波（Gort and Klepper）观察到：新产品的一般演化过程可以利用净进入（即进入数-退出数）来进行阶段划分。随着新产品的引进，市场中新企业的数目增加，而且常常以较快的速度增加，这时的净进入为正值。经过一段时间后，新企业的增加速度趋于平缓，随之而来的是效率低下的企业被淘汰，这时的净进入为负值，在净进入又一次为零的新的均衡建立之前，产业中企业的数量往往以40%~50%的速度下降。戈特和克莱波利用净进入值的变化来定义产业的生命周期，发现引入到市场中的主要创新的数量在扩散时期达到了高峰；而较不重要的创新在收缩阶段开始前达到高峰。他们还进一步发现，在产业的演化过程中，绝大多数的产品创新都是由外部企业引入的。这就说明了，在技术创新的初期阶段，进入是推动新的产品创新的工具。但是随着市场继续发展和趋于成熟，外部企业对全部创新活动的相对贡献趋于下降。

进入壁垒对技术创新的影响还和进入壁垒的类型有关。只要产业存在高额利润的诱惑，或市场正处于成长率较高的阶段，潜在进入者仍然有可能进入这一产业，并且往往以创新为手段进入市场。与此同时，由于潜在进入者的竞争压力，在位企业也必须通过技术创新维持成本优势，在可能的情况下还可以降低价格，以阻止新企业的进入。现实中，作为高集中度的知识密集型产业，例如计算机和芯片产业，尽管存在较高的技术进入壁垒，但是其产品价格却一直在下降。但是如果进入壁垒是由于制度因素，例如许可证制度、政府管制等造成的，潜在进入者将难以进入市场。在这种进入壁垒保护下的企业就可能缺乏技术创新的动力，有的甚至将新开发的技术和产品封存，延缓更新换代的周期，以使得前期投入尽可能获得更大的收益。

三、进入威胁与市场绩效

一般来说，垄断价格是边际成本的非递减函数，垄断者的边际定价导致社会福利的净损失。然而有些西方经济学家认为，通过需求曲线和边际成本曲线的估计方法测算出的垄断定价所导致的社会福利净损失微不足道，经济学家正将宝贵的时间和精力浪费在垄断定价问题上，造成了数据及方法论方面的很多矛盾。

垄断定价模型并没有考虑进入威胁，在典型的发达市场经济中，多数行业存在进入威胁。垄断者要保持垄断地位并不容易，他们也在"走钢丝"，必须利用各种限制进入的手段来封锁进入。但封锁进入是有代价的，垄断者要权衡利弊，是封锁进入还是容纳进入。

考虑进入威胁对垄断者定价行为的影响，如图7-3所示。设规模收益递增的单一产品垄断企业，在没有进入威胁的情况下，垄断定价为P_m，垄断产量为Q_m。由于存在进入威胁，垄断企业为了维持垄断地位，可能需要采用平均成本定价策略，即制定竞争性的价格P_c和产量Q_c，显然，$P_c < P_m$，$Q_c > Q_m$。

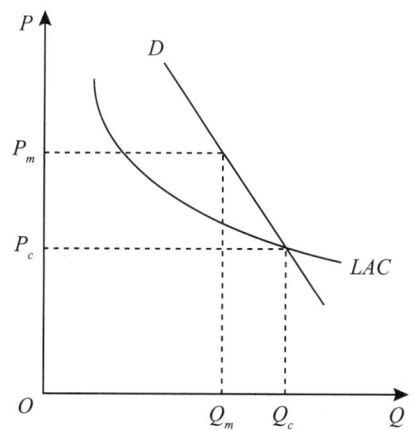

图 7-3 受进入威胁的垄断企业的定价策略

如果潜在进入者以低于 P_c 的价格进入会蒙受损失,垄断者的地位得以保持。如果垄断者制定高于 P_c 的价格,则潜在进入者可以通过削价与在位者竞争,垄断者的垄断地位就不可维持。从理论上说,进入威胁制约了在位垄断者的垄断定价策略,进而改善了市场绩效。

受进入威胁的垄断企业的质量决策与价格决策具有很大的相似性,即产品质量太低同样可以引致潜在进入者的进入。因为生产成本与产品质量存在正相关关系,当垄断者的产品质量与生产成本脱节时,潜在进入者就可以同等价格、较高质量与垄断者竞争,这在相当大的程度上保证了垄断者的质量供给不会太低。

与此同时,受进入威胁的垄断企业由于潜在进入者的压力,不得不努力创新。如果潜在进入者由于创新能将平均成本降到 P_c 以下,则进入就会成功,从而将垄断者逐出市场。

尽管垄断者总是力图维护自己的垄断地位,通过各种合法和不合法行为(此类不合法行为一般可观察但不可证实)设置进入壁垒或通过寻租行为以求政府的庇护,但只要存在进入威胁,垄断者就处在竞争中。当其利润过高、质量过低时,如果潜在的竞争者在排除各种障碍后仍能获得高于平均利润率的利润,他们就会进入。进入威胁迫使垄断者的市场行为接近竞争性企业的市场行为,垄断者必须谨慎定价,且有一定的质量保证。也就是说,在存在进入威胁的垄断市场中,其市场绩效不会太差。

本章小结

◆市场绩效是指在特定市场结构下,通过一定的市场行为使某一产业在价格、成本、产量、利润、产品质量、品种及技术进步等方面达到的最终经济成果。

◆市场绩效从产业的资源配置效率、产业的规模结构效率、产业技术进步程度等若干方面进行综合评价,衡量指标包括收益率、价格—成本加成(勒纳指数)、托宾 q 和贝恩指数。

◆产业组织理论哈佛学派构建了现代产业组织的描述性研究范式,即市场结构(market structure)、市场行为(market conduct)、市场绩效(market performance)分析框架,简称 SCP 范式。

◆市场行为是指企业为在市场上赢得更大利润和更高市场占有率所采取的一系列策略性的活动,包括价格行为和产品差异化、广告、研究与开发等非价格行为。

复习思考题

1. 名称解释。

市场绩效　托宾q　X—非效率

2. 简答题。

(1) 如何衡量一个产业的市场绩效?

(2) 市场结构与市场绩效有何关系?

(3) 如何评价传统的 SCP 范式?

(4) 技术创新与市场绩效有何关系?

3. 自评自测题。

(1) 产业的资源配置效率主要考虑资源配置的(　　)。

A. 消费品　　　　　B. 生产资源　　　　　C. 人力资源　　　　　D. 自然资源

(2) 下列说法正确的是(　　)。

A. 勒纳指数越大,意味着市场势力越大,市场竞争程度越低,资源配置效率就越低

B. 勒纳指数越大,意味着市场势力越小,市场竞争程度越高,资源配置效率就越高

C. 勒纳指数越小,意味着市场势力越大,市场竞争程度越低,资源配置效率就越低

D. 勒纳指数越小,意味着市场势力越小,市场竞争程度越高,资源配置效率就越高

(3) 下列说法正确的是(　　)。

A. 托宾q值越大,社会福利损失越小,市场经济绩效越高

B. 托宾q值越大,社会福利损失越大,市场经济绩效越低

C. 托宾q值越小,社会福利损失越小,市场经济绩效越高

D. 托宾q值越小,社会福利损失越大,市场经济绩效越低

(4) SCP 范式包括(　　)。

A. 市场结构　　　　B. 市场行为　　　　C. 市场绩效　　　　D. 市场福利

(5) 一级价格歧视是指(　　)。

A. 向每个顾客索要不同的价格　　　　　B. 向不同消费量的顾客索要不同的价格

C. 向不同需求的顾客索要不同的价格　　D. 向不同性别的顾客索要不同的价格

4. 延伸阅读材料。

[1] 张勖捷. 基于 SCP 范式的我国在线旅游行业发展现状分析 [J]. 西部旅游, 2023 (11): 15 – 17.

[2] 贾冰. 基于 SCP 范式的河南省食用菌产业分析 [J]. 农村经济与科技, 2023, 34 (09): 102 – 104.

[3] 赵新宇. 基于 SCP 范式的中国快递业分析 [J]. 全国流通经济, 2023 (08): 44 – 47.

[4] 梁悦泽, 乔鹏辉, 王慧. 基于 SCP 分析范式的中国农村电商平台市场结构研究 [J]. 湖北农业科学, 2023, 62 (05): 183 – 189.

[5] 朱影, 刘芹. 中国小程序行业发展的 SCP 范式和盈利模式分析 [J]. 技术与创新

管理,2023,44(02):204-210.

[6] 蔡俊,陈永康.基于SCP范式的中国西服产业市场分析[J].西部皮革,2023,45(03):36-38.

[7] 张晓帆,习亚哲,陈思.基于SCP范式我国物流产业市场分析及发展建议[J].商业经济,2023(03):72-74.

[8] 王璐瑶,张立华.中国快递业SCP范式分析[J].物流科技,2022,45(17):33-36.

[9] 王梦琪.SCP范式下中国移动游戏产业发展研究[D].济南:山东财经大学,2022.

[10] 樊霞,李芷珊.如何在研发国际化中实现企业创新绩效?——基于SCP范式的组态分析[J].研究与发展管理,2021,33(05):67-78.

[11] 王利莎.基于SCP范式的我国快递业发展研究[D].西安:长安大学,2019.

[12] 李诗颖,张志彬.新常态下中国快递行业发展分析——基于SCP范式[J].经济视角,2016(02):51-57.

第八章 博弈论与企业的策略性行为

■ 本章内容提要

本章首先介绍了博弈论的基础知识和策略性行为的概念，然后分别介绍了非合作策略性行为和合作策略性行为的主要类型。

第一节 博弈论基础

博弈论是研究决策者如何在相互依赖的决定中做出选择的决策以及这种决策的均衡问题。博弈论与传统经济学有关决策理论的区别在于：传统经济学涉及的个人决策，是在给定价格参数和收入的条件下，追求效用最大化的决策；个人效用只依赖于自己的选择；个人最优选择只是价格和收入的函数，而不包含其他人选择的函数。而博弈论则认为个体效用不仅依赖于自身的选择，而且依赖于其他个体的选择；个体的最优选择是其他人选择的函数。

数学家约翰·冯·诺伊曼（John von Neumann）和经济学家奥斯卡·摩根斯坦（Oskar Morgenstern）1944 年出版的《博弈论和经济行为》一书，奠定了现代博弈论的理论基础，也标志着经济博弈论的创立。20 世纪 70 年代以后，博弈论逐渐成为产业经济学的重要研究方法。

1994 年诺贝尔经济学奖授予了三位博弈论专家：纳什（John Nash）、泽尔腾（Reinhard Selten）、海萨尼（John Harsanyi），这是对博弈论在经济学发展中的贡献和作用的充分肯定，确立了博弈论在现代主流经济学中的地位。此后，博弈论作为分析和解决冲突和合作的工具，在管理科学、国际政治、生态学等领域得到广泛的应用。

一、博弈论的基本概念

博弈（game）是指一个人或组织，面对一定的环境条件，在一定的规则下，同时或先后，一次或多次，从各自的行为或策略中进行选择并加以实施，各自从中取得相应结果的过程。一个博弈通常由以下六个要素构成：

博弈论的基本要素主要包括参与人（player）、行动（action）、信息（information）、战略（strategy）、支付函数（payoff）、均衡（equilibrium）。

（1）参与人是指博弈中选择行动以最大化自己效用（收益）的决策主体。他的目的是通过选择行动（或战略）以最大化自己的支付（效用）水平。参与人可以是自然人，也可以是企业、国家。

（2）行动是参与人在博弈的某个时点的决策变量，参与人在博弈进程中轮到自己选择时所作的某个具体决策。例如，一家企业关于价格或产量调整的决策；一家电影公司关于电影上映时间的决策。

（3）信息是指参与人有关博弈的知识，尤其是有关其他参与人的特征和行动的知识。

（4）战略也叫策略，是参与人的行动规则。它规定参与人在什么时候选择什么行动，即战略是指参与人如何对其他参与人的行动作出反应。例如"人不犯我，我不犯人；人若犯我，我必犯人"是一种战略。这里，"犯"与"不犯"是两种不同的行动，战略规定了什么时候选择"犯"，什么时候选择"不犯"。

（5）支付函数是指在指定的战略组合下参与人从博弈中获得的效用水平，或者是参与人的期望效用水平，它是所有参与人策略或行动的函数。

（6）均衡是所有参与人的最优策略或行动的组合，博弈达到一种稳定状态，没有任何一个参与者愿意单独改变行动。

总之,一个博弈应规定谁在什么时候行动、行动时知道了什么、有什么可供选择以及各种选择下的所得。

二、博弈的分类

(一) 合作博弈与非合作博弈

根据博弈参与人的目标是否冲突,博弈被分为合作博弈(cooperative game)与非合作博弈(non-cooperative game)两种。在合作博弈中,博弈各方共同决策,谋求总体利益最大化,例如石油输出国组织形成的卡特尔,成员国共同协商决定石油产量。非合作博弈,是指参与者并不谋求共同利益最大化,而是各自寻求个体利益最大化。合作博弈和非合作博弈的区别在于:参与各方能否达成一个有约束力的协议。例如在寡头市场上,若各参与者达成协议,使整体利润最大化,并各自按协议生产就是合作博弈;一旦协议没有约束力,即没有哪一方能够强迫其他企业遵守协议,每个企业都只选择自己的最优产量或价格来生产,则为非合作博弈。合作博弈强调团体理性、效率;非合作博弈强调个体理性,个体最优决策。非合作博弈是现阶段产业组织理论的主要研究对象。

非合作博弈包括零和博弈与非零和博弈两种。零和博弈是指博弈参与者之间的所得之和为零,即"我所得乃你所失",其结果是财富的转移。而非零和博弈是指博弈参与者的所得之和不等于零,其结果不仅仅是财富转移,而且伴随着财富总量的变化。现实中的博弈大多数是非零和的非合作博弈。

非合作博弈理论在寡头市场中的应用是以两个基本假设为基础的。首先,企业是理性的,它们追求明确的目标,即利润最大化。其次,企业将它们的理性运用到策略性推理的过程中,在作决策时,每个企业会利用自己掌握的所有信息来建立关于其他企业如何行动的预期。

(二) 静态博弈与动态博弈

静态博弈是指在博弈中,参与人同时选择行动或虽非同时但后行动者并不知道先行动者采取了什么具体行动。动态博弈指的是参与人的行动有先后顺序,且后行动者能够观察到先行动者所选择的行动的博弈。例如,在拍卖中,同时报价(一般是各个投标者将报价同时写在信封里交给公证人)的密封拍卖即为静态博弈;而一轮一轮喊价的公开拍卖为动态博弈。

(三) 完全信息博弈与不完全信息博弈

根据参与人对有关其他参与人的特征、策略空间和支付函数的知识等信息掌握的不同,可以把博弈划分为完全信息博弈和不完全信息博弈。完全信息博弈,是指每一个参与人对所有其他参与人的特征、策略空间和支付函数有准确完备的知识,否则就是不完全信息博弈。综合考虑可以得到四类博弈:完全信息静态博弈、完全信息动态博弈、不完全信息静态博弈、不完全信息动态博弈。与之相对应的四个均衡概念分别是纳什均衡、子博弈精炼纳什均衡、贝叶斯纳什均衡、精炼贝叶斯纳什均衡(见表8-1)。

表 8-1　　　　　　　　　　博弈的分类及对应的均衡概念

信息	静态	动态
完全信息	完全信息静态博弈 纳什均衡 纳什（1950，1951）	完全信息动态博弈 子博弈精炼纳什均衡 泽尔腾（1965）
不完全信息	不完全信息静态博弈 贝叶斯纳什均衡 海萨尼（1967~1968）	不完全信息动态博弈 精炼贝叶斯纳什均衡 泽尔腾（1975） 克瑞普斯和威尔逊（1982） 弗德伯格和泰勒尔（1991）

资料来源：张维迎. 博弈论与信息经济学 [M]. 上海：上海三联书店，上海人民出版社，1996.

三、策略性行为

策略性行为是20世纪70年代以后发展起来的新产业组织理论研究的核心内容。托马斯·谢林（T. Schelling，1960）在《冲突的战略》中首次定义策略性行为，认为策略性行为是指一个厂商通过影响竞争对手对该厂商行动的预期，使竞争对手在预期的基础上作出对该厂商有利的决策行为，这种影响竞争对手预期的行为就称为策略性行为。一个厂商的策略性行为对竞争对手预期的影响，实质上是通过影响它们共同的市场环境所实现的。这些市场环境包括市场中现有的和潜在的竞争对手数量、行业的生产技术、行业的供求关系等。因为市场环境是竞争对手决策必须考虑的因素，所以主导厂商可以通过策略性行为改变市场环境，进而影响竞争对手的预期。

在寡头垄断市场中，寡头企业的行为受到其他寡头企业的影响，这种相互依存的行为是策略性行为研究的核心内容，它可以为制定反垄断政策提供理论支持。根据寡头之间是否存在协调机制，策略性行为可分为非合作策略性行为和合作策略性行为。

第二节　非合作策略性行为

非合作策略性行为是指企业为追求利润最大化所采取的提高其竞争地位的行动。寡头企业期望通过影响市场上其他企业和可能进入者的预期，达到压制竞争对手，扩大自身市场份额，增加自身利润的目的。

企业有多种方式来实施非合作策略性行为以提高其竞争地位和垄断势力。例如，阻挠竞争者进入或迫使竞争对手退出某个市场，或缩小竞争对手的经营规模。要使非合作策略性行为成功，需要满足两个条件：一是优势，即企业需要有某种竞争优势，例如，企业要比对手先行动，以获得先发优势。二是承诺，即企业要让对手相信，无论对手如何反应，它都会坚定执行它宣布的策略。当两家企业实力不平衡时，实力更强的企业向其对手发出威胁后，它的对手通常会相信它的威胁是可信的。

非合作策略性行为分为价格策略性行为和非价格策略性行为两种类型。价格策略性行为主要有限制性定价和掠夺性定价，其中掠夺性定价是最典型的。而非价格策略性行为包括捆绑、搭配、产品预告。

一、价格策略性行为

价格策略性行为是指企业为了防御潜在进入者或驱逐竞争对手而采取的有意识的价格干扰行为。它并不是某种市场结构下必然发生的价格行为，而是取决于企业战略的需要。如果主导企业想要驱逐竞争对手，那么采取的是掠夺性定价行为；如果主导企业为了防御潜在进入者的进入，则采取限制性定价行为。

（一）掠夺性定价行为

掠夺性定价（predatory pricing）又称驱逐对手定价，是指一家企业为将竞争对手排挤出市场或吓退试图进入市场的潜在进入者而降低价格的行为。在大多数掠夺性定价中，企业将价格压低至对手的平均成本以下，待对手退出市场后再行提价，旨在通过短期亏损来换取长期收益。

1. 掠夺性定价的特征。根据掠夺性定价的定义，我们可以从实施目的、降价的幅度、提价的依据等角度来理解掠夺性定价。

首先，从实施目的来说，一般情况下主导在位企业进行掠夺性定价的目的有三个方面：一是驱逐或者消灭现有的竞争者，把它们赶出市场；二是威慑准备进入的潜在企业，使它们不敢轻易进入；三是惩罚不合作的其他在位企业，使它们按照主导在位企业的意愿行事。

其次，从降价的幅度来说，掠夺性定价的价格下降幅度通常很大，一般要求价格降到成本水平以下，发起掠夺性定价的企业也会面临亏损，因此掠夺性定价是暂时性的，等到把竞争者驱逐出市场之后，发起企业往往会提高价格，获取超额利润，可见掠夺性定价是一个"先亏损后盈利"的过程。

最后，从提价的依据来说，实施掠夺性定价的厂商不是要通过临时性降价来增加市场需求量，而是要利用临时性降价来消灭竞争对手减少市场供给量，进而在控制市场供给量的前提下提升市场价格。

2. 实现掠夺性定价的条件。掠夺性定价要求掠夺者在将竞争对手驱逐出市场后，有能力提高价格，并弥补降价期间的损失。这就要求掠夺者必须占有市场支配地位，不具有市场支配地位的企业由于产量小而无法控制市场的价格。这样的企业降价只能扩大一定的市场份额，不能达到排除竞争者的目的。

具有垄断势力的大型寡头实施降价策略，掠夺方和被掠夺方都将遭受重大损失。如果厂商实力相当，掠夺很难成功。这是因为，在掠夺期掠夺方为了保持低价必须满足在此价格水平上的所有需求量，而竞争方为达到损失最小化，可以自由减产。这样，掠夺方的损失更大，掠夺成功的可能性更小。为了保证掠夺成功，掠夺方必须具有比竞争对手更强的忍耐能力，能承受降价带来的更大亏损。这种超强忍耐力来自三个方面：雄厚的资金、低于竞争对手的生产成本和其他市场的交叉补贴。大型寡头因其规模和业绩的优势在资本市场上的融资能力强，能够筹集到更多的资金；大型寡头凭借规模经济效应和技术优势，平均成本低于竞争对手，因而在相同的低价水平亏损额更小；大型寡头通常是多元化经营的大企业，掠夺期的亏损能够得到其他市场盈利的补偿。可见，掠夺者必须是具有忍耐低价能力，且谋求扩大垄断势力的大型寡头。

理性的掠夺者要求掠夺期损失就像是投资一样，能够在未来得到补偿。这意味着掠夺方形成了掠夺后能够巩固市场垄断势力的预期，而且后期获得的垄断利润足以弥补掠夺期的损失。因此，当掠夺方将竞争对手排挤出市场后，掠夺方凭借更强大的垄断势力提高产品价格，持续获得超额利润。可见，掠夺过程被设计为先亏损后盈利模式。如果掠夺者能够成功排除竞争者，掠夺者对行业供给的控制力增强，最终使提高产品价格实现盈利成为可能。

最后，价格提高后很有可能会吸引新的企业进入。因此，施行掠夺性定价的在位企业必须释放出强有力的信号，使潜在进入者相信进入该市场将会受到重大的打击，在位企业可以在一个或若干个市场做出示范，使潜在进入者放弃进入所有相关市场，从而使在位企业在其他市场获得较高的收益。如果在位企业能够表明自己可以获得金融机构强有力的支持，而进入者在获得金融机构支持方面相应不具备更强的条件，则有利于在位企业实施掠夺性定价策略。如果掠夺性定价行为使竞争者出现经营困难或者破产，这可能需要掠夺企业通过兼并、收购等途径获取竞争者的资产，防止其被新的潜在进入者利用，从而为下一次掠夺性定价策略行为做好准备。

3. 掠夺性定价的评价。掠夺性定价强化了寡头市场中大企业的市场势力，提高了市场集中度，从而限制了竞争，损害市场竞争活力。因此，在市场经济国家掠夺性定价被当作是一种违反公平竞争的不正当市场行为。《反不正当竞争法》第 11 条规定，经营者不得以排挤竞争对手为目的，以低于成本的价格销售商品。此条规定所指的现象即以驱逐竞争对手为目的的掠夺性定价行为。

4. 判定掠夺性定价的检验规则。在实际经济中，有些企业在短期内会以低于成本价销售商品或劳务，但这并非是掠夺性定价行为。例如，当市场不景气或对市场需求估计错误时，企业可以在平均变动成本以上、平均成本以下的价格水平上销售，以便继续维持生产；在位企业同时生产多种产品时，可能通过多产品交叉价格补贴策略或捆绑定价策略，以一种产品的低价或免费赠送来达到整体价格最优，单个产品的低价或免费带来的损失会在整体收益中得到补偿。在一些存在显著规模经济效应的产业中，降低价格能够增加企业的销售量，这会降低企业的生产成本，这使得产品的价格进一步下降。因此，在市场经济条件下企业通过价格优势吸引消费者、扩大市场份额是一种正当的、常见的竞争手段。但是，实施掠夺性定价的企业之所以愿意将价格降低到成本以下，是企图通过采取此种手段迫使竞争实力较弱的企业退出市场，从而扩张市场势力甚至是独占市场。

在反垄断司法实践中，判断企业是否实施掠夺性定价，主要依据降价的动机、幅度和效果。首先是动机标准，即降价是否旨在排除竞争者。但多数经济学家认为动机是一种不可信的标准，因为掠夺者的主观意图很难客观地展现，而需要通过推断来判定。其次是成本标准，成本是掠夺性定价的核心标准。短期边际成本、平均成本、平均可变成本都曾作为法律法规中判定不正当竞争的依据。最后是损失补偿标准，即降价后能否通过提价获得最高利润来弥补低价造成的损失。

案例 8.1　美国烟草业的掠夺性定价

1875 年，美国烟草公司成立，资产总额达 2 500 万美元，是当时美国最大的烟草制造商。此后 20 多年，美国烟草公司通过买断萨克机器的专利权、强势广告和低价促销手段打造卷烟品牌，提高市场竞争地位。其中包括采用低价促销手段逼迫竞争对手退出市场，并以低价收购其资产。例如，1901 年，美国烟草公司的香烟品牌"美国丽人"与威尔斯白头烟草公司的类似产品角逐北卡罗来纳州的香烟市场。"美国丽人"的价格是 1.50 美元/千支，恰与要求缴纳的税金一样多。显然，"美国丽人"的价格明显低于其成本，烟草公司声称低价促销是产品导入期的优惠措施。到 1903 年，烟草托拉斯就顺利地收购了无法与其竞争的威尔斯白头烟草公司。1881~1906 年，美国烟草公司采用掠夺性定价方式收购了 40 余家竞争对手，迅速发展成为一个烟草托拉斯组织，在烟饼、香烟、鼻烟和紧扣烟的销售上控制了很大的市场份额。1911 年，美国反托拉斯局起诉美国烟草公司利用掠夺性定价等方式垄断烟草业，控制 95% 的美国卷烟市场。最终该公司被勒令拆分为 16 家公司。

资料来源：卡尔顿，佩罗夫. 现代产业组织［M］. 上海：上海三联书店，上海人民出版社，1998.

（二）限制性定价

限制性定价，又称阻止进入定价行为，是指寡头企业采取适度降低产品价格，以阻止新企业进入从而长期获得垄断利润的定价行为。这种定价行为的直接目的是阻止新竞争对手的加入，但本质上是一种以牺牲短期利润而追求长期利润最大化的行为。由于在长期中，利润率较高的产业必然吸引新企业的进入，而且利润率越高对新企业的吸引力越大。因此产业内的原有企业往往合谋或协商减少短期利润，把价格定在刚好可以阻止新企业进入的水平上，以谋取长期利润最大化。

早期的限制性定价模型由贝恩、莫蒂格利安尼提出，模型有几个假设前提：（1）原有企业和潜在进入者都追求长期利润最大化；（2）潜在进入者认为，新企业进入后原有企业不会改变它的产量，因此新企业进入后，行业的总产量等于它的原有产量和新企业的产量之和，供给超过需求将导致价格下降；（3）原有企业容易制定限制性定价，并通常是由占优势地位的寡头企业与其他企业协调，并先行实施的。

限制性定价的水平通常取决于以下几个方面：（1）**市场规模**。市场规模越大，在位厂商就必须维持更高的产量水平才能完全遏制潜在厂商的进入，因而限制性价格相应降低。（2）**市场进入壁垒**。进入壁垒高的行业，阻止进入价格也高；反之，进入壁垒低的行业，阻止进入价格也要低一些，否则不能达到阻止进入的预期效果。（3）**进入者的平均成本**。如果潜在厂商在任一产量水平的平均成本越高，限制性价格也越高。

案例 8.2　杜邦在玻璃纸行业的限制性定价

1924~1947 年，杜邦公司事实上垄断了整个美国玻璃纸行业。该行业存在显著的规模效应，并且杜邦早就认识到在其竞争对手进入该行业之前，将平均成本曲线向下移的优势。因此，杜邦长期采取了低价策略。在 1924~1940 年，杜邦的玻璃纸价格下降了 84.8 个百分点，从每磅 2.51 美元下降为每磅仅 0.38 美元。

在该行业发展的早些时候，玻璃纸需求急剧上涨，即使杜邦保持很高的价格，新厂商也能够渗透到该行业。但是通过长期降低玻璃纸价格，杜邦在新厂商有机会进入该行业之前，就已经掌握了控制权。潜在进入厂商无疑会意识到，大规模进入需要杜邦在新厂商进入之后要么降低产量，要么急剧降低全行业的价格。1924～1940年杜邦的定价策略一直与垄断厂商试图阻止新厂商进入的行为策略一致。为了保持自身的支配市场地位，杜邦显然愿意接受较低的价格，并且降低玻璃纸行业的利润。

资料来源：沃德曼，詹森．产业组织理论与实践（第3版）[M]．北京：机械工业出版社，2009．

二、非价格策略性行为

（一）捆绑销售

捆绑销售是指经营者将两种或多种商品或服务结合在一起，以套装或优惠的方式出售给消费者。例如，微软将操作系统和办公软件捆绑在一起出售给个人电脑制造商，从而提高了自己的市场占有率和利润。在策略性行为中，捆绑销售的目的是实施价格歧视。假定一个企业出售两种产品X和Y，该企业有两个具有不同支付意愿的顾客A和B，A愿意出8 000元购买X，出2 500元购买Y；而B愿意出7 000元购买X，出3 000元购买Y。如果该企业对X和Y分别定价，则X的最优价格是7 000元，Y的最优价格是2 500元，因此企业的总收入是19 000元。然而，如果该企业把X和Y作为一个产品套装来出售，它可以对这个套装定价1万元，由此获得总收入2万元。当两种产品都单独定价的时候，因为对每一种产品都有一个购买者的需求价格较低，所以价格会被压低，捆绑销售消除了这种影响。捆绑的产品越多，捆绑销售带来的利润就越高，因为这样可以增加产品套装中包含消费者估价不同的产品的机会。

如果能成功执行捆绑销售，企业可以比竞争者获得更多的优势，主要体现在以下几个方面：捆绑销售让企业可以更好地共享各种生产经营活动，实现规模经济，降低生产成本。由于捆绑式产品的成本优势使其可以实施价格优惠，因此有利于企业获得市场竞争优势。互补性产品的捆绑销售，有利于企业实现生产经营的协同效应，提高企业的盈利能力。不过，采取捆绑销售策略也是有风险的，风险程度随着产业特征的不同而不同。

首先，买方需求的多元化。捆绑销售成功执行的条件是有很多消费者愿意购买捆绑式产品，如果买方的需求差异较大，那么捆绑式产品对部分消费者可能并非最优选择，这使得捆绑式经营策略变得相对不稳固。例如，在消费者对售后服务需求不同的产业中，竞争者可以通过只提供产品而不提供服务的方式进入市场，获得足够的市场份额。其次，如果其他企业能以更低的成本生产捆绑套装中的一种或几种产品并低价销售，捆绑销售策略也会失败。

案例8.3　辽宁省烟草公司抚顺市公司实施卷烟捆绑销售被罚433万余元

2014年6月，辽宁省原工商局取得国家工商总局授权，对该省烟草公司抚顺市公司涉嫌滥用市场支配地位的行为立案调查。

经查，当事人为了提高卷烟销量，以一周为周期，根据烟草零售商上期销售情况和当期库存情况，依照销售目标制定当期销售计划，对烟草零售商制定当期"紧俏品牌卷烟投放策略"（以下简称"投放策略"），将紧俏品牌卷烟（以下称"资源烟"）的可订购数量作为资源，与某些特定品牌卷烟（以下称"任务烟"）的订购数量进行捆绑，即将"资源烟"与"任务烟"的可订购数量按比例捆绑销售。烟草零售商要订购"资源烟"，就必须按当事人制定的"投放策略"订购相应数量的"任务烟"，如果不按当事人附加的这种捆绑方式进货，烟草零售商就无法订购到"资源烟"。

在捆绑销售的过程中，当事人客户经理对其管辖片区烟草零售商的订单执行情况进行记录和统计，对于未按要求执行"投放策略"的烟草零售商进行记录，要求其补货或对其限制投放"资源烟"。同时，当事人通过抽查的方式对各区域每周"投放策略"的执行情况进行检查。2013 年，当事人通过捆绑销售的方式销售卷烟的销售额共计 4.334498 亿元。

辽宁省原工商局认为，当事人以紧俏品牌卷烟的可订购数量为资源，按比例与某些特定品牌卷烟订购数量捆绑销售的行为，违反了《反垄断法》第十七条第一款第（五）项的规定，构成了滥用市场支配地位的行为。依据该法第四十七条之规定，以及《行政处罚法》和国家工商行政管理总局于 2008 年 2 月 22 日印发的《国家工商行政管理总局关于工商行政管理机关正确行使行政处罚自由裁量权的指导意见》的相关规定，辽宁省原工商局责令当事人停止违法行为，并处上一年度（2013 年度）捆绑卷烟销售额 1% 的罚款。

资料来源：倪泰. 辽宁省烟草公司抚顺市公司违反《反垄断法》被罚 433 万余元 [N]. 中国工商报，2015 – 08 – 12（A05）.

（二）搭配销售

搭配销售是指经营者利用其经济和技术的优势地位，在向顾客供应一种商品或服务的同时，又要求顾客必须购买另一种商品或服务。购买者被迫购买被搭售的产品，以此为条件才能获得搭售产品。当搭售产品是获取消费者剩余的手段时，经营者可能会免费赠送被搭售产品，但是被搭售产品的价格实际上转移给了搭售产品。搭配销售本质上就是主辅捆绑销售，两个及以上捆绑在一起的产品是主辅关系，从属产品依赖主导产品销售。

在营销活动中，搭售是一种较常见的行为。但是一些搭售行为阻碍了市场的自由竞争，影响了交易人自由选购商品的能力，减少了竞争对手的交易机会。

企业实施搭配销售策略有以下几种的理由：其一，可以提高效率。消费者在购买主要产品的同时得到了被搭售产品，从而节约了总的寻找成本。其二，规避价格管制。如果政府对某种商品进行价格管制，那么企业实施搭配销售策略，就可以通过价格转移避开管制。其三，暗中给予价格折扣。在寡头市场中企业想瞒过对手秘密地给予价格折扣，则它可以在销售某种产品的同时以非常低的价格搭售另一种产品，变相降价。

（三）产品预告

在网络经济行业，企业还可以通过提前发布新产品预告的竞争方式，打击竞争对手。企业提前宣布即将发布新产品，就给尚未购买产品的消费者继续等待的机会。企业通过这种预告，降低了现有产品的市场占有率，使得新产品能被消费者采用。这种提前预告往往会带来"奥斯朋效应"，即由于消费者对新技术的等待而造成了现阶段产品销售有一个空档。对那些在现阶段市场占有率低的企业而言，这样做是极其有利的，因为竞争对手更多地承担了现阶段的损失。而在某些特定行业，现阶段市场占有率高的企业为了长期保持自己的领导者地位,也可能提前发布新产品。因此,这一策略在电脑软件行业很常见。例如,微软公司常常提前发布新的操作系统预告,甚至提前发布新的操作系统的试用版本。

第三节 合作策略性行为

合作策略性行为是指企业旨在协调本行业各企业行动和限制竞争而采取的一些行为。合作策略性行为的研究源于卡特尔合谋理论。在寡头市场上,寡头垄断企业之间的相互依存性导致寡头企业之间存在不同程度的竞争与合作,只要合作带来的预期收益大于竞争带来的收益,厂商就有可能选择合作而不是竞争。

一、默契合作策略性行为

默契合作策略性行为是指寡头垄断厂商以一种纯粹"非合作"的方式进行合作的行为。在企业间并未达成任何协议或进行任何事先联络的前提下,有意识的平行行为也可使企业通过理性的决策过程,达成默契合谋来规避竞争风险,维持垄断价格。按照博弈论的解释,默契合谋的"合作"是局中人某种讨价还价过程的结果,"合作"是一种结果而不是过程。

(一)重复博弈

重复博弈是指如果企业间存在长期竞争关系,它们就会进行无数次的博弈。每个企业都想建立合作的信誉,并促使对方也这样做,以获得双赢的机会,从而达成默契的合作。

这种博弈属于动态博弈,每一次博弈叫作"阶段博弈"。阶段博弈之间没有实质上的联系,也就是说,前一次博弈的结果不会影响后一次博弈。但是,这并不是说企业不会注意对方的历史行为。相反,企业的价格决策会依赖于之前的价格。重复博弈中的"阶段博弈"都可能有子博弈完美纳什均衡。也就是说,在某个产量水平上,在某种产出水平上每一厂商的利润不低于在单期博弈中所能赚取的最低利润,这个产量水平的策略组合可以一直重复下去。

(二)冷酷策略

在重复博弈中,只要所有企业都采取合作的策略,保持较低的产量和较高的价格,合作继续;若一方背叛合作,则合作终止,所有参与企业对此行为加以惩罚,大家都提高产量,市场回归竞争,此后企业的经济利润永远等于零。一个寡头厂商背叛是一个触发点,在此之后,寡头厂商间都是不合作的,所以冷酷策略又称"扳机策略"。

二、明确合作策略性行为

明确合作策略性行为是指寡头企业通过公开或秘密的协议来协调行为以使合作组织利润最大化。明确合作策略通过各种协调机制解决了寡头之间信息不对称的问题,参与企业的欺骗行为就能够较快地被竞争对手发现,从而降低了参与企业背叛的可能性。

（一）共同成本手册与多产品定价公式

寡头厂商的价格合谋面临一个明显的问题，就是各个企业生产的产品是有差异的。这种差异性有两种表现：一是不同厂商的产品不能完全替代；二是不同厂商的产品型号不同。针对第一种情形，合谋厂商可以使用共同成本手册来制定价格。共同成本手册是一种合谋厂商用来制定价格的方法，它是基于产品由标准化的零部件构成的假设，厂商通过规定零部件的价格然后加总来计算产品的价格，从而保证了生产者价格基准的同一性。若企业的产品售价与这一基准不一致就被认为是背叛行为。针对第二种情形，合谋厂商可以用多产品公式定价法来处理。厂商可以规定一个基本单元价格，这个基本单元价格在合谋厂商间是通用的，价格的变动是同比例的。例如，纸板箱行业厂商可以规定每立方米产品的价格，厂商按照纸箱体积乘以单位价格的方式定价。

（二）转售价格维持

转售价格维持通常是指供应商与零售商之间的上下游价格控制关系。如果零售商不按供应商的建议价格销售商品，供应商就拒绝供货。

1. 便于生产商之间达成卡特尔。转售价格维持有利于生产商之间建立卡特尔，因为它可以有效地检查其成员是否遵守了它们之前的协议或约定，对零售商实行了相同的价格，并能及时制裁背叛者。在卡特尔中，如果一个成员的叛变行为能被其他成员迅速发现，这就足以保证所有成员因为害怕遭到报复和惩罚，而不敢违反协议。如果没有转售价格维持，卡特尔就很难准确了解其成员给零售商的价格，因为影响零售价格的因素很多，例如零售商的成本、需求波动以及批发价格等。卡特尔不仅无法及时识别并有效制裁欺骗者，而且其成员还有动机通过隐藏价格提供额外服务，或给予秘密返点等方式进行欺骗，最终不利于卡特尔协议的维持。如果卡特尔成员都采用转售价格维持，则通过产品零售价格这一环节，就能达到有效监督的目的。

2. 便于零售商达成卡特尔。同时，转售价格维持也容易促成零售商之间形成卡特尔，或成为支配性零售商的封锁工具。这是因为，在电子商务盛行之前的传统商业时代，零售商之间通常没有直接业务联系，相关信息不对称、不透明使得它们很难建立卡特尔，即使勉强建立也不能持久，因为它们不能有效监督和制裁欺骗者。但如果生产商能固定其所有零售商的转售价格，那么上述困难将不攻自破，因为零售商们此时都必须遵守统一的转售价格，这不仅省去了它们为形成卡特尔而进行的价格谈判，节约了大量交易成本；而且由于生产商与每个零售商都进行直接交易，更容易发现后者的叛变行为，并能有效打击该叛变者，例如直接罚款或停止供货等。因此，转售价格维持往往被用作形成零售商卡特尔的工具，而对零售商卡特尔来说，这构成一种"便利措施"。

对于转售价格维持的竞争效果，哈佛学派认为品牌内的竞争有着重要的价值，任何降低品牌内竞争的纵向限制竞争行为都可能引起价格的升高，减少对于消费者"价格－服务－舒适"的选择范围，他们主张应当对于转售价格维持实行严格的反垄断政策；而芝加哥学派则认为转售价格维持能够促进不同品牌商品之间的竞争，提升资源分配的效率，不是"当然违法的"。

对于转售价格维持的规制，《反垄断法》大体上经历了两个阶段：一是自1911年美国

Dr. Miles 案首次确认对转售价格维持适用"本身违法"规则时开始，这一做法持续近百年之久，成为世界各国反垄断法审查转售价格维持的基本原则；二是 2007 年美国联邦最高法院在 Leegin 案的判决，推翻了转售价格维持适用"本身违法"这一先例，改而适用合理原则。这一变化不仅被认为是美国反托拉斯法的重大进展，甚至还被认为是"标志着反托拉斯法上一个时代的结束"。它在世界各国引起了广泛的讨论和争议，并将导致各国反垄断法放松对转售价格维持的严格规制，即放弃"本身违法"规则，转而采用合理规则来考察转售价格维持的竞争效果。

案例 8.4　新修订《反垄断法》对转售价格维持规制的完善

2022 年 6 月 24 日，全国人大常委会正式通过关于修改《反垄断法》的决定。新修订的《反垄断法》于 2022 年 8 月 1 日起施行。新《反垄断法》关于转售价格维持的规则有新的变化，明确了处理思路，并且提供了可以适用的"安全港"规则。

在《反垄断法修正案》正式发布前，我国反垄断执法实践中对于转售价格维持协议的认定采取"本身违法原则"，即当事人达成或实施转售价格维持协议的，反垄断执法机构可以直接认定其构成《反垄断法》所禁止的纵向垄断协议，而无需证明该等协议具有排除、限制竞争的效果。

例如，2013 年 2 月 22 日，四川省发展改革委和贵州省物价局分别对五粮液酒类销售有限公司（简称五粮液公司）和茅台酒类销售有限公司（简称茅台公司）做出了 2.02 亿元和 2.47 亿元的罚款处理。其理由归纳起来大致为：五粮液公司和茅台公司通过合同约定、价格管控、考核奖惩等方式，对经销商向第三人销售其白酒产品的最低价格进行限定，达成并实施了其白酒销售价格的纵向垄断协议，排除和限制了市场竞争，损害了消费者的利益，因而违反了《反垄断法》第 14 条的规定。

新修订的《反垄断法》第 18 条在原第 14 条的基础上增加了第 2 款：对纵向价格限制协议，经营者能够证明其不具有排除、限制竞争效果的，不予禁止。这意味着新法明确纵向价格限制适用合理性分析原则，反垄断执法机关和司法机关在对其进行认定时需要对是否排除、限制竞争纳入考虑。其次，第 18 条第 3 款又规定了针对纵向协议的可以适用的"安全港"规则，即经营者能够证明其在相关市场的市场份额低于国务院反垄断执法机构规定的标准，并符合国务院反垄断执法机构规定的其他条件的，不予禁止。

新反垄断法通过后，在规章层面，2023 年 3 月 10 日国家市场监督管理总局发布了《禁止垄断协议规定》。其中第 14 条"纵向价格垄断协议规定"中新增 1 款，"对前款规定的协议，经营者能够证明其不具有排除、限制竞争效果的，不予禁止"；第 17 条又明确了纵向垄断协议的"安全港"具体适用条件，经营者与相对交易人达成协议，经营者能够证明参与协议的经营者在相关市场的市场份额低于市场监管总局规定的标准，并符合市场监管总局规定的其他条件的，不予禁止。

资料来源：安理律师事务所．新修订《反垄断法》转售价格维持反垄断规制评析［EB/OL］．http://www.anlilaw.com/100031/1992．2022-08-24．

（三）基点定价

在水泥、钢铁、木材、煤炭等行业，寡头厂商分布在全国各地，如果运输费用比较高的话，厂商间建立和维持合谋协议面临很大的困难。基点定价是指寡头厂商选定某些城市或货物集散地作为基点，按照基点市场价格加上基点城市到销售地的运费来定价。基点定价方法能够有效防止厂商将价格折扣解释为运费较低的欺骗行为。因此，当所有厂商都采用基点定价时它们很容易发现厂商的欺骗行为，从而迅速加以制裁。最著名的基点定价机制是美国钢铁行业的"匹兹堡加价"机制。1884~1924年，匹兹堡是钢铁行业唯一的基点，并且所有的钢铁销售都包括自匹兹堡的运输费用，即使钢铁是从芝加哥或伯明翰装运的。如果芝加哥的一家厂商购买了一家芝加哥钢厂的钢铁，它也要支付自匹兹堡的运输费用。芝加哥的钢铁生产商可将这个虚假运费占为己有。可是，如果芝加哥的钢厂将钢材卖给匹兹堡的购买者，它就要被迫自己承担运输费用。

（四）一致—竞争条款

一致—竞争条款是某一卖家承诺如果同一种产品其他卖家价格更低，则自己也按照这一最低价格销售。还有一种是"不一致就解除"条款，供应商与顾客间签订合同，规定供应商将与竞争对手的价格一致，若不一致就解除消费者购买的义务，消费者就可以寻找更优惠的供应商。一致—竞争条款实质上是将顾客作为监督人，这种机制可以激励顾客去监督和报告竞争对手的价格。这样就能更容易发现违反合谋协议降价行为，并且竞争对手率先降价的激励也没有了，因为降价并不会吸引到更多的顾客。

（五）最惠消费者条款

最惠消费者条款是寡头厂商向所有顾客做出承诺，卖方不会以更低的价格将产品销售给其他购买者。这种承诺条款具有两重效力：一方面，该条款降低了厂商降价的动力。因为一旦降价，厂商必须向之前购买的消费者退款，这就增加了惩罚的力度。另一方面，该条款增加了消费者监督的激励，因为消费者一旦发现厂商向别的消费者提供折扣，就有权追索价格折扣而获利。

（六）预告价格变动

当一个厂商先行提价时，如果竞争对手都不跟进，那么其市场份额就会大大降低。如果先行提价的厂商要比其对手厂商多承担一笔损失的话就没有哪家厂商愿意充当价格领袖。预告价格变动则可以帮助企业避免这一损失。当一个厂商预告即将涨价后，该行业的其他厂商可以在提价生效前决定是否跟随。如果竞争对手都不跟进，预告提价的厂商就可能放弃涨价。这样，预告价格变动实际上降低了先行实行价格变动的厂商承担的风险。在需求萎缩的情况下，率先降价的厂商会获利更多，因此每家厂商会争相降价。如果需要发出价格下调预告，没有厂商能够从先行降价中获利，则能够缓和厂商们的降价冲动。

（七）行业协会

行业协会是企业为了协调利益关系，自下而上集合而成的民间性质的同业或商人团体。行业协会的功能是多重的，包括代表行业中所有厂商与政府沟通、游说使得价格变动的提案获得大多数厂商认可；公布产品的标准；发布行业数据；出版行业期刊和报纸；定期集会等。显然，行业协会不仅是行业信息交换平台，而且在协调行业内企业之间行为方面的作用不可忽视。若一家厂商有背叛行为，行业协会可以采取极端的做法进行制裁，甚至将其驱逐出协会。

我国的行业协会大多是随着政府职能转变，自上而下从政府部门分离出来部分职能和部分人员而组建的具有半官方色彩的组织。它往往代行政府有关部门授予的行政权力。其主要职能包括开展全行业调查，为政府加强宏观管理和调整产业政策提供依据；根据政府授权和委托，进行行业管理；协调企业之间的关系，推动横向联合；信息咨询服务；开展培训教育；开展国际交流与合作等。

案例 8.5　17 家造纸企业因价格垄断被处罚　富阳纸协被撤销登记

2017 年 7 月 10 日，国家发展改革委发布了对杭州市富阳区造纸行业协会和 17 家造纸企业价格垄断的处理决定，富阳纸协被撤销登记，17 家企业被罚款 778 万元。

富阳是全国造纸重镇，对外宣传"拥有国内 1/2 的白板纸产量"，由于企业众多，富阳造纸行业协会一直充当行业秩序维护者的角色。2011 年初，国家发展改革委就曾对浙江省富阳市造纸行业协会组织本行业经营者达成变更或固定价格的垄断协议的行为作出过处罚，对协会处以最高 50 万元的罚款。然而，富阳纸协和相关造纸企业未能从中吸取教训。

调查发现，2016 年 10 月 28 日，富阳区造纸协会组织浙江鸿昊、浙江新胜大、浙江春胜、浙江三星纸业等 17 家造纸企业召开行业会议，共同协商上调卷筒白板纸价格，并达成协议。材料显示，至 2016 年 12 月，涉案企业连续上调销售价格，当月月度均价为每吨 3 049 元，比达成协议前每吨累计上涨 579 元，累计上涨幅度约为 23%。而这增加了印刷、包装等下游企业负担，损害了消费者利益。

我国《反垄断法》第 16 条规定，行业协会不得组织本行业的经营者从事垄断行为。社科院经济学博士马光远曾表示："行业协会召集相关企业开会然后决定价格上涨是一种典型的价格合谋，甚至提供行业指导价都会成为价格信号，可能会被管制。"

国家发展改革委表示，将持续加强市场价格监管和反垄断执法，严肃查处通过价格垄断协议及滥用市场支配地位违法涨价、扰乱市场秩序等行为，切实维护市场公平竞争，着力优化营商环境，保护广大消费者的合法权益。

资料来源：于祥明.17 家造纸企业因价格垄断被处罚，富阳纸协被撤销登记［N］.上海证券报，2017 - 07 - 11.

（八）分割市场与固定市场份额

分割市场是指寡头厂商瓜分客户和地理区域的协议。达成分割市场协议后，每个寡头厂商都有特定的客户群体或销售区域，所以一旦有厂商降价，那么其他地区厂商的销量就会降低，从而暴露其背叛行为。市场分割能够成功地维持合谋，每个厂商都不会轻易降价销售。

固定市场份额是指寡头分配市场份额的协议。协议规定了每个寡头的市场份额，如果一个厂商降价提高了自己的市场份额，那么其他厂商的市场份额就会降低。其他厂商将采取报复行为，通过降价销售达到相应的市场份额。遭到报复后，率先降价厂商的份额没有增加，而利润却因为价格下降而减少了。如果市场份额数据信息很容易获得，所有厂商都将产生降价会导致利润下降的预期，那么没有一个厂商愿意先行降价。这样，固定市场份额的做法就成功地维持了寡头之间的价格合谋。

三、合作策略性行为的公共政策

无论是默契合作，还是明确合作，寡头之间的合谋必然限制竞争，因而与反垄断法促进竞争的宗旨相背离。默契合作策略性行为缺乏构成合谋的证据，因而在法律上判定默契合作违反垄断法是比较困难的。在反垄断实践中，价格一致本身并不是违法的证据，只有当价格一致伴随着另外一些证据出现时才可能被视为非法合谋。相比之下，明确合作策略性行为存在协商机制，因而成为反垄断法重点规制的对象。禁止垄断协议在美国、日本和欧盟的反垄断法中都有明确规定。

美国《谢尔曼法》第1条规定，任何以托拉斯或共谋或其他形式联合限制州际或对外贸易或商业活动的协议或合并，均被宣布为非法。第2条规定，任何从事垄断、企图进行垄断或与他人联合或共谋垄断的行为均属违法。依据该法，任何厂商预谋或正式缔结的协议都会作为其犯罪事实认定的充分证据，而不管这一协定最终是否导致了市场势力。

德国《反限制竞争法》第1条规定，处于竞争关系之中的企业间达成的协议、企业联合组织做出的决议以及联合一致的行为，如以阻碍、限制或扭曲竞争为目的或使竞争受到阻碍、限制或扭曲，则是禁止的。在德国司法实践中，判定明确合作是否违法，还需要根据第5条（合理卡特尔）进行调查和权衡，如果合谋是出于正当的商业原因，而且企业生产效率的提高抵消了对竞争损害的影响就可以得到豁免。

日本《关于禁止私人垄断和确保公平交易法》第2条规定，关于本法所称的垄断，是指事业者单独或与其他事业者结合，或合谋或以其他不论何种方法排除别的事业者的事业活动，违反公共利益，在一定的贸易范围内会实质上抑制竞争。

我国《反垄断法》第17条规定，禁止具有竞争关系的经营者达成下列垄断协议：固定或者变更商品价格；限制商品的生产数量或者销售数量；分割销售市场或者原材料采购市场；限制购买新技术、新设备或者限制开发新技术、新产品；联合抵制交易；国务院反垄断执法机构认定的其他垄断协议。

本章小结

◆博弈论是研究决策者如何在相互依赖的决定中做出选择的决策以及这种决策的均衡问题。

◆一个博弈通常由六个基本要素构成：参与人、行动、信息、战略、支付函数、均衡。

◆根据博弈参与人的目标是否冲突，博弈分为合作博弈与非合作博弈。非合作博弈是现阶段产业组织理论的主要研究对象。根据参与人行动的先后顺序，博弈分为静态博弈与动态博弈。根据参与人对有关其他参与人的特征等信息掌握的不同，可以把博弈划分为完全信息博弈和不完全信息博弈。

◆企业实施策略性行为的目的是影响竞争对手的预期。根据寡头之间是否存在协调机制，策略性行为可分为非合作策略性行为和合作策略性行为。

◆非合作策略性行为分为价格策略性行为和非价格策略性行为两种类型。价格策略性行为主要有限制性定价和掠夺性定价。非价格策略性行为有捆绑销售、搭配销售、产品预告等主要类型。

◆合作策略性行为分为默契合作策略性行为和明确合作策略性行为两种类型。明确合作策略性行为有共同成本手册与多产品定价公式、转售价格维持、基点定价、一致—竞争条款、最惠消费者条款、预告价格变动、行业协会、分割市场与固定市场份额等多种形式。

复习思考题

1. 名词解释。

博弈　合作博弈　非合作博弈　捆绑销售　搭配销售

2. 简答题。

（1）简述博弈的构成要素及其主要分类方法。

（2）简述掠夺性定价的概念、特征及实现条件。

（3）什么是限制性定价？

（4）试分析转售价格维持的竞争效果。

（5）一致—竞争条款和最惠消费者条款为什么是便于合谋的手段？

3. 自评自测题。

（1）下列是博弈构成要素的是（　　）。

A. 参与人、行动、信息、策略、支付、结果和均衡

B. 参与人、信息、策略、支付、利润、结果和均衡

C. 参与人、行动、信息、策略、利润、结果和均衡

D. 参与人、行动、信息、策略、支付、利润和均衡

（2）根据参与人行动的先后顺序，可将博弈分为（　　）。

A. 动态博弈和静态博弈　　　　　　B. 双人博弈和多人博弈

C. 完全信息博弈和不完全信息博弈　D. 合作博弈和非合作博弈

（3）下列哪项不是实施掠夺性定价的特点（　　）。

A. 实施企业具有规模优势和成本优势

B. 实施企业与政府关系紧密

C. 实施企业在短期内亏损，且在未来得到补偿

D. 主要针对潜在的竞争对手

（4）捆绑销售是指经营者将两种或多种商品或服务结合在一起，以套装或优惠的方式出售给消费者。根据上述定义，下列选项中属于捆绑销售的是（　　）。

A. 某商家出售的打印机价格优惠，但购买打印机的用户必须使用其出售的墨盒和打印碳粉

B. 某超市的瓶装酸奶在促销期间买五赠二

C. 某快餐店的饮料在店庆期间第二杯半价

D. 某服装店举行优惠月活动，全场服装任意购两件再送一件

（5）下列销售行为中不属于搭配销售的是（　　）。

A. 购买一次性成像照相机时，买方在卖方的推销宣传下，自愿搭配购买了相纸

B. 出售压模塑胶成形机时，强调"专机专胶"，要求买方必须搭配购买塑胶原材料，

不然不保证产品质量,但该塑胶并无特殊成分

C. 特许经营中进行一揽子交易

D. 限制技术转让受方利用合同技术生产产品的数量

4. 延伸阅读材料。

[1] 张佳琳. 大额存单走俏 部分银行存在"捆绑销售" [N]. 中国证券报,2023 - 08 - 03 (A04).

[2] 田傲云,李叶. 配置缩水,捆绑销售:郑州华润项目风波调查 [N]. 中国房地产报,2023 - 05 - 08 (012).

[3] 郑秋鹏,范芳凯,杨洪吉. 社区O2O模式下生鲜农产品零售店商品捆绑组合销售决策研究 [J]. 农业经济与管理,2022 (06):88 - 100.

[4] 徐艳红. 于法无据,对捆绑销售车位说不! [N]. 人民政协报,2022 - 12 - 13 (012).

[5] 王海龙. 面对"捆绑销售"该怎么办 [J]. 中国质量监管,2022 (11):50 - 53.

[6] 冯颖,王梦娇,冯仰超等. 售装分离供应链的在线销售策略选择——独立、捆绑还是混合? [J]. 系统工程,2022,40 (05):82 - 93.

[7] 王文. 国外数据库搭配销售与图书馆的解困之策 [J]. 图书馆理论与实践,2016 (03):66 - 69,112.

第九章 产业关联

■ 本章内容提要

产业关联理论是侧重从"量"的角度研究国民经济各产业部门之间投入与产出关系的一种理论。本章将介绍产业关联的基本形式、投入产出表的基本结构、投入系数和完全消耗系数的内涵、产业关联效应和波及效果的分析方法。

国民经济是一个复杂的整体，国民经济各部门在社会再生产过程中会形成直接的相互依存、相互制约的、复杂的经济联系。因而，某个产业在生产和经营的过程中，发生诸如市场结构、技术水平、投入产出水平和价格水平等某种变化都会对其他产业部门产生相应的影响。社会经济活动中，各产业间广泛存在的以各种投入品和产出品为连接纽带的复杂的技术经济联系在产业经济学中被称为产业关联。产业关联理论侧重从"量"的角度研究国民经济各产业部门之间技术经济联系与联系方式，它主要借助产业关联表来对产业之间生产、交换、分配上发生的关联进行分析研究。

第一节 产业关联概述

产业关联分析又称投入产出分析，是由美国经济学家瓦西里·里昂惕夫在20世纪30年代首创的，现已在世界范围内得到普遍应用。投入产出分析就是运用投入产出表从数量上分析产业之间在投入与产出上的相互依存关系。它是一种具有很大实用价值的分析方法，它的分析结果可以作为一国制定经济计划、制定产业政策和进行经济预测的依据。

一、产业关联的含义

产业关联是指产业间以各种投入和产出为联系纽带的技术经济联系。在一般的经济活动过程中，各产业都需要其他产业为自己提供一定的产出，以作为本产业的中间要素投入。与此同时，也将自身的产出作为一种要素输出，满足其他产业对中间要素的需求。各个国民经济部门间相互联系、相互制约，构成了整个国民经济的有机整体。产业关联理论主要是利用投入产出表，定量地分析一国或一地区在一定时期内的再生产过程中产业间的技术经济关系，认识再生产中的各类比例关系，从而反映各产业之间的中间投入和中间需求，更深入、具体地说明再生产过程中的结构变化。

各种投入品和产出品为连接纽带的技术经济联系在产业经济学中被称为产业关联。技术经济联系方式有两种：价值形态的联系和实物形态的联系。

产业关联的基本纽带有两条：一条是维持简单再生产的供需关系；另一条是投资联系。在一般的经济活动过程中，各产业都需要其他产业为自己提供各种产出，以作为自己的要素供给。同时，又把自己的产出作为一种市场需求提供给其他产业进行消费。正是由于这种错综复杂的供给与需求的关系，各产业才得以在经济活动的过程中生存与发展；若某一产业没有其他产业为之提供各种要素的供给，或其产出不能满足其他产业的消费需求，则显然该产业是不能长期生存下去的。因此可以认为，各产业相互之间的供给与需求的关系是产业间最基本的联系。

产业关联的另一条纽带是投资。社会化大生产使得产业间的发展相互制约、相互促进。尽管不同性质的产业，其发展受其他产业发展的影响、制约程度是不一样的，但是某一产业的发展依赖于另一产业的发展，或某一产业的发展可以导致另一些产业的发展，这种各产业发展的"关联效应"是普遍存在的。这就使得产业间必然存在着投资联系。例如，为促进某一产业发展，必然要有一定量的投资，但由于该产业发展受到相关产业的制约，因而就必然增加投资以保证相关产业的发展。这种某一产业的直接投资必然导致大量的相关产业的投资，就是产业间投资联系的表现。

二、产业关联的方式

产业间的投入产出关系是产业间关联关系的主要内容和方式，投入产出关系的发展变化会影响与之相关部门的发展变化，因此，产业间关联的主要内容就是指对产业间关联产生影响的投入品和产出品，它们构成了产业间关联的实质性内容。

（一）产品和劳务联系

产品和劳务联系是指不同产业部门通过相互提供产品和劳务产生的联系。在社会再生产过程中，一些产业部门为另一些产业部门提供产品和劳务；或者产业部门之间相互提供产品和劳务，例如农业部门为工业部门提供原材料，而工业部门又向农业部门提供各种生产资料。就工业部门内部来说，采矿部门为炼铁部门提供矿石，炼铁部门为炼钢部门提供生铁。某部门的产品结构、产品的技术含量、产品的生产方式、产业规模和服务内容等某一或多方面发生变化，会引起相关部门的产品结构、产品的技术含量、产品的生产方式、产业规模和服务内容等某一或多方面发生相应的变化。

产品和服务的关联是产业间最基本的关联关系。其原因为：第一，产业间其他方面的联系，例如技术关联、价格关联、就业关联和投资关联是在其基础上派生出来的；第二，一个地区或国家的持续发展，表现在各产业部门间协调发展，而这在本质上要求产业间相互提供的产品和劳务在数量比例上相对均衡；第三，整个社会的劳动生产率和经济效益的提高，要求相关联的产业间相互提供产品和劳务的质量不断提高和生产成本不断降低。

（二）生产技术联系

某个产业在生产过程中将其他产业的产品和劳务作为生产中的原材料和投入要素进行生产，该产业对其他产业的产品和劳务提出符合自己产业生产的技术标准要求，这种产业间在生产技术等方面存在的联系就是生产技术联系。显然，技术进步会引起产业间生产技术联系的变化，生产技术联系在产业间关联性中起着重要的作用。技术进步是推动产业结构变动的最活跃、最积极的因素。例如，在工业化初期，纺织业对棉花种植业的依赖程度很大，后者直接制约着前者的发展。随着化纤工业的发展，纺织业投入品的替代品出现了，使纺织业对棉花种植业的依存度减少了，并建立了与化纤工业的产业关联。总之，产品或服务联系是生产技术联系的载体；反过来，生产技术联系的变化也影响产品或服务的联系。

（三）价格联系

由于某个产业要在生产过程中将其他产业的产品和劳务作为自己生产中的投入，因此，其他产业的产品价格会影响该产业产品的数量和价格。而该产业产品的价格又会影响其他产业的产品和劳务价格，这就是产业间的价格联系。价格联系是产品和劳务联系的价值量的货币表现。产业间的价格联系，一方面可以便于对产业间产品和劳务联系进行度量，从而为建立投入产出的价值模型打下基础；另一方面也有利于降低交易成本，提高劳动生产率。

（四）劳动就业联系

某一产业的发展会相应增加本产业的劳动就业机会，而该产业发展带动相关产业的发展，也就必然使这些相关产业增加劳动就业机会，这就是劳动就业联系。例如，房地产业的扩张会增加本产业劳动力的需求，同时房地产业扩张也会带动钢铁、家具和电器等诸多产业的发展，这些产业的发展也会带动该产业就业的增加。

（五）投资联系

一个国家或地区经济的发展，不可能仅仅通过加快某产业部门的发展来实现，而是通过相关产业部门的协调发展来实现的，这种不同产业部门间的协调发展性，使得产业间必然存在着投资联系。例如某些产业的发展需要增加投资，提高其产品和服务的技术含量，扩充其现有生产能力。这些产业生产能力的改变，会使与之相关联的产业同时增大投资，这样产业间的经营效果才能均衡，数量比例才能相协调，整个国民经济才能稳定、健康地发展。

三、产业关联的类型

（一）前向关联与后向关联

前向关联关系就是通过供给联系与其他产业部门发生的关联。前向关联，就是某产业通过有效供给与其他产业部门发生关联。即某产业的发展会对那些将本产业产品或服务作为其生产要素投入的产业（下游产业）产生影响。例如在市场经济中，快递产业的产出——快递服务，要为电子商务业服务，因此快递产业是电子商务业的前向关联产业。

前向关联又分直接前向关联与间接前向关联。直接前向关联是指某产业的技术变化或价格变化等对下游产业产生直接的影响，即两个产业部门之间存在着直接提供产品的关系。例如，钢铁产业成本的降低引起机械产业的成本下降。间接前向关联是指某产业技术变化通过中介间接影响下游产业，而两个产业部门本身不发生直接的生产技术关系。例如，钢铁产业成本的降低引起了电力产业成本降低，因为电力设备成本降低了，而电力成本的降低，引起了旅游饭店业的成本下降。钢铁业成本降低通过电力产业成本的降低引起旅游饭店业的成本降低，这就是间接前向关联。

后向关联就是某产业通过需求联系与其他产业部门发生关联。例如交通运输业会在经济活动中为快递业提供相应的配套服务，因此快递产业通过需求关系与交通运输业发生后向关联。旅游业如果增加了游乐园活动场所和时间，则会对电力、机械设备等需求增加，进而引起电力产业、机械产业生产规模扩大。

国民经济中的各产业既是某些产业的要素供给者，又是另外产业的需求者，正是通过既是供给者又是需求者的角色，确定本产业在产业链中的相应地位和作用。对于种植业，它与农产品加工业的关系就是前向关联。后向关联，就是通过需求联系与其他产业部门发生的关联。例如对农产品加工业,它与种植业的关系便是后向关联。

钱纳里和渡边经彦曾对美国、日本、挪威和意大利四国的 29 个产业部门进行数据分析,并对各产业的前后向关联进行了研究。他们把所有产业分为四类:

1. 中间制造品产业,是前向、后向关联效果都比较大的产业;
2. 最终制造品产业,是前向关联效果小而后向关联效果大的产业;
3. 中间初级产品产业,是前向关联效果大而后向关联效果小的产业;
4. 最终初级产品产业,是前向、后向关联效果都比较小的产业。

(二) 单向联系和多向联系

产业间的关联方式按两个不同的产业是否相互提供产品可以分为单向联系和多向联系两种类型。单向联系是一系列产业间先行产业部门为后续产业部门提供中间产品和服务,供其生产时直接消耗,而后续产业部门的产品不再返回先行产业部门的产业联系方式。例如棉花、棉纱、色布、服装,或采矿、炼铁、炼钢、轧钢这种类型就是单向联系。

多向联系是指在产业关联中,先行产业部门为后续产业部门提供产品和劳务,作为后续产业部门的直接消耗,同时后续部门的产品和劳务也返回相关的先行产业部门的生产过程。例如,电力工业、钢铁工业、机械工业就属于这种联系方式,电力工业为钢铁工业提供电力,钢铁工业又为电力工业提供钢材,同时钢铁工业和机械工业也是相互提供产品和服务的。

(三) 直接联系和间接联系

产业间关联方式按产业间的依赖程度分为直接联系与间接联系。产业间的直接联系是指两个产业间存在着直接提供和被提供产品、服务、技术等方面的联系;而间接联系是指两个产业部门本身不发生直接的生产技术联系,而是通过其他一些产业部门的中介才有联系。例如采矿工业直接为炼铁工业提供铁矿石,棉花种植业直接为棉纺织业提供产品,它们之间的联系就是直接联系;而棉花种植业通过棉纺织和服装工业产生技术经济方面的联系,则是产业间的间接联系。

两个产业部门之间不发生直接的生产技术联系,但通过另外一些产业部门的作用而发生的联系,例如汽车工业与采油设备制造业之间并无直接联系,但它们之间存在着间接联系,表现为:汽车需要汽油作燃料,而汽油开发与石油开采有关,石油开采又与石油采油设备制造有关,这样汽车工业的发展就通过上述其他部门最终影响石油设备制造业的发展,从而使汽车工业与采油设备制造业之间发生了间接联系。

案例 9.1 北京市文化创意产业的相对地位

文化创意产业在产业体系中的角色可以通过产业互动形成的投入产出反映。具体地,本部分应用中间供需,以及经济影响和波及效应分析北京市文化创意产业的相对地位和作用。

1. 文化创意产业对其他产业的中间需求。

在第二产业各门类中,对北京市文化创意产业投入系数最高的是通信设备、计算机和其他电子设备 (0.0874),说明在文化创意产业的总产出或总投入中,8.74% 来自该行业。仪器仪表,以及造纸印刷和文教体育用品的投入系数也较高,分别为 0.03989 和 0.03546。说明文化创意产业发展对上述产业具有较为显著的带动作用。在第三产业各门类中，文化创意产业对自身的投入最高，投入系数为 0.12412。此外，交通运输、仓储和邮政，租赁和商务服务，金融、批发和零售、住宿和餐饮以及房地产等行业对文化创意产业的投入依次为 3.65%、3.51%、3.41%、3.27%、2.18% 和 1.54%。而诸如居民服务、修理等生活性服务业对文化创意产业的投入相对较低。

2. 文化创意产业对其他产业的中间投入。

在第二产业中，北京市文化创意产业对所有行业门类的中间投入都小于 0.01，即受第二产业的影响较小。在第三产业中，文化创意产业对自身的需求最大，直接分配系数高达 0.12412，说明北京市文化创意产业的 12.4% 用于自身产业发展中。其次，该产业对金融业、公共管理、社会保障和社会组织以及批发和零售业的中间投入也超过 0.01，说明这些产业的发展对文化创意产业具有一定的带动作用，但与其投入系数相比仍较低。

文化创意产业对其他产业的中间需求反映了其每生产一单位产品所直接消耗各产业部门的产品数量。对其他产业的中间投入反映的是其产品分配（提供）给各个部门生产使用，以及提供给社会最终使用的数量占文化创意产业产品总量的比重。通过中间供需的分析可知，在现阶段北京市产业体系中，文化创意产业本身具有一定的自给自足性，在与其他产业的关联中，对其他产业的中间需求作用大于中间供给作用。其中，对批发和零售、交通运输、金融、房地产和租赁等五类生产性服务业的前后向联系较强，高于平均水平。

资料来源：陈红霞等. 基于产业关联的北京市文化创意产业相对地位评价［J］. 城市发展研究，2017，24（07）.

第二节　投入产出分析原理

投入产出模型主要表现为投入产出表，根据计量标准的不同，分为实物型投入产出表和价值型投入产出表。实物型投入产出表是以实物单位计量的投入产出表，它是投入产出表的基本形式；价值型投入产出是以货币单位计量，表现为价值的投入产出表，是使用最为广泛的一种投入产出表。

1958 年，美国经济学家阿尔伯特·赫希曼在其《经济发展战略》一书中提出了产业关联的概念，并认为国民经济各产业部门之间存在着相互依存的关系，其中某一个产业的发展必定会影响或带动其他产业的发展。赫希曼在具体分析产业关联效应的度量时认为，应该用该产业产品的需求价格弹性和收入价格弹性来测量。两种弹性越大，表明关联效应越强；反之，则越弱。另外，也可以用产业的关联度来衡量关联效应。如果某一产业的关联度较大，则往往可以成为产业结构成长中的关键产业或主导产业，政府制定产业政策时往往以此作为重要依据。

一、投入产出分析的理论基础

任何一种经济理论和方法都是对前人相关理论的继承和发展，投入产出分析的理论基础主要包括魁奈的"经济表"、马克思的"再生产理论"和瓦尔拉斯的"一般均衡理论"。

(一) 魁奈的《经济表》

17世纪后半叶,法国还是一个落后的农业国家,由于封建剥削的加重和重商主义政策的推行,国家陷入民穷财尽的困境。为了挽救财政经济危机,法国出现了反对重商主义、提倡重视农业的重农学派的经济思潮,重农学派主张在国民经济发展过程中必须高度重视农业。重农学派的代表人物魁奈(Francois Quesnay)在其代表作《经济表》一书中,最早用图示的方法简明地描述了社会总资本的再生产过程。魁奈把社会成员划分为三个不同的阶级:生产阶级,即农村中租地农场主;土地所有者阶级,即真正的土地所有者;不生产阶级,即城市中的工商业者。因为农村中的租地农场主能够创造出为耕种所预付费用的纯产品,当作地租支付给土地所有者阶级,故称为生产阶级;而城市工商业者只能对原料进行加工和进行商品等价买卖,不能创造出任何纯产品,故称为不生产阶级。魁奈采用固定价格的形式,考察了"年预付"(流动资本)、"原预付"(固定资本)和"纯产品"(剩余价值)三者之间的关系。

魁奈对当时社会生产的两大产业——工业和农业之间的投入产出关系进行了分析。这种考察方法,对以后投入产出理论的发展具有重要的意义。投入产出表是以矩阵的形式,记录一个国家在一定时期内整个国民经济各部门中发生的产品及服务的生产与交换关系。因此,从某种意义上来说,魁奈的经济表为投入产出理论奠定了基础。

(二) 马克思的再生产理论

里昂惕夫(Wassily Leontief)出生于苏联列宁格勒的一个经济学教授家庭,大学期间就读于列宁格勒大学并获经济学学士,后赴德国深造,获得柏林大学经济学哲学博士学位。里昂惕夫既精通马克思的著作,又熟悉当时苏联的经济文献。1931年随其父赴美,开始编制美国经济投入产出表,之后逐渐发展创立投入产出经济学。由于里昂惕夫早年生活在一个马克思主义占统治地位的国度,马克思的再生产理论和苏联物资平衡的实践对他有着不可避免的影响。马克思再生产图式与里昂惕图式有着密切的联系,波兰经济学家兰格从马克思图式出发,运用简单再生产的平衡关系,得出了里昂惕夫的投入产出表。所以,兰格认为,里昂惕夫的分析,从历史角度去考察,也许是在马克思的再生产理论和苏联物资平衡实践的影响下产生的。

马克思的再生产理论及里昂惕夫的投入产出理论都能够对社会再生产过程进行描述,但在里昂惕夫的投入产出表中,由于增列了一些马克思看来是非生产性部门的产业部门,而且产业部门的分类较细,使得它所能揭示的国民经济中各产业部门的关系及数量比例,远远超过马克思再生产方式所能反映和揭示的具体内容,这使得投入产出理论和方法更具有实际应用意义。

(三) 瓦尔拉斯的一般均衡理论

投入产出分析的第二个理论渊源是法国经济学家瓦尔拉斯的一般均衡理论。瓦尔拉斯(Léon Walras)在1874年出版的《纯粹政治经济学纲要》一书中,以边际效用价值论为基础,运用数学的方法,考察了商品的供给和需求处于均衡状态时的价格决定问题,成为"一般均衡理论"的创建者之一。

"一般均衡理论"认为,任何一种商品的需求和供给,不仅是这 商品价格本身,而且也是其他所有商品价格的函数。因此,任何一种商品价格的确定,必须联系到其他商品的价格。当市场上所有商品的价格恰好使得市场上所有商品的需求量与供给量相等时，就达到了市场的均衡。为此，瓦尔拉斯提出用一个方程代表一个企业所生产的商品均衡价格和均衡数量，再用大型联立方程组来解决这一问题。然而，瓦尔拉斯的设想在他所处的时代却遇到了实践上不可逾越的困难。

一般均衡理论是瓦尔拉斯经济学说的核心，它集中研究了存在多种商品种类的情况下，各种商品均衡价格形成的条件。瓦尔拉斯假设市场是完全自由竞争的，并排除了货币的作用。他认为经济主体可以分为地主、工人、资本家和企业家四类。他运用供求分析法和线性代数分析法作为一般均衡分析的基本工具，分析了多种商品相互交换的情况。提出各经济主体即消费者（在一定的预算约束下追求效用最大）和生产者（追求利润最大）追求最大化的行为可以使所有市场在一组价格的调节下，实现供给和需求的充分相等，即存在一组价格（均衡价格），使所有市场都实现了均衡，这就是一般均衡。

瓦尔拉斯认为，不仅各种消费品价格之间和这种生产要素价格之间是相互联系的，而且消费品价格与生产要素价格之间也是彼此影响的。因此不能撇开别的价格，单独地来讨论某一种消费品或生产要素的均衡价格，而必须研究整个经济，即整个市场上所有的价格如何相互作用后，最终同时达到均衡。

瓦尔拉斯用联立方程组来描述一般均衡状态，方程组的解就是均衡价格体系。瓦尔拉斯的模型是一种纯粹的理论抽象，它无法对实际的经济活动进行实证性分析。里昂惕夫在瓦尔拉斯一般均衡模型的基础上对其通过一些假定进行了简化，简化主要包括以下几个方面：

1. 用产业代替瓦尔拉斯模型中的企业和消费者，并假定产业产出的单一性，即每个产业只生产同质产品。同一产业内的产品在各种用途上可以相互替代，因为它们是同质的；而不同部门之间产品不能替代，因为它们不是同质的。

2. 假定生产的规模收益不变，即假定每个产业产品的产出量与投入量呈固定正比例关系，即各种消耗系数是不变的。即投入与产出是线性关系，投入产出模型为线性联立方程。

3. 假定各产业的生产活动互不影响，具有独立性。即每个产业的产出由本产业的生产活动来决定，不受其他产业生产活动的影响。因此，国民经济的总产出等于每个产业产出之和。一个产业的产出既不受到其他产业生产活动的影响，也不影响其他产业的生产活动。

4. 假定技术相对稳定。为了准确反映各产业之间的关系，一般假定，在一个不太长的时期内生产技术条件变化不大。

二、投入产出表

投入产出表以矩阵的形式，记录和反映一个经济系统在一定时期内各部门之间发生的产品及服务流量和交换关系的工具。投入产出方法是投入产出理论的具体应用，是"把一个复杂经济体系中各部门之间的相互依存关系系统地数量化的方法"。它借助投入产出表，对各产业间在生产、交换和分配上的关联关系进行分析，然后利用产业间关联关系的特点，为经济预测和经济计划服务。

（一）投入产出表的假设前提

投入产出模型是一种经济数学模型，它能抓住经济现象间的本质联系。投入产出虽能反映产业结构系统中各产业间的关系,然而,被其反映的关系是建立在对产业间的技术经济联系进行了一定的简化和假设基础之上的。投入产出表的假设前提条件主要有:

1. 产业活动的独立性。各产业的经济活动除了投入产出的联系外没有其他相关的影响。任何一产业的经济活动既不会对其他产业带来外部经济性,也不会产生外部不经济性。各产业独立活动的效果总和等于其同时进行活动的总效果。

2. 产业产出的单一性。对于投入产出表中的任何一产业,其产出是单一的。或者说相同的产出只能来自同一个产业。产业产出的单一性与产业活动的独立性保证了在构建其数学模式时不同产业之间的无关性。

3. 规模报酬的不变性。对任何一个产业而言,对其投入的增减与其产出是成正比例的;这一假设条件保证了不同产业投入产出间的线性关系。

4. 技术的相对稳定性。为了能反映出各产业间的关系,在投入产出中假设技术在一定时期内是相对稳定的。在此假设前提下,可以导出直接消耗系数。

5. 价格体系的公正性。在编制价值型的投入产出表时,价格体系能公正客观地反映各产业的供求状况,从而可以从价值上准确地揭示各产业间的投入产出关系。

上述假设条件决定了投入产出表的应用具有一定的局限性,运用投入产出表进行产业结构分析时要特别注意的。

(二) 实物型投入产出表及平衡关系式

1. 实物型投入产出表的结构。投入产出表也称里昂惕夫表或产业联系表,是产业关联分析的基本工具,它是以矩阵的形式,记录和反映一个经济系统在一定时期内各部门之间发生的产品及服务流量和交换关系的工具。

实物型投入产出表以产品的标准单位或自然单位计量,用于表示各产业部门主要产品的投入与产出关系,这些主要产品的生产、使用情况,以及它们之间在生产消耗上的相互联系和比例关系。

假设国民经济由 n 个产业组成,它们分别为第 1 产品产业、第 2 产品产业……第 n 产品产业。任何一个产业生产都必须以其他产业的产品和本产业的产品作为投入,任何一个产业的产品都可以作为其他产业和本产业的投入,且有部分产品作为满足社会的最终消费,包括生产消费需求、生活消费需求、积累需求和出口需求。这样就形成一个 $n \times n$ 维矩阵。由此,可构建一个投入产出表,如表 9-1 所示。

表 9-1　　　　　　　　　　实物型投入产出

中间投入	中间产品					最终产品				总产品
	1	2	…	n	小计	消费	积累	出口	小计	
产业 1	x_{11}	x_{12}	…	x_{1n}	$\sum_{i=1}^{n} X_{1n}$				Y_1	X_1
产业 2	x_{21}	x_{22}	…	x_{2n}	$\sum_{i=1}^{n} X_{2n}$				Y_2	X_2
…									…	

续表

中间投入	中间产品				最终产品				总产品
	1	2	… n	小计	消费	积累	出口	小计	
产业 n	x_{n1}	x_{n2}	… x_{nn}	$\sum_{i=1}^{n} X_{nn}$				Y_n	X_n
劳动投入	L_1	L_2	… L_n						L

实物表的每一行表示某一特定的物质投入，包括被列入实物表的各类产品名称，它们都用实物单位计量。实物表的行还反映了各产业产品的分配情况，其中一部分作为投入，即中间产品供各部门使用；另一部分则作为最终产品，直接用于消费、积累与出口。最终产品和中间产品之和表示一定时期内各类产品的生产总量。实物表的列由中间产品、最终产品和总产品构成，表示某产业为生产一定量的产品需要消耗的各部门产品的数量和劳务量。其中，中间产品栏，其对应的行是各种投入，对应的列是中间产品；最终产品栏，其对应的行是各种投入，对应的列是最终产品。

纵向来看，表中每一列的数字表示该产业进行生产所必需的从包括本产业在内的各个产业购进多少中间产品作为投入，以及最终产品的实物构成。在实物型投入产出表中，每一列的各个数字由于计量单位不同，不能直接相加。

设表中有 $i(i = 1,2,\cdots,n)$ 行，$j(j = 1,2,\cdots,n)$ 列，表中的 X_{ij}，是指第 j 种产品生产时 i 产品的需要量。Y_i 是指第 i 种产品用作最终产品的数量；X_i 是第 i 种产品的生产总量；最后一行劳动投入表示各部门消耗的劳动力投入。

实物型投入产出表描述的是产业间的生产技术关系，且计量值不受价格波动的影响。因此，它比较适于用来研究国民经济中主要产品的生产和使用情况，以及研究产品之间的生产技术联系。但它的每列数字不能加总，故不能得到每种产品生产过程中的物质消耗（投入）总量，加之实物型的统计资料收集较为困难等因素，使它在经济分析中的应用受到了一定的限制。

2. 实物型投入产出表的平衡关系和平衡方程。实物型投入产出表由于用实物单位计量，纵列所显示的消耗产品因计量单位不同不能相加，而同一种产品在横行中分配的流量可以相加。因此，实物表只能列出实物产出分配方程组和劳动分配方程式。

根据以上分析，可得实物型投入产出表的平衡方程：

$$\sum_{j=1}^{n} X_{ij} + Y_i = X_i (i = 1,2,3,\cdots,n) \qquad (9-1)$$

说明总产品数量等于中间产品和最终产品之和。

$$\sum_{j=1}^{n} L_j = V \qquad (9-2)$$

说明劳动力总量等于各个产品所需要的劳动量之和。

（三）价值型投入产出表

价值型投入产出表是实物型投入产出模型的扩充，以货币为计量单位记录了全部的中间产品价值、最终产品价值、毛附加价值及总产值。

表9-2中，X_{ij}表示j产业生产过程中消耗i产业产品的价值量；Y_i表示i产业最终产品的价值；X_i表示i产业的总产值；D_i表示i产业的折旧额；V_i表示i产业的劳动报酬；M_i表示i产业向社会提供的纯收入。

表9-2　　　　　　　　　　　价值型投入产出

投入		中间产品					最终产品				总产出
		产业1	产业2	…	产业n	小计	固定资产更新	积累K	消费W	小计	
物质消耗	产业1	x_{11}	x_{12}		x_{1n}	$\sum_{j=1}^{n}x_{1j}$	G_1	K_1	W_1	Y_1	X_1
	产业2	x_{21}	x_{22}		x_{2n}	$\sum_{j=1}^{n}x_{2j}$	G_2	K_2	W_1	Y_2	X_2
	…	…	…	…	…	…	…	…	…	…	…
	产业n	x_{n1}	x_{n2}	…	x_{nn}	$\sum_{j=1}^{n}x_{nj}$	G_n	K_n	W_1	Y_n	X_n
	小计	$\sum_{i=1}^{n}x_{i1}$	$\sum_{j=1}^{n}x_{i2}$	$\sum_{j=1}^{n}x_{nj}$	$\sum_{j=1}^{n}x_{nj}$						
新创造价值	固定资产折旧	D_1	D_2	…	D_n	D					
	劳动报酬	V_1	V_2	…	V_n	V					
	社会纯收入	M_1	M_2	…	M_n	M					
	小计	N_1	N_2		N_n	N					
总投入		X_1	X_2	…	X_n	X					

1. 投入产出表的组成部分及其意义。价值型投入产出表的行与列同实物型投入产出是一致的，根据投入的来源和产出的流向分类，可将投入产出表分为这几个部分：

中间产品部分，亦称为"内生部分"，是投入产出表的核心部分。它反映在一定时期内一个国家社会再生产过程中各产业之间相互提供中间产品的依存和交易关系。这一部分横向各产业和纵向各产业的排列是相互对应的。横向的数据表示某一产业向本产业在内的所有产业提供其产出的中间产品的状况，亦即中间需求情况。纵向的数据表示某一产业生产中向包括本产业在内的各产业购进中间产品的状况，也就是所有产业向该产业的中间投入情况。

最终产品部分，亦称"外生部分"。它反映各产业生产的产品或服务成为最终品或服务的部分。最终需求可分三个流向：一是消费部分，家庭消费的总和，公共福利、社会保障和行政支出的各种社会性消费；二是投资部分，是由固定资产更新与新增固定资产两部分构成，其中新增固定资产可分为生产性固定资产和非生产性固定资产；三是出口部分。

新创造价值部分,也是一种"外生部分"。这部分包括两块:一块是各产业部门提留的折旧;另一块是各产业部门在一定时期内实现的净产值。净产值又可分为劳动者报酬和社会纯收入两部分。

在任一横行中,对应的纵列数字是各行业的产出结构,反映了生产的产品的分配使用去向,包括供相关产业生产消耗的中间产品和用于消费和投资的最终产品。每一横行的总计为相应产业部门的总产出。列表示某生产部门在生产过程中的各项消耗(投入),包括各个产业提供的中间产品、固定资产折旧(D)、劳动力消耗(V,以劳动报酬来表示)以及其他生产要素的消耗(M,用社会纯收入来表示,包括租金、利息、利润等报酬)。其中,劳动力报酬与社会纯收入为新创造的价值(N)。每一纵列的各项投入之和为总投入(X)。由于各种投入要素转化为其报酬,所以纵列也表示产品生产中价值的形成过程。与实物型投入产出表相比,价值型投入产出表最终产品的纵列,多了"固定资产更新"一列。

2. 价值型投入产出表中的平衡关系。由于价值型投入产出表使用统一的货币计量单位,因而各行、各列中存在平衡关系,而且根据投入产出表三大部分的划分,同一产业的行与列也存在平衡关系。

(1)总产出构成。与实物型投入产出表相似,价值型投入产出表的行表示某一产业总产出的构成。总产出分为中间产品和最终产品两个部分,其平衡关系为:

$$\sum_{j=1}^{n} X_{ij} + Y_i = X_i (i = 1,2,3,\cdots,n) \tag{9-3}$$

(2)总投入构成。列表示某产业的投入来源或价值构成。由于采用统一的货币单位,产业的各种中间消耗可以加总,因而价值型投入产出表的每一列也存在平衡关系。从总价值的角度看,产业的总价值分为中间产品的价值转移和新创造价值两个部分,其平衡关系为:

$$\sum_{i=1}^{n} X_{ij} + D_j + N_j = X_i (i = 1,2,3,\cdots,n) \tag{9-4}$$

(3)产出与投入。在价值型投入产出表中,行存在平衡关系(总产出构成),列存在平行关系(总投入构成),而且行与列之间也存在平衡关系,包括总产出与总投入,最终产品与毛附加价值。

投入产出表的一个重要特点,就是该表具有完整而严密的均衡关系。其中,主要的均衡关系包括:

各产业的总需求 = 该产业的中间需求 + 该产业的最终需求

社会总需求(总产品) = 各产业的中间需求合计 + 各产业的最终需求合计

各产业的总投入 = 该产业的中间投入 + 该产业的附加值

社会总供给 = 各产业中间投入合计 + 各产业附加值合计

各产业中间需求合计 = 各产业户间投入合计

各产业的最终需求合计 = 各产业毛附加值合计

各产业的总需求 = 各产业的总投入,即投入等于产出。

应该注意的是,上述平衡式只有在价值型的投入产出表中才有。而在实物型的表中,由于各产业的投入产出计量单位的不一致,因而不能相加。

三、投入产出模型

投入产出模型是由系数、变量的函数关系组成的数学方程组。建立模型一般分为两步：一是先依据投入产出表计算各类系数；二是依据投入产出的平衡关系，建立投入产出的数学表达式，即投入产出模型。

（一）直接消耗系数和间接消耗系数

根据产业间是否通过其他产业建立联系，可以将产业关联分为直接联系与间接联系，分别由直接消耗系数与间接消耗系数来衡量。直接消耗系数的定义是某一行业生产中直接消耗的另一行业产品在该行业总投入中的占比，即生产一单位价值的行业产品需要直接消耗的另一行业产品的价值，它反映了产业间通过中间投入品这一生产要素形成的直接供求关系。与直接消耗系数对应的是间接消耗系数，投入产出关系的存在意味着某一产业在消耗另一产业的产品时会间接消耗用于生产这些产品的其他产业的产品，间接消耗系数刻画的就是这些间接消耗量在行业总投入中的占比。直接消耗系数与间接消耗系数之和为完全消耗系数，它能够全面地反映某一产业在生产过程中对另一产业中间产品的依赖程度，可以直接由里昂惕夫逆矩阵减去单位矩阵获得完全消耗系数矩阵。

1. 直接消耗系数。直接消耗系数又称为投入系数，其经济含义是指生产 j 产品所直接消耗的 i 产品的数量。其计算方法是依据投入产出表的数据，将所消耗的各种投入要素数量除以各产业部门总品数量。直接消耗系数的计算公式为：

$$\alpha_{ij} = \frac{x_{ij}}{q_j} \quad (i,j = 1,2,3,\cdots,n) \tag{9-5}$$

式（9-5）中，α_{ij} 为直接消耗系数，即生产单位产品 j 所消耗的产品 i 的数量。建立直接消耗系数的目的有三个：一是反映各产品之间生产技术的直接关联程度；二是作为中间产品和总产品之间的媒介变量；三是作为完全消耗系数的基础数据。

需要指出的是，直接消耗系数作为一种生产技术系数，它的大小主要取决于部门的生产技术水平，它的变化也是随着部门生产技术的变化而变化。因此，在一定时期内，由于部门的生产技术保持稳定，直接消耗系数也比较稳定。正是基于这一原因，我们才可能运用这一系数进行各种投入产出分析。应该了解，在现实经济活动中，价值型的直接消耗系数，不仅决定于生产技术因素，在一定程度上还受其他经济因素，特别是价格变动因素的影响。

直接消耗系数表明了生产过程中产出与直接消耗之间共同消长的线性比例关系。一个系数 α_{ij} 的值越大，就表明两个产业（这里均指产品部门或纯部门，下同）之间的技术经济联系越密切。确切地说，系数 α_{ij} 的值（从直接消耗的角度）刻画了 j 部门对 i 部门的直接依赖程度或牵引作用；反过来，也就是 i 部门对 j 部门的直接制约作用或感应程度。一般认为，直接消耗系数矩阵 A 中取值最大的少数系数就是表明产业关联程度的重要系数。这是一对一的产业关联直接测度。

进一步，可考虑一对多的产业关联直接测度。观察表明，直接消耗系数矩阵的列和 $\left(\alpha_j = \sum_{i=1}^{n} a_{ij}\right)$ 反映某个部门生产单位产出对所有相关部门的直接消耗程度；而直接消耗系数矩阵的行和（$\alpha_j = \sum_{j=1}^{n} a_{ij}$）则反映所有相关部门各生产单位产品对某个部门的直接消耗程度。据此，可以定义产业间的直接影响力系数（α）和直接感应度系数（β）。

2. 完全消耗系数。直接消耗系数反映的是两个产业间的产品直接消耗关系。但一种产品对另一种产品的消耗不仅有直接消耗，而且还有间接消耗。例如，生产汽车除了直接消耗电力外，还同时消耗钢铁、轮胎、木材等产品，而生产这些产品也需要消耗电力，这是汽车对电力的第一次间接消耗。进一步分析，在炼钢、制造轮胎、采伐木材的过程中需要消耗生铁、焦炭、橡胶、工具和设备等产品，而生产这些产品也需要消耗电力，这是汽车对电力的第二次间接消耗。这个过程还可以继续推导下去。一般来说，生产一种产品发生多少次间接消耗，根据各产品工艺技术特点的不同而不同。

生产一种产品对某种产品的直接消耗和全部间接消耗的总和被称为完全消耗。相应地，直接消耗系数和全部间接消耗系数的总和就是完全消耗系数，以 b_{ij} 来表示 j 产业产品对 i 产业产品的完全消耗系数。可以汽车生产（设为 j 产业）对电力（设为 i 产业）的完全消耗为例来计算 b_{ij}。从前面的举例可以看出，汽车生产对电力的消耗有很多次，如果用一次一次计算间接消耗的办法去确定完全消耗系数，需要的工作量太大以至于无法做到。但是，汽车生产对电力的直接消耗系数是容易计算的，如果能找到完全消耗系数与直接消耗系数之间存在的某种相互关系，就能够比较简便地从直接消耗系数来推算出完全消耗系数。

完全消耗系数指的是某一产业产品生产过程中对各个产业的全部消耗，其计算公式：$B = (I - A)^{-1} - I$。其中，B 表示完全消耗系数矩阵；$(I - A)^{-1}$ 即所谓的里昂惕夫逆矩阵。完全消耗系数是某产业生产单位产品对各产业部门产品的直接消耗和间接消耗量的总和。

从前面我们知道，直接消耗矩阵为 A，I 为单位矩阵。当各部门都生产一个单位的产品时，需要直接消耗各部门的产品总量为 $X^{(0)} = AI$。这样，第一次间接消耗应为：$X^{(1)} = A^2 I$；第二次间接消耗应为：$X^{(2)} = A^3 I$。因此，第 $k-1$ 次间接消耗应为：$X^{(k-1)} = A^k I$。不难理解，完全消耗矩阵为：

$$B = A + A^2 + A^3 + \cdots + A^k + \cdots \tag{9-6}$$

由矩阵性质可知，当 $k \to \infty$ 时，$A^k \to 0$，可以得到：

$$\begin{aligned} B + I &= A + A^2 + A^3 + \cdots + A^k + \cdots = (I - A)^{-1} \\ B &= A + A^2 + A^3 + \cdots + A^k + \cdots = (I - A)^{-1} - I \end{aligned} \tag{9-7}$$

3. 直接折旧系数。直接折旧系数是某产业部门生产单位产品所提取的直接折旧费用的数额。其计算公式为：

$$a_{Dj} = \frac{D_j}{X_j} \quad (j = 1, 2, 3, \cdots, n) \tag{9-8}$$

4. 国民收入系数。国民收入系数是指某产业部门生产单位产品所创造的国民收入或净产值的数额。其计算公式为：

$$u_{Dj} = \frac{D_j}{X_j} \quad (j = 1, 2, 3, \cdots, n) \tag{9-9}$$

5. 劳动报酬系数。劳动报酬系数是指某产业部门生产单位产品需支付的劳动报酬。其计算公式为：

$$a_{Vj} = \frac{V_j}{X_j} \quad (j = 1,2,3,\cdots,n) \tag{9-10}$$

6. 社会纯收入系数。社会纯收入系数表示某产业部门生产单位产品所能提供的社会纯收入数量。该系数的计算公式为：

$$a_{Mj} = \frac{M_j}{X_j} \quad (j = 1,2,3,\cdots,n) \tag{9-11}$$

案例9.2 中国数字经济的投入产出与产业关联分析

考虑到数字制造业和数字服务业的投入产出结构存在显著差异，在分析数字经济的产业关联时，将数字经济划分为这两个细分行业展开研究，根据合并行业后的中国投入产出表，可以计算出上述反映产业关联的4个系数矩阵。

首先，分析中国数字经济与其他产业间静态的投入产出联系。2017~2020年，直接消耗系数与完全消耗系数矩阵基本保持不变，各产业维持着较稳定的中间投入结构。以2020年为例，计算结果如表9-3与表9-4所示。其中表格的各列表示生产行业；各行表示生产中使用的中间投入品的来源行业。因此，第 i 行第 j 列的系数值表示 j 行业生产一单位产值时需要直接或完全消耗多少来自 i 行业的中间投入。从各产业生产中的直接关联程度来看，传统三次产业对数字制造业及数字服务业的直接消耗系数几乎接近于0，并未直接消耗来自数字产业的中间投入品，主要使用的还是传统产业提供的中间品。但考虑到间接联系后却呈现出不同的现象，完全消耗系数相对于直接消耗系数有了显著提高，其中，传统制造业对数字制造业的完全消耗系数达到0.11，即生产一元传统制造业的产品需要投入0.11元的数字制造业中间产品；而传统服务业对数字制造业和数字服务业的完全消耗系数分别为0.08和0.05。这意味着传统产业已经与数字产业有了初步的融合，在生产过程中投入了一定金额的数字产品或服务，并通过投入产出联系将这种产业融合程度不断放大。但这些系数值仍然相对较低，未来需要进一步推动数字经济与其他产业的深度融合，释放传统产业增长的新动能。

而对于数字产业而言，正如前文所述的投入产出结构，其中数字制造业直接消耗的中间品主要来自本行业、传统制造业和传统服务业；数字服务业直接投入较多的本行业和传统服务业提供的中间品。从完全消耗的角度来看，可以发现一些新的投入特征：第一，数字制造业对传统制造业、传统服务业和本行业的完全消耗系数分别为1.16、0.65、0.88，即在总投入中的主要中间投入实际上并不是来自本行业的产品，而是来自传统制造业的产品，意味着在推动数字制造业发展过程中需要更加关注传统制造业在其中发挥的作用。第二，数字服务业对传统制造业的完全消耗系数达到0.44，接近其对传统服务业的完全消耗系数0.54，且显著高于对本行业的完全消耗系数0.26。这意味着虽然根据前文所述的投入产出结构分析，促进数字服务业发展时应当重点关注传统服务产业，但是传统制造业中间产品在数字服务业的生产过程中其实也起到相当重要的作用。

表 9-3　　　　　　　　　　中国 2020 年各产业的直接消耗系数

产业	直接消耗系数				
	农业	传统制造业	传统服务业	数字制造业	数字服务业
农业	0.14	0.07	0.01	0.00	0.00
传统制造业	0.17	0.49	0.20	0.24	0.06
传统服务业	0.08	0.16	0.30	0.13	0.22
数字制造业	0.00	0.02	0.02	0.45	0.06
数字服务业	0.00	0.00	0.02	0.02	0.19

表 9-4　　　　　　　　　　中国 2020 年各产业的完全消耗系数

产业	完全消耗系数				
	农业	传统制造业	传统服务业	数字制造业	数字服务业
农业	0.20	0.18	0.07	0.10	0.04
传统制造业	0.51	1.30	0.70	1.16	0.44
传统服务业	0.26	0.58	0.62	0.65	0.54
数字制造业	0.03	0.11	0.08	0.88	0.17
数字服务业	0	0.01	0.03	0.07	0.26

资料来源：吴利学，方萱. 中国数字经济的投入产出与产业关联分析 [J]. 技术经济，2022（12）：91-98.

（二）产业的感应度系数和影响力系数

某产业变化发生的波及效果，既与该产业和其他产业间的联系方式有关，又与该产业和其他产业的联系程度与广度有关。产业间的波及效果必然也会在产业联系的各个纽带上反映出来。任何一个产业部门的生产活动必然要影响到其他产业的生产活动，或受到其他产业的生产活动影响。一个产业影响其他产业的"程度"称为该产业影响力，受到其他产业影响的程度称为该产业的感应度。产业影响力和感应度的大小，分别用影响力系数和产业感应度系数来表示。

1. 感应度系数。感应度系数反映的是某个产品部门受到国民经济各部门影响的相对程度，记作 G_i，其计算公式为：

$$G_i = \frac{\sum_{i=1}^{n} b_{ij}}{\sum_{i=1}^{n}\sum_{j=1}^{n} \beta_i b_{ij}} \quad i=1,2,\cdots,n \tag{9-12}$$

其中，β_i 为 i 部门初始投入占国民经济初始投入总量的比例；b_{ij} 为完全消耗系数；n 为整个国民经济中的行业部门个数。某产业的感应度系数若大于 1，表明该产业的感应度系数在全部产业中居于平均水平以上;若小于1,表明该产业的感应度系数在全部产业中居于平均水平以下;若等于1,则表明该产业的感应度系数在全部产业中居于平均水平。

2. 影响力系数。影响力系数反映某个产品部门对于国民经济各部门影响力的相对水平,记作 E_j,其计算公式为:

$$E_j = \frac{\sum_{i=1}^{n} b_{ij}}{\sum_{j=1}^{n} \sum_{i=1}^{n} \alpha_j b_{ij}} \quad j = 1, 2, \cdots, n \quad (9-13)$$

其中,α_j 为 j 部门最终产品占国民经济最终产品总量的比例,其他参数意义同式(9-13)。某产业的影响力系数若大于1,表明该产业的影响力系数在全部产业中居于平均水平以上;若小于1,表明该产业的影响力系数在全部产业中居于平均水平以下;若等于1,则表明该产业的影响力系数在全部产业中居于平均水平。

不同产业的感应度系数和影响力系数,在不同时期、不同国家会由于产业结构的差异而有所区别。一般来说,在工业化过程中,重工业大都表现为感应度系数较高;而轻工业大都表现为影响力系数较高。

(三)生产诱发系数和最终依赖系数

任何原因引起的最终需求变化必然会影响到各个产业的生产活动,这就是生产诱发;任何产业的生产也会由于其最终产品的走向不同而产生对最终产品的依赖,这称为最终依赖。对于这两个问题的度量就是生产诱发系数和最终依赖系数。

生产诱发系数用于计算产业部门的各最终需求项目对生产的诱导作用程度。生产诱发系数测算各产业部门的最终需求(消费、投资、出口等)对生产的诱导程度。

$$生产诱发系数 = 诱发的生产额 / 相应的最终需求额$$

通过投入产出表计算得到的相应的生产诱发系数表,可以揭示和认识一国部门的最终需求项目对各个产业部门诱导作用的大小程度。生产的最终依赖度用来测量各产业部门的生产对最终需求项目的依赖程度大小,即最终需求对各产业生产直接或间接的影响程度就是生产的最终依赖度。

根据方程 $X = (I-A)^{-1}Y$,可以用矩阵中某一行的数值分别乘以按项目分类的最终需求列向量(投资列向量、消费列向量和净出口列向量),得到由每种最终需求项目所诱发的各产业生产额,即最终需求诱发产值额。

根据最终需求依赖度系数,还可以对不同产业生产的最终需求类型进行分类。根据产业生产的最终需求是主要依赖度,不仅考虑了直接影响,还考虑了间接的最终需求的影响。

案例9.3 生产性服务业的产业波及效应分析

从表9-5可看出,2002~2017年,生产性服务业的影响力系数均小于1,说明了生产性服务业对国民经济的拉动作用还较小,对其他产业的辐射作用还有待提高。但是,从时间上看,除2007和2017年出现小幅度下降外,其他年份影响力系数均在增大,表明生产性服务业在国民经济中的作用不断增强,对国民经济的带动作用越来越大。同时发现,金融危机前期,受危机的冲击 2007 年出现下降,而在金融危机后期生产性服务业影响力系数是不断增加的。

表 9-5   2002~2017 年生产性服务业影响力系数情况

行业	2002 年	2005 年	2007 年	2010 年	2012 年	2015 年	2017 年
农林牧渔业	0.75	0.97	0.69	0.74	0.76	0.77	0.69
采矿业	0.78	0.99	0.84	0.92	0.88	1.05	0.82
一般制造业	1.06	0.98	1.07	1.17	1.17	1.20	1.07
装备制造业	1.18	1.05	1.21	1.31	1.31	1.26	1.31
电力、燃气及水的生产和供应业	0.84	0.995	1.02	1.13	1.11	1.21	1.71
建筑业	1.13	0.98	1.10	1.15	1.17	1.19	1.11
生产性服务业	0.83	0.997	0.75	0.80	0.83	0.88	0.87
消费性服务业	0.82	0.98	0.77	0.78	0.76	0.72	0.72

从表 9-6 可看出,生产性服务业的感应度系数除了 2005 年和 2007 年外,其他年份均大于 1,仅次于一般制造业,说明国民经济发展对生产性服务业的带动作用大于平均水平,在 2012 年和 2015 年生产性服务业感应度系数分别为 1.29 和 1.13,在八大行业中排名第 2,仅次于一般制造业。到了 2017 年生产性服务业的感应度系数为 1.51,超过一般制造业,排名第 1 位。这一方面反映了国民经济其他产业部门的发展对生产性服务业的需求很大;另一方面说明了生产性服务业逐渐成为国民经济的支柱产业。

表 9-6   2002~2017 年生产性服务业感应度系数情况

行业	2002 年	2005 年	2007 年	2010 年	2012 年	2015 年	2017 年
农林牧渔业	0.78	0.44	0.54	0.68	0.67	0.62	0.70
采矿业	0.73	0.39	0.63	0.88	0.89	0.69	0.51
一般制造业	2.12	2.14	1.97	2.34	2.32	2.09	1.44
装备制造业	1.35	1.07	1.09	1.3	1.16	1.15	0.86
电力、燃气及水的生产和供应业	0.63	0.37	0.69	0.81	0.76	0.73	0.48
建筑业	0.44	0.03	0.29	0.35	0.38	0.34	0.25
生产性服务业	1.34	0.89	0.84	1.11	1.29	1.13	1.51
消费性服务业	0.61	0.25	0.44	0.53	0.53	0.51	0.45

综合表 9-5 和表 9-6 可知,大多数年份生产性服务业的感应度系数均大于影响力系数。而 2005 年其影响力系数大于感应度系数,说明生产性服务业对国民经济的带动作用小

于其他部门对它的推动作用,这可能是由于生产性服务业中多数行业仍拘泥于传统生产性服务业、从事低端制造和产品质量不够高等所导致。同时发现生产性服务业的影响力系数和感应度系数均呈增长态势,说明中国经济有向后工业化发展的趋势。

资料来源:毛晓蒙,刘明. 生产性服务业的产业关联与波及效应 [J]. 统计与决策,2021 (18):116–119.

本章小结

◆产业关联是指产业之间以各种中间产品消耗为纽带建立技术经济联系。与实物形态的关联相比,价值形态的关联分析具有更强的实用性。

◆投入产出分析是研究经济系统部门间投入与产出相互依存关系的经济数量分析方法,主要分析工具是投入产出表和投入产出模型。投入产出表是记录各产业投入来源和产出去向的棋盘式表格,直观展现了产业间复杂的投入产出关系以及国民经济的平衡关系。

◆直接消耗系数是指生产单位产品对某一产业产品的直接消耗量,它反映了两个产业间的直接消耗关系。但一种产品对另一种产品的消耗不仅有直接消耗,而且还有间接消耗。一种产品对某种产品的直接消耗和全部间接消耗的总和被称为完全消耗。相应地,直接消耗系数和全部间接消耗系数的总和就是完全消耗系数。

◆产业波及效果是以投入产出关系为传导机制的产业连锁反应过程,其波及源主要包括最终需求的变化和毛附加值的变化(资本、劳动和技术等)。一个产业发生变化对相关产业产生影响,进而对总产出产生影响。

复习思考题

1. 名词解释。

产业关联 直接消耗系数 完全消耗系数 前向关联 后向关联 产业波及 产业的感应度系数

2. 简答题。

(1) 产业关联有哪些方式?

(2) 试简述投入产出表的构成。

(3) 简述实物投入产出模型和价值投入产出模型各自最重要的特点。

(4) 举例说明间接关联与间接消耗。

3. 自评自测题。

(1) 产业关联分析是由经济学家(　　)首先提出来的。

A. 瓦西里·里昂惕夫　　　　　　B. 亚当·斯密

C. 凯恩斯　　　　　　　　　　　D. 魁奈

(2) 汽车工业与采油设备制造业发生了(　　)。

A. 直接联系　　B. 间接联系　　C. 前向关联　　D. 后向关联

(3) 各产业部门提留的折旧体现在价值型投入产出表中的(　　)部分。

A. 毛附加值部分　　B. 中间产品　　C. 最终产品　　D. 固定资产更新

(4) 产业关联分析的基本工具是（　　）。

A. 逆矩阵系数表　　B. 最小二乘法　　C. 投入系数表　　D. 投入产出表

(5) 下列说法中不正确的有（　　）。

A. 中间需求率+最终需求率=1

B. 某产业中间投入率越高，附加价值率越低

C. 某产业中间投入率越高，附加价值率越高

D. 附加价值率+中间投入率=1

4. 延伸阅读材料。

[1] 徐映梅，张雯婷. 中国数字经济产业关联网络结构分析 [J]. 统计与信息论坛，2021，36 (08)：30-42.

[2] 刘波. 中国非正规经济的就业效应研究——基于投入产出模型 [J]. 统计研究，2021，38 (02)：87-98.

[3] 孙飞红. 知识生产部门对国民经济的影响研究——基于投入产出分析 [J]. 宏观经济研究，2020 (12)：109-120.

[4] 李岚，赵果庆. 云南产业关联效应测度与比较研究——基于投入产出表结构分解 [J]. 经济问题探索，2020 (06)：88-95.

[5] 冯明，闫冰倩. 金融业增加值占GDP比重上升背后的事实——基于投入产出表的结构性视角 [J]. 当代财经，2020 (05)：48-61.

[6] 陈鸣，杨颖梅，郭华. 基于投入产出表的科技支持效率测度研究 [J]. 科技管理研究，2020，40 (08)：65-71.

[7] 项莹，赵静. 中国省际高技术产业非竞争型投入产出表编制及应用研究 [J]. 数量经济技术经济研究，2020，37 (01)：122-140.

[8] 张兴龙. 投入产出关联对资源错配损失效应的放大机理及实证——基于中国投入产出表的分析 [J]. 产业经济研究，2019 (04)：23-36.

第十章 产业结构理论

■ 本章内容提要

本章主要介绍了产业结构的内涵、产业结构演变的影响因素、产业结构的演变规律、产业结构政策以及中国产业结构的历史演进等。通过本章的学习有助于了解产业结构的基本内涵,掌握产业结构演变的影响因素及其规律,理解产业结构政策,了解中国产业结构的历史演进等。

第一节 产业结构演变的影响因素

"结构"原本的含义是指组成整体的各部分的搭配与安排,强调事物整体的各个构成部分的组合及其相互关系。

1957年,日本经济学家筱原三代平发表了题为《产业结构与投资分配》的论文,提出产业结构的概念应指产业之间的结构,表明一个国家所有产业的净产值或投入的资本等经济指标在各产业中的分布状况或比例关系。

产业结构顾名思义,主要是指国民经济中产业的构成及其相互关系。产业结构既可以用于解释构成产业总体的产业类型、组合方式,各产业之间的本质联系,各产业的技术基础、发展程度及其在国民经济中的地位和作用,也可以用于解释产业之间在数量比例上的关系、在空间上的分布结构等。随着对产业经济研究的不断深入,产业结构的内涵逐步明确化,形成了相对能够为学术界接受的内涵。所谓产业结构,指在社会再生产过程中,一个国家或地区的产业构成以及产业间的技术经济联系。一般而论,产业结构可以从两个角度来考察:

一是从"质"的角度动态地揭示产业间技术经济联系,以及联系方式不断发生变化的趋势,揭示经济发展过程的国民经济各部门中,起着主导或支柱地位的产业部门不断替代的规律及其相应的结构效应,从而形成狭义范畴上的产业结构理论。

二是从"量"的角度静态地研究和分析一定时期内产业间联系与联系方式的技术经济数量比例关系,即产业间"投入"与"产出"的量的比例关系,从而形成产业关联理论。因此,从这个角度来看,广义范畴上的产业结构理论在狭义产业结构理论的基础上,还应将产业关联理论涵盖其中。

产业结构演变的影响因素是极其复杂的,涉及多个方面的影响,包括资源供给结构的影响、需求因素的影响、科学技术因素、国际经济关系的影响等。

一、资源供给结构对产业结构的影响

资源供给结构,包括一个国家或地区的自然资源禀赋状况,以及劳动力和资本的拥有状况和它们之间的相对价格。

(一)自然资源禀赋

一个国家与地区的自然资源禀赋对其产业结构的形成与演变具有重要的影响。H-O理论(赫克希尔与俄林理论)所强调的地区的资源禀赋条件和不同商品的不同生产函数对贸易分工产生了决定性的影响,一个国家或地区倾向于出口用其相对富足的要素密集生产的商品,而进口用该国或地区相对稀缺的要素密集生产的商品。按此理论拥有丰富自然资源的国家,其资源开发型的产业所占比重相当大;而资源匮乏的国家中,资源开发型的产业所占比重非常小。因此,那些自然资源丰富的国家,其产业结构不同程度地具有典型的资源开发型的特性。自然条件,例如温度、湿度、地质地貌、水资源等直接影响农业的发展;而矿产资源,则直接影响采掘工业、能源工业的发展。由于自然资源禀赋是一个国家或地区经济发展

的基础因素，所以对一个国家或地区的产业形成与产业结构演变具有非常重要的影响。然而，随着科学技术的发展，生产中对自然条件、自然资源的依赖逐步下降，自然资源禀赋对国家或地区产业结构的影响作用也在不断弱化。

（二）劳动力要素

劳动力是最为重要的生产要素之一，劳动力供给的数量与质量将对产业结构产生显著影响。纵观世界经济发展历程，历次科技革命引发的产业革命都伴随着复杂劳动对简单劳动的不断替代。劳动力资源丰富的国家和地区，更适合发展劳动密集型产业；劳动力素质高，受教育程度较高的国家和地区，发展技术密集型产业更为有利，从而实现产业高度结构化；劳动力成本高的国家与地区，在产业选择方面更适宜选择资本和技术密集型的产业。只有如此，才能形成合理的产业结构，充分利用劳动力资源，带来更高的经济效益。

此外，劳动力在产业间的转移对产业结构升级、优化也具有一定的影响。是否能够向新兴的或者发展扩大的产业源源不断地转移劳动力，是产业结构不断演进的重要条件。劳动力如果缺乏这种可转移性，将阻碍产业结构的优化升级。劳动力在产业间的转移不仅需要有量的保证，而且要有质的保证，即劳动力的教育和训练水平、掌握高度技术和技能的能力也非常重要。

（三）资本要素

资本也是重要的生产要素之一，是产业维持与扩张的重要条件，资本要素占有量的多寡是影响产业结构的重要因素。资本要素的总量规模、增长速度、充足程度、价格水平，直接影响产业的形成和发展。资本总量规模越大，越有利于发展重工业，因为重工业耗资巨大，只有达到最低资本规模，重工业才能发展；资本越是短缺，其价格越高昂，越是阻碍重工业、部分高新技术产业等产业的发展；资本越是充足，价格低廉，越有条件调整不合理的产业结构，拉长短线产业，发展资本密集型产业和高新技术产业，促进产业结构的合理化和高级化。

二、需求结构对产业结构的影响

需求结构是制约产业结构的需求因素中最直接最主要的因素。生产为了需求，需求存在多层次、不同种类的区别，需求结构决定生产结构，生产结构从某种意义上说是产业结构，需求结构的状况及其变化，必然决定和影响产业结构的现状与演变。需求包括消费需求、投资需求、政府部门的需求以及国外部门的需求，而其中最重要的是消费需求与投资需求两部分。因此，需求结构对产业结构的影响，也主要来自消费结构、投资结构、消费与投资的比例结构这三个方面。

（一）消费结构

消费结构是指消费种类的构成，各类消费支出在消费支出总额中所占的比重及其相互关系。消费主要是指生活消费，是人们对于最终消费品与劳务的消费。随着经济的发展，人们对消费品和劳务消费的需求种类和各类需求的数量在不断变化，因此影响着产业的种类及规模产生持续变动，从而导致了产业结构的状况不断演进。消费结构主要影响生产生活消费资料的产业的构成。一般而言，消费结构又受到经济发展水平、人均收入水平、人口规模及结构、物价水平、消费政策等多方面的影响，并随着这些因素的变化而变化。

消费需求的类型多样，按照层次不同可分为生存需求、发展需求和享受需求；按消费水平高低不同又分为温饱型、小康型以及富裕型等。对于人们来说，首先满足的是生存需求；其次才是发展和享受的需求，这是消费结构变动的演变规律。德国作家、诺贝尔文学奖获得者托马斯·曼（1875~1955年）写的一部长篇小说《布登勃洛克一家》中，布登勃洛克四代追求的需求不断发生更迭。第一、二代追求的是金钱，通过经商积累了大量的财富；第三代追求的是社会地位；第四代追求的则是音乐、家族的发展，这个变化的过程恰恰是消费需求结构同步演变的过程。

从经济发展的规律来看，随着人均收入水平的提高，人们用于衣、食、住、行以及文化、娱乐、休闲的支出在消费支出总额中所占的比重会发生一定的变化，消费结构也会发生相应的变化。德国著名的社会统计学家恩格尔曾经研究了以食物支出为代表的农业产品需求与人们收入水平之间的关系，并总结得出了恩格尔定理，即随着人均收入水平的提高，人们用于食物的支出占消费总支出的比重呈不断下降的规律。消费结构的变化规律直接制约着生产消费品产业的结构变动，引起相应产业的收缩或扩张、衰退或发展，进而导致整个产业结构的变动。

（二）投资结构

投资结构是指投资在国民经济的各部门、各行业、各地区之间的分配情况和比例关系。投资结构也是制约产业结构的直接影响因素。投资提供产业发展所需的资金，形成新的生产能力甚至新的产业，扩大对生产资料的需求。投资结构能够从多方面影响产业结构的形成与变动。首先，投资在各产业之间的分布和比例不同，会引起各产业不同程度的发展，导致产业结构的变动；其次，投资作为增量可以引起产业存量的变化，也会导致产业之间数量比例关系的变化；再次，不同的投资方向会形成对生产资料的不同需求，引起生产资料产业构成的变动；最后，由于投资结构与消费结构变化具有同步性的特点，从而会进一步促进产业结构的变动。

（三）消费与投资的比例结构

消费需求与投资需求的比例结构是需求结构的重要方面，也是制约产业结构的直接影响因素。消费与投资的比例关系直接决定生产消费资料的产业与生产资料产业的比例关系；消费与投资比例的变化会直接引起生产消费资料的产业与生产资料产业的比例的变化。在工业化过程中，所表现出来的生产资料产业增长更快、比重逐步增大，消费资料产业增长相对缓慢、比重相对缩小的产业结构变动的趋势，正是消费与投资比例结构变化的结果。

三、科学技术因素对产业结构的影响

科学技术也是影响产业结构的重要因素之一。科学技术因素包括科技水平和科技创新发展的能力、速度，以及创新方向等。技术进步加速了衰退产业的退出过程，同时也导致了一些新兴产业的快速形成与发展。此外，不同产业的技术进步差异还将导致其由于生产效率的差异而呈现不同的发展轨迹。一些技术水平提高较快的产业，由于成本下降的速度较快，利润增加快速，从而导致资源大量流入，该产业将在经济增长中占有越来越大的优势，导致该产业在产业结构中所占的比重也趋于上升。产业发展的历史表明，技术水平的不同决定了劳动生产率的差异，而技术进步又会进一步催化这种差异的扩大。由于产业结构转换的动力部分来自劳动生产率的差异，表现为生产要素从劳动生产率低的部门向着劳动生产率高的部门进行转移，从而产业的发展呈现了不同的路径，有些产业因此进入衰退期，而有些产业则相应进入产业生命周期的快速发展期。

一国或者一个地区的产业结构表现为一定的生产技术结构，如果其生产力和生产技术水平较低、手工劳动占主导地位时，生产社会化程度就相对较低，产业部门的数量较少，产业间的联系也较为松散。随着生产力和科学技术的发展，产业分工与合作逐步深入，促使产业结构演变，不断实现优化。对于任何产业部门，新技术、新工业的出现都可能给整个产业结构带来新的变化。因此，科学技术的进步是引起产业结构变动最为重要的因素之一。

四、国际经济关系的影响

产业结构不仅受到各种国内因素的影响，还要受到许多国际因素的制约。影响一国产业结构状况及其变动的国际经济因素，主要有国际分工与贸易、国际投资、国际产业转移等。

（一）国际分工与贸易

在经济全球化的背景下，各国都积极发展对外贸易，参与国际分工。开放经济条件下，国际贸易对产业结构的影响日益突出，贸易战略与政策的差异导致各国的产业结构调整和工业化所处的阶段不同，其产业结构调整的速度和状态也不同。国际分工与贸易影响产业结构的效应有直接效应和间接效应两种。直接效应即一个国家可以利用国际分工与贸易带来的国外需求和规模经济直接带动本国具有比较优势产业的发展，使得该产业在国民经济中的比重上升。间接效应可以为三种：收入效应，是指一国通过参与国家分工与贸易，带动经济增长和国民收入水平的提高；关联效应，是指一国参与国际分工，在比较优势产业获得迅猛发展后，会通过前后向产业关联影响其他产业的发展；替代效应（或称挤出效应），在国际分工与贸易的影响下，优势产业的发展势必会挤占其他产业发展所需要的资源，从而对非优势产业，尤其是可贸易性较弱的服务业的发展起到挤出作用。国际分工与贸易对产业结构的影响还可以通过赤松要的雁形形态理论来进行说明，例如一国对新产品、新技术的进口，有助于为本国发展同类产业创造条件，推动本国的产业结构高度化。

（二）国际投资

国际投资包括本国资本的流出与国外资本的流入，对外投资会导致本国产业对外转移，而国外资本的流入促使国外产业向国内转移。其中，国外直接投资对国内产业结构的影响更为直接和深远，国际直接投资直接影响一国的投资结构。首先，国外直接投资决定了生产方式、生产技术、产品品种和数量，会直接改变一国原有的产业结构；其次，国外直接投资中间产品的供应结构和最终产品销售结构的变化导致国内供应结构和需求结构的改变,从而促使国内产业结构发生相应的变化;外资企业的技术创新与管理模式也会对一国的产业结构产生间接影响。

(三) 国际产业转移

国际产业转移,其实际是跨国公司根据国家或区域的要素禀赋,对其经营、生产的各个环节进行全球配置。

发生在20世纪50~60年代的第一次国际产业转移,是以欧美国家将劳动密集型产业转移到日本等国家。发生在20世纪70~80年代的第二次国际产业转移,则从美国、日本、西欧转移到东亚和拉美地区。此时期,亚洲的韩国、新加坡、中国台湾、中国香港等国家或地区经济取得了飞速发展,拉美的巴西、墨西哥与阿根廷也相继完成了工业化进程。始于20世纪90年代至今的第三次国际产业转移,则进一步由欧、美、日、韩等国转移至中国、印度等国。

国际产业转移,不仅对转出地区的产业结构产生作用,对于承接地区的产业结构同样影响重大。产业的转移有助于传统产业比较优势的升级,使承接区域的产业结构中拥有先进技术部门的数量与比例同步增加,区域产业结构体现出高级化的趋势,有助于地区的主导产业的形成与发展。

第二节 产业结构演变规律

考察和把握产业结构演变的一般规律是产业结构问题研究的重要任务。产业结构是经济增长形成的结果,同时也是未来经济增长的基础,成为推动经济发展的主要因素。产业结构与经济发展的阶段相适应,伴随着经济的发展,产业结构呈现由低级向高级演变的过程。根据发达国家与新兴工业化国家的发展实绩,产业结构的演变主要呈现以下的规律性。

一、配第—克拉克定律

早在17世纪,英国经济学家威廉·配第(William Petty)在他的知名著作《政治算术》中就指出,制造业比农业,进而商业比制造业,能够得到更多的收入。这种不同产业之间相对收入上的差异,会促使劳动力向能够获得更高收入的部门移动。

1940年,英国经济学家科林·克拉克(Colin Clack)在著名经济著作《经济进步的条件》一书中,通过对四十多个国家和地区不同时期三次产业劳动投入与产出资料的整理和比较,揭示了其中的规律:随着经济的发展和人均国民收入水平的提高,劳动力首先由第一产业向第二产业转移,进而再向第三产业转移;从劳动力在三次产业之间的分布状况来看,第一产业的劳动力比重逐渐下降,第二产业特别是第三产业劳动力的比重则呈现增加的趋势。人们将这种由人均收入变化引起产业结构变化的规律称为"配第—克拉克定律"。

二、库兹涅茨法则

1941年，美国经济学家库兹涅茨（Simon Smith Kuznets）在《国民收入及其构成》一书中，阐述了国民收入与产业结构之间的重要联系：产业结构和劳动力的部门结构将随着经济增长而不断发生变化；劳动收入在国民经济中所占的比重趋于上升，财产收入的比重趋于下降；政府消费在国内生产总值中的比重趋于上升，个人消费比重趋于下降。他考察了总产值变动和就业人口结构变动的规律，揭示了产业结构变动的总方向，从而证明了配第—克拉克定律。他发现的这种变化规律，即产业结构的变动受人均国民收入变动的影响，被称为库兹涅茨人均收入影响论。

库兹涅茨从配第—克拉克的定律出发，进一步研究了第一、二、三次产业所实现的国民收入的比例关系及其变化，使国民收入在三个产业分布状况的变化趋势同劳动力分布状况的变化趋势结合起来。为此，库兹涅茨收集并整理了二十多个国家的数据，通过分析，得出了如下的结论：

第一，农业部门（即第一产业）实现的国民收入，随着年代的延续，在整个国民收入中的相对比重同农业劳动力在全部劳动力中的相对比重一样，处于不断下降之中。

第二，工业部门（即第二产业）国民收入的相对比重，大体来看是上升的，然而，工业部门劳动力的相对比重，将各国的情况综合起来看是大体不变或略有上升。

第三，服务部门（即第三产业）的劳动力相对比重，差不多在所有国家里都是上升的。但是，国民收入的相对比重却未必和劳动力相对比重的上升是同步的。综合来看，是大体不变，略有上升。

以上三条是按照时间推移所作的时间序列分析得出的结论。这类分析还可以用横断面分析来进行，即对处于同一时间段的人均国民收入水平不同的国家，由低到高进行排序比较，结果发现：

第一，第一产业的相对国民收入（即比较劳动生产率）在大多数国家都低于1，而第二、三产业的相对国民收入则大于1。从时间分析来看，农业相对国民收入呈下降的趋势表明，在劳动力相对比重和国民收入相对比重均下降的情况下，国民收入相对比重下降的程度超过了劳动力相对比重下降的程度。可见，农业劳动相对比重和农业实现的国民收入相对比重的减少，是任何国家在经济发展到一定阶段上的普遍现象。

第二，第二产业国民收入相对比重的上升是普遍现象，但劳动力相对比重的变化由于不同国家工业化水平的不同而有差异，综合来看是微增或没有大的变化。因此，相对国民收入就是上升的。这说明工业化达到一定的水平以后，第二产业不可能大量吸引劳动力。然而，从相对国民收入来看，唯独第二产业是上升的。这说明在一个国家的经济发展中，在国民收入特别是人均国民收入的增长方面，第二产业有较大贡献。

第三，第三产业的相对国民收入，从时间序列分析来看，一般表现为下降趋势，但劳动力的相对比重是上升的。这说明第三产业具有很强的吸收劳动力的特性。但是，劳动生产率的提高并不快。由于第三产业具有对劳动力的强吸附特性，往往称为劳动力的大蓄水池。综合来看，第二产业是这三个产业中规模最大的一个，无论从劳动力的相对比重，还是国民收入的相对比重上看都占一半以上。

库兹涅茨的研究主要是针对 20 世纪 60 年代以前资本主义国家现代经济发展过程中三次产业变动的趋势。但是，20 世纪 60 年代以来，发达资本主义国家产业结构发生了新的趋势性变动，即第二产业无论从劳动力还是从国内生产总值的相对比重来看都呈现下降趋势。因此，产业结构变动的新格局是：第一、二产业就业人口比重和国内生产总值的相对比重下降；而第三产业则保持上升的趋势。这表明产业结构演变进入了一个新的阶段。

综合以上研究成果，从产业结构的演变来看，区域经济发展大致可以划分为三个阶段：第一阶段，生产活动以单一的农业为主的初级阶段，农业劳动力在就业总数中占绝对优势；第二阶段，工业化阶段，其标志是第二次产业大规模发展，在这一阶段，三次产业的变动大致符合库兹涅茨所揭示的规律；第三阶段，是后工业化阶段，其标志是工业，特别是制造业在国民经济中的地位下降，而第三产业的地位则持续上升。

三、工业结构的高度化规律

在产业结构演进和区域经济发展过程中，工业化发展的作用至关重要。工业化以 18 世纪 60 年代英国产业革命为起点，在发达国家经历了 200 多年的发展历程，到 20 世纪七八十年代，工业无论是国民收入相对比重还是吸收劳动力相对比重都处于下降状态，说明发达国家工业化进程已完结，进入后工业化阶段，但是包括中国在内的世界上绝大部分发展中国家的工业化仍在继续。工业的发展和工业化进程表现出内在的规律性，即工业结构的高度化规律，具体是指工业化进程中的工业结构重工业化、深加工化和技术集约化的总体趋势。

（一）工业结构的重工业化

工业结构的演进朝着由以轻工业为中心的工业结构向以重工业为中心的工业结构发展，这种现象通常称为工业结构的重工业化。

一个国家或地区由于受到诸多条件的限制，工业化一般都是从投资少、建设周期短、见效快、技术要求不高、吸收劳动力多的轻工业开始。美国从 18 世纪末开办了第一家棉纺厂，直到 20 世纪 20 年代初将近一个半世纪的时期中，轻工业产值在工业总产值中的比重高于重工业。但是，随着工业化的进展，一定时期内重工业的比重将不断上升，工业结构的演进朝着由以轻工业为中心的工业结构向以重工业为中心的工业结构发展，这种现象通常称为工业结构的重工业化，世界各国经济发展的历程都表明了这一点。

德国经济学家霍夫曼（Walther Gustav Hoffmann）对工业化问题展开了许多富有开创性的研究，他根据近 20 个国家的经济发展数据，分析了制造业中消费资料工业和生产资料工业的比例关系，即霍夫曼系数，并在 1931 年《工业化的阶段与类型》一书中，提出了被称为霍夫曼定理的工业化阶段理论。所谓"霍夫曼定理"，就是指在工业化的进程中霍夫曼系数是不断下降的。

$$霍夫曼系数 = 消费资料工业净产值／生产资料工业净产值$$

按照霍夫曼系数的大小，霍夫曼将工业化进程分为四个阶段。在工业化的第一阶段，霍夫曼系数为 5 左右，此时，消费资料工业的生产在制造业中占统治地位，生产资料工业的生产不发达；在第二阶段，霍夫曼系数为 2.5 左右，与消费资料工业相比，生产资料工业获得较快的发展，但是消费资料工业的规模，显然还是比生产资料工业的规模大得多；第三阶段，霍夫曼系数在 1 左右，消费资料工业和生产资料工业的规模达到大致相当的状况；第四阶段，霍夫曼系数小于 1，生产资料工业的规模大于消费资料工业的规模。

霍夫曼还详细测算了若干国家霍夫曼系数的数值及变化，通过与霍夫曼工业化阶段指标相比可以得出，在 20 世纪 20 年代，巴西、智利等国家处于工业化第一阶段；日本、加拿大等国家处于工业化的第二阶段；英国、美国等国家处于工业化的第三阶段；处于第四阶段的国家在当时尚未出现。

然而，美国经济学家库兹涅茨和日本经济学家盐野谷佑一在进行了大量的实证研究后提出：当工业化发展到一定阶段后，霍夫曼系数基本保持不变，而重工业的比重持续上升。

为什么会出现这种情况，霍夫曼系数不变与重工业化过程是否矛盾。实际上，二者并行不悖。霍夫曼研究时将消费资料工业的划分界定为轻工业，将生产资料工业界定为重工业，而实际上这二者的划分并不完全相同。轻工业是指以农产品为原料的加工工业，主要生产消费资料；重工业是指以非农产品为原料的加工工业，既生产生产资料，也生产消费资料，例如耐用消费品的生产虽然属于消费资料，但是同属于重工业。随着人们消费水平的提高，越来越多的消费品属于重工业生产领域，因此，霍夫曼系数中的消费资料工业既包括轻工业，也包括部分重工业。并且，随着工业化程度的加深，重工业部分的比重不断提高。

（二）工业结构的深加工化

在工业化过程中，无论是轻工业还是重工业，都会表现为由原材料工业为中心的结构逐步转向以深加工工业和组装工业为主，即所谓的深加工化。工业结构的深加工化反映了工业增长对能源、原材料依赖程度逐步下降的趋势，工业的发展越来越多地依赖于资本与技术的投入。

表 10-1 的数据显示日本几个工业行业在 1955～1975 年的 20 年期间出厂销售总额和职工人数两个指标的变化情况，通过不同行业增长速度差异的分析，可以看出其工业结构高度化的趋势。显然，纺织业对于服装、服饰业，木材业对于家具、木器业，钢铁和有色冶金工业对于各种机械工业，前者是原材料工业，后者是组装加工工业，组装加工工业增长速度是原材料工业增长速度的 2～5 倍不等，体现出日本工业结构的深加工化过程。

表 10-1　　　　　　　　　　日本工业结构的深加工化

行业	出厂销售总额（10 亿日元）			职工人数（千人）		
	1955 年	1975 年	1975 年/1955 年	1955 年	1975 年	1975 年/1955 年
纺织	1 096	6 457	5.89	1 061	996	0.94
服装、服饰	85	2 180	25.65	144	531	3.69
木材	274	3 618	13.20	383	465	1.21
家具、木器	65	1 974	30.37	145	315	2.17
钢铁		11 306	17.39	276	506	1.83
有色冶金	650	3 909	13.96	99	209	2.11

续表

行业	出厂销售总额（10亿日元）			职工人数（千人）		
	1955年	1975年	1975年/1955年	1955年	1975年	1975年/1955年
普通机械	280 312	10 611	34.01	383	1 103	2.88
电气机械	251	10 821	43.11	233	1 214	5.21
运输工具	371	14 881	40.11	322	945	2.93
精密仪器	56	1 729	30.88	79	239	3.03
金属制品	219	6 537	30.01	358	855	2.39

日本经济学家佐贯利雄提出，第二次世界大战后日本的工业化过程依次依赖于三组产业的支撑，第一组是电力工业；第二组是石油冶炼、石油化工、钢铁和造船；第三组是汽车和家电。这三组工业接替领先，互相带动，共同促进了日本第二次世界大战后经济的高速发展，使日本工业结构在实现重工业化的同时走向深加工化。

（三）工业结构的技术集约化

工业结构的技术集约化，即在工业结构深加工化的过程中，进一步表现出技术集约化的趋势。技术集约化不仅表现为所有制造业部门都采用越来越高的技术、越来越先进的工艺并实现自动化，而且表现为大批以技术密集为特征的高技术产业得以兴起与发展，并逐步成为工业的主体。技术集约化过程中，科学技术将日益成为工业发展中最重要的资源。

产业结构高加工度和高附加值化规律存在的原因：一是加工程度提高，使原材料价值相对下降。二是技术进步，单位产品原材料消耗量减少，对原材料的需求相对减少。三是技术进步出现了许多替代品。更主要的是利益因素。科技进步、知识增加，使人们不仅知道怎样进行深加工、增加附加值，而且也懂得提高加工度、增加附加值的重要意义。通过提高加工程度，人们能够更充分有效地利用劳动对象，生产出种类更多、功能更全、性能更好、质量更高的产品，满足人们更高层次的、更为复杂多样的需要，而且其附加值也会更大，高附加值能够带来高效益。所以，产业的加工度和附加值必然越来越高，产业结构中高加工度和高附加值的产业必然越来越处于主导地位。

第三节　产业结构优化

一、产业结构优化的内涵与内容

（一）产业结构优化的内涵

产业结构优化是指通过调整产业结构，实现各个产业协调发展和产业总体水平不断提高的过程。具体来说，产业结构优化应包括三个要点：第一，产业结构优化是一个动态优化的过程，是产业结构逐步趋于合理，不断升级的过程，在一国经济发展的不同阶段，产业结构优化的衡量标准是不同的；第二，产业结构优化是一个相对的概念，并不是指产业结构水平的绝对高低，而是在既定目标下，调整产业结构，使之与现阶段各国各区域的资源条件、科技发展水平、经济发展水平、人口规模、国际贸易合作等相适应；第三，产业结构优化的实质是实现资源在产业之间的优化配置和高效利用，促进产业经济协调、稳定、高效发展。

一般来说，产业结构优化主要包括两个方面的内容：推动产业结构合理化和产业结构高度化。合理化表现为各产业间的相互协调，即依据产业关联技术经济的客观比例关系，来调整不协调的产业结构，实现供求结构均衡、各产业部门协调发展并取得较好结构效益的产业发展过程；高度化遵循产业结构的演化规律，强调的是通过创新，加速产业结构不断向低消耗、高附加值、高技术化和高集约化演进，从而使资源得到更有效、更充分的利用。因此，产业结构优化过程就是通过政府的有关产业政策调整影响产业间结构变化的因素，实现资源优化配置与再配置，来推进产业结构的合理化和高度化。

（二）产业结构优化的内容

1. 产业结构优化的目标。产业结构优化的目标通常是由经济决策者根据对经济形势的主观判断和期望来确定的。一般而言，产业结构优化的目标是实现资源配置最优化与宏观经济效益最大化。但是，如果经济决策者对经济形势作出了不准确的判断，那么据此而确定的产业结构调整目标就不一定是产业结构优化的目标。

2. 产业结构优化的对象。

（1）供给结构的优化。供给结构的优化，是指作为生产要素的资本、劳动力、自然资源、技术等的供应数量及比例关系的优化。

（2）需求结构的优化。需求结构的优化，是指来自个人或家庭、企业、政府以及国外部门等的需求结构，以及中间需求与最终需求的比例、投资与消费的比例等的优化调整。

（3）国际贸易结构的优化。国际贸易结构的优化，是指对不同产业间进出口结构和同一产业间进出口结构的优化调整。

（4）国际投资结构的优化。国际投资结构的优化，是指本国资本的流出与外国资本流入的数量及比例关系的优化，以及本国资本流出在不同产业之间的比例和外国资本的流入在本国不同产业之间的比例等的优化调整。

二、产业结构合理化

（一）产业结构合理化的内涵

产业结构合理化是指各产业内容保持符合产业发展规律和内在联系的比例，保证各产业持续、协调发展，同时实现各产业之间协调发展。

（二）产业结构合理化的内容

产业结构合理化包括三个相互联系的内容：从静态方面来看，三次产业以及各次产业内部的比例要相互适应。这不仅是经济增长和发展的结构，而且也是经济进一步增长和发展的条件，因而它们之间比例关系的协调不仅要符合经济运行过程的内在要求，而且要适应国民经济的发展。即使是相对静态的比例关系，也要反映动态过程的一般特点；从动态方面来看，各次产业内部以及三次产业之间增长与发展的速度要相互协调，即在产业联系的基础上，产业结构合理化要反映部门之间投入产出关系的变动；从质态方面来看，各产业部门的联系、变动和流向要符合经济发展过程的一般规律。这是产业结构合理化的高层次内容。

（三）产业结构合理化的本质

产业结构合理化的本质是协调。这里的协调不是指产业之间的绝对协调，而是指各产业之间有较强的互补和谐关系和相互转换的能力，其实质是社会资源在各产业的重新配置，以达到产业结构合理化的要求。只有强化产业之间的协调，才能提高其结构的聚合质量，从而提高产业结构的整体效果。这种协调状态一般包括以下几个方面：

1. 产业素质的协调。产业结构作为一个系统，若要取得较高的系统运行效率，则系统的构成要素——各个不同的产业——应当具有基本相同的素质。对产业素质的衡量，可以通过比较劳动生产率这一指标来判断。在现实经济中，由于存在技术进步速度不均等规律，各产业间的技术水平和劳动生产率一般不同。具有较高技术水平和较高劳动生产率的产业，可以看做具有较高的产业素质；反之，则称该产业的素质较低。一般而言，当各产业比较劳动生产率的数值分布比较集中且又呈现出某种层次性时，则可以认为各产业的素质比较协调。

2. 各产业相对地位的协调。在产业结构系统中，各产业由于增长速度和所起的作用不同而有着不同的地位，这些处于不同地位的产业按照主次轻重的有序组合，就构成了一个产业结构的层次性。例如主导产业和支柱产业等产业部门在产业结构系统中占据了较为明显的主要地位，一般都会成为投资和发展的重点，得到产业结构政策的更多倾斜。如果一个产业结构缺乏层次性和主次性，缺乏一组带头的产业和发展重点，则整个产业结构将会显示出缺乏协调的紊乱，从而影响和制约产业结构的综合转换效率。

3. 产业交替的时间协调。对于同样的经济活动，在不同的时期其效果是不同的。产业结构演变过程具有一定的规律，在不同的经济发展阶段可以选择不同的重点产业来培育、发展。通过对产业交替的时间选择，可以成功地缩短产业结构的演进过程，极大地节约经济时间。如果错误地选择产业交替的时间，则会造成社会资源的极大浪费。

4. 产业结构的空间协调。在目前的技术水平条件下，产业结构系统的生产能力总是落实在一定的地域空间，因此也就产生了生产力布局以及由此而导致的产业结构的空间协调问题。

（四）产业结构合理化协调的条件

1. 完善的市场运行机制。在市场与计划相结合的协调方式中，市场协调是主题，计划协调是补充。因此，协调作用的有效发挥依赖于一个较完善的市场运行机制。对于产业结构合理化协调而言，主要就是要求资源能够充分流动，以及市场的供求信号真实、完备。

2. 有效的政府。建立完善的市场机制，有赖于一个有效的政府。在市场机制中，政府的作用主要是营造市场竞争氛围，并维持市场运行秩序。有效的政府应通过制定并实施公平、公正的规划，引导资源的流向。为此，政府应成立一个权威性的规划制定和协调控制机构。日本经济起飞时的产业结构审议会，就曾较好地发挥了这样的作用。

3. 企业的自主地位。在市场与计划相结合的协调机制中,对资源进行直接配置的角色主要由企业来承担。因此,应该保证企业拥有自主权。剥夺了企业的自主权,实际上就是以政府替代了企业在协调机制中的主体地位。在目前的技术条件下,政府无法有效承担这个重任。因此,给予企业充分的自主权,也是保证产业间结构合理化协调有效运行的重要前提。

三、产业结构高度化

(一)产业结构高度化的内涵

产业结构高度化是指遵循产业结构演化规律,通过创新技术进步,使产业结构整体素质和效率向更高层次不断演进的动态过程。产业结构高度化强调技术集约化程度的提高,要求主导产业和支柱产业尽快成长和更替,打破原有的产业结构低水平的均衡,实现少数高科技、高效率产业的超前发展,然后带动相关产业及整个国民经济的发展。

(二)产业结构高度化的具体表现

从产业结构演进方向来看,在三次产业结构水平上,产业结构的发展沿着第一、第二、第三产业分别占优势地位顺向演进;在资源结构上,产业结构的发展沿着劳动密集型产业、资本密集型产业、技术(知识)密集型产业分别占优势地位顺向演进;在工业结构水平上,产业结构的发展沿着重工业化、高加工度化、知识技术高度密集化、高信息化顺向演进;从产业素质来看,新技术在各个产业部门得到广泛的运用,各产业的劳动生产率和产出能力不断提高;产业根据经济发展阶段的需要进行升级换代,落后产业被淘汰,新兴产业不断发展壮大;从产业组织来看,在竞争方面,分散的、小规模的竞争转向联合的、集团式的大规模竞争,规模经济大大提升;在产业间关系方面,企业联系越来越紧密,专业化协作越来越细致;从产业与国际市场的联系来看,产业结构由自身封闭式发展,变为通过国际投资、国际贸易、技术引进等国际交流方式,实现在更高层次上的协调发展,即建立起国际协调型的产业结构。

(三)产业结构高度化的动因

产业结构高度化的动因可分为外部环境动因和内部直接动因两方面。外部环境动因是指环境的变化对产业结构高度化提出的要求。在封闭经济条件下,外部环境动因主要包括生产要素供给状况和市场需求状况;在开放经济条件下,还应加上国际贸易和国际投资,这四个因素是产业结构高度化的基本动因。产业结构高度化的根本动因,即产业内部直接动因,是创新。

所谓创新,按照熊彼特的观点,是指引入一种新的生产函数,以提高社会潜在的产出能力。而这种"新的生产函数"可以归纳为以下几个方面:一是推出了一种新的产品;二是应用了一种新的生产要素;三是开辟了一个新的市场;四是实行了一种新的生产组织方式。创新直接推动产业结构高度化的路径一般表现为:重大创新→技术改革、技术进步和新产业的产生→生产方式的变革和社会化程度的提高→产业结构高度化。

1. 创新导致了技术进步。产业结构是资源转换器,技术是这一资源转化器的转换方式。新的生产函数的引入，就是在原有生产要素的状态下，通过产业系统内部结构的调整，提高系统的产出，这也就代表了技术的进步。技术进步一方面促使一些新产业的形成和发展，同时又加速了老产业的衰退，而随着新老产业交替的完成，就导致了产业结构的升级；另一方面，由于各产业部门技术进步不均，劳动生产率不一，生产成本下降速度不同，相对利润的差异致使一些部门扩张的同时，另一些部门逐渐衰退，从而实现了产业结构的高度化。

2. 创新带来了新的市场需求。创新创造了新的市场需求，新的市场需求推进了产业结构的高度化。当创新带来的是新产品开发或原有产品的改善时，新的产出满足了生产和生活中潜在的和更高层次的需求，这种旺盛的需求又刺激了新产业的扩张，从而直接推动产业结构的升级。一般来说，新产品刚上市时，其价格对成本的反应、需求对价格的反应都比较敏感，产量的提高能获得较高的收益。所以，当该产业部门获得的收益高于一般产业部门平均水平时，就会引起社会资源的迅速流入，该部门就会得以扩张。例如，在美国由于技术创新的发展和广泛应用，人们对信息消费的需求得到前所未有的满足，使得信息产业这个新兴的产业群，代替了汽车、钢铁等传统部门，成为全美第一大支柱产业。

3. 创新可以培育新的经济增长点。产业结构是不断变化的，带动这种变化的龙头就是新的经济增长点。新的经济增长点意味着广大的发展前景和强大的竞争力。创新可以导致一些产业部门迅速地成长并扩张，而这些高速增长的产业部门对产业结构的发展贡献尤为突出。在过去的几十年里，以技术创新为基础的新产品与新服务的生产潮流，缩短了产业与服务的生命周期，带来了一轮又一轮的产业结构升级换代。1990年，美国平均新产品开发周期为35个月，1995年就缩短为24个月，著名的摩尔定律①就揭示了创新在微电子领域的巨大威力。

第四节 产业结构政策

一、产业结构政策的含义与目标

所谓产业结构政策，是指政府在一定时期内依据本国的国情和产业结构演变规律，为了推动产业结构的优化升级而制定的产业政策。

产业结构政策的目标是在一定时期内，根据本国的地理环境、自然资源条件、经济发展阶段、科技水平、人口规模以及国际经济政治条件，通过对产业结构进行动态调整，以保持各产业向协调化和高度化发展，其核心是在尊重市场功能的基础上，对市场不能调节和无力调节的领域进行政策性引导。产业结构政策目标主要包括两个方面：一是促进产业结构的合理化，即在分析研究产业结构现状的基础上，发现结构不合理问题并找出问题的原因，然后提出合理化方案以及落实方案的具体政策措施；二是促进产业结构高度化，即根据本国具体

---

① 摩尔定律是由英特尔（Intel）创始人之一戈登·摩尔（Gordon Moore）提出来的。其内容为：集成电路上可容纳的晶体管数目，约每隔18个月便会增加一倍，性能也将提升一倍，当价格不变时；或者说，每1美元所能买到的电脑性能，将每隔18个月翻两倍以上。现引申为，随着科技的发展，商品性能会变得越来越好，而价格却变得越来越便宜。

情况和国际经济发展、产业结构演进趋势，选择主导产业、振兴支柱产业、保护幼稚产业、调整衰退产业、规划产业发展顺序，并从战略高度设计产业结构演进和产业发展的目标、途径及应该采取的政策措施。

产业政策目标最终是为了推动经济增长。经济增长在产业结构政策目标中占有很高的地位，可以说产业结构合理化是产业结构政策的近期目标；产业结构高度化是产业结构政策的中长期目标；实现经济增长是产业结构政策的最终目标。实现产业结构的合理化、高度化，最终是要实现经济增长，并在经济增长中使政策效果得到检验。

产业结构政策的宗旨是通过促进产业技术进步来不断优化产业结构。尽管产业结构政策形式多种多样，但大致可以归纳为产业结构调整政策和产业结构升级政策两种基本类型。产业结构调整政策就是对因产业结构升级转换而陷入困境的产业进行结构性调整的产业政策，其目标是产业结构合理化。产业结构升级政策是产业结构政策中的主导方面和关键部分，它的特点是着眼于未来的产业优势，其目标是产业结构高度化。产业结构的合理化、高度化往往是相辅相成、密不可分的。产业结构合理化是产业结构高度化的基础，而产业结构高度化又是产业结构合理化的高级表现形式。

各国产业发展的经验表明，技术创新是产业结构优化的根本动力。无论合理化还是高度化，都离不开技术创新的支持。没有持续的技术创新，产业结构的合理化和高度化就会失去原动力，因此，产业结构政策的核心是推动技术创新。

二、产业结构政策的主要内容

从具体内容看，产业结构政策主要包括战略产业扶植政策、衰退产业调整政策、幼稚产业保护政策以及主导产业选择政策等。

（一）战略产业的扶植政策

1. 战略产业的含义与特征。战略产业是指能够在未来成为主导产业或支柱产业的新兴产业。它是一种新兴产业，但并非所有新兴产业都可以成为战略产业。要成为战略产业就必须具备三大基本特征：一是能够迅速有效地吸收创新成果，并获得与新技术相关联的新的生产函数；二是具有巨大的市场潜力，渴望获得持续的高速增长；三是同其他产业的关联系数较大，能够带动相关产业的发展。

战略产业扶植政策的特点是着眼于未来的产业优势，其宗旨是通过政府强有力的介入，来增强对战略产业的生产要素投入，使得通过扶植和保护的战略产业能够成长为主导产业和支柱产业，再通过战略产业的超常规发展来带动整个产业结构的高度化。该政策背后是一种非均衡发展和争取动态比较优势的战略思路。

2. 战略产业扶植政策的内容。

（1）贸易保护政策。这一措施要为国内战略产业的成长创造一个相对有利的外部环境，这种外部环境的创立可以通过各种金融、公共财政等措施对国内需求进行适当的刺激，并由于战略产业本身具有的高回报率以及政府的各种鼓励措施，使生产要素有效地向战略产业转移，从而促进战略产业的成长。

（2）经济、法律、行政措施。通过必要的经济、法律、行政措施使战略产业不仅在大量生产要素投入的基础上获得较高的增长速度，而且，更重要的是在技术进步的基础上由于效率的提高和有效供给的增加而获得高速增长和规模扩张。当然，战略产业的扩张规模和增长速度要在国家主导产业和支柱产业的目标范围内进行。

（3）战略产业调整政策。这是指产业政策要依据战略产业的成长程度和国际竞争能力的强弱而不断加以调整，而且还要依据国际经济关系有关的各种要求开放市场、取消产品和价格歧视的压力和有关贸易报复性行为的规定，不断调整对战略产业的扶植及保护手段和措施。

（4）实现产业结构高度化的政策。注重对战略产业的培育，重点扶植与培养新的经济增长点，促使其采用先进的技术和工艺，并在政府产业政策的指导下，迅速形成自身的创新能力，并使这种创新能力形成产业集聚效应，通过其关联效应，有序地将其他产业融合成强大的产业结构转换力，从而大大加速产业结构的转换，以提高其他产业的技术创新能力，带动其他产业的发展。

（二）衰退产业的调整政策

1. 衰退产业的概念及产生的原因。所谓衰退产业是指经历了幼小期、成长期、成熟期之后，进入了产业生命周期的最后一个发展阶段——衰退期的产业。其一般特征是：产品需求量和销售量大幅度下降、技术进步率下降且创新无望，而由另一新兴产业提供的替代品却同时出现需求与销售额上升的趋势。具备这些特征的产业就应当视为"衰退产业"。

处于衰退期的产业，一般是由以下的原因所导致：

（1）技术原因。技术的进步，将引起生产方式、产品结构、消费结构等发生变化，从而使一些产业得到了更快的成长。而与此同时，也使另一些产业日益衰弱，成为衰退产业。

（2）资源原因。例如，资源密集型产业的资源枯竭引起的产业衰退。

（3）效率原因。在经济发展过程中，各种投入要素的成本上升率会产生差异，投入要素的成本上升率特别高时，需大量投入该要素的产业会因成本上升、利润下降而走向衰退。

（4）需求变化原因。随着经济发展、人均收入水平的提高和生活方式的改变，某些产业会因产品需求弹性下降而出现衰退。

（5）国际竞争原因。由于国际分工格局的变化，某种有比较优势的产业会因竞争优势丧失被转移到其他国家，则会使本国原来具有比较优势的产业趋于衰退。

（6）市场体制原因。由于市场体系不完善、市场机制不健全、企业制度落后，造成过度竞争，导致某些产业过早出现衰退现象。

衰退产业的出现，是产业结构演进过程中的必然结果，为了缓解产业衰退过程中出现的产业间过度竞争并由此而产生的企业破产、职工失业等一些消极影响，促进社会资源的有序转移，各国政府一般都会对衰退产业的撤让实施一定的政策。衰退产业调整政策的立足点是帮助衰退产业实行有秩序的收缩、撤让，并引导其资本存量向高增长率产业部门有效转移。例如美国政府对衰退产业的工人和企业就有依据《通商改革法》实施援助的做法；日本的《特定萧条产业安定临时措施法》和《特定萧条行业离职者临时措施法》对衰退产业的停产、设备报废和失业者再就业规定了政策措施。

2. 衰退产业调整政策的主要措施。

（1）加速设备折旧。通过制定和实施衰退产业设备的报废量、报废时间表，采取促进折旧的特别税制，对因设备报废而产生的损失提供部分补偿等政策措施，来加速其设备折旧。

（2）市场保护和援助。通过限制竞争品进口剧增对衰退产业实施一定的保护，为其生产调整、资本与劳动力转移创造时机。政府还可以通过价格补贴和参与采购、促销活动，对衰退产业实施援助。但这类措施不宜长期采用，否则容易引发消极后果。

（3）促进转产。政府可以通过立法指定某个衰退产业部门减少或停止生产某些产品，协助其选择适宜的转产方向，提供转产所需的设备贷款，发放转产补贴等措施，加速其产业转换过程。

（4）技术与经营支持。政府通过协调专利与技术推广部门的工作，对衰退产业转产的目标领域提供及时的技术和经营上的指导、咨询与援助。这对衰退产业的调整是十分必要和有益的。

（5）转岗培训。随着新兴产业对员工素质要求的提高，绝大多数转岗职工都需要接受转岗培训。而企业本身的培训设施和培训能力往往又不足。利用政府所掌握的公共教育与培训设施，对不适应转产后新岗位技术要求的职工提供培训服务，有助于减少衰退产业调整引起的社会经济震荡。

（三）幼小（幼稚）产业保护政策

1. 幼小产业的界定。所谓幼小产业是指某一产业处于发展初期，基础薄弱但经过适度保护能够发展成为具有潜在比较优势的新兴产业。如何界定和选择幼小产业是一个关键，选择不好就可能导致保护落后，保护需要大量的投入，付出一定的代价。这里指的幼小产业必须具备以下四个特点：

一是该产业是该国尚未发展成熟的新兴产业。它暂时还没有能力同国外较发达的同类产业竞争，且该产业具有发展潜力。

二是该产业具有较大的产业关联度。即该产业和国内很多相关产业的发展息息相关，对这些产业的发展有正向的外部效应。

三是该产业具有成本递减的趋势。该产业经过一段时间的保护之后，生产规模将不断扩大，其生产成本将会越来越小，一定时期后，其平均成本、销售成本会低于进口价格。

四是对该产业的保护具有暂时性。一旦该产业的产品具有足以同外国同类产品竞争的能力，该产业就不再需要保护。

2. 幼小产业的扶植和保护政策内容。

（1）贸易保护政策。通过限制有关产品进口，削弱进口产品在本国市场上的竞争力，从而为本国幼小产业的成长创造一个良好的市场环境。贸易保护政策有：一是进口关税壁垒。进口关税的征收主要是为增加国家的财政收入，在征收对象和税率上无原则上的歧视，但为保护幼小产业则要按产业的发展程度设置不同的关税，其税率往往要高于一般意义上的关税，而且征收对象仅限于政府要保护的产业部门，因而又称作保护性关税。征收保护性关税的结果，是提高了有关进口产品的价格，从而削弱其在国内市场上的竞争力，为国内有关的生产厂家保持其市场竞争地位创造有利的市场条件。二是非关税壁垒。这是指除关税以外的各种直接或间接限制商品进口的法律和行政措施总称。这种措施是通过限制有关保护产品的进口量，使国内有关产品的市场不受进口产品的冲击。非关税壁垒有直接和间接两种：直接的非关税壁垒是由海关直接对进口商品的数量、品种等制定限制措施，例如进口配额制、进口许可证制、关税配额制等；间接的非关税壁垒措施有：外汇管制，强制购买国货的规定，设置复杂的海关手续、烦琐的卫生、安全、质量标准、包装装潢规定，以及对某些进口产品征收国内税等。

（2）外汇管制主要包括管制外汇和管制外汇交易。管制外汇是政府强制规定的本国货币与外币之间的兑换比例，以及采取固定汇率来稳定国际收支平衡；管制外汇交易是政府强制规定的、由国家银行强行收购民间外币，并对民间进口所需外币采用配额供给制度。在后起国经济起飞时，其国际收支状况往往相当紧张，出口产品的低附加值使其外汇供给不足，并且，强烈的进口欲望又对外汇的需求居高不下，为了适当平衡本国国际收支状况，同时，保护本国幼小产业的成长，政府必须对外汇的交易和使用进行管制，以使有限的外汇合理使用。这种措施直到本国国际收支状况好转，出口产品和幼小产业已初具规模，才陆续放松、逐步取消对外汇的管制。

合理地保护幼小产业并不违背世界贸易组织的基本原则。日本加入关贸协定的时候，刚经历过战争，百废待兴，许多产业刚刚起步。为了避免这些产业受到冲击，日本采取了一系列的保护和扶持政策。例如，日本制定了有关保护性关税，对那些与国内幼小产业相关的进口商品提高关税，致使国外竞争力很强的同类产品，无法在国内市场对幼稚产业构成直接威胁。从20世纪50~70年代，日本一直对国外的精密机械、汽车、电器和电子计算机等实行高关税，防止这些产品大量涌入日本。同时，日本政府制定了法律法规，先后颁布了《振兴电子工业临时措施法》等，并提供多种必要的优惠条件，对幼稚产业的融资、税收、产品销价、外汇配额等制定了一整套优惠政策。一大批产业在此期间茁壮成长起来。

此外，日本政府还逐步对成熟中的产业降低保护程序。日本鼓励幼稚产业及早进入国际市场，经受国际市场竞争的磨炼，以尽快地成长起来。日本的机械、汽车、电子、家电等产业大都经过了这样的发展过程。像日本最大的电子产品生产商索尼公司在20世纪50年代时，以生产家用电器为主，随后在日本政府的政策扶植下，获得了大量贷款，开发新兴产品，产品涉及电器、通信设备等多个领域，紧跟国际市场的步伐，逐渐成为国际知名的跨国公司。

我国幼小产业的保护和扶植政策，经历了由行政手段保护转向关税保护、由高关税保护到逐渐降低关税保护程度的过程。这些保护和扶植对我国民族工业的发展起了很大的作用，但保护和扶植也有其弊端：首先，国家长期的保护和扶植，使产业缺乏自我发展、自我提升，努力提高产业竞争力的动力；其次，国家的过度保护政策，使国内产品人为地形成供不应求的局面，造成产品在质次价高的情况下也能获利，使产业缺乏提升产业高度的动力。因此，国家对幼小产业的保护和扶植应有一定的限度。

（四）主导产业选择政策

主导产业选择政策是指政府按照合理原则选择主导产业并采取有效措施支持其发展的政策，是产业结构政策的组成部分。

1. 主导产业的含义、特征。最早提出主导产业的是美国经济学家赫希曼（Albert Otto Hirschman），稍后罗斯托（Walt Whitman Rostow）对主导产业进行了明确、系统的研究。罗斯托在《经济增长的阶段》一书中，根据他对西方国家经济发展史的研究指出，在任何特定时期，国民经济不同部门的增长存在着广泛的差异。这时，整个经济的增长率在一定意义上是某些关键部门的迅速增长所产生的直接或间接的效果。他把这些关键部门称为驱动部门或主导部门。其主要特点是：（1）具有高创新率，即能迅速地引入技术创新或制度创新；（2）具有高度增长的能力，其增长率较整个经济增长率高；（3）具有很强的带动其他产业部门发展的能力，即具有很高的"扩散效应"。

根据罗斯托对主导产业的分析，可以把主导产业定义为：主导产业是指能够较多吸收先进技术，面对大幅度增长的需求时自身能保持较高的增长速度，并对其他产业的发展具有较强带动作用的产业部门，主导产业因此而表现出如下特征：

（1）能引入创新并创造新的市场需求。主导产业具有为经济引入技术创新和制度创新的能力。一般而言，创新所带来的新生产函数都会导致产业技术的进步，但创新并不一定都能为所有产业创造新的需求。只有同时具备创新和创造新的市场需求的产业才是主导产业。因为只有为其他产业创造需求，才能带动和引导其他产业的发展。

（2）具有持续的高增长率。由于主导产业导入了新的生产函数，实现了技术创新，创造了新的市场需求，因此可以获得较高的发展速度，表现出较高的产业增长率。

（3）具有显著的生产规模和良好的发展潜力。主导产业是一个国家和地区一定时期的经济主体和骨骼，主导产业首先必定是潜在的支柱产业。

（4）对其他产业的增长有诱发作用。主导产业的主导作用一般认为是通过其扩散效应表现的。扩散效应有三种形式：一是"前瞻效应"，即主导产业对新产业、新技术、新材料、新能源的出现产生的诱导作用，它主要表现为对产业结构的导向作用和扩大了经济活动的范围；二是"回顾效应"，即主导产业产生对为其提供投入的产业和部门发展的刺激作用；三是"旁侧效应"，即主导产业对地区经济发展的影响。主导产业具有很强的关联效应，致使其影响效果远远地超过该部门本身。

2. 主导产业的选择基准。

（1）收入弹性基准。凡是收入弹性大于1的产业，其增长速度均高于人均国民收入的增长率，因此，随着人均收入的提高，收入弹性高的产品在产业结构中的比重将逐步提高。选择这些产业作为重点产业，符合产业结构的变动方向。

（2）生产率上升基准。这里所说的生产率是指全要素生产率，即产出是对全部投入要素之比，而不仅仅是对某一种投入要素（例如资本）之比，全要素生产率的上升主要取决于技术进步，所以，以生产率上升为基准选择重点产业，就是要优先发展代表先进技术的产业。

（3）产业关联度基准。所谓产业关联度就是指各产业之间的相关程度。产业关联度高的产业对其他产业会产生较强的前向影响、后向影响以及侧向影响。选择这些产业为重点产业，可以带动整个经济的发展。产业关联度基准的理论含义很明显，即政府应重点支持那些能带动其他产业发展的产业。

（4）过密环境基准和丰富劳动力基准。过密环境基准要求主导产业的选择能提高能源利用率，防止社会公害。其着眼点是经济的长期发展与社会利益的协同关系，避免走上以环境破坏为代价来发展经济，再以更大代价治理环境的发展道路。丰富劳动力内容基准是要求主导产业的选择要考虑为劳动者提供舒适、安全和稳定的劳动环境。它反映社会最终认识到了发展经济的最终目标是为提高社会成员的满意程度。

(5) 短替代弹性基准、增长后劲基准、瓶颈效应基准。前面四点提到的基准在发展中国家的实际运用中并没有收到良好效果,究其原因,是这些基准要求的许多条件在发展中国家并不满足。例如完备的基础设施、良好的微观主体、不存在二元经济等,当这些条件得不到满足时,这些基准就会失灵。为此,我国学者提出了适合发展中国家选择主导产业的三项基准:重点扶持那些无法替代的短缺性产业,以满足社会最迫切而又必不可少的需求的"短替代弹性基准";重点扶持那些对整个产业体系的发展有深远影响的产业,以保持整个经济的持续稳定增长的"增长后劲基准";重点发展那些瓶颈效应大的产业,以减少因瓶颈而造成的摩擦效应的"瓶颈效应基准"。

在实践中,一个国家要正确选择主导产业,除了要考虑产业发展的一般规律和选择主导产业的基准外,更为重要的是要结合本国的具体情况,要从本国产业发展的现实水平、技术条件、资金约束条件,以及资源赋予状况等实际情况出发确定主导产业。

第五节 中国产业结构的历史演进

产业结构演进过程表现之一就是产业结构不断升级优化的过程。产业结构及其演进一直以来都是产业经济学研究的重要课题,也是中国健全现代化经济体系过程中的热点课题。

中国产业结构演进具有较为明显的阶段性特征,同时其演进体现了产业结构转型和工业结构升级的进程。根据三大产业增加值占 GDP 的比重变化将中国产业结构的演进划分为三个阶段。

一、以农业为基础,工业为主导的产业格局(1949~1978 年)

新中国成立之初,经济基础薄弱、产业结构落后、工业体系不健全,社会总产值仅为 557 亿元,其中第一产业产值高达 326 亿元,占到社会总产值的 58.5%,在国民经济发展中占据主导地位。1952 年三大产业增加值,分别占到国内生产总值的 50.5%、20.8% 和 28.7%,呈现"一三二"的产业结构格局。在 1956 年重工业优先发展战略的推动下,工业迅速发展,1958 年第二产业产值占比超过了第一三产业,成为三产之首,产业结构呈现"二一三"的产业格局,第二产业在三大产业中占据了主导地位。

如图 10-1 所示,第一产业增加值占比呈现"下降—上升—下降"的发展趋势。1952~1960 年,第一产业增加值占比大幅度下降,1960 年仅为 23.2%,与 1952 年的 50.5% 相比减少了 27.3 个百分点。随后经过经济结构的调整,第一产业增加值占比逐步上升,到 1968 年恢复增长到了 41.6%;之后,在工业快速发展的冲击下,第一产业增加值占比持续下降,到 1978 年下降为 27.7%,较 1968 年下降了 12.9 个百分点。

同期,第二产业呈现"上升—下降—上升"的发展特征。新中国成立初期,第二产业增加值占比在三大产业中最低,1952 年仅为 20.8%,在国家政策的大力扶持下,第二产业迅猛发展,1958 年同时超越了第一三产业,1960 年达到最高为 44.4%;但在"大跃进"和"人民公社化运动"的影响下,第二产业增加值占比急速下降,1968 年与 1960 年相比下降了 13.3 个百分点,为 31.1%;之后第二产业增加值占比持续上升,与 1968 年相比,1978 年提高了 16.6 个百分点，达到 47.7%。

同期，第三产业产值呈现先平稳发展、后小幅度下降的特征。1952～1961 年第三产业增加值占比持续在 30% 左右波动，随后受"大跃进"和"人民公社化运动"的冲击，从 1961 年的 32.3% 下降到 1978 年的 24.6%。

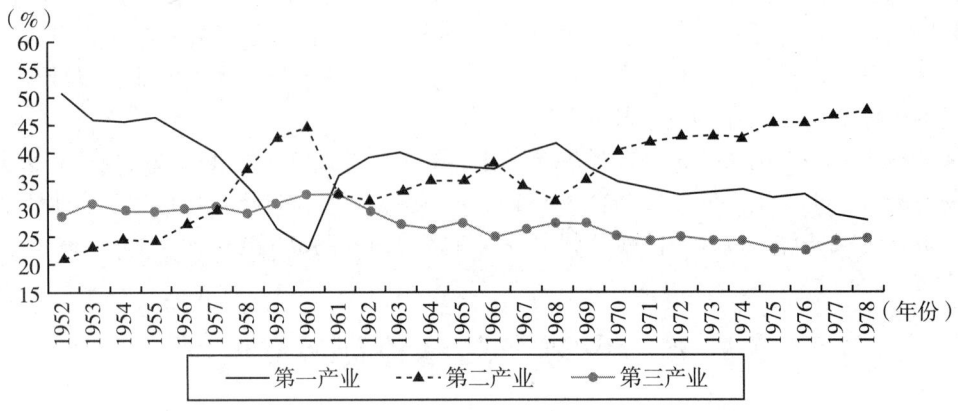

图 10-1　1952～1978 年中国三次产业结构演变

资料来源：根据国家统计局官网—年度数据制作。

二、健全工业门类，形成完整的现代工业体系（1979～2012 年）

1978 年年底开始的改革开放推动了新中国产业结构的巨大变化。随着党的十一届三中全会胜利召开，经济体制改革从农村到城市、从农业到工业渐次推进，深刻地改变了长期以来三大产业间的不协调和不合理，充分释放了产业发展的活力，推动了产业结构的合理化和协调化。

改革开放以来，第二产业活力得到全面激发，1979～1984 年产业结构始终保持"二一三"的产业格局；随后服务业快速发展，1985 年第三产业占比超越了第一产业，产业结构格局呈现"二三一"的特征。但总的来说，在这一阶段第二产业占比始终高于第一三产业，在国民经济中占据主导地位。

如图 10-2 所示，第一产业产值占比呈现"先小幅度上升、后大幅度下降"的趋势。改革开放初期，由于实施了农村家庭联产承包责任制，农业生产力得到巨大释放，推动第一产业实现了迅速发展，我国第一产业占 GDP 的比重显著上升，从 1978 年的 27.7% 提高到 1984 年的 31.5%，提升 3.8 个百分点；自 1984 年以后，随着经济发展的重心逐步由农村转向城市，城市经济开始迅猛发展。与此相应地，第一产业占 GDP 的比重开始下降，1985 年以后，第一产业占比开始持续下降，到 2012 年第一产业占比仅为 9.1%，较 1985 年下降了 18.8 个百分点。

在我国快速开展的工业化过程中，第二产业以惊人的速度实现发展，对国民经济的整体实力提升起到了重要的支撑作用，其在国民经济中的主导地位也逐步增强，然而近年来随着第三产业的发展，第二产业在国民经济中的主导地位受到一定的冲击。从第二产业增加值占

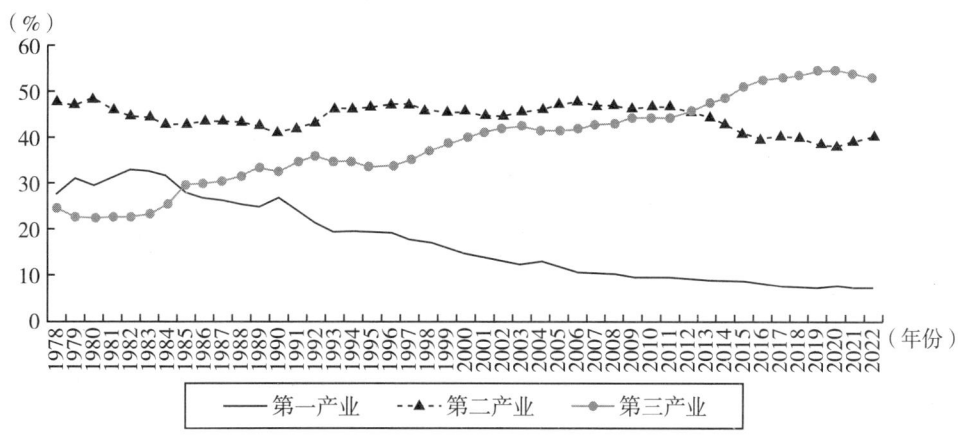

图 10-2　1978~2022 年中国三次产业结构演变

资料来源：根据国家统计局官网—年度数据制作。

GDP 的比重来看，1978~2012 年，第二产业增加值占 GDP 的比重经历了多次波动，呈现增减交叉的阶段性特点。

改革开放以来，随着城市化进程的不断推进，第三产业的发展进入了一个新的阶段。第三产业占 GDP 的比重呈现相对平稳的上升态势，由 1978 年的 24.6% 上升至 2012 年的 45.5%，提高了 20.9 个百分点，呈现超过第二产业的趋势，成为推动国民经济增长的主要推动力量。

三、第三产业产值超越第一、二产业，中国进入服务型经济社会（2013 年至今）

党的十八大以来，党中央高度重视服务业发展，服务业迸发出前所未有的生机和活力，生产性服务业和生活性服务业并行发展，新产业、新业态、新模式不断涌现，成为保障就业、稳定经济的重要力量。

如表 10-2 所示，2012 年第三产业增加值占比超过了第二产业，2015 年占比超过了 50%，成为三大产业中的主导力量，标志着中国进入服务型经济社会。2013 年一二三产业的占比分别为 8.9%、44.2% 和 46.9%，呈现"三二一"的产业结构。第三产业比重由 2013 年的 46.9% 提高到 2022 年的 52.8%，提升了 5.9 个百分点。同时，一二产业比重有所下降，分别从 2013 年的 8.9% 和 44.2% 下降到 2022 年的 7.3% 和 39.9%。

表 10-2　　　　　　　　　　我国历年三次产业构成　　　　　　　　　　单位：%

年份	国内生产总值	第一产业	第二产业	第三产业
1978	100.0	27.7	47.7	24.6
1979	100.0	30.7	47.0	22.3
1980	100.0	29.6	48.1	22.3
1981	100.0	31.3	46.0	22.7

续表

年份	国内生产总值	第一产业	第二产业	第三产业
1982	100.0	32.8	44.6	22.6
1983	100.0	32.6	44.2	23.2
1984	100.0	31.5	42.9	25.5
1985	100.0	27.9	42.7	29.4
1986	100.0	26.6	43.5	29.8
1987	100.0	26.3	43.3	30.4
1988	100.0	25.2	43.5	31.2
1989	100.0	24.6	42.5	32.9
1990	100.0	26.6	41.0	32.4
1991	100.0	24.0	41.5	34.5
1992	100.0	21.3	43.1	35.6
1993	100.0	19.3	46.2	34.5
1994	100.0	19.5	46.2	34.4
1995	100.0	19.6	46.8	33.7
1996	100.0	19.3	47.1	33.6
1997	100.0	17.9	47.1	35.0
1998	100.0	17.2	45.8	37.0
1999	100.0	16.1	45.4	38.6
2000	100.0	14.7	45.5	39.8
2001	100.0	14.0	44.8	41.2
2002	100.0	13.3	44.5	42.2
2003	100.0	12.3	45.6	42.0
2004	100.0	12.9	45.9	41.2
2005	100.0	11.6	47.0	41.3
2006	100.0	10.6	47.6	41.8
2007	100.0	10.2	46.9	42.9
2008	100.0	10.2	47.0	42.9
2009	100.0	9.6	46.0	44.4
2010	100.0	9.3	46.5	44.2

续表

年份	国内生产总值	第一产业	第二产业	第三产业
2011	100.0	9.2	46.5	44.3
2012	100.0	9.1	45.4	45.5
2013	100.0	8.9	44.2	46.9
2014	100.0	8.6	43.1	48.3
2015	100.0	8.4	40.8	50.8
2016	100.0	8.1	39.6	52.4
2017	100.0	7.5	39.9	52.7
2018	100.0	7.0	39.7	53.3
2019	100.0	7.1	38.6	54.3
2020	100.0	7.7	37.8	54.5
2021	100.0	7.2	39.3	53.5
2022	100.0	7.3	39.9	52.8

资料来源：国家统计局官网—年度数据：https：//data.stats.gov.cn/index.htm.

本章小结

◆产业是国民经济中按照一定社会分工原则，为满足社会需要而划分的从事产品生产和作业的各个部门，是社会生产力和社会分工不断发展的产物。为开展产业结构的理论研究，学术界采用多种方法对产业结构进行界定与划分。产业结构主要是指国民经济中产业的构成及其相互关系。

◆产业结构演变的影响因素是极其复杂的，涉及多个方面的影响，包括资源供给结构的影响；需求因素的影响；科学技术因素的影响；国际经济关系的影响等。

◆根据发达国家与新兴工业化国家的发展实绩，产业结构的演变呈现一定的规律性，包括配第—克拉克定律、库兹涅茨法则、工业结构的高度化规律等。

◆产业结构优化是指通过调整产业结构，实现各个产业协调发展和产业总体水平不断提高的过程，主要包括产业结构合理化与产业结构高度化两个内容。

◆产业结构政策，是指政府在一定时期内依据本国的国情和产业结构演变规律，为了推动产业结构的优化升级而制定的产业政策。产业结构政策主要包括战略产业扶植政策、衰退产业调整政策、幼小产业保护政策以及主导产业选择政策等。

◆中国产业结构演进具有较为明显的阶段性特征，同时其演进体现了产业结构转型和工业结构升级的进程。根据三大产业增加值占GDP的比重变化将中国产业结构的演进划分为三个阶段。

复习思考题

1. 名词解释。

产业结构　配第-克拉克定律　库兹涅茨法则　霍夫曼系数　产业结构优化　产业结构合理化　产业结构高度化　产业结构政策　战略产业　衰退产业　幼小产业　主导产业

2. 简答题。
（1）产业分类的标准与方法主要有哪些？
（2）产业结构演变的影响因素有哪些？
（3）简述配第-克拉克定律。
（4）简述工业结构的高度化规律。
（5）简述产业结构优化的内涵与内容。
（6）简述产业结构高度化的动因。
（7）简述产业结构政策的主要内容。
（8）简述我国产业结构的历史演变。

3. 自评自测题。

任意选择某一个区域（省/市/县或经济区）对其产业结构的历史演变进行分析。

4. 延伸阅读材料。

统计分类为何不再分轻重工业？

使用60多年的"重工业""轻工业"统计分类，已悄然退出了历史舞台——从2013年下半年起，国家统计局在相关数据发布中不再使用"重工业""轻工业"分类。

"重工业""轻工业"的分类标准沿袭多年，广大公众和专家学者耳熟能详，国家统计局何以放弃这一统计分类？其背后又反映出国民经济怎样的发展动向呢？

"把工业行业划分为'重工业''轻工业'，源于20世纪50年代初期，带有较为浓厚的计划经济色彩。"国家统计局工业司负责人表示，当时的做法借鉴了苏联及东欧国家的经验，从生产资料和生活资料的角度，将工业行业划分为重工业和轻工业两部分。

按照当时的定义，重工业是为国民经济各部门提供技术装备、动力和原材料等生产资料的工业；与之相对应的轻工业，则指提供生活资料和手工工具的工业。

"20世纪50年代初期，我国生产力落后、经济基础薄弱，一些行业领域处于空白，重工业产值的比重仅占全部工业的30%左右，经济工作的重心在于建立一个独立的、比较完整的工业体系和国民经济体系"。该负责人表示，当时这种简单划分适应了经济基础薄弱时期优先发展重工业的经济发展方针，对于了解轻、重工业的发展状况，特别是监测重工业的发展起到了重要作用。

然而，随着产业格局的变化，我国工业产业结构从单一转向复杂，各种新产品层出不穷，轻、重工业的划分已难以对工业行业进行科学清晰的界定了。

一个明显的例子就是汽车制造业。在计划经济时期，汽车主要用于交通、物流等生产活动，汽车制造是生产资料的生产，汽车制造业当然属于重工业；而现在家庭及个人已成为汽车消费的主体，汽车中基本型乘用车（轿车）的份额越来越大，而这部分汽车的生产活动成为生活资料的生产,重工业已经无法涵盖。

"再如通信设备制造业,原先主要属于生产资料的生产,如今随着手机的普及,通信设备中的手机制造已经属于生活资料的生产活动。因此,简单地从生活资料和生产资料的角度,已难以将工业行业进行清晰的界定与划分。"该负责人说。

从国际比较的角度看,轻重工业分类作为一个概念性的行业划分,是缺乏行业分类标准时期的产物。随着改革开放和经济全球化进程,我国工业行业分类理应和国际统一标准接轨。

根据联合国统计司的《所有经济活动的国际标准行业分类》(ISIC),我国于1984年制定了第一个行业分类标准,即《国民经济行业分类与代码》,标志着我国工业行业划分开始向国际化、标准化和规范化发展。

记者采访中了解到,2013年美国使用的《北美工业分类系统》、欧盟使用的《经济活动统计分类》、俄罗斯使用的《全俄经济活动分类》对工业行业的分类均参照了ISIC。

"国家统计局目前发布的数据,均是与国际标准对应的标准行业分类数据。"该负责人表示,当前我国使用的《国民经济行业分类》是根据ISIC第四版修订的,于2012年开始执行,工业行业划分为采矿业、制造业、电力燃气及水生产和供应业3个门类行业,41个大类行业,201个中类行业和581个小类行业。

不过,该负责人同时指出,在执行国际分类标准的同时,还要结合我国特殊需要,制定并实施一些新的分类,使工业的分类、分组更加科学,更能反映工业转型升级的进展情况。

据悉,国家统计局还将逐步增加反映工业结构调整转型升级和提质增效的指标,例如在工业分类方面增设高技术产业、战略性新兴产业等分类和细分类,旨在更详细地反映高耗能行业、产能过剩行业的变化情况。

资料来源:顾阳. 统计分类为何不再分轻重工业 [N]. 经济日报,2013-12-23.

[1] 郭克莎,彭继宗. 二三产业结构变动与经济发展质量——上中等收入阶段向高收入阶段演进的国际经验 [J]. 财贸经济,2022,43 (08):5-26.

[2] 郭晓蓓. 改革开放40年我国产业结构演进历程与新时代重大战略机遇 [J]. 当代经济管理,2019,41 (04):1-10.

[3] 汪晓文,李明,张云晟. 中国产业结构演进与发展:70年回顾与展望 [J]. 经济问题,2019 (08):1-10.

第十一章 产业布局与经济绩效

■ **本章内容提要**

本章首先讨论产业布局的基本内涵与基本理论，然后分析影响产业布局的主要因素，最后介绍产业集群的概念、类型与主要理论，探讨产业集群发展的规律。本章最后介绍了中国产业布局的历史演进。

第一节 产业布局理论概述

在长期的产业布局理论研究中,国内外学者探索并形成了不少有关产业布局的理论,本节重点讨论产业布局的区位理论及其相关的环境学、生态学理论。

一、产业布局的基本内涵

产业布局是指产业在一定地域空间上的分布与组合。具体来说,产业布局就是通过市场机制和政府引导,使资源在不同地域、不同产业之间进行配置,从而实现资源在空间上的最优配置。

产业布局内涵可从两方面考察。一方面从纵向来看,产业布局是同一产业在各地区的配置与关联;另一方面从横向来看,它是集聚于同一地域空间的各产业的关联与组合。包含静态与动态两层含义。从静态方面考察,产业布局是指产业生产力在一定地域空间的分布状态;从动态方面考察,产业布局是产业生产力诸要素在空间上的安排部署和调整,是政府对产业在空间上的规划、部署、协调和组织。由于历史原因,在我国产业经济学或区域经济学中,产业布局被认为是一个"计划"色彩浓厚的术语。但追溯产业布局的理论脉络可以发现,产业布局从根本上是基于市场力量作用的结果,是追求利润厂商的区位选择最终决定产业的空间布局。当然,不可否认,政府规划对产业布局及其调整具有重要引导作用。

产业布局是关系区域经济、社会与环境可持续发展的重要问题。长期以来,人们只注重从经济资源出发考虑产业布局,忽视从环境、经济、社会协调发展的角度合理地进行产业布局,结果必然造成三大系统的运行失调。其深层次原因是对产业布局优化内涵理解的片面性,认为产业布局优化的根本评价标准就是经济效益,实现经济效益的最大化便是实现产业布局的最优。作为产业布局对象的资源,不仅包括经济资源、社会资源,还包括自然环境资源。自然环境在与人类进行物质交换过程中,一方面给人类提供所需的产品和服务;另一方面也容纳、储存和净化生产、生活中的废弃物。环境也是一种资源,包括自然资源和生态环境资源。因此,可以将产业布局所配置的资源统称为经济、社会、环境总资源。只有把资源配置真正理解为对经济、社会、环境总资源的配置,才能使产业布局的结果有利于经济、社会和环境的协调发展。完全意义上的产业布局优化应该是建立在经济、社会、环境可持续发展基础上的经济效益、社会效益、环境效益的最大化。

二、产业布局的区位理论

产业布局的内涵决定实现产业布局的优化既要遵循经济学规律,以经济学理论为指导,又要遵循自然生态规律,以环境学、生态学理论为指导。产业布局的区位理论主要研究产业空间分布、组合与优化的规律,它的形成和发展是人类生产活动和科学技术发展到一定阶段的产物。根据发展时期与理论内涵的差异,产业布局区位理论大体经历了三个发展阶段。

(一) 产业区位理论的形成——古典区位理论

19世纪30年代到20世纪20年代是产业布局区位理论的形成时期。在这一时期,社会生产力的迅速发展和地区间经济联系的不断扩大,需要从理论上深入分析和重新解释产业空间布局、经济分布及地区间经济差异问题,为经济活动提供指导。

1. 杜能的农业区位理论(孤立国圈层理论)。该理论的中心思想是农业经营方式并不完全取决于自然条件,还必须把运输因素考虑进去。杜能的理论假定主要有:所分析的对象为一个简单的孤立国;唯一城市位于中央;农业土地经营方式与农业部门地域分布,随距离城市市场远近而变化,其变化取决于运费的大小;市场的农产品价格、农业劳动者工资、资本利息在孤立国中是均等的;交通费用与市场远近成比例变化。

杜能分析在"孤立国"内,如何分布农业才能从一单位面积土地上获得最大利润?给定农业生产利润 $\pi = P - (C + T)$,其中 P 为农产品价格;C 为农业生产单位成本;T 为单位运费。显然,对不同农业生产而言,P、C、T 均不相同,因此,对离城市任何一点距离而言,不同农业生产的利润不同,于是对土地报价(即地租价格)也不同,报价最高者获得使用权。计算所有农业生产方式的土地利用报价,并选择每个区间的最高地租报价,就可以确定给农场主带来最大地租收入的农业生产布局区间。如图11-1所示,从平面上看,就是圈层结构,即"杜能环"。他发现,离城市最近的第一圈为自由式农业圈,主要生产易腐难运产品,例如蔬菜、鲜奶等;第二圈为林业圈,生产建筑用材、木炭等;第三圈为轮作式农业圈,轮作谷物、饲料作物;第四圈为谷草式农业圈,为谷物、牧草、休耕轮作圈;第五圈为三圃式农业圈,种植粗放作物;第六圈为畜牧业圈,主要生产畜产品。

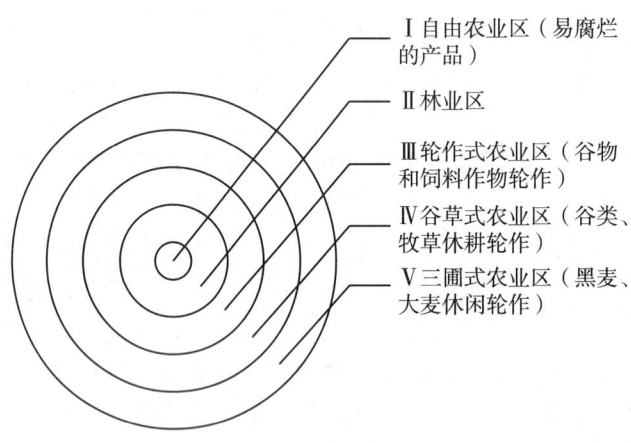

图11-1 杜能农业圈层理论

注:因画图工具限制,未能画第六圈:Ⅵ放牧区或家畜饲养区(黄油、奶酪、活牲畜)。

2. 韦伯的工业区位理论。该理论的中心思想就是区位因子决定生产区位,将生产吸引到生产费用最小的地点。其中区位因子包括劳动力费用、运输费用、地租等。该理论假定所分析的对象是一个孤立的国家或特定的地区,对工业区位只探讨其经济因素,运输费用是重量和距离的函数。其理论核心是工业布局主要受到运费、劳动力费用和聚集力三方面因素的影响,其中运费是起决定性作用的因素,工业部门生产成本的地区差别主要是运费造成的。

该理论包括以下几个法则。

(1) 运输区位法则。企业生产成本最低的地点,首先是运费最少(以吨千米计)的地点。为了寻求最小费用点,该法则将原料、燃料和消费地的分布作为决定工厂区位的基本图形。当多个原料、燃料产地和消费地不重合时,区位图形为一多边形。据此多边形,可推求最小运费点$P(X,Y)$。

假设原料、燃料和市场有n个,分别为$M_1(X_1,Y_1)$,$M_2(X_2,Y_2)$,…,$M_n(X_n,Y_n)$,运量分别为m_1,m_2,…,m_n,距最小运费点P的距离分别为r_1,r_2,…,r_n,总吨千米为S,则总运费的计算公式为:

$$S = \sum_{i=1}^{n} m_i r_i = \sum_{i=1}^{n} m_i \sqrt{(X-X_i)^2 + (Y-Y_i)^2} \qquad (11-1)$$

欲使S达到最小值,只需S对X和Y分别求导并令其等于0,通过求解方程组,求得最小运费点P。

(2) 劳动力区位法则。当原材料和成本的追加运费小于节省下来的劳动力费用时,可使一个工厂的区位选择离开或放弃运费最小的地点,转向有廉价劳动力的地区。

(3) 集聚法则。如果企业因集聚所节省的费用大于因离开运费最小或劳动力费用最小的位置需追加的费用,则其区位由集聚因素决定。

以上前两个法则的运用均可用等费线方法进行分析。等费线是指单位原料或产品相等运费点的连线,决定等费线就是运费增加额与劳动费(集聚)节约额等同的相切线。在决定等费线内是工业最佳区位。

杜能的农业区位理论和韦伯的工业区位理论共同构成了古典区位理论,其共同点在于以最低成本或最节省运输费用来实现产业利润最大化,它们均不考虑市场销售因素和消费因素等问题,所以古典学派又被称为西方产业区位理论的最低成本学派。

(二) 产业布局区位理论的发展——近代区位理论

20世纪30~60年代是西方产业布局理论的发展时期。在这一时期,随着科技革命和社会生产力的发展,国际经济联系的加强,第二三产业先后取代第一产业成为国民经济的主导产业,使得市场成为决定产业发展的关键因素。于是工业区位就由立足于单一的产业中心转变为立足于城市或地区、由生产成本和运输费用因子分析转变为生产成本、运输费用和市场因子分析。这种条件下发展起来的产业布局理论,统称为近代区位理论,包括市场区位学派和地理区位学派。近代产业区位理论已经从对工业区位进行探讨发展为对贸易区位、城市区位进行探讨,将研究对象从第一产业转向第二三产业和城市,将研究目标从追求生产成本、运输费用最低转向追求市场最优,这为产业区位理论的多样化发展奠定了基础。

1. 一般区位理论。俄林(Ohlin)的一般区位理论认为,地区是分工和贸易的基本地域单位。从一国范围看,国内各地区由于生产要素价格的差异,既导致区际贸易的开展,又决定国内工业区位的形成;从国际范围看,各国生产要素价格的差异,既导致国际贸易的开展,又决定国际范围内工业区位的形成。在资本和劳动力可以在区际范围内自由流动的情况下,工业区位取决于产品运输的难易程度及其原料产地与市场之间距离的远近。在资本和劳动力不可能自由流动的情况下,工业区位取决于各地区人口增长率、工资水平、储蓄率和价格比率变化等，这些因素会导致有差异的地区生产要素配置状况发生变化，引起工业区位的改变。工业区位的移动既与已经形成的资本和劳动力配置的历史格局有关，也是生产要素在各地区间重新配置和均衡关系变动的结果。

2. 中心地理论。德国地理学家克里斯泰勒（W. Christaller）在其《南德的中心地》一书中论述了一定区域内城镇等级、数量、职能及其市场服务范围的关系，建立了中心地学说。他假设区域是一个均质的平原，原料和人口分布均匀：城镇应该位于乡村中心的地点（中心地），向周围乡村人口提供所需要的货物和服务。基于此，克里斯泰勒探讨了中心地的市场服务地域范围。为了避免相邻中心地服务范围的重叠交叉，将每个中心地服务范围表示为六边形形状。在一个区域内，最高级的中心地只有一个，次一级的中心地较多，等级更小的中心地更多。其中较高级的中心地服务于几个较低级的中心地。不同等级的中心地所提供货物与服务的等级不同，服务的范围也不同。越是高级的中心地，其服务的范围越大，所提供的货物与服务的等级越高；反之，等级越低的中心地，其服务的范围越小，所提供的货物与服务的等级就越低。例如，珠宝、汽车、时髦服装一般都分布在高等级的中心地；而副食品等大量日常必需品的供应点很多，但其销售半径却很小。按此原理，可按不同吸引范围，确定各类商业及其他服务业数量、规模，预测区域内不同等级城镇的数量、规模，规划合理的城镇体系。

3. 市场区位理论。廖什（Losch）的市场区位理论是利用克里斯泰勒的理论框架，把商业服务业的市场区位理论发展为产业的市场区位理论。该理论认为，由于产品价格随距离增大而增大（产地价格加运费），造成需求量的递减，因而单个企业的市场区最初是以产地为圆心、以最大销售距离为半径的圆形。通过自由竞争，圆形市场被挤压，最后形成了六边形产业市场区，构成整个区域以六边形地域细胞为单位的市场网络。上述网络在竞争中不断调整，会出现两种地域分异：

第一种，在各种市场区的集结点，随着总需求的滚动增大，逐步成长为一个大城市，而且所有市场网又都交织在大城市周围。

第二种，大城市形成后，交通线将发挥重要作用。距离交通线近的扇面条件有利，距离交通线远的扇面不利，工商业配置大为减少，这就形成了近郊经济密度的稠密区和稀疏区，从而构成一个广阔的地域范围内经济景观。

（三）产业区位理论的多样化发展——现代区位理论

20世纪60年代以来，是西方产业布局理论的多样化发展时期。在这一时期，现代科学技术革命的深化、经济全球化趋势的加强，不仅使近代区位理论得到了进一步的修正和发展，而且产生了各种不同的区位理论流派。这些在现代市场经济和国际竞争格局下发展起来的产业布局理论统称为现代区位理论。现代区位理论是在世界范围内的工业化、城市化进程加快的历史背景下产生的。它是一种立足于国民经济发展，以空间经济研究为特征、着眼于区域和城市经济活动的最优组织、注重宏观动态平衡的崭新的产业布局理论，包括成本—市场学派理论、地理学派理论和发展经济学派理论。

发展经济学的兴起和发展为西方产业布局理论的发展提供了新的理论基础，并使得以后起国家或发展中国家为研究出发点的产业布局理论得到发展，形成了增长极理论、点轴布局理论、梯度发展理论和地理性二元经济结构理论等为代表的新理论体系。

1. 增长极理论。增长极理论由法国经济学家佩鲁（Francois Perroux）于20世纪50年代提出，又经法国地理学家布德维尔（Boudeville）和美国发展经济学家赫希曼进一步发展完善。其理论核心内容是：在经济增长过程中，由于某些主导部门或有创新能力的企业或产业在某些特定的地区或城市集聚，使这一特定区域的经济比周边地区发展更快，就形成了所谓的增长极。在区域经济运行中，增长极具有极化效应和扩散效应两种效应。极化效应是指增长极对周边地区的劳动力、资源、原材料及资金、技术和建设项目产生强大的吸引力，使生产要素集中并产生集聚经济效益，从而使增长极的经济实力和人口规模迅速扩大。扩散效应是指增长极的企业、人口、资金和技术等经济因素向外围地区扩散并由此带动周围区域经济发展的过程。增长极理论对发展中国家进行产业布局具有重要的意义。增长极的形成有两种途径：一是政府通过规划和重点投资来主动建立增长极；二是由市场机制的自发调节引导企业和产业在某些城市或发达地区集聚发展而自动产生增长极。发展中国家要实现工业化和经济发展，必须建立增长极，通过增长极自身发展以及对其他地区或部门的带动作用，促进整个经济发展。

2. 点轴布局理论。点轴布局理论是增长极理论的延伸。该理论将区域经济看成是由"点"和"轴"构成的网络体系。"点"是指具有增长潜力的中心地域或主导产业；"轴"是指将各中心地域或产业联系起来的基础设施带。点轴布局理论可以指导产业有效地向增长极轴线两侧集中布局，从而由点带轴、由轴带面，最终促进整个区域经济的发展。这一理论是适应我国国情的产业布局理论的一次重要创新。

3. 梯度发展理论。梯度发展理论的形成渊源是产业生命周期理论。根据产业生命周期理论，不同生命阶段的产业有不同的最优区位。对于处在生命周期萌芽期与成长期的产业来说，从研发、生产到营销整个产业链过程都不成熟，且面临高度风险，因而需要比较成熟的各环节配套体系支持，往往只有发达地区才能提供。因此，产业区位往往集中于发达国家或地区；对于处于生命周期成熟期的产业来说，市场比较成熟，生产开始标准化，知识密集度开始下降，生产于是开始向具有成本优势的相对落后地区转移；随着产业进入衰退期，产业区位进一步向经济落后的地区转移。

4. 地理性二元经济结构理论。这一理论是由瑞典经济学家诺贝尔经济学奖获得者缪尔达尔（Karl Gunnar Myrdal）提出的。该理论的主要内容是：在后起国家的发展过程中，发达地区由于要素报酬率较高，投资风险较低，吸引了大量劳动力、资金、技术等生产要素和重要物质资源由不发达地区向发达地区流入，使发达地区的经济得以更快地发展，从而在一定时期内发达地区与不发达地区的差距进一步拉大。发达地区的产业集中超过一定限度时，通常会出现规模收益递减现象。这时发达地区的人力、资金和技术等要素会向不发达地区转移，以降低生产成本，提高收益，增强竞争力，从而给不发达地区带来发展机遇。

缪尔达尔的地理性二元经济结构理论对发展中国家进行产业布局具有重要的现实意义。发展中国家应先采取非均衡发展战略，促进一部分地区先发展起来。采用鼓励和促进发达地区经济优先增长的政策，通过差别性的产业布局政策和相关的财政金融政策引导生产要素向先行发展的发达地区转移，赶上国际经济发展的步伐。经过一定时期的发展之后，应从控制地区之间贫富差距、维护经济相对平衡发展出发，在产业布局上转而采取均衡发展战略，鼓励不发达地区的快速发展。

三、产业布局的环境与生态学理论

进入21世纪，随着人类活动范围的扩大以及现代工业发展的影响，经济活动与自然、生态环境的冲突日益加剧。包括产业布局在内的经济活动面临着新的挑战和需求，而如何在产业布局与优化过程中充分满足和适应环境承载力的基础性需求，促进产业布局生态化，实现和谐发展，成为许多产业布局理论的重要内容。

（一）环境承载力理论

在产业布局优化中，必须将产业活动安排在环境承载力限度内。环境承载力（environmental carrying capacity）可以理解为某一区域环境在某一特定时期维持某种环境状态条件下所能提供的对人类活动支持能力的阈值。它是描述环境状态的重要参量之一，反映了人类与环境相互作用的界面特征，是研究环境与经济是否协调的一个重要判据。由区位理论及区域产业布局理论可知，区域产业的合理集聚可产生较高的经济效益，产业集聚是时空发展的重要特征，是经济资源、社会资源实现高效配置的方式。但是，并非产业的集聚程度越高，产生的经济效益越高。国内外大量实践证明，在一定地域的基础设施和生产力水平下，集聚程度超过一定限度时，集聚所带来的优越性和效益就会消失，甚至走向反面。而且，区域产业高度集聚对环境的不良影响也会累积，当超过该区域的环境承载力时，会造成环境质量急剧下降，影响环境的可持续发展，同时降低环境对产业发展的支持能力。

（二）产业生态学理论

产业生态学理论认为，合理的产业布局要使各产业的地域聚集在结构上有利于形成良性的物质循环和能量流动，形成各产业主体间相生相克的局面，使产业集聚群落里每个单位都占据一定位置，具有特定作用，各产业主体之间相互依存、相互制约，形成一种协同进化的局面。产业生态学就是要求人类在经济、文化和技术不断发展的前提下，探索合理的方法，维持可持续发展。产业生态学要求协调而不是孤立地看待产业系统与其周围环境的关系，是一种试图对整个物质循环过程加以优化的方法。建设生态产业园区是实现这种产业布局优化的重要方式，其实质是根据一定地域内的资源优势、产业优势和产业结构，通过模拟自然生态系统，进行产业间的组合、链接和补充，使之形成互为关联和互动的产业生态链或生态网，采用废物交换、清洁生产等手段把一个产业主体产生的副产品或废物作为另一个产业主体的投入或原材料，实现物质闭路循环和能量多级利用，达到物质能量利用最大化和废物排放最小化的目的。生态产业园区是一种能够实现经济效益和环境效益双赢的产业布局模式。

第二节 产业布局的影响因素

产业布局的问题实质上就是企业的区位问题，当我们问不同行业布局的决定因素时，其实是问不同行业的企业区位的决定因素是什么。为什么企业（或产业）的区位重要呢？一个重要原因是,企业的生产活动是不可分的。可以设想,如果企业生产过程可以完全细分,而不会导致生产成本上升,那么企业的分布完全可以是原子式的。正如数百余年前中国的豆腐制作一样,几乎每家每户都有石磨,一个人、一台磨,几个小时的时间就可以做出美味可口的豆腐制品,所以豆腐生产的区位问题便不重要,也没有必要,因为它无处不在。此外,要素与产品的流动往往是不完全的,或者说是需要成本的,这使得企业的区位选择成为必要。这样,当我们要探讨企业区位的影响因素时,运输成本自然是一个关键因素,但当我们进一步考虑产业布局时,便涉及多个企业,多个企业的相互作用便值得关注,这种作用便是马歇尔所指出的外部规模经济效应,或者说地方化经济效应;考虑政府后,政府政策便同样可能会影响产业的布局。

一、运输成本

从上一节的讨论我们发现,产业区位决定过程中,运输成本是最为重要的决定力量。让我们考察两种极端的模式,一是企业生产所需要的原材料以及生产产品的运输都不需要运输成本,那么对企业来说,选址问题将变得不重要,因为无论其在哪里,都可以无成本地获取原材料,并无成本地将产品运往销售目的地;二是企业所生产的产品运输成本无限大,此时,对企业来说,其产品只能在本地销售,企业选址将没有自由,只能在人口居住地进行生产,如果人口居住是完全分散的,则产业的布局也应该是呈分散状态。

当然,这两种情形都是不存在的。现实的情形是,企业原材料、劳动力、产品等在运输或流动过程中都是需要消耗一定量的成本,简便地,可分为投入运输成本、产出运输成本两部分。不同产业的投入产出比例与特征差异明显,导致不同产业的区位呈现不同的类型。一般来说,对一个产业来说,哪一部分的成本构成占据主导地位,布局往往容易指向该部分运输成本低的地区。

(一) 自然资源决定产业布局

自然资源、气候条件等决定着一个地区的资源禀赋,因而对于该地区在国际贸易或区际贸易中的分工角色有重要影响,它不仅仅影响农业生产的布局,例如中国南方大米生产与北方小麦生产布局的差异,还会在一定程度上影响制造业的布局。

一些产业生产过程中需要消耗大量自然资源作为原料,只有少部分转化为最终产品,因而企业为了节省运输成本,需要将生产地选为靠近自然资源富集的地区。这些产业具有"原料地指向型"特征。水泥生产中,需要大量石灰石,因此,一般水泥厂都靠近富含石灰石矿地带附近,以便降低原材料运输成本,尽管这会导致"水泥"运往销售地(例如大城市)的运输成本上升,但综合权衡,仍是合理的。其他一些产业,例如金属冶炼产业、制糖业、木材加工业等都具有比较类似的特征。

另一些产业原材料运输并不方便,或者易腐坏,导致高运输成本,也使得产业布局体现出"原料地指向型"特征。例如一些食品加工与食品制造业、竹制品加工业,也往往集中分布于原料地附近。

当然,随着科技发展,越来越多的产业所需投入的自然资源比重不断下降,导致产业布局对自然资源的依赖不断降低。

（二）消费地指向型产业布局

一些产业生产或服务过程，投入原材料的运输成本并不高，但产品或服务的运输成本较高，使得这些企业布局集中于消费者密集的地方。例如面包、啤酒等食品与饮料加工企业，一般处在人口密集的大城市或城市群；而在城市各个小区，我们也总能看到诸如理发店、便利店、洗衣店等服务类小企业。由于消费市场规模一般与人口规模呈正相关，因此，这一类产业布局也与人口分布密切相关。

（三）劳动力指向型产业布局

在一些劳动密集行业中，劳动投入是重要成本构成。与其他原材料不同，劳动似乎是可以自由流动的，因而劳动力的布局似乎对于产业的区位选择并不重要。然而，现实经济中，劳动力的流动并不是无障碍的。首先，跨国的劳动力流动通常是受限制的，这使得一些劳动密集型产业例如服装业等，从劳动力相对贫乏的国家向劳动力资源相对富裕的国家转移；其次，在一国内部，劳动力流动也不是没有成本的，在我国，户籍制度管理限制下，劳动力无法自由迁徙，异地务工又增加了额外的往返交通费用、探亲费用等。在改革开放初期，这种劳动力流动的成本对服装业布局并未产生决定性作用，服装制造主要集中于浙江等沿海省份。但随着沿海经济发展水平提高，成本压力加大，劳动力流动的限制使得服装业的劳动力指向性开始显现，不少劳动密集型行业如服装业开始从沿海省份向内地转移。

二、外部规模经济与外部规模不经济

产业包含大量同类企业，与单个企业相比，分析产业区位的影响因素时有必要考虑多企业间的相互影响。大体上，这种影响可分为正影响与负影响，正影响表现为外部规模经济；负影响表现为外部规模不经济。

（一）外部规模经济

外部规模经济是指大量同类企业集聚会带来正的外部性效应，这种效应源自著名经济学家马歇尔的论述，他认为产业在地理上的集中具有三个方面的优势：劳动力市场优势（labor pooling market）、专业化服务提供优势与知识溢出效应。劳动力市场优势意味着，当较多同类企业在某个地区从事经济活动时，企业获得劳动力要素的成本会相应降低；专业化服务提供优势在于，更多企业扎堆布局有利于扩大中间投入产品与专业化服务的市场容量，从而可以发挥中间投入品或专业化服务生产的规模经济效应，降低企业的投入成本；知识溢出效应同样被认为有利于同类企业形成集聚的布局特征，因为企业在空间上的集聚有利于促进知识、创意等思想的快速传播，进而使企业更容易接收到行业最新的技术、市场等方面的信息。

以上这些多企业共同布局的正效应，对于产业形成集聚特征的空间布局具有重要影响。当一些地区由于自然条件、人力资本或历史因素的优势，在某个产业布局方面具有一定的领先优势时，其外部规模经济优势往往容易吸引更多的企业入驻，进而形成集聚式的产业布局特征。

（二）外部规模不经济

产业区位总是伴随着土地、水等资源的消耗。随着区域内产业规模的扩大，人口数量不断膨胀，土地、水等资源会愈发显得稀缺，从而导致房价或者租金不断上升，交通拥堵加剧，这些负面效应便是外部规模不经济。在产业集中的早期，产业集中的外部规模经济效应往往处于主导地位，房价上升、交通拥堵等负面效应处于次要地位，产业布局仍呈现集中化趋势；随着时间推移，产业进一步集中的外部规模经济效应开始下降，而高房价、交通拥堵等负面效应开始显现，这驱使一些老企业或新企业重新审视企业的区位选择，可能将企业迁移至土地与环境资源等承载力容量较大的地区，推动产业空间布局发生变化。

一般来说，土地、环境资源利用比较粗放的产业外部规模不经济更容易出现；而一些高新技术类企业，对土地、水等环境资源的依赖程度比较低，外部规模不经济相对不容易显现。

三、政策等其他外在因素

交通运输成本、外部规模经济与外部规模不经济都是产业布局过程中，追求利润的企业或企业家在面临各项成本约束时决定企业区位需要考虑的内在因素。其实，这些因素不是一成不变的，而是进一步地会与一些外在因素密切相关，例如政府政策法规与行政绩效、区域基础设施、区域技术创新环境、区域生态环境等因素，都会对交通运输成本、外部规模经济、外部规模不经济等施加影响，进而影响产业的空间布局。

（一）政府的政策法规与行政绩效

政府的政策法规对产业投资及其运行有着较强的引导作用。差别化的区域税收政策、环境管制严格程度差异、区域性产业政策等会改变企业的生产运行成本，影响企业在不同地区的预期利润，影响企业投资的区位决策。一个典型的例子是，发展中国家比发达国家采取较为宽松的环境管制法规，使得一些污染密集型产业由发达国家向发展中国家迁移。

政府的行政管理水平对于一个地区的投资吸引力也尤为重要，高效廉洁的办事作风、科学民主的决策方式、透明公平的市场环境、安全稳定的治安状况等都可以降低企业的运营成本和交易成本，从而有利于吸引相关产业进行投资。

（二）完善的基础设施

基础设施是产业发展的硬环境，它包括交通条件、通信网络系统、能源与水资源供应系统等方面。基础设施具有较强的公共品特征，是影响产业布局的基础性因素。基础设施不完善对产业布局的制约作用非常明显，其中交通条件对产业布局的影响尤为显著。近年来，我国交通基础设施建设取得了令人瞩目的成绩，高速铁路的大规模建成通车、全国高速公路网络初步形成，使我国区域间交通条件大大改善，运输成本大大下降，这促使一些沿海省份的企业开始向内陆地区转移。

（三）技术创新环境

技术创新是推动产业发展的根本动力。技术创新环境则是由各种技术创新要素相互作用而"编织"起来的网络。这些要素分别为创新执行主体（企业、大学、科研院所、中介机构等）、创新基础设施（技术标准、数据库、信息网络和科研设施等）、创新资源（人才、专利、风险资本等）、创新支撑体系（政策法规、管理体制、市场与服务等）。充满活力的技术创新环境，可以激活技术创新的各类要素，为技术创新提供配套的法律支持、中介支持与市场交易支持等，形成一个共同分担风险的协同创新机制。技术创新环境对于高新技术产业布局非常重要，美国硅谷高新技术产业区邻近斯坦福大学，有一批富有创意的高素质创新人才、完善的风险投资体制机制、大量专业的风险投资者、完善的知识产权保护制度以及开放的创新文化，以这些要素为基础的良好创新环境是硅谷高科技产业发展的保证。

（四）区域生态环境

随着技术发展，一些现代制造业或高新技术产业对资源的依赖度越来越低，所生产的产品或服务的运输成本也不断下降，产业布局表现出"松脚型"（footloose）特征。由于高素质人才对生活与环境的舒适度往往有着较高要求，一些高新技术产业选址纷纷远离工业区，转向自然条件舒适宜人的地段布局，例如美国"硅谷"、德国的慕尼黑、印度的班加罗尔等地的生态环境都很优美。此外，高精密、低能耗、低污染的高技术产业本身的生产也需要一个清洁、无噪声、无污染的内部环境，例如微电子工业环境的空气清洁要求是每立方米空间中直径 0.5 微米的颗粒不能超过 100 个。

第三节 产业集群与经济绩效

产业集群（industry cluster）是一种典型的产业布局形式。我国东部沿海经济比较发达的省份均有大量富有特色的各类产业集群，产业集群及其竞争力已经成为地区经济发展的重要决定力量。

虽然人们很早就认识到产业集群现象，但产业集群的研究一直被学术界所忽略。直到 20 世纪 70 年代，当世界传统工业区都陷入了经济衰退与停滞的时候，意大利中部和东北部地区（第三意大利）的经济却异军突起，美国硅谷的高技术产业迅速发展，产业集群现象才真正引起世界的广泛关注。新社会经济学、新竞争经济学、新经济地理学和工业生态学从不同角度对产业集群展开系统的研究。

一、产业集群的特征

（一）空间集聚性

空间集聚是产业集群的外在表现形式，也是其首要的基本特征。绝大多数产业集群不仅包括专业组件、零部件、机器设备以及服务供应商、金融机构及其他相关产业的厂商，还包括下游产业的成员（或顾客）、互补性产品制造商、专业化基本架构的供应商及其他提供专业化训练的教育、信息、研究和技术支持的机构（例如大学、培训机构）。此外，还有行业协会及其他支撑地方产业集群成员的民间机构等。按一些国内经济学家在欧洲各工业区所做的实际调查表明,产业集聚区内企业一般相距 100~500 千米,而且大约每平方千米有 50 家企业。

(二) 柔性专业化

单纯的产业在地理上的扎堆并不必然导致合作与竞争关系,产业集群内集聚的企业是属于某一特定产业或具有直接上下游产业关联或具有其他密切联系的相关产业的企业。这种带有很强专业分工与合作关系的企业的空间集聚加上长期所形成的相互信任的产业文化,可以大大减少集群内企业间的不确定性,降低群内企业的交易费用,实现区域的外在规模经济和外在范围经济。因此,专业化是产业集群的另一个显著特征。

同时集群可以看成柔性生产的地域系统。柔性生产的"柔性"是用来描述对市场需求量、产品构成和产品设计等方面快速变化的适应能力,它是相对于福特制的"刚性"而言的。主要包括以下几个含义:首先,是指集群内企业生产和管理方式的柔性化,即对新的技术和观念具有快速吸纳能力,产品具有高度灵活性以适应不同顾客定做的要求,具有零仓储和超额的生产能力,智力和体力工作活动的一体化。其次,是指企业之间的柔性关系,即产业链上下游的供应商和客商企业之间的密切协作,生产和组织方式具有高度的灵活性,企业能获取更明确更直接的需求信息,从而在产品和服务生产的过程中实现了柔性化。最后,是指柔性劳动过程。在集群企业内,学习型员工大量存在,且劳动力的柔性使用机制使员工有更多的机会与外部进行知识、信息的交流,外部创新的知识和技术得以更快地流入、渗透,增加了集群内企业的创新速度和可能。

以地理环境、资源禀赋等自然因素为基础原因形成中小企业集群的最典型代表是意大利。在意大利的 33 万家企业中,就业人口 500 人以上的大企业仅有 625 家;500 人以下的中小企业占企业总数的 99.82%,并且中小企业在意大利的地域分工也异常广泛,以中小企业为主的地区占到 90% 以上,为数众多的企业构成了大量的企业群。例如意大利三大毛纺中心之一的普拉托市,其中有 881 家毛纺企业与服务公司,有的企业只负责购进原材料;有的只负责毛纺生产的一两道工序;有的只负责半成品或成品;有的只负责经销;有的只负责运输;有的只负责机器设备的维修。这些企业各司其职,相互依存,形成无形的联合体。

(三) 社会网络化

产业集群是一种产业网络体系,这种网络结构包括区内企业与企业之间、企业与地方政府部门之间、企业与各种类型的中介服务组织或企业(例如研究开发企业咨询、法律援助、资产评估以及金融、保险、广告、策划、审计、会计、测试、维修保养等各种服务性组织或企业)之间,以及企业员工与员工之间的各种正式与非正式的协作关系网络。正式的网络关系表现为各行为主体之间通过各种合同等形成的关系;非正式的网络关系表现为非合同且在长期交往过程中所形成的相对稳定关系。其中非正式的网络关系对产业集群竞争力的提高有非常重要的意义,这种网络是在人们频繁而广泛非正式的交流和合作中不经意形成的,成为集群内的一种社会文化和社会资本,能有效地扩散和传递隐含经验类知识,从而更有效地推动人力资本和社会资本的社会化进程,加速知识、技术、管理创新速度,有效保持和提高区域的竞争力。

(四) 植根性

植根性起源于社会经济学,其含义是经济行为深深嵌入社会关系中。产业集群的植根性一方面是指集群内企业之间的关联;另一方面是指集群内企业家之间的关联。首先,集群内企业不仅是在地理上靠近,更重要的是,它们具有很强的本地联系,这种联系不仅是经济上的,还包括政治、社会、文化等各方面。其次,集群内的企业家具有相同或相近的社会文化背景和制度环境,以此为基础,人们之间在经常的联系、互动过程中所采取的各种经济行为深深根植于互相所熟悉的圈内语言、背景知识和交易规则,因而具有可靠性和可预见性。共同的社会文化环境产生信任、理解和相互合作,相互信任和满意成为区内最有价值的资源。因此,产业集群是一种积极参与全球分工而又与本地社会文化高度融合的本地化的产业聚集。

二、产业集群理论概述

(一) 新社会经济学与新产业区研究

1985 年,格兰维特(M. Granovetter)在其论文《经济行为和社会结构:嵌入性问题》中指出,企业的经济行为虽然是自主的,但是却受到社会关系的影响。只有深深地嵌入当地的社会结构、人际关系网络的经济行为,才是企业在现实经济社会中乐于接受的,也是长期有效的。新社会经济学派认为,基于信任、规则和文化背景之上的社会关系网络是企业竞争力的重要来源,并把它称为"社会资本"。

新社会经济学家在观察和分析产业集群时引入了社会嵌入性观点。1978 年,意大利学者巴卡提尼(G. Bacattini)在分析和总结意大利东北部和中部中小企业集群的基础上,提出新产业区的概念,即新产业区是由具有共同社会背景的人们和企业在一定自然地域上形成的社会地域生产综合体。1984 年,皮埃尔和赛伯(M. Piore and C. Sabel)合著的《第二次产业分工》认为,"第三意大利"的产业区与 19 世纪马歇尔描述的产业区具有惊人的相似,并归纳总结出以下特点。(1)新产业区的主要特征是弹性专精,大量专业化的中小企业在地域范围内集聚,它们之间分工协作,形成适应市场变化的地方生产体系。(2)集群可以获得"集体效率",企业之间既竞争又合作,合作的形式不仅有正式的战略联盟、合同契约和投入产出联系,还包括非正式的交流、沟通、接触和面对面的谈话。企业与市场中介、行业协会及政府之间也存在紧密的联系,通过协调实现共同行动,提高集群的生产效率。(3)企业的经济行为根植于地方文化和社会关系网络,由此建立起以信任和承诺为基础的默契合作关系,从而减少机会主义,促进企业之间开展有效的合作,提高企业和集群的生产效率。新产业区理论将社会资本引入集群发展研究中,建立内生社会资本模型,认为社会资本、空间距离是影响产业集群效应的内生因素,良好的社会关系有助于节约交易费用。

马库森(A. Markusen, 1996)认为意大利式的新产业区不能够完全解释世界各国的产业集群现象,对新产业区概念进行了拓展。其在《光滑空间中的黏着点:产业区分类》一文中通过对美国、韩国、日本和巴西等四个国家中发达经济区域的研究,提出了四种典型的产业区类型:(1)马歇尔式产业区,即由众多的本地小企业集聚形成的产业区,本地企业处于相同文化背景的社区,常常有长期的契约或社会义务。(2)轮轴式产业区,即围绕一个或多个主要企业(核心企业)集聚形成的产业区,大量的中小型企业是核心企业的配套企业,它们高度依赖于大而强的核心企业。(3)卫星平台式产业区,即主要由跨国公司的分支工厂集聚形成的产业区,但各跨国公司的分支机构之间缺乏有效的区内联系或协作,缺乏地方根植性，因此企业中途转移的可能性较高，降低了集群发展的稳定性。（4）国家力量依赖型产业区，即由一个或几个大型国家机构（例如军事基地、国防工厂、武器研究室、大学、政府办公机构等）所支配和吸引形成的产业区。其经济关系主要取决于国家政治而非私营部门。

（二）新竞争经济学与产业集群研究

20世纪80年代，美国哈佛大学教授迈克尔·波特（M. Porter）发表了其著名的竞争优势理论三部曲：《竞争战略》（1980）、《竞争优势》（1985）和《国家竞争优势》（1990）。在《国家竞争优势》一书中，他首次提出了产业集群概念，并分析了产业集群竞争优势的来源。1998年，波特在哈佛商业评论上发表了《集群和新竞争经济学》一文，对产业集群进行了详细定义，系统分析了集群与国际竞争优势产业的关系，形成了新竞争经济学。

波特认为，产业集群是在某一特定领域中，在地理位置上集中，且相互联系的公司和机构的集合，并以彼此共同性和互补性相联结。波特把产业集群纳入竞争优势理论的分析框架，认为产业集群是介于科层制与市场制之间的空间组织。与科层制组织（企业）和纵向一体化组织不同，产业集群能够避免组织的刚性，避免保持正式的伙伴关系所带来的管理上的挑战；与自由的、偶然的市场交易关系也不同，产业集群的地理邻近有助于培育和建立企业之间的信任和协调。这种自由独立、非正式联系的企业及相关机构形成的集群是一种能在效率、效益及弹性方面创造竞争优势的空间组织形式，是国际竞争优势产业的共同特征，例如美国的电子产业集聚在硅谷、德国的汽车产业集聚在慕尼黑等南部地带、瑞士的制药公司集聚在巴塞尔。

新竞争经济学强调，现代竞争优势依赖的是生产效率，而不是企业的投入和单个企业的规模。生产效率则取决于企业间竞争的形式，而不取决于竞争的领域。产业集群能够提高企业生产效率的原因主要包括以下四个方面。一是分工与协作提高了企业的生产效率。集群内企业数量众多，虽然每个企业的规模经济效应并不明显，但高度的、紧密的分工协作，提高了企业的生产效率。二是地理邻近带来了成本的节约。本地化的专业人才市场降低了劳动力的交易成本，相互信任关系减少了机会主义，便捷的信息交流有利于捕捉市场机遇，中介机构和公共设施的共享降低了生产成本等。三是创新网络提高群落内企业的持续创新能力。本地化的创新网络促进了技术信息的传播，相互学习和模仿带来技术的不断改进；供应商、挑剔的客户和研究机构同时卷入创新链条，不仅激发出创新的灵感，也创造出合作创新的机会；集群内企业更容易感知竞争对手的压力，因而进一步增强企业的竞争意识和创新动力。四是集群影响力提高了企业经营的稳定性。产业集群形成的品牌形象增强了消费者对集群产品的忠诚度，有利于集群中每个企业的销售，从而降低了企业的市场风险；基于集群的社会关系网络，本地金融机构和投资公司对集群的企业往往收取较低的风险金，从而有效降低了金融市场波动带来的冲击；凭借集群发展过程中逐渐形成的交易、技术网络或平台，企业能够更加顺利地完成生产和交易活动。

（三）新经济地理学与产业集聚研究

20世纪90年代以来，经济地理学与经济学研究领域的交织不断加强，经济学家开始重新审视区位与空间在经济活动中的作用。以克鲁格曼为代表的主流经济学家把空间因素引入经济模型来分析空间经济行为，构建了新经济地理学。

克鲁格曼（P. Krugman，1991）在其《报酬递增与经济地理》一文中采用柯布—道格拉斯函数形式构造了一个两区域模型：中心—外围模型，论证了产业集聚与规模经济之间的紧密关系，从理论上证明了工业活动倾向于空间集聚的一般趋势。中心—外围模型的基本假定：(1) 两个地区与两个部门（工业部门和农业部门）。(2) 工业生产具有规模报酬递增特征，农业生产是规模报酬不变。(3) 工业产品的运输费用为正，农业产品不需运输费。(4) 从事工业生产的是技术工人，他们可以在区域间自由移动；从事农业生产的是非技术工人，他们不能在区域间自由移动。中心—外围模型的基本内容是：一个国家的两个地区经济最初是完全相同的。工业企业由于存在规模经济需要采取大规模生产，因此运输费用成为生产成本的重要组成部分。为了使运输成本最小化，工业企业倾向于选择在市场需求比较大的地区（前向联系）。而如果这个区域制造商多，作为工人的消费者就能够以较低的交通成本购买到所需商品，其实际工资水平相应较高，从而个人倾向于选择在该地区生活和工作，进而又刺激了这个区域的市场需求（后向联系）。因此，一个经济规模较大的区域，由于前向联系和后向联系会出现一种自我持续的制造业集中现象，经济规模越大，运输成本越低，制造业集中越明显，制造业在经济中所占的份额越大。中心—外围模型的结论是：报酬递增、运输成本与要素流动之间相互作用所产生的向心力，导致两个起先完全相同的地区演变成一个"核心与外围"的产业集聚模式。

克鲁格曼的产业集聚模型强调了规模收益递增和历史偶然事件在产业集聚中的重要作用。新经济地理学在规模报酬递增和不完全竞争的前提下，通过集聚力和分散力来分析区域产业集聚和区域发展的动力机制。在中心—外围的经济空间结构中，外围地区的租金和工资水平相对低于中心地区。因此，当其他条件假定不变时，经济活动在外围地区进行可以实现成本节约，获得比中心地区较高的利润。然而，在规模经济条件下，当收入递增对生产活动发挥作用时，由于生产活动所需原材料、零配件的购入以及产品向市场投放都需要产生运输费用，相关经济活动的企业在地理空间上相互接近、集中生产就可以产生规模经济效应，带来运输成本的节约。企业为追求空间集聚效应形成持续的集聚力，从而使集聚具有了自我持续、自我累积的效应。不过，这种递增的要素回报只在集聚发生的区位有限的空间领域中表现出来，因为远距离的交通费用和空间通信费用决定了这种净收益的增长是有界限性的。于是，本地化的规模报酬递增和空间距离带来交易成本之间的平衡，被用来解释现实中多个集群分布的现象。在产业集聚的路径方面，克鲁格曼将最初的专业化归于一种历史的偶然因素。他认为，区域专业化在历史偶然因素的作用下发生并建立起来后，就会在外部规模经济的作用下持续下去，区域发展也因此被锁定，这就是所谓的路径依赖。

（四）工业生态学与生态工业园区

20世纪60年代以来，传统的工业经济活动方式消耗了大量的资源，并造成严重的环境污染。工业经济系统与自然生态系统之间的矛盾不断加剧，人们开始反思并寻求变革。人们将生态学的理论和方法引入工业经济，试图建立类似于自然生态系统的工业生态系统，从而推动工业经济学和生态学的融合。1989年，弗罗施与加勒朴勒斯（R. Frosch and N. Gallopoulos）发表《制造业的战略》一文，提出工业生态学的概念，认为可以借鉴和模仿生态系统中的食物链来建立工业企业之间的生产联系，以减少对自然生态环境的影响。由于工业园区是实践和研究工业生态系统的理想环境,因此生态工业园区成为工业生态学研究的重点领域。

美国学者劳爱乐(E. Lowe,1992)将生态工业园区(EIP)定义为:一个由制造业企业和服务业企业组成的企业群落,它通过在包括能源、水、原料等这些基本要素在内的环境与资源方面的合作和管理,来实现生态环境与经济的双重优化和协调发展,最终使企业群落寻求高于公司效益之和的群体效益。科特和豪(R. Cote and J. Hall.,1995)强调 EIP 是企业之间相互合作形成的工业共生系统。国家环保总局(2003)在其印发的《生态工业示范园区规划指南(试行)》中指出,生态工业示范园区是通过物流或能流传递等方式把不同工厂或企业连接起来,形成共享资源和互换副产品的产业共生组合。实际上,生态工业园区是企业之间因循环利用资源而形成的产业集群。区别于传统的工业集群和高新技术园区,生态工业园区理论是从生态学的视角,以生态效应的标准来研究产业集群。

工业共生是指不同企业间的合作,并通过这种合作共同提高企业的生存能力和获利能力,同时实现对资源的节约和环境保护。在工业园区运行中,工业共生就表现为企业间相互利用副产品的工业合作关系。根据共生双方的利益关系,工业共生模式分为共栖、互利共生和偏利共生三种。其中,共栖是指两个企业均因对方的存在而获益,但双方相对独立;互利共生是指两个企业均因对方而获益,但双方依存;偏利共生是指合作关系中的企业,一方因联合而得益,但另一方并未受损。根据共生参与企业的所有权关系,工业共生模式又分为自主实体共生和复合实体共生。其中,自主实体共生是指参与企业都具有独立的法人资格,双方不具有所有权上的隶属关系,企业之间的副产品交换通过市场交易完成。例如,丹麦卡伦堡生态工业园区就属于自主实体共生模式。复合实体共生是指所有参与合作的企业同属于一家大公司,参与实体没有自主权,合作行为按照公司计划和指令进行。例如,中国贵唐集团生态工业园属于复合实体共生。

生态产业链是指园区内的企业模仿自然生态系统的生产者、消费者和分解者,以资源的循环利用为纽带形成的工业代谢链网。生态产业链建立的基本理论是关键种理论。环境管理学家罗伯特·艾尔斯(R. Ayres,1996)在研究生态工业园构建时,率先提出"大型轴心公司"的概念。他认为,该公司能够向其他公司提供原料或已加工过的材料,从而吸引和集聚一系列的"卫星型"企业,并将废物转化为可以使用的产品。之后,人们把生物群落中的"关键种"引入生态工业园区研究中,并提出了生态产业链的设计技术方法:以"关键种企业"为核心构建主导产业链,通过几个补链项目完成主导产业链与其他产业链的耦合,通过园区废物回收处理系统完成动脉产业链与静脉产业链的结网,最终构建起产业生态系统(IES)。目前,生态产业链的研究重点已经转向生态产业链的稳定性分析、工业代谢实证分析等领域。

产业生态系统形成的路径多种多样。根据政府在生态工业园区建立和发展中的作用,生态工业园区的组织模式分为自下而上的自组织模式与自上而下的有意设计组织模式。自下而上的发展路径主要是"核心承租商"模式,即在一个或两个已经存在的或规划的"核心"承租商周围自发集聚形成企业群落,逐步构建起工业共生系统。在自组织模式的集聚过程中,企业更关注经济利益,不愿承担风险较大的循环经济技术项目。随着相关产业种类和企业数量的增加,循环经济技术趋于成熟,园区的共生系统将逐步趋于完善,资源循环利用水平逐步提高。自上而下的发展路径主要是政府主导型,政府制定较高的环境准入标准,选择符合条件的建链、补链项目入园,并鼓励和要求企业之间开展副产品交换,从而形成工业共生系统。由于政府关注环境效益，倾向于激进地建立高水平的资源循环利用系统，使企业背负过重的环保成本，引发企业理性与政府理性的冲突，从而抑制了产业集聚的进程。美国开普查尔斯生态工业园成功的经验是政府既关注环境效益，同时也重视对企业利益的激励。

(五) 技术创新理论与创新集群

1912 年，约瑟夫·熊彼特（J. Schumpeter）发表《经济发展理论》，开创了技术创新理论。在熊彼特的影响下，技术创新研究遵循发明—开发—设计—中试—生产—销售的"线性模式"，研究重点局限于企业内部。20 世纪 80 年代以来，学者们将技术创新研究的视角从企业内部转向企业外部，认为企业的外部信息及企业间的联系能够有效克服单个企业技术创新能力的局限，降低创新活动中的技术和市场不确定性，从而形成技术创新的"网络范式"。1987 年，弗里曼（C. Freeman）在其《技术和经济运行：来自日本的经验教训》一书中率先提出了"国家创新系统"，即"公私部门的机构组成网络，它们的活动和相互作用促成、引进、修改和扩散了各种新技术"。为了研究区域层面上的创新活动，英国学者库克（P. Cooke, 1992）首先提出区域创新系统，即在一定地理区域中相互分工与关联的生产企业、研究机构和高等教育机构等构成的区域性组织体系。实际上，产业集群存在发达的创新网络，它是一个典型的区域创新系统。经济合作与发展组织（OECD, 2001）在《创新集群：国家创新体系的推动力》的研究报告中提出创新集群，认为它是简化的国家创新系统，是"以创新为目标"的产业集群，它是由企业、研究机构、大学、风险投资机构、中介服务组织等构成，通过产业链、价值链和知识链形成战略联盟或各种合作，具有集聚经济和大量知识溢出的特征。

区域创新网络分为要素和关系两大组成部分。要素是构建区域创新网络的节点，其分为主体要素、资源要素、功能要素和环境要素。主体要素由企业、政府、高校与科研机构、中介机构、金融机构等组成，其中企业是核心主体；资源要素由知识、信息、技术、人才和资本等子要素构成；功能要素由组织学习、知识创造、技术创新和制度创新等子要素组成；环境要素由创新文化、市场结构、金融体系、政策法律体系、基础设施、管理体制等子要素组成。关系是创新知识产生、传播、渗透的通道和途径，是构建网络的基本框架。主体要素之间的关系分为正式关系和非正式关系。其中，正式关系是基于契约、合同形成的关系，例如基于契约的交易关系、战略联盟、供应链管理、行业规范等。非正式关系是基于感情逻辑形成的、隐藏于集群中的社会关系，包括血缘关系、地缘关系、友谊关系等。由于非正式关系分布广泛，因而是知识、信息传播的重要途径。知识和技术信息的交流动力来源于以下几个方面。一是集体学习。创新网络中大量同质主体存在激烈的竞争，加大了主体技术学习的动力，形成同行企业之间、企业与供应商之间、投资方以及科研院所之间相互学习的氛围。二是合作创新。高度的分工和专业化要求企业之间、企业与其他主体之间实现有机联系和合作，只有通过多个机构的协同才能完成创新。三是地缘关系。地理邻近为企业提供了更广泛的交流机会，减少了知识和信息交流及交易的费用，特别是对隐含性知识的传递具有重要意义。四是信任关系。相互信任使机构之间建立起比较紧密的关系，克服了企业边界对知识和信息流动的限制。五是创新环境。集群所在地的社会文化环境使得创新性机构能够创新，并与其他机构相互协调。在上述动力因素中，欧洲创新环境研究小组（GREMI, 1995）认为集体学习是创新网络形成的关键因素。

创新集群是典型的区域创新系统。集群内各行为主体相互间的正式、非正式关系形成了各种关系链层次，构成了纵横交错、发达的创新网络，集群成员获取创新资源的活动具有强烈的网络化特征。与传统的产业集群相比，创新集群的特点表现在以下几个方面。一是多元创新要素汇集。创新集群的构成要素是多元的，从事创新活动的参与者也是多元的。企业、科研院所、金融机构、中介机构和政府等都是创新主体，打破了传统产业集群把科研院所作为外生变量的局限，为集群创新创造了更好的条件和环境。二是创新集群的核心功能是知识和技术的生产、交流、扩散、共享和转化，成员之间更注重创新合作而不是生产合作。三是创新集群具有发达的创新网络。创新主体在人才、技术、资金、信息等高端要素之间建立起更为紧密而复杂的联结，形成高效的协同创新能力，进一步提高了创新资源的组织效率和利用效率，减少创新风险，产生边际递增效应。四是创新集群具有更高的生产效率。传统产业集群通过集聚控制成本，而创新集群通过集聚提高技术水平，因而创新集群具有更高的生产效率。20世纪90年代中期，知识经济开始形成，科学技术知识的生产、扩散和应用成为国家竞争优势的基本来源，创新集群发展上升到国家战略层面。大多数国家都意识到，作为一个政策性工具，创新集群对推动国家创新经济的发展具有重要意义。2006年，欧盟企业与工业理事会明确指出，集群在创新驱动和经济增长中起着关键作用，它能够为企业提供理想的环境，并与其他企业、投资者、高等院校和科研机构形成捆绑机制。在这种形势下，借助成熟的市场机制和适度的政策调节，发达国家的许多产业集群先后从低端迈向高端，由注重成本节约的传统产业集群升级为注重创新的创新集群。2006年，我国提出了建立创新型国家的战略目标，并把培育若干综合竞争力居世界前列的创新型企业和科技型中小企业创新集群作为目标之一。

三、产业集群的经济绩效

产业集群实际上是把产业发展与区域经济有机结合起来形成的有效的组织方式，不仅可以给区域内的企业带来较高的投资回报，而且能够提高区域核心竞争力，促进区域内经济增长。这主要是由产业集群在资源利用、产品生产开发、市场开拓及其他服务等方面所具有的竞争优势决定的。

（一）产业集群的资源优势

产业集群是一种经济活动的资源配置方式，是最具有竞争优势的经济活动，也是保证生产资源具有更高效率的一种有效的组织形式。

1. 由路径依赖产生的资源吸引效应。马歇尔（1890）指出，当某一工业定位于某一区域时，就极有可能长期定位于此。同类厂商彼此相邻并从事类似的经济活动能够产生巨大的利益，厂商也倾向于选择在具有某种特定技能的劳动力集中的区域设厂，这种就业上的优势同工业在特定区位的集中组合形成制造业的聚集效应，它是该工业成长和区域发展的重要原因。也就是说，集群一经形成，就会通过其优势将有直接联系的物资、技术、人力资源和各种配套服务机构等吸引过来，尤其是吸引特定性产业资源或要素。随着产业链的延伸，将吸引更多的相关产业甚至不同产业，扩大地区产业规模。而且随着集群竞争力的增强，这种资源吸引效应还会逐步加速。这种基于路径依赖形成的"集群—资源吸引—集群扩张—加速资源吸引"的循环累积过程，便于企业快捷获取所需资源，促进企业迅速成长。

2. 提高资源利用效率。这由两个方面的原因引起：一是企业资源互补。集群企业间分工协作的发展使企业间的互补性增强、信息沟通方便，可以较容易实现及时供货、零库存、全面质量管理等，使社会资源得到更加充分的利用。二是企业内部分工外化。集群的发展和分工协作效益的导向，促使企业在比较内部生产组织费用和市场交易费用之后，可能通过企业内部分工的外部化或社会化，将原先自行生产的部分零部件外包给其他企业，利用社会资源更快地扩大生产规模或降低成本，从而充分发挥资源效用。

3. 由于竞争激励所引起的资源素质提升效应。在企业集群竞争机制和学习效应的作用下，企业不断创新，集群区技术人员和工人的观念和技艺不断提高，各种机器设备不断得到改进，新产品和新工艺不断涌现，生产、营销、物流、环保等技术不断改善，这些都使地区的资源素质得以不断提升。

4. 优化资源配置。集群作为一个柔性生产集聚体，在资源高度聚集和素质不断提升的条件下，随着市场的变化和新产业链的出现，可以利用其诸多方便条件使资源迅速流向有竞争力的优势产业，最大限度地实现资源的优化配置。产业集群通过不断整合自身资源与外界经营环境相适应，使区域具有动态的竞争优势。

（二）产业集群的创新优势

创新的来源是社会化的学习过程，包括文化、制度等非经济因素，产业集群内的知识和技术通常以隐含类、非编码化的形式传播和扩散，技术创新通过"干中学"实现。集群的创新氛围可以培养人们对产业相关知识与创新的敏感度，使集群具有更高的学习和创新效率，主要体现在以下几个方面。

1. 集群内企业之间的激烈竞争促使企业不断进行技术创新和管理组织创新，所以集群内企业具有更强的创新意识。

2. 集群内企业联系频繁，地理位置接近，企业的创新成果扩散更快，更易被其他企业学习和吸收，从而促进整个群体的创新能力提高。

3. 集群具有更有利的创新条件，在集群内更容易找到创新所需的设备、资金、人才等。

4. 有些产品的创新涉及较多环节，费用高、风险大，单个企业往往难以承担，集群内的相关企业可以合作创新，分担创新风险，加快创新速度。因此产业集群在创新的动力、环境、组织等方面都具有相对较高的优势，这使产业集群往往成为创新的主体，推动产业发展的力量。

（三）产业集群的成本优势

产业集群的成本优势主要体现在以下两个方面。

1. 生产成本。生产成本优势是指集群内的企业生产产品的全部成本低于集群外部的企业，使其在同等的市场价格水平下具有较强的竞争能力。假定技术条件不变，产业集群的生产成本优势可以从以下两个方面来解释。

一是规模经济。在集群经济中，由于中间产品的转移成本很低，分工的精细化及其资产专用性的提高带来的机会主义倾向难以实现等原因，生产同种产品的各种可分割性的功能操作不断从企业内部剥离出去，导致其内部单位产品生产的长期平均成本下降，企业趋于达到最优生产规模，因而获得企业内部规模经济。集群内的企业利用空间的接近性，与其他外部的企业合资、合作或者建立联盟等方式从事专业化分工协作，能弥补其在资金、管理、人才方面的不足，集群企业可以建立共同的销售中心，形成批发市场，从而使企业从这些网络中获取外部规模经济。

二是范围经济。范围经济是指同时生产两种产品的费用低于分别生产每种产品时的费用合计。范围经济分为内部范围经济和外部范围经济。内部范围经济是指在柔性生产方式下，由于现代技术的采用，集群内的一些企业可以根据市场需求，及时地调整产品的产量和创新产品的样式。例如我国低压电器之都——浙江省温州市柳市镇的龙头企业正泰集团，原来是以生产低压电器为主导产品的企业，而现在则逐步拓宽生产和经营领域，除继续生产低压电器外，还生产成套设备、仪器仪表、通信设备、汽车电器等产品，有100多个系列、5 000多个型号、20 000多个规格。外部范围经济也可以看作某一行业或区域的内部范围经济。通过专业化分工，集群企业协同参与价值链的全部增值活动。在这种情况下，生产系统被分解为许多部分，分散在众多中小企业中，然后，企业之间再通过建立合作的网络关系进行交易。这些专业化的企业联合起来进行多样化产品的生产，便可以形成行业的范围经济。而这种范围经济对单个企业来讲，则是外部的范围经济。

2. 交易成本。产业集群有助于集中市场信息，减少信息非对称，从而降低交易双方的信息成本。同时，集群内企业经过磨合逐渐建立了互信和解决争端的良好机制，有助于契约的谈判、签订和执行以及争议、仲裁等环节的顺利进行，从而降低整个交易成本。此外，集群内企业由于集群信誉的担保机制，有利于降低企业的融资成本，尤其是有助于吸引集群外资金的持续进入。

（四）产业集群的市场优势

产业集群在市场上获得的竞争优势体现于所在产业的吸引力、市场竞争地位和议价能力三个方面。

1. 产业方面。决定企业盈利能力首要的、根本的因素是产业的吸引力。产业吸引力的定性分析可以用产业在生命周期——初创、成长、成熟和衰退期中所处的阶段来解释和分析。产业吸引力的定量分析指标通常有：市场规模和增长速度、市场竞争的地理区域、进入和退出的难易程度、基本技术的变革速度、规模经济和经验效应曲线以及行业整体的盈利水平。对于高科技产业中的产业集群，例如美国的硅谷、中国台湾地区的新竹等，不仅通过创建新产业和推出新产品获取来源于技术上的超额垄断利润，而且通过群体效应形成共同的技术标准，进一步扩大垄断优势。例如在精密仪器、信息等新兴产业中，采纳一种技术标准的企业数量及其市场份额往往决定了这种技术标准的公认性，不同的技术标准为市场份额而进行竞争。

2. 市场方面。集群通过企业集聚的形式，对内通过前向、后向的垂直联系，形成既类似于大企业垂直一体化的生产过程，同时又通过水平联系增加合作与竞争，有利于提高整体效率和竞争力。不仅在成本、价格、营销上有一定的优势，而且类似产品系列的企业集聚，在产品差异化和功能多样化方面也具有一定的优势。集群在市场竞争方面一个很大的特点是发展特色产业，或者说"小市场、大巨人"策略。企业不是整个行业全面出击，而是选择某一顾客群、某产品系列的一个细分市场作为主攻方向，或在产品价值链中的某一环节上成为大公司甚至跨国公司在全球生产系统中的一个重要环节，依托大企业参与市场竞争。

3. 集群的议价能力。集群的议价能力表现在买方和卖方两个方面。

一是作为买方的议价能力。买方参与价格竞争的手法是压低价格、要求较高的产品质量或索取更多的服务项目，并且将竞争者置于彼此对立的状态。集群内的主导产业一般都有较高的市场占有率，可以实现大批量购买，特别在原材料的供应方面，甚至能够对原材料的质量标准、规格、型号等作统一的要求，同时集群内也有部分配套的供应商，对群外供应商构成替代威胁，增强了讨价还价能力。此外，在群内研究机构和行业协会帮助下，以及企业对市场需求状况的分析上形成较为完备的信息，进一步增加议价能力。

二是作为供方的议价能力。供方产业集中化程度比它们的销售对象高时，供应商在向较为分散的买主销售产品时，往往能够在价格、质量和交货期上施加相当的影响。供方在向某个产业销售中，缺乏替代产品竞争会助长其议价能力，与替代产品生产者的竞争会削弱其议价能力，供方产品成为买方业务的主要投入资源。若这种投入对于买方的生产工艺或产品质量的成功至关重要，则供应商的势力增大，供方集团表现出前向联合的现实威胁，这种威胁使买方在提高购买条件时信心大减。

（五）产业集群的产品优势

集群内企业相互之间的竞争更多地需要依赖非价格因素，例如产品的质量、产品的差异化、产品的品牌等。只有建立在质量基础上的产品差异化，才能满足"挑剔"的顾客的要求。产业集群内部的这种产业环境使得集群内企业更能适应市场环境的变化，利用产品差异化与市场占有率之间的交互反馈机制，形成市场势力。一方面，已经形成产品差异化的企业具有较大的市场竞争优势，可以拥有较大的市场份额；另一方面，具有较高市场份额的企业，可以利用自身的规模经济势力，通过研究开发、广告宣传、售后服务等进一步扩大产品差异化，形成市场占有率和差异化之间的良性循环。因此，集群内的企业通过内在的竞争压力，获得了单个游离企业难以拥有的产品质量和产品差异化优势，获得了比产业集中度更高的利润集中度。

另外，在现代经济生活中，品牌具有增值、扩散、放大等效应，是一笔无形资产，企业通过集聚的群体效应，形成"区位品牌"。与单个企业品牌相比，"区位品牌"是众多企业品牌精华的浓缩和提炼，是更具持续性的品牌效应。进入市场的中小企业可以依靠本身的企业集群知名度和整体营销宣传战略来开拓市场，进而在这一过程中打造自己的品牌、扩大企业的知名度，从而取得了单个企业根本不可能获得的优势。例如"第三意大利"服装业企业群中，大多企业利用"区位品牌"效应，以专卖店的形式在全球范围内直销。

第四节　中国产业布局的历史演进

作为政府调控的重要手段，产业布局为新中国成立之初的国防战备、改革开放之后的东部率先发展、20世纪末以来的区域协调发展等战略的实施发挥了极为关键的作用。党的十八大以来，以习近平同志为核心的党中央高度重视产业布局，先后提出"一带一路"、京津冀协同发展、长江经济带、粤港澳大湾区、长三角一体化、黄河流域生态保护和高质量发展等，努力通过产业布局拓展发展新空间、解决大城市病与带动区域高质量一体化发展。

新中国成立以来，我国的产业布局经历了相对均衡、东部聚集、区域协调、海外布局等发展阶段。国家发展战略是产业空间演变的重要指南针。新中国成立之初，面对经济发展水平很低和美国等国家经济封锁的国内外严峻形势，中国政府提出了优先发展重工业的战略，实施了"156项项目"。20世纪60年代，随着国际环境的恶化，中国政府把国防建设放在第一位，按照"山、散、洞"的原则，加快三线建设。"156项项目"和三线建设，加强了产业在内地的布局，促进了沿海内地产业空间的均衡化。1978年面对濒临崩溃的中国经济与改善的国际环境，国家启动改革开放，按照"两个大局"原则，实施东部率先发展战略。借助地理区位、市场规模、率先改革等优势，东部地区吸引了大量产业的聚集。产业聚集促进了中国经济的快速崛起，也拉大了区域差距，1995年中国省域间人均GDP相对差距已经突破10倍之多。为此，从20世纪末中国政府开始启动区域协调发展战略，陆续实施了西部大开发、东北振兴、中部崛起等战略。同时，随着刘易斯拐点的到来，东部地区的生产成本也在快速上涨。在政府和市场的双重驱动下，中国东部产业加快向中西部和东北地区转移。2008年金融危机之后，贸易保护主义不断抬头，国内生产成本大幅快速上涨，中国经济增速进入新常态。在共建"一带一路"倡议的驱动下，中国企业"走出去"的步伐不断加快，从吸引外资向对外投资布局转变。

新中国成立以来，中国的产业布局取得了伟大的成就，积累了丰富的具有中国特色的战略和战术经验，也存在一些教训。本节接下来的安排如下：首先以国家发展战略的转变为轴线，分析我国产业布局的演变逻辑；其次总结我国产业布局的成就与经验；最后探讨我国产业布局的未来方向。

一、产业布局的演变逻辑

产业发展总要落实在一定空间，产业布局与产业发展是同一个过程，都受到政府和市场的双重作用。改革开放前后，中国政府采取了截然不同的发展战略，具有不同的动力机制。本节以1978年改革开放为大的时间节点，分析产业布局的演变逻辑。

（一）改革开放之前产业布局的演变逻辑

旧中国是一种半殖民地半封建的经济，工业设施的70%集中在沿海一带；占全国面积1/3的大西北，1949年工业产值不足全国的2%。新中国成立之后，基于国内外环境的形势，国家加快产业向内地布局，推动了产业空间的均衡化。从四大板块看，1952年中国东部、中部、西部和东北的GDP份额分别为37.80%、25.46%、22.14%和14.60%，到1977年分别为39.60%、23.26%、21.97%和15.18%，区域经济份额整体表现平稳。

产业空间呈现的均衡化格局与国家发展战略密切相关。新中国成立初期，中国经济发展水平很低，1952年人均GDP仅相当于世界平均水平的23.80%。与此同时，美国等国家对中国实行经济封锁，国际地缘关系紧张。在此背景下，中国政府提出优先发展重工业的战略。重工业优先发展的战略与中国当时资本要素禀赋不足的状况相冲突，使得重工业优先增长无法借助于市场机制来实现。为此，国家建立了以压低资本、外汇、能源、原材料、农产品和劳动价格为内容的宏观政策环境，形成了对经济资源实行集中计划配置和管理的方法，实行了工商业国有化和农业集体化直至人民公社化，以及一系列剥夺企业自主权的微观经营体制。在宏观上扭曲价格信号、行政上计划配置资源、微观上剥夺企业自主权的"三位一体"体系下,重工业优先发展战略是将整个国家作为一个超级公司、以计划和命令替代价格和市场、以"156项项目"与三线建设为骨干、通过向内地进行布局来实现的。在形成国家战备后方的同时,促进产业空间的均衡化。

(二) 改革开放之后产业布局的演变逻辑

1978年国家发展战略发生了根本转变,改革开放战略的实施,重新界定了产权,激活了市场合约,确立了市场价格为基础的协调机制,激发了经济活力,让市场在资源配置中逐步发挥决定性作用。同时,政府职能也在不断调整,从全盘计划逐步回归到解决市场失灵(产权确立和保护、公共物品、外部性、不完全竞争、不完全信息)、稳定经济与平衡发展(再分配)方面,并在政府干预中充分引入市场作用,不断创新调控方式。政府与市场关系的调整,大幅改变了经济运行的机制,成为产业布局调整的根本驱动力。从产业份额的空间变化看,改革开放以来中国的产业空间先表现为东部聚集,后表现为区域协调。1978~2018年中国东部、中部、西部和东北的GDP份额分别由43.56%、21.58%、20.88%和13.98%变化为52.58%、21.06%、20.15%和6.20%。21世纪初以来,对外直接投资流量较快增长,从2002年的27亿美元增加到2018年的1 430.40亿美元,位居全球第二位。特别是从2014年开始中国成为净对外直接投资国。概括起来,改革开放之后中国的产业布局经历了东部率先、区域协调、"走出去"三大阶段。

1. 改革红利与人口红利驱动产业加速向东部大幅聚集。中国的改革开放从"两个大局"出发,首先实施东部率先发展战略,并沿着所有制结构调整与经济运行机制改革两条主线不断深化。在此过程中,政府市场关系发生根本转变,政府的作用主要体现在确立和保护产权、激活市场合约、完善基础设施、制定法律法规、提供优惠政策、优化政府服务等方面,消除了生产要素流动的体制障碍,带来了改革红利,释放了我国长期积累的人口红利。在改革红利和人口红利的双重驱动下,市场价格逐步成为决定性的协调机制,东部地区凭借接近国外市场的区位优势和较好的产业发展基础,吸引产业向沿海大幅度聚集。产业聚集过程中,形成了共享、匹配、学习的聚集效应,完善了区域的产业配套能力,进一步推动了产业布局的沿海化。1978~1999年,东部GDP占全国份额提高了9.11个百分点(从43.56%提高到52.67%);从省域看,GDP份额提高的省份有广东、浙江、山东、福建、江苏等10个,第二产业产值份额提高的省份有广东、浙江、江苏、山东、福建、河南、安徽、云南等13个,第三产业产值份额提高的省份有广东、山东、浙江、福建、北京、江苏等9个,份额提高较大(大于0.5个百分点)的省份大多集中在东部地区。

2. 区域协调发展战略与东部生产成本上涨推动产业跨区域转移。在产业加速向东部沿海聚集的过程中,区域差距不断扩大。人均GDP最高省份与最低省份的绝对差距逐年扩大,2018年扩大到108 664元。人均GDP最高省份与最低省份的相对差距在1995~2005年都在10倍之上,尽管近年来相对差距有所收敛,但2018年也达到4.47倍,区域差距依然很大。

缩小区域差距,既有利于促进区域平衡发展,实现空间正义,也有利于启动内需,稳定全国经济,是政府的重要职责。为此,中国政府自20世纪末开始推动区域协调发展战略,先后实施了西部大开发、东北振兴、中部崛起等战略,通过加快基础设施建设、加强生态环境保护、发展科技教育和文化卫生事业、改善投资环境、促进对内和对外开放等措施,优化内地的营商环境,引导产业向中西部和东北地区转移。与此同时,2004年东部地区用工荒、用电荒、土地紧张等问题不断出现,特别是2008年金融危机之后,长期的外汇管制与大规模借债投资导致通货膨胀严重,生产成本大幅上涨,市场也在推动产业向外转移。在政策与市场的双重驱动下,中国进入了产业跨区域转移的加速时期。

3. "走出去"战略与生产成本快速上涨驱动产业对外投资布局。2008年金融危机之后,国内外环境发生了很大变化。首先,金融危机导致个人财富缩水、资产负债表恶化和产能过剩等问题,需求不足引致国际贸易保护主义不断抬头。其次,国内刘易斯拐点到来与大规模借债投资等因素综合作用下,工资、租金、税收等大幅上涨,企业运行成本快速提高。在此背景下,中国企业海外投资意愿不断增强。2013年共建"一带一路"倡议提出之后,得到了共建国家的积极响应。通过与国外政府签订合约,中国政府在保护海外资产、提供相关信息、投资便利化等方面发挥了积极作用,推动了企业海外投资步伐。同时,企业海外布局也是企业竞争力提升的结果。随着中国"引进来"的外资规模增多、质量升级,中国企业获得了许多国际投资经验、先进技术、国际市场信息和具有国际视野的员工。中国企业,特别是国有企业,积极发挥技术与资金等优势,对国外的资源、市场和战略资产等进行投资,提升经济效益。从对外投资的经济体看,2018年中国香港、美国、英属维尔京群岛、新加坡、开曼群岛和卢森堡位列前六位,占到总流量的80.90%,其中中国香港占60.70%;从对外投资的产业看,涉及18个行业大类,其中投资流量超过百亿美元的行业有4个,分别是租赁和商务服务业、金融业、制造业、批发和零售业,占到总流量的72.60%。

概括起来,尽管影响产业布局的因素很多,但在中国特色社会主义市场经济体制下,国家发展战略是产业布局的指南针。国家发展战略的变化,引起经济发展机制与动力变化。经济发展机制与动力变化,驱动产业布局变化。产业布局变化,导致区域空间结构变化。这是新中国成立以来我国产业布局与空间结构演变的基本逻辑。

二、产业布局的成就经验

新中国成立以来,中国产业布局取得了伟大的成就,构建了世界制造基地,优化了区域空间结构,完善了产业布局学科体系。同时,也积累了丰富的具有中国特色的产业布局经验。战略上,把握优先次序,不断调整产业布局方向;战术上,营造地区性"小气候",建设开发区,分步推进产业在全国的纵深布局。此外,产业布局中也存在一些教训,需要通过深化改革、完善市场机制和优化政府职能来解决。

(一)构建世界制造基地,提升创新发展能力

经过70年的发展,我国已经建立了较为完整的产业体系,发展成为世界制造基地。改革开放之前,"156项项目"与"三线建设"在内地基本形成了由国防科技产业、机械工业、原材料产业、能源工业等构成的工业体系;改革开放之后,在市场化改革的驱动下,工业化加速产生的巨大市场规模优势、劳动力无限供给条件下的二元结构落差优势、高储蓄率、兼容并包的文化底蕴等与发达国家的产业转移结合起来,带动中国纳入国际分工体系,形成世界制造基地。世界500多种主要工业产品中,中国有220多种产品的产量居世界第一。

依托"156项项目""三线建设""863计划""973计划"等科技重大专项工程,通过

技术引进、技术改造、消化吸收与技术创新,创新能力不断提升,开拓了一些新领域,在航天、高铁、基建、杂交水稻、量子通信技术、5G等领域突破了一系列尖端技术,形成了由支配型城市、枢纽型城市和节点型城市构成的多层次城市创新体系。

(二)优化空间结构,促进区域经济协调发展

通过"156项项目"和"三线建设",特别是区域协调发展战略的实施,进一步完善了内地的基础设施,有效提升了内地的科技基础与特色产业的发展能力,改善了生态环境。在此基础上,内地的点轴开发持续深化,空间结构不断优化。中部地区形成了武汉都市圈、长株潭城市群、中原城市群等极核结构,沿长江经济带、陇海经济带、京广和京九经济带的作用日益突出。西部地区初步形成了成渝城市群、关中城市群、北部湾城市群等增长极。东北地区的辽宁沿海经济带、哈大齐经济带作用日益凸显。都市圈/城市群和经济带的建设,整合了区域空间,扩大了市场规模,有效地拉动了中西部和东北地区的发展,促进了区域协调发展。此外,沿海和内地的梯度差异,在中国国土空间内部形成了雁阵模式。这种空间结构有利于挖掘中国内需潜力,有利于降低国际贸易保护主义的影响,有利于提高中国经济的回旋余地、韧劲与持续发展能力。

(三)总结实践经验,不断完善产业布局学科体系

中国的产业布局学是在实践中不断总结归纳和发展起来的。新中国成立以来,通过自然资源综合考察、国土开发战略及规划、主体功能区划、开发区建设等,对产业布局进行了大量实践。在此基础上,积极吸收国际上相关学科的成果,形成了较为完整的产业布局学科体系。

(四)把握先后次序,调整产业布局战略

新中国成立以来,中国的产业布局一直贯彻着"把握先后次序、调整布局战略"的思路和经验。新中国成立之初,面对严峻的国际形势和经济发展水平较低的国情,快速实现工业化、保障国家安全是首要任务。为此,集中人力、物力和财力,优先发展重工业、大力推进"156项项目"与三线建设是实现这一任务的关键。改革开放之初,面对濒临崩溃的中国经济、改善的国际环境,发展经济与改革开放是首要任务。通过重新界定产权、激活市场合约、确立市场价格为基础的协调机制,从提升效率的大局出发,率先发展东部。改革红利与人口红利推动产业在东部沿海大规模聚集,有力推动了中国经济的快速腾飞。当国家综合实力达到小康水平时,巨大的区域差距成为国家发展的突出挑战,区域协调发展成为政府工作的紧迫任务。为此,20世纪末以来国家陆续实施了西部大开发、东北振兴、中部崛起等战略,通过完善基础设施、发展科教文化、优化投资环境等引导产业跨区域转移。党的十八大以来,中国经济进入新时代。面对巨大的过剩产能与中国企业不断积累的对外投资经验,审时度势,引导产业在全球布局成为提升国际竞争力的战略选择。概括起来,每个时代都有不同的主要矛盾,政府面临不同的战略任务。科学把握每个时代的主要矛盾与战略任务,制定相应的产业布局战略,是新中国成立以来中国产业布局的基本经验。

(五)营造地区性"小气候",依托开发区分步推进产业的纵深布局

改革开放之初市场力量几乎消灭殆尽,要短时间内形成国内市场,并全面与国际市场接

轨是不可能的。于是，中国政府通过设立经济特区、沿海港口城市与沿海经济开放区，营造地区性的与国际市场接轨的"小气候"作为对外开放的基地，大幅降低企业运行的制度成本，引导产业在这些区域聚集。当这些区域的技术、管理、知识、对外政策等窗口功能发挥起来，并积累了大量改革经验后，复制沿海开放模式，逐步引导产业向全国纵深布局，这是我国产业布局的另一条重要经验。

作为地区性"小气候"和产业纵深布局载体的开发区，是地区先导产业的重要聚集区、招商引资的重要载体，积累了丰富的产业布局经验，受到广大发展中国家的青睐。具体经验有：一是以先进科学的规划和管理机制为引领，实施"先规划、后建设，先地下、后地上"的建设程序，确保一张蓝图绘到底；二是高起点高质量建设基础设施，优化开发区的硬件环境；三是政府从投资者立场出发，在项目审批、用地建厂、招聘工人、公共设施、医疗保障等方面深化放管服改革，形成亲商高效的服务体系；四是秉承"生态优先、环保立区"的理念，采取环保提前介入、一票否决的制度，建立生态环保绿色园区；五是建设功能配套的邻里中心，实现产城融合发展；六是实施招聘制度和考核制度，建立勤政廉洁的公务员队伍。

（六）吸收产业布局教训，深化改革推动产业优化布局

中国产业布局过程中也走了不少弯路，存在一些教训。改革开放之前的教训集中在三线建设时期，在"文革"极"左"思潮影响下，决策层片面强调备战要求，过分强调"靠山、分散、进洞"的布局策略，建设规模铺得过大、战线拉得过长、进程过快，忽视经济规律和科学管理，经济效益低下。同时，由于过分强调"先生产、后生活"，学校、医院、商店、住房等匮乏，生活设施留下严重欠账，影响职工生活与身体健康。改革开放之后的教训主要集中于：（1）地方竞争、重复布局与产能过剩。在中国特色的"行政分包制"下，政府掌握了大量资源，"纵向行政发包"和"横向官场竞争"导致政府过度干预，引起产业潮涌、重复和分散布局等问题，带来了巨大的资源错配。（2）生产设施与服务设施不匹配。长期以来，中国的产业布局重视生产、忽视生活。加入WTO后，中国新城新区迅猛扩张。冒进扩张的新城新区普遍存在生活、教育、医疗等服务设施配套不足问题，城市综合功能发展滞后，严重影响人们的生活。（3）产业布局与生态环境污染。在各地竞争发展中，出现了"县县点火，镇镇冒烟"的布局模式，造成了严重的环境污染。近年来，随着产业跨区域转移的不断加快，中西部地区成为许多污染企业的避难所。

吸收过去的教训，优化产业布局一要深化改革，规范政府行为，完善价格机制，发挥市场在资源配置中的决定性作用，让市场机制主导产业布局；二要深入推进以人为核心的理念，增强政府在提供公共服务方面的职能，处理好生产与生活等关系，走产城融合之路；三要积极发挥政府在环境规制、降低负外部性等方面的作用，深入实施主体功能区规划，促进产业绿色协调发展。

三、产业布局的未来方向

中国的产业布局取得了伟大的成就，但也存在政府干预过多、重复和分散布局、在促进创新方面作用不强、没有充分适应经济社会发展新特点等问题。综合考虑当前存在问题与发展趋势，未来的产业布局需要着力关注以下几个方向。

(一) 市场主导与产业集中布局

针对产能过剩、产业布局分散等问题,要规范政府职能,发挥市场在资源配置中的决定性作用,尤其要发挥市场在汇率、利率、土地等方面的作用,减少政府干预,让价格机制主导企业的区位决策。而且,市场主导下的效率可以与人均意义上的区域平衡实现双赢。中国人多地少和缺水的基本国情,决定了中国的产业布局必须走规模经济之路。未来的产业布局,要按照主体功能区和城市群为主体的城镇化思路,发挥好政府在公共服务、市场监管、生态底线管控、空间公平正义等方面的作用,逐步整合空间资源,促进产业集中布局。针对产业集中可能带来大城市病等问题,可借鉴东京和新加坡的经验,主要通过优化产业在城市和城市群中的布局、提升城市管理水平来解决。

(二) 服务业的协同聚集规律

服务业的构成极其庞杂、性质各异,既不宜简单套用研究实体经济的分析思路,也没有反映服务业一般特征的普适框架,服务业的研究多从具体的行业出发。目前对服务业布局规律的研究,主要集中于生产性服务业,包括生产性服务业布局的影响因素、与制造业的互动格局、与城市等级体系的关系等方面。随着中国进入服务业社会和城市社会,城市病日益凸显,越来越多的城市进入功能疏解阶段,未来需要重点研究服务业的协同布局规律,回答什么类型的生产性服务业与什么类型的生产性服务业协同聚集、什么类型的生产性服务业与什么类型的生活性服务业协同聚集、什么类型服务业与什么类型制造业协同聚集等问题。这对于有序推进功能疏解、解决大城市病等具有重要参考价值。

(三) 产业布局在促进创新与形成新动能中的作用

2008年金融危机以来,伴随着国内要素价格飙升、发达国家"再工业化"和贸易保护主义等多重压力,推动创新、培育经济发展新动能和实现高质量发展成为中国面临的关键任务。创新的产生既需要具备好奇、财富、恐惧和情怀四大动力,也需要打通"原理—技术—产品"的创新链条。创新的分布极不平衡,聚合动力和打通链条的关键在于空间聚集。空间聚集有利于将有想法、敢冒险的人聚在一起,提高创新氛围的浓度;有利于增强各主体之间的信任程度,促进科学家、大学、研究所、政府、初创企业、风险资本等的高频互动,促进知识传递、分享和集成;有利于促进研发协同、创新外包、专利许可以及技术转让等操作。未来的产业布局,要以促进创新为着眼点,沿着竞争力优先的路径,探索产业聚集与工艺升级、价值链升级、产品升级等的关系,形成可复制的经验,推动中国经济动能转换与高质量发展。

(四) 人工智能时代的产业布局规律

人工智能时代,数据成为新的生产要素,数字化经济带来了规模经济和范围经济,将大幅提高生产效率;人工智能通过资本替代劳动,资本的收入份额会增加,管理者和有技能者的收入份额也会增加,而普通劳动者的收入份额会下降,赢家通吃成为人工智能时代的生存逻辑。人工智能的发展具有很大的空间不平衡,例如中国科技部公布的三批次共15家新一代人工智能开放创新平台,只聚集在北京、上海、深圳、杭州、合肥等5个城市。人工智能企业空间布局的聚集性与赢家通吃生存逻辑相结合，会加剧区域空间的分化。与此同时，随着新一代信息基础设施在落后区域的布局和升级，人工智能技术也将大幅提高落后区域的教育、医疗、文化等水平，促进技术扩散与区域发展的趋同。分化力与趋同力如何影响产业的空间布局是亟须研究的问题。

（五）产业布局在缩小南北方区域差距中的作用

2008年以来，中国南北区域差距不断拉大，北方GDP份额由2008年的43.24%大幅下降到2018年的38.48%。在此期间，全球需求下滑，国内运行成本上升，在国内外两大因素综合作用下，中国经济增长大幅下滑，经济增长动能逐渐由需求侧转向供给侧。而在供给侧，中国南北方具有很大的差异：（1）从南北方的主导/支柱产业来看，北方地区能源、原材料和重工业比重大，资源型经济突出。煤炭、钢铁、水泥、平板玻璃等行业产能过剩严重。由于产业加工深度和技术含量不高，抗外部干扰能力较弱，在"去产能"的推动下，北方经济增长受到较大的影响。（2）从南北方的体制机制来看，北方地区国有经济比重仍然偏高，国有企业历史包袱仍未得到根本解决；北方地区，特别是东北地区民营经济发展严重滞后，科技创新活力不足。因此，中国南北区域差距的实质是南北方产业结构与体制机制的差异。为缩小南北方区域差距，北方地区要以供给侧结构性改革为主线，推进国有企业改革，大力优化营商环境，以中心城市和各类功能性平台为依托，加大人才培养和智力引进力度，促进新兴产业在示范平台聚集发展，发展新兴服务业，拓展对外开放空间，推动产业结构调整，促进南北区域协调。

（六）"一带一路"背景下中国产业海外布局研究

2013年习近平总书记提出共建"一带一路"倡议后，得到了共建国家的积极响应。在此推动下，中国企业"走出去"的步伐不断加快，共建项目由单一项目合作向一揽子项目合作延伸，由企业分散布局向园区聚集布局转变，共建"一带一路"正在向着高质量发展。与此同时，也存在地缘政治复杂、政府干预过多、海外投资经验不足、投资恶性竞争、产融对接不充分、缺乏高级管理人才等突出问题。政府需要发挥市场在资源配置中的决定性作用，完善"一带一路"共建国家争端解决机制，促进金融合作，加强金融监管等；企业则需要学习借鉴发达国家的海外投资经验，总结自身海外投资的经验与教训，加强对投资国政策、文化等的理解，防范投资风险，增强语言表达、沟通与突发事件公关能力，提高海外投资效益。在此背景下，产业在海外布局的地理区位、合作模式、风险控制等是需要深入研究的问题。

本章小结

◆产业布局是指产业在一定地域空间上的分布与组合。具体来说，产业布局就是通过市场机制和政府引导，使资源在不同地域、不同产业之间进行配置，从而实现资源在空间上的最优配置。

◆产业布局的影响因素包括运输成本、外部规模经济、政府政策等。

◆产业集群的特征包括空间集聚性、柔性专业化、社会网络化、植根性等，产业集群的优势包括产业集群的资源优势、产业集群的创新优势、产业集群的成本优势、产业集群的市场优势、产业集群的产品优势等。

复习思考题

1. 名词解释。

产业布局 产业集群 外部规模经济 外部规模不经济

2. 简答题。

(1) 产业布局理论的发展趋势是怎样的?

(2) 产业布局受到哪些因素的影响?

(3) 产业集群具有哪些经济绩效?

(4) 中国产业布局的经验有哪些?

3. 自评自测题。

(1) 杜能的农业区位理论（孤立国圈层理论）包含（　　）个圈层。

A. 4 　　　　B. 5 　　　　C. 6 　　　　D. 7

(2) 根据韦伯的工业区位理论，工业布局主要受到三个方面因素的影响。下列（　　）不是影响因素。

A. 运费 　　　B. 借贷成本 　　　C. 劳动力费用 　　　D. 聚集力

(3) 外部规模经济源自著名经济学家马歇尔的论述，他认为产业在地理上的集中具有三个方面的优势。下列不属于集中的优势的是（　　）。

A. 消费地优势 　　　　　　　　B. 劳动力市场优势

C. 专业化服务提供优势 　　　　D. 知识溢出效应

(4) 产业集群的特征有（　　）。

A. 空间集聚性 　　B. 柔性专业化 　　C. 社会网络化 　　D. 植根性

(5) 产业集群的创新优势主要体现在（　　）。

A. 集群内企业之间的激烈竞争促使企业不断进行技术创新和管理组织创新，所以集群内企业具有更强的创新意识

B. 集群内企业联系频繁，地理位置接近，企业的创新成果扩散更快，更易被其他企业学习和吸收，从而促进整个群体创新能力的提高

C. 集群具有更有利的创新条件，在集群内更容易找到创新所需的设备、资金、人才等

D. 有些产品的创新涉及较多环节，费用高、风险大，单个企业往往难以承担，集群内的相关企业可以合作创新，分担创新风险，加快创新速度

4. 延伸阅读材料。

为什么打火机产业无法搬到越南?

这两天调研湖南邵东打火机产业集群，有了新的认识。

中国出口的打火机，70% 都在这里生产。类似东亿这样的打火机工厂，一天可以生产 1 000 万只打火机。恐怖的速度。

跟众多劳动密集型的产业一样，打火机也是一个流浪产业，满地球飘荡。最早发迹于西

班牙，后来法国美国都逛了一圈。20世纪六七十年代来到日本，紧接着去过韩国、中国台湾地区，大约20世纪90年代在广东和温州落地。微薄利润的行业，就很难在一个地方落得住脚，不断上涨的劳动力成本根本无法支撑。在21世纪初，广东和浙江温州，也开始承受不住这样的产业。于是位于湖南邵阳市的邵东县，开始承接了打火机这个松动如浮萍的产业。

任何一个产业都不简单，打火机也如此。它的产品系列有近100个，包括防风、直冲等。而每个系列又都有10来个品种。每个品种都要20多个配件，相互并不兼容。除了塑料粒子和危险的化工气体，不在邵东本地，其他这里是应有尽有。而且都在方圆30分钟车程。一个打火机厂有100多家配套商，相互之间的物料输送速度，简直比篮球队员之间交换眼神还要快。打火机行业，总是被看成低端制造，然而这里却有着高端制造的雄心。这正是中国制造最重要的基本盘。

如果每个行业都可以做到这样极致的效率，那么这些产业完全不会有任何的迁移之忧。越南、孟加拉国、印度尼西亚，都有打火机的分散工厂。但基本都是中国人去开办的。由于本地政策限制单纯的商贸而要求落地制造，于是中国工厂就会设在这里，但都只是简单组装。

在打火机产业如火如荼发展的背后，有一套中国装备制造同步升级的隐形结构。这个进步是飞速的。现在工厂里面，除了注射塑料的注塑机，其他几乎都是本地厂商开发的非标设备。

产业集群最常见的就是"背篓里的龙虾"现象。一只龙虾想爬出背篓呼吸更外面的空气，下面的龙虾就会把它揪回来。这是最绝望的内卷之地，谁也别想出头。像箱包之都的河北白沟就见到这种令人窒息的降价大拼杀。任何一家公司花费几个月开发的新产品只要一冒头，第四天就会有另外厂家开始销售同款。没有人会愿意投资开发新品。而在邵东打火机协会，有一个新品数据库，保存各种打火机的式样。所有公司的新品在开发打样期，都需要送往这里备案。如果是相似产品，往往就会被协会打回去。这种方式鼓励了创新，有效杜绝了兄弟残杀的现象。它甚至成立了价格监管会，不允许低价倾销，彻底解决了产业集群最常见的拼刺刀内卷的现象。真是高明的组织方式。

打火机过去几十年一直像游牧民族一样在漂流。居无定所。但自从来到邵东，就留在这里扎根落地。再也没有转移到越南、印度。它被牢牢吸引在湖南长沙西南200公里的地方。极限制造能力，配套的供应链，就是这样一个巨大的吸盘。打火机从来就不是低端制造。中国作为贡献全球产业1/3的大国，没有一个产业没经过浴火重生，也没有一个产业能靠低端制造活到今天。邵东打火机是最鲜明的一面屹立不倒的小红旗。而邵东打火机的背后，还站立着一个高端组织：可以说这个协会的组织效率，绝不比那些高端产业例如半导体协会等组织要差。战略性新兴产业，不代表有着高端组织。传统产业，往往拥有更高效率的组织。当所有这些因素叠加在一起的时候，流浪地球，才会停止流浪；流浪产业，扎根中国。

资料来源：林雪萍. 湖南打火机为什么搬不到越南. 微信公众号知识自动化，2023-03-11.

第十二章 反垄断政策

■ 本章内容提要

本章主要介绍了垄断行为的主要形式，并分析了各种垄断行为对相关主体的影响。重点介绍了价格歧视行为的分类及经济影响。在此基础上，着重分析了反垄断政策的背景和实施过程及效果。美国是反垄断法律实施最早的国家，中国制定和实施反垄断法律的效果也逐渐显现。

第一节 垄断的经济分析

企业实施垄断的主要方式在于产品的市场定价。在完全垄断、寡头垄断和垄断竞争三种形态的不完全竞争市场结构中,企业都可以影响市场价格,只是程度不同而已。寡头垄断和垄断竞争结构下,企业不是价格接受者,但也不能完全决定市场价格;而垄断企业则是市场价格的唯一决定者。因此,垄断企业要考虑定价问题。此外,通过产品差异化、广告、产业链控制等非价格行为,厂商也可以实施垄断。

一、价格歧视

垄断企业面临的需求是整个市场需求,垄断企业的目标是利润最大化,根据其利润最大化目标的一阶条件可以推导出垄断企业利润最大化的必要条件:边际收益=边际成本。垄断企业根据这个原则来制定垄断产量 Q,进一步分析其边际成本,可以获得垄断企业面临需求的价格弹性、边际成本和其价格之间的关系如下:

$$P(1 - 1/\varepsilon) = MC(Q) \tag{12-1}$$

整理得:

$$P = \frac{MC(Q)}{1 - \frac{1}{\varepsilon}} \tag{12-2}$$

式(12-2)为垄断企业的定价原则,其中 $|\varepsilon| \geq 1$。按照该原则,垄断企业对所有消费者每单位产品都收取一个统一的价格,不管它们是谁或者它们要购买多少数量的商品。然而,如果企业能够根据消费者的不同特点对不同消费者收取不同价格,或者对消费不同商品数量的同一消费者根据其消费数量不同而对商品制定不同价格,企业可以提高利润。这就是价格歧视。而企业要进行有效的价格歧视必须满足两个条件:一是企业必须拥有市场力量,否则,市场竞争会将价格推到边际成本水平,这样就无法进行价格歧视;二是商品在不同消费者之间不能够进行转售,否则不同消费者之间的套利行为将使得价格差异无法持续。根据价格歧视程度,可以将价格歧视分为三级。

(一)一级价格歧视

一级价格歧视,也称为完全价格歧视,是指企业对每一个消费者的支付意愿具备完全信息,完全垄断企业能够从一群具有不同特点的消费者身上赚取全部消费者剩余。完全价格歧视有三个特点:(1)企业利润等于全部消费者剩余;(2)边际消费者,也就是具有最低保留价格的消费者,其保留价格等于企业的边际成本,于是,实施完全价格歧视的垄断企业生产了恰好数量的产品;(3)由于企业获得了所有消费者的全部剩余,因此,企业所生产的每一单位产品都恰好卖给具有相同边际支付意愿的消费者。

如果垄断企业对每个消费者的支付意愿具有完全信息,它就可以实行完全价格歧视。这样,在构筑企业的需求曲线时,根据消费者的不同情况,垄断企业就面临两种不同的需求曲线。第一种情况是,如果消费者的偏好完全相同,消费者是"同质"的。这样,在构筑需求曲线时,实际上可以简化为只考虑一个代表性消费者,由于边际效用递减,代表性消费者起初为产品(边际消费意愿)支付的价格较高,但是随着消费量的增加,他愿意为边际消费意愿支付的价格逐渐降低,由此得到一条向下倾斜的需求曲线。第二种情况是,假设消费者的偏好都不同,每个消费者对商品都有单位需求。对于垄断企业提供的每一个产品价格,只有那些评价高于价格的消费者才会购买。价格越低,参与购买的消费者越多,从而也导致向下倾斜的需求曲线。

首先,考虑每个消费者不同的情况。在完全信息下,垄断企业知道消费者 i 对商品的评价为 v_i,所以,它只要向消费者 i 制定价格 $p_i = v_i$,就可以拿走其所有剩余。假设企业的边际成本为 c,那么只要还存在对产品评价高于 c 的消费者,企业继续生产就是有利可图的。这样,最后的均衡价格就等于边际成本。这表明完全价格歧视达到了社会帕累托最优。

其次,分析同质消费者的情况。假设消费者的偏好都相同,具有效用函数 $\theta V(q)$,其中 θ 为偏好参数;垄断企业的边际成本为 c。这时,垄断企业可以向消费者提供一个费用数量组合 (T^*, q^*),并达到完全价格歧视的目的。在这种定价方式下,消费者如果要消费就只能接受这种定价方式,支付费用 T^*,获得数量为 q^* 的产品。垄断企业选择 T^* 和 q^* 使利润最大化:

$$\max \pi = T - cq$$
$$\theta V(q) - T \geq 0 \quad (12-3)$$

约束条件表示消费者的净效用必须非负。消费者的净效用是拟线性,从而没有收入效应。由式(12-3)的一阶条件解得:

$$T^* = \theta V(q^*) \quad (12-4)$$
$$p^* = \theta V/(q^*) = c \quad (12-5)$$

由此可以得出结论:在一级(完全)价格歧视下,市场价格等于边际成本,所以垄断企业的产量选择是帕累托最优,但是消费者剩余等于零。

为得到均衡值,假设消费者的效用函数为:

$$V(q) = \frac{1 - (1-q)^2}{2} \quad (12-6)$$

根据消费者效用函数,可以推导出反需求函数为:$p = \theta V/(q) = \theta(1-q)$。根据均衡条件,可以得到最优费用产量组合:

$$q^* = 1 - c/\theta, \quad T^* = (\theta^2 - c^2)/2\theta \quad (12-7)$$

上面的分析可以扩展到消费者偏好不同的情况。既然垄断企业掌握消费者的全部信息、知道每个消费者的类型,就可以通过专门为其设计一个特定的费用—数量组合,来获取全部消费者剩余。

(二)二级价格歧视

二级价格歧视是指垄断企业对消费者信息的掌握是不完备的,因此它不能够获得全部消费者剩余。在这种情况下，企业根据掌握的部分消费者信息，针对不同的消费者设计出不同的价格，让消费者自行选择，从而可以达到价格歧视的目的。例如，假设消费者分属于不同的消费群体，但企业不能具体确定某人到底属于哪个消费群体。这时，为了达到价格歧视的目的，垄断企业就应该针对不同的消费者设计不同的价格，让他们自行选择。

假设有两类消费者，垄断企业知道有 N_1 个消费者偏好为 θ_1，有 N_2 个消费者偏好为 θ_2，假设偏好参数 $\theta_1 < \theta_2$。假设垄断企业为偏好为 θ_i 的消费者制定费用—数量组合 (T_i, Q_i)，为了让每类消费者从为其类型设计的菜单中购买，必须满足参与约束，即每一类消费者的净效用为非负；然后，要让每个消费者购买为他这一类型所定做的菜单，还必须满足激励相容约束，即第二类消费者不会从为第一类消费者设计的菜单消费中获得更高的效用，反之则相反。

对于 θ_1 消费者，参与约束：

$$\theta_1 V(q_1) - T_1 \geq 0 \tag{12-8}$$

激励相容约束：

$$\theta_1 V(q_1) - T_1 \geq \theta_1 V(q_2) - T_2 \tag{12-9}$$

对于 θ_2 消费者，参与约束：

$$\theta_2 V(q_2) - T_2 \geq 0 \tag{12-10}$$

激励相容约束：

$$\theta_2 V(q_2) - T_2 \geq \theta_2 V(q_1) - T_1 \tag{12-11}$$

下面我们看上面哪些等式会成立。首先，看参与约束，要想让两类消费者都购买，那么第二类消费者的参与约束必须是松弛的，即要满足：$\theta_2 V(q_2) - T_2 > 0$。这样，第二类消费者才不会去购买第一类消费者的菜单。用反证法可以证明这一点。假设 $\theta_2 V(q_2) - T_2 \geq 0$，同时为了让第一类消费者购买，必须满足：$\theta_1 V(q_1) - T_1 \geq 0$。那么第二类消费者就可以通过冒充第一类消费者而得到正效用，即：$\theta_2 V(q_1) - T_1 > \theta_1 V(q_1) - T_1 \geq 0$。这样，专门为第二类消费者设计的菜单就是无效的。同时，企业为了获得最大化的消费者剩余，他设计的菜单要让第一类消费者的参与约束等式成立，即 $\theta_1 V(q_1) - T_1 = 0$。

其次，看激励相容约束。在二级价格歧视中，垄断企业的目的是通过设计不同的菜单，让高偏好消费者显示出来，即让 θ_2 类消费者没有动机去冒充 θ_1 类消费者。所以，只有第二类消费者的激励相容约束等式成立，即：$\theta_2 V(q_2) - T_2 = \theta_2 V(q_1) - T_1$。垄断企业的利润函数为：

$$\pi = N_1(T_1 - cq_1) + N_2(T_2 - cq_2) \tag{12-12}$$

假设消费者的效用函数依然是式（12-6）所示，那么将式（12-8）和式（12-11）代入企业利润函数得到：

$$\pi = N_1[\theta_1 V(q_1) - cq_1] + N_2[\theta_2 V(q_2) - (\theta_2 - \theta_1)V(q_1) - cq_2] \tag{12-13}$$

根据一阶条件，得到两类消费者的均衡价格为：

$$p_1^* = \theta_1 V/(q_1^*) = \theta_1(1 - q_1^*) = \frac{c\theta_1}{\theta_1 + \lambda(\theta_1 - \theta_2)} \quad (12-14)$$

$$p_2^* = \theta_2 V/(q_2^*) = \theta_2(1 - q_2^*) = c \quad (12-15)$$

式中，λ 为高偏好与低偏好消费者的比例（N_2/N_1）。由式（12-14）和式（12-15）可以得出结论，高偏好消费者的消费量是社会最优的；低偏好消费者的消费量低于社会最优。

（三）三级价格歧视

三级价格歧视是指垄断企业能够通过对消费者的一些外部特征信号，将消费者分为一些相互分割的市场，从而对同一种产品在不同市场上收取不同的价格，或者对于不同消费者收取不同的价格，例如车票和一些公园门票针对学生和老年人的价格优惠。实行三级价格歧视需要具备两个条件：（1）存在可以被分隔的市场；（2）被分隔的各个市场需求价格弹性不同。实行三级价格歧视时，需求价格弹性小的市场产品价格高，弹性大的市场产品价格低。当垄断企业知道不同群组消费者的市场需求并且可以阻止不同群组消费者的套利行为时，企业可以进行市场分割，从而在不同的市场中收取不同的价格。企业对同一群组的消费者收取统一价格，但是对于不同群组的消费者收取另外的价格。

假设企业可以将消费者分成两个无法套利的市场，其需求函数分别为：$D_i = q_i(p_i)$；$i = 1,2$。企业的生产成本为 $C = C(Q)$，其中：$Q = q_1 + q_2$ 为总需求。则垄断企业的利润可以表示为：

$$\pi = p_1 q_1 + p_2 q_2 - C(Q) \quad (12-16)$$

由利润最大化的一阶条件可得：

$$\frac{p_i - C'}{p_i} = \frac{1}{\varepsilon_i} \text{ 或者 } p_i = C'/(1 - \frac{1}{\varepsilon_i}) \quad (12-17)$$

式中，$\varepsilon_i = \frac{\partial q_i/\partial p_i}{q_i/p_i}$ 是第 i 个市场的需求弹性。由式（12-17），如果 $\varepsilon_i > \varepsilon_j$，那么 $p_i < p_j$。即在三级价格歧视下，企业在需求弹性大的市场中的价格低，而在需求弹性小的市场中的价格高。

（四）算法价格歧视

算法价格歧视作为一种平台竞争行为，近年来备受消费者关注和质疑。其典型表现形式是对于新用户予以低价诱惑；针对老用户匹配相对较高的价格，也就是"大数据杀熟"。算法和大数据技术的不断成熟使一级价格歧视具备了现实可能性，经济学上传统的价格歧视分析模型正逐渐转变为商业实践策略。其实现路径是，平台企业收集消费者的个人特征和消费行为数据，并利用算法分析、预估消费者的保留价格（reserve price），以实现高度个性化的算法价格歧视。关于算法价格歧视属于哪种类别的价格歧视，学界存在较大争议。但不可否认的是，随着对消费者行为特征和购买习惯详细数据的不断增加，企业进行个性化定价能力不断提升，特定消费者对产品理论的价值也越来越接近现实。

1. 算法价格歧视的特点。算法价格歧视总体上是由算法和价格歧视两部分组成。算法是指对现有的数据按照一定程序和方法进行处理分析,最终得出需要的结论。而对于价格歧视,各国不同学者对其有着不同的定义,至今世界范围未形成统一。美国学界认为,算法价格歧视就是同一商品的不同消费者适用不同的价格标准。而英国学界则认为算法价格歧视是个性化定价,经营者根据消费者所愿意支付的最大费用来确定不同的价格,实现利益最大化。但价格歧视简而言之,就是针对同一商品在同一时刻针对不同消费者而进行的不同定价行为。因此,价格歧视可以总结为,使用算法的一方利用算法对数据进行处理,根据不同消费者的各自特点,在其他条件相同的情况下,对同一商品进行不同的定价现象称之为算法价格歧视。经营者实施算法价格歧视主要流程和步骤如图12-1所示。

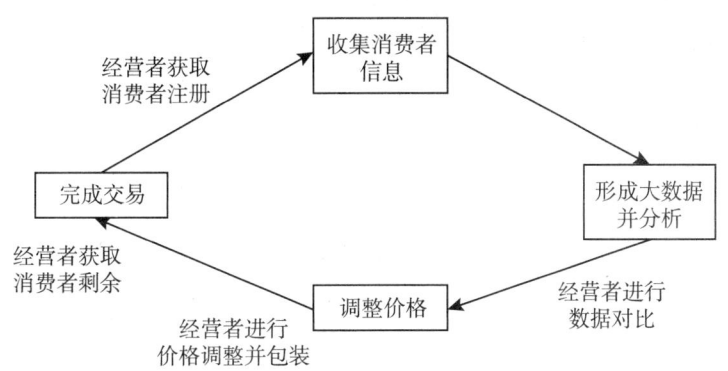

图12-1 算法价格歧视流程和步骤

算法价格歧视具有其自身的特点:一是具有极强的隐蔽性,算法价格歧视目前多用于网络购物领域,不同消费者之间很难有共同联系,这就使得其在进行价格歧视过程中很难被消费者察觉。二是该价格歧视相较于其他价格歧视而言,有着更为广泛的影响。在互联网经济的快速发展推动之下,受价格歧视损害的消费者也随之不断增多。当消费者受到算法价格歧视损害而进行维权时,又有着举证困难的特点。

2. 算法价格歧视产生原因。产生算法价格歧视的原因是多方面的。从消费者的角度看,由于消费者自身的维权意识薄弱,维权积极性不高导致价格歧视行为屡发不止。而从经营者的角度看,部分经营者唯利是图是形成算法价格歧视的主要原因。从社会层面来说,法律制度的不完善及信息的不对等,也是形成算法价格歧视的重要因素。

(1) 消费者维权意识薄弱。各互联网经营商在进行算法价格歧视时,虽然针对不同消费者给出的价格有所差异,但总体来说差异并不大。当消费者发现自己受到价格歧视侵害时,由于受损并不严重,加上顾虑维权过程的复杂性及维权时间等成本之高,往往最终会采取放弃维权的决定。久而久之,将助推算法价格歧视现象泛滥局面的产生。

(2) 经营者的唯利是图。就经营商而言,为了达到利益的最大化,其利用算法对消费者的消费能力和消费习惯进行综合分析。最终获得消费者所能承受的最大购买容错度,以此来实施价格歧视增加自己的最终收益。经营商的这种不合理初衷是产生算法价格歧视的最根本原因和最强大动力。

(3) 实施成本低。就社会层面而言,消费群体与经营平台之间存在着严重的信息不对等,消费者的购物习惯与消费能力等各类个人数据能够被平台全面地收集和分析,而平台的商品价格及针对不同消费者的自定义推荐等众多信息却很难被消费者所得知。这种经营者和消费者之间信息的严重不对等，无意之中加剧了价格歧视现象发生的严重程度。除此之外，中国现行法律对价格歧视现象缺少明确的规定，故部分经销商即便实施价格歧视行为，也很难受到真正的处罚和制裁。这一现象又进一步消除了经营者进行价格歧视的顾虑，助长其实施歧视的气焰。

（4）非人为主观因素。由于互联网经济是依靠大量程序和软硬件来共同支撑完成的，而系统并不能保证完全无误。因此，产生价格歧视现象的原因除了人为的主观干预，由于系统及软硬件故障等原因造成的客观因素也是不可忽视的。例如，系统在模型搭建、信息收集提取及执行环节当中任何一点出现故障，都可能会造成算法价格歧视现象的产生。除此之外，互联网经济下各大购物软件需要同时处理的信息量日益增多，对服务器的要求也在不断提高。因此，难免会产生反应滞后、系统提取偏差、相关页面信息更新不及时等现象，这也是产生价格歧视现象的原因之一。

3. 算法价格歧视的影响分析。就目前而言，算法价格歧视对市场竞争是否造成损害和威胁尚不清晰，并没有证据证明算法价格歧视造成了广泛的消费者损害。相反，其作为一种商业模式，也提升了经济效率和敏感消费者的福利，有其存在的合理性和必要性。简单地对其"一禁了之"，对消费者来说可能是净损失，并错失大数据时代带来的重大红利。而竞争效果作为衡量算法价格歧视行为违法性的重要因素和指标，需要依据经济学理论对特定行为及其市场环境进行分析评估。

（1）两种效应。一方面，高度个性化的一级价格歧视使消费者剩余从消费者全部转移至经营者，导致"拨款效应"（appropriation effect），使经营者能够最大限度地攫取消费者剩余；另一方面，算法价格歧视以低于统一价格的优惠吸引具有低支付意愿的消费者（通常是弱势群体）进入市场，会产生"市场扩张效应"（market expansion effect）。从统一定价到价格歧视，社会总福利和消费者剩余的变化主要取决于两个效应之间的强弱。具体而言，拨款效应下，当企业设定个性化价格时，具有高支付意愿的消费者可能被收取过高价格而遭受损失；而在市场扩张效应下，具有低支付意愿的消费者可能会以低于统一价格的价格获得商品，即两种效应的强弱导致了分配效率的不同。

（2）市场竞争加剧。经营者普遍实施算法个性化定价单独竞争每个消费者，市场竞争的加剧会产生高于统一定价的消费者剩余，消除垄断无谓损失。若不存在这种竞争效应，经营者收取消费者愿意支付的最高价格，对消费者的损害将是直接的，即激烈的市场竞争可以缓和算法价格歧视对消费者福利造成的损害。然而，由于每种产品都会存在为该产品支付更高价格的黏性用户，即使在更具竞争性的市场环境中，竞争对手也会通过个性化定价转移黏性用户在统一定价中享有的消费者剩余，导致消费者获得的利益最小化，这意味着经营者通过算法价格歧视获取更多利润和伤害消费者的机会永远不会消失。即无论竞争水平如何，算法价格歧视始终都会对消费者群体产生剥削。

（3）效率与公平的深层矛盾。经济和社会组织正在向新的市场形式转变，算法价格歧视对经济活动的介入在一定程度上提升了经济效率，但也带来了复杂的公平问题。从公平价值角度看，商家采取选择性的、利益至上的营销方案似乎会形成事实上的"鄙视链"，加剧消费者群体之间的差异，从而回归到效率与公平的冲突之中。即使是最顽固的经济学家也必须承认，增加整体社会福利但损害大多数消费者的做法会引发严重的道德问题。具体而言，经营者实施算法价格歧视所依据的信息往往较为固定，致使消费者在不同的经营者处遭受相同的对待，进而造成了消费者"数字画像"的相同或相似。长远来看，这必将加剧消费者群体之间的差异：一类能在市场中受到极大关注和优待（强势市场，the strong market），享受最好的价格、产品及服务；另一类则被算法评估为"低价值"消费者（弱势市场，the weak market），被收取高价且易被系统忽略。因市场购买力不同而受到不同对待，与平台企业通过数据驱动区分客户类型而受到不同对待完全是两码事。

二、两部收费与搭配销售

同价格歧视一样，两部收费和搭配销售也是厂商剥夺消费者剩余的定价方法。厂商通常根据消费者的类型设计不同的两部收费制，以便从不同类型的消费者那里获得尽可能多的经济收益。自然垄断行业具有边际成本递减的特殊性，若采取边际成本定价方式，厂商会面临一定的亏损。两部收费制可以使自然垄断行业免于亏损，实现收支平衡条件下的经济福利最大化。搭配销售有纯粹搭售和混合搭售之分，搭配销售有效与否取决于消费者对搭售商品的偏好是否负相关，当消费者对搭配销售的商品偏好负相关时，搭配销售是有效的。厂商在使用搭配销售策略时，要对消费者的类型进行甄别，并分析不同搭配销售方式的福利后果。

（一）两部收费

两部收费是指先向消费者收取一定数量的固定费用，然后再按消费数量向消费者收取使用费，例如出租车的起步价和后来的按行驶里程计价、公园或游乐园的门票费和园内各个游乐项目的费用、电话的月租费和按照通话时间收取的话费等。因此，对于厂商来说，面临着一个抉择问题：是制定一个高固定费和低使用费的定价模式，还是相反；怎样做才能获得更多的消费者剩余。

1. 消费者同类型时的两部收费。先来分析一个简单的例子，假设所有消费者是同一类型的，需求曲线相同（见图12-2），图12-2中需求曲线为 D。很显然，如果厂商能抽走全部的消费者剩余，其利润将达到最大。在这个简单的模型中，最优解是单位商品或服务的使用价格定在边际成本水平上，即 $P = MC$；而固定费 T 则等于消费者在价格 P 下的总剩余 $CS(P)$，也就是图12-2中阴影三角形的面积。通过这样的两部制定价方法，厂商实现了等同于完全价格歧视的利润目标。

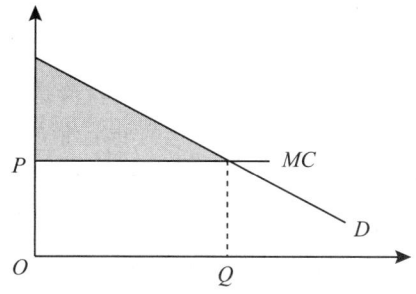

图12-2 消费者同类型时的两部收费

2. 消费者多类型时的两部收费。现实生活中，消费者的偏好是千差万别的，不可能所有的消费者都具有相同的需求曲线。下面的模型就假设厂商面对的是两个不同类型的消费者，如图 12-3 所示，类型 1 的消费者是高需求的，需求曲线为 D_1，消费者剩余用 CS_1 表示；类型 2 的消费者是低需求的，需求曲线为 D_2，消费者剩余用 CS_2 表示。显然，在统一定价下，$CS_1 > CS_2$。在这种情况下，如果厂商采取单一类型的两部收费，将使用费定在每单位 $P = MC$，这时，若固定费 $T = CS_1(P)$，则厂商就会失去类型 2 的消费者；若固定费 $T = CS_2(P)$，则类型 1 的消费者就会保留有一定的剩余，即图 12-3 中梯形 ABCE 的面积，厂商获得的总利润 $\pi = 2T + P(Q_1 + Q_2)$。现实经济中，厂商常常会面临这样的两难选择。在游乐园的例子中，游乐园如果把入门费定得过高，就会失去一部分游园者；如果把入门费定得过低，则会损失原本可以从支付意愿较高的游园者那里得到的门票收入。

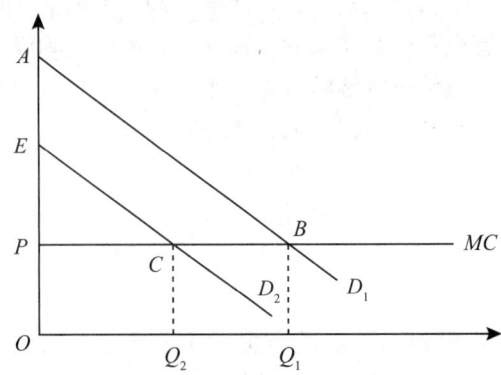

图 12-3 消费者多类型时的两部收费

当消费者呈现多种类型时，单一类型的两部收费制对厂商来说通常不是最佳的策略，厂商一般需要设计出不同类型的两部收费制，以使不同类型的消费者能进行自我选择。设计成功的自我选择机制必须满足两个基本原则：一是参与约束，即两部收费必须不能超过消费者的支付意愿，否则他们不会参与购买；二是激励相容约束，即每个消费者都会选择自己类型的两部收费，而不是他人类型的两部收费。对于高需求的类型 1 消费者来说，由于购买数量比较大，低单位使用费的定价方式是其更愿意接受的；而对于低需求的类型 2 消费者来说，由于购买数量不大，或只是偶尔购买，则单位使用费高点他们也能接受，低入门费更为可取。根据上述自我选择机制的设计原则，面对高需求、低需求两种类型的消费者时，厂商可以设定如下两种类型的两部收费制，即 (T_1, P_1) 和 (T_2, P_2)，其中 $CS_2(P_2) < T_1 = CS_1(P_1)$，$P_1 = MC$；$T_2 = CS_2(P_2)$，$P_2 > MC$。高需求的类型 1 消费者会选择高固定费和低使用费的定价组合 (T_1, P_1)；低需求的类型 2 消费者会选择低固定费和高使用费的定价组合 (T_2, P_2)，遵循了激励相容约束机制；且这两种定价方式都没有超过他们各自的支付意愿，符合参与约束原则。同样道理，在面对多种类型消费者时，厂商可以设计多种类型的两部收费制，让消费者自我选择，厂商从每个类型的消费者那里得到尽可能多的利润。例如，通信公司经常通过低入网费或免费入网的方式吸引更多的客户，又通过给大客户更低的通话费来鼓励他们延长通话时间。

（二）搭配销售

企业的一种非统一定价方式。企业将其不同产品"捆绑"在一起，一揽子出售。例如，当顾客在购买某种耐用机器时，他必须一并购买卖方的所有维修服务或者所有维修部件。搭配销售使企业能够有效地向较多地使用被搭配产品的顾客收取更高的价格。因此，企业可以使用搭配销售来实施价格歧视。当然，某些搭配销售是提高效率的。例如，某些必须搭配使用的商品，搭配销售可以节省消费者的交易成本。

1. 搭配销售有效的条件。搭配销售并非在任何时候都是有效果的，为了弄清搭配销售有效的条件，我们可以通过一个简单的例子来说明。假设一家软件公司开发了两种不同的应用软件，包括电子制表软件和文字处理软件，不同类型的客户对这两种软件的评价不同从而保留价格是不同的，表12-1列出了编辑人员和会计人员对这两种软件的保留价格。

表12-1　　　　　　　　　　　编辑和会计的软件保留价格

客户类型	客户数量（个）	电子制表软件（元）	文字处理软件（元）
编辑	50	360	600
会计	50	500	320

如果分开销售，软件公司对电子制表软件最高要价只能为360元，因为如果定价超过360元，就会把编辑人员从它的客户中排除出去。同样的，该软件公司对文字处理软件的最高定价不能超过320元，否则它将失去会计人员这个购买群体。按照这一定价方式，分开销售时这家软件公司从电子制表软件的销售中获得收益36 000元，从文字处理软件的销售中获得收益32 000元，收益总额为68 000元。但是若这两种软件是搭配销售的，编辑人员对这套软件的估价是960元，会计人员对这套软件的估计是820元，软件公司可以对这套软件的最高定价为820元，获得总收益82 000元。因此，通过搭配销售，软件公司可以获得超过分开销售时的收益总量，搭配销售是有效的。

表12-1中，编辑人员和会计人员对两种软件的评价是反向的，由此决定了他们对两种软件的需求是负相关的，搭配销售在这样的条件下是有效的。但是如果这家软件公司的客户主要是作家和编辑人员，作家和编辑人员都更偏好于文字处理软件，他们对这两种软件的保留价格如表12-2所示。

表12-2　　　　　　　　　　　编辑和作家的软件保留价格

客户类型	客户数量（个）	电子制表软件（元）	文字处理软件（元）
编辑	50	360	600
作家	50	300	550

这种情况下，若分开销售，软件公司对电子制表软件最高要价只能为300元，因为如果定价超过300元就会把作家群体从它的客户中排除出去。同样的，该软件公司对文字处理软件的最高定价不能超过550元，否则它也将失去作家这个购买群体。分开销售时这家软件公司从电子制表软件的销售中获得收益30 000元，从文字处理软件的销售中获得收益55 000

元,收益总额为 85 000 元。如果采取搭配销售方式,编辑人员对这套软件的估价是 960 元,作家对这套软件的估价是 850 元,软件公司可以对这套软件的最高定价为 850 元,获得总收益 85 000 元,等同于分开销售时可以获得的收益总额。

由以上分析可知,搭配销售的效果取决于不同类型消费者需求的负相关程度,当不同类型消费者的需求零负相关时,即不同类型消费者的需求完全正相关时,搭配销售无效果;消费者需求的负相关程度越大,搭配销售的效果越好,当不同类型消费者的需求完全负相关时,搭配销售的效果最为理想。因此,如果厂商具备对消费者类型的完全信息,就可以有效地实施搭配销售策略。

2. 搭配销售下厂商对消费者类型的甄别。当厂商向众多的消费者分开或搭配销售两种产品时,厂商可以设计不同的单个产品价格或搭配价格,然后根据消费者在不同价格下的消费决策来对消费者进行分组,进而决定是实行纯粹搭售策略还是混合搭售策略。

在图 12-4 中,横轴代表不同消费者对产品 1 的保留价格,用 R_1 表示;纵轴代表不同消费者对产品 2 的保留价格,用 R_2 表示。如果厂商分别以价格 P_1 和 P_2 对产品 1 和产品 2 进行分开销售,则全部消费者被分成四种类型,其中区域 I 的消费者对两种产品的支付意愿都超过两种产品各自的价格,因而他们两种产品都购买;区域 II 的消费者对两种产品的支付意愿都低于两种产品各自的价格,他们两种产品都不购买;区域 III 的消费者对产品 1 的支付意愿低于它的价格 P_1,对产品 2 的支付意愿高于它的价格 P_2,因而他们只购买产品 2;区域 IV 的消费者的支付意愿恰好与区域 III 的消费者相反,他们对产品 1 的保留价格高于 P_1,对产品 2 的保留价格低于 P_2,因而只购买产品 1。

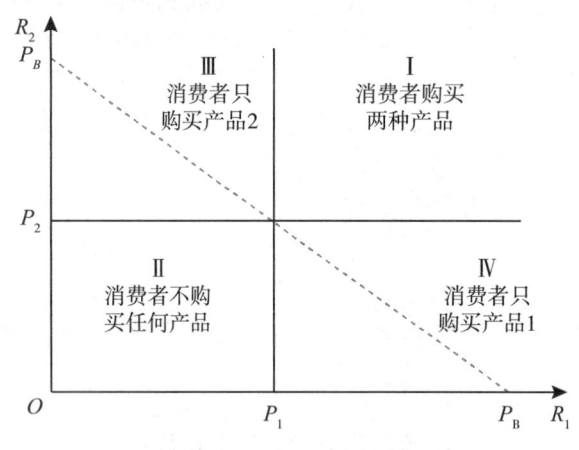

图 12-4 消费者类型的甄别

现在厂商对两种产品以价格 P_B 进行搭配销售,则全部消费者被分成两种类型,所有对产品 1 和产品 2 的保留价格之和大于 P_B,即 $R_1 + R_2 > P_B$ 的消费者,就会购买这两种产品组合,也就是图 12-4 所示的直线 $P_B P_B$ 右上方区域所代表的消费者类型;而所有对产品 1 和产品 2 的保留价格之和小于 P_B,即 $R_1 + R_2 < P_B$ 的消费者,则不会购买这一产品组合,也就是图 12-4 所示的直线 $P_B P_B$ 左下方区域所代表的消费者类型。从图 12-4 可以看出,实施搭配销售策略,厂商失去了区域 III 和区域 IV 中原本只购买其中一种产品的部分消费者。

三、非价格行为

(一) 纵向一体化

纵向一体化或称垂直一体化是指将上下游业务整合在一起的组织框架。例如,全球最大的商用客机制造商之一的波音公司是一家在纽约证券交易所上市的,而且上下游生产(零部件供应及制造、销售等业务)集中在一家公司的企业。纵向一体化的组织架构还见诸电力、铁路等产业。其优点主要包括以下四个方面:

1. 降低交易成本。交易费用理论表明,交易成本是制约外包(outsourcing)的一个主要因素。纵向一体化将监督问题由控制其他厂商改为监督厂商内部的雇员,这样一来,就可以通过有效率的激励机制设计来替代外包中的不完备契约。

2. 保障供应。制约业务外包的另一个主要因素是套牢(hold up)。套牢是指一方利用另外一方的特殊依赖来占便宜。例如,在零部件供应方面,自己拥有零部件生产车间可以避免被独立的零部件生产企业敲竹杠,保障供应。

3. 避免政府干预。纵向一体化一方面可以通过上下游部门的内部转移价格来转移利润,逃避政府管制;另一方面可以实行业务的交叉补贴来转移利润,例如电信公司可以通过将长话业务利润转移到市话业务中来逃避税收。

4. 增加垄断利润。通过纵向一体化形成产业垄断可以增加垄断利润。事实上,当下游企业的生产函数可变时,上游垄断企业有动机对下游企业进行控制。此外,纵向一体化还可以消除竞争对手的市场力量,例如通过收购供应商销售渠道,削弱竞争对手的市场力量,甚至起到市场反进入的作用。这些行为都可以增加企业的垄断利润。

(二) 横向一体化

横向一体化可以产生协同收益,强强联合可以产生"1+1>2"的范围经济(economies of scope)效应与规模经济(economies of scale)效应。同时,还可以达到避税目的。例如,假设所得税率为33%,若兼并前企业 A 的应税收益为 40 万元,则其应缴纳所得税 13.2 万元,税后净收益为 26.8 万元。而企业 B 的应税收益为 -20 万元,所得税为零,净收益为 -20 万元。如果 A 兼并 B 成为 A∪B,则税前收益为 20 万元,所得税为 6.6 万元,净收益为 13.4 万元。由此可见,企业 A 通过兼并行为而获得 6.6 万元的所得税减免。此外横向兼并还可以限制竞争,控制市场价格。

企业兼并的过程一般是一个动态博弈,即收购方一般采用 2~3 次收购被兼并方的股份来实施兼并过程。一般来讲,企业兼并对福利的影响有两种可能:一种可能是兼并后生产规模扩大,成本降低,消费者受益;另一种可能是兼并无效或兼并后控制产业进行垄断定价,消费者受损。

(三) 产品差异化

产品差异化是企业获得市场力量的重要手段之一,包括横向差异化与纵向差异化两种。横向差异化是指产品的特性改变后,一部分消费者受益,另一部分消费者受损。例如甜味越浓，好甜者喜欢；好淡者不喜欢。按照比恩等（Beath et al., 1991）的直观解释，横向差异化通常这样表示：产品特性用 [0, 1] 区间表示，消费者根据其对该特性的评价在 [0, 1] 区间分布，产品特性改变后，一部分消费者受益，另一部分消费者则受损。如图 12-5 所示，离 A 近者偏好 A；离 B 近者偏好 B。

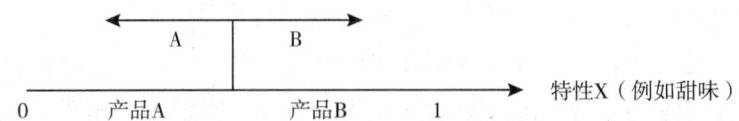

图 12-5　横向差异化的直观含义

而纵向差异化是指产品的特性改变后，消费者均受益或均受损。同样的，纵向差异化也可以直观解释，从 A→B 意味着产品质量提升，所有消费者均受益，如图 12-6 所示。

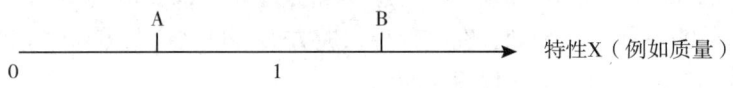

图 12-6　纵向差异化的直观含义

关于差异化模型研究大致包括选址模型（address 或 location model）、非选址模型（non-address model）以及特征方法（characteristics approach）三大类。其中选址模型是处理这样一个问题：不同消费者有不同口味，且只购买一件产品，厂商如何定位（选址）？根据消费者口味的分布，选址模型又包括线性城市模型与圆周城市模型两类。而非选址模型是处理这样一个问题：一个代表性消费者，对品种多样的产品有一个偏好（因而有对应的效用函数），厂商如何决定各种产品的产量/价格？非选址模型又包括品牌数外生确定与品牌数内生确定（即垄断竞争模型）两类。特征方法的基本原理如式（12-8）所示。消费者 i 购买产品 k 的净效用为：

$$U_{ik} = b_{i1}c_{k1} + \cdots + b_{im}c_{km} - p_k \qquad (12-18)$$

其中，b_{ij} 为消费者 i 对特征 j 的评价（m 个特征），而 c_{kj} 为特征 j 的重要性，p_k 为产品 k 的价格。然后只要根据商品特征及其重要性计算消费者从购买商品中得到的净效用，并找出净效用最大的商品即可。

第二节　反垄断政策

垄断政策是促进公平竞争、抑制垄断的政策，是竞争政策的重要组成部分，包括《反垄断法》和表现为规范性文件的相关方针、法规、指南、规章、司法解释，以及典型判例等。在电信、电力、铁路、石油等垄断行业引进竞争机制的产业政策也属于反垄断政策，因此反垄断政策及竞争政策与产业政策是交叉的。由于反垄断法是以维护竞争秩序为目标的，反垄断法的价值目标往往被称为竞争政策目标。表面来看，竞争就是竞争政策的基本目标。但是，当竞争目标被设立起来后，竞争很容易变成某种形而上学化的目标，成为人们机械追求的目标，而这种形而上学的追求阻碍了人们对反垄断政策的理解与灵活运用。

一、反垄断政策的目的

反垄断问题的产生基于一个基本的信念：相对于垄断者来说，消费者处于非常弱势的地位，因此垄断者会通过制定高价或其他手段获取垄断利润，从而导致市场的低效率。政府需要通过一系列法律法规和措施、机制维护公平竞争的市场秩序，保障市场机制有效作用和市场经济的正常有序运行。一般而言，竞争性的市场并不能够防止大企业通过勾结或排他性策略来强化其垄断势力甚至获得很强的垄断地位。因此，为了确保竞争的活力，政府的干预是必须的。

二、反垄断法体系的形成

（一）美国反垄断法律体系的形成

最早的反垄断法出现于美国。1888年，参议院共和党议员约翰·谢尔曼提出《抵制非法限制与垄断保护贸易及商业法》，该法的主要目标是控制市场势力，消除竞争限制，保护自由竞争。因此，该法被命名为《谢尔曼法》。

《谢尔曼法》共有八个条款，最主要的法律精神为：（1）任何契约、以托拉斯形式或其他形式的联合或同谋，用来限制州际间或国际间的贸易或商业，是非法的。任何人订立上述契约或从事上述联合或同谋，是严重犯罪。（2）任何人垄断或试图垄断，或与任何其他人联合或同谋垄断州际间或国际的商业或贸易，是严重犯罪。（3）关于处罚的规定为：如果参与人是公司，将处以不超过100万美元的罚款；如果参与人是个人，将处以不超过10万美元的罚款，或3年以下监禁；也可由法院酌情并用两种惩罚。

为了切实制止垄断势力的发展，1914年，美国另外两部主要的反托拉斯法问世，即《克莱顿法》和《联邦贸易委员会法》。同时，美国政府还建立了联邦贸易委员会，承担保证法律实施的重任。《克莱顿法》对《谢尔曼法》进行了全面修改，更明确地说明了限制贸易的含义，进一步扩展了禁止垄断和竞争限制的范围。该法明确禁止采用歧视性价格、束缚性合同、排他性商业安排、公司相互购买股票和连锁董事会等手段谋求垄断。而《联邦贸易委员会法》主要由两部分内容构成：一是有关反对不正当竞争的规定，其目标是保证公正的竞争环境，维护消费者利益；二是补充《谢尔曼法》和《克莱顿法》中未包括的条款，从而更进一步完善禁止垄断和限制竞争的措施。同时，设立了一个政府机构——联邦贸易委员会，防止一切不公正的阻碍竞争的贸易行为。

在以后的年代中，美国国会又于1936年通过了《罗宾逊—帕特曼法》，明文禁止各种形式的价格歧视行为；并于1950年通过了《塞勒—基弗维尔法》，严格控制有可能削弱竞争的公司兼并与合并行为。上述法律构成了美国反垄断法的基本内容。总结起来，最早的《谢尔曼法》内容较为抽象，主要是禁止竞争对手串通起来控制市场和企业的垄断行为。以后的《克莱顿法》和《联邦贸易委员会法》及其两个修正案是要使反垄断的内容具体化，主要内容涉及价格歧视、企业兼并、约束性合约（即搭配销售）、独家经营、不公平竞争以及欺诈行为等问题。《谢尔曼法》《克莱顿法》和《联邦贸易委员会法》奠定了美国反垄断政策的法律基础，构成了美国反托拉斯法体系的主体，直到今天仍然具有法律效力。

(二) 中国反垄断法律体系的形成

作为后发展国家，我国跨越了对"垄断是否存在效率效应"这一问题的讨论，反垄断政策从设计之初就聚焦于政府如何通过科学管制来制止垄断行为，保障公平竞争，提高经济运行效率，维护消费者利益和社会改革成果。这使得我国的反垄断政策演变历程表现出了显著的连贯性与稳定性。同时，我国的反垄断政策演进历程与中国特色社会主义市场经济的发展历程高度耦合，在经济发展的不同时期表现出不同的侧重点，并随着中国经济市场化、法治化程度的不断成熟而持续优化。在叠加融合的演化逻辑下，我国反垄断政策的演进经历了聚焦单一的行政垄断、关注具体的垄断行为、加强对市场结构的温和规制、从顶层设计上确立监管规范和促进发展的政策目标等几个不同的阶段。

第一阶段为1979～1993年。这一时期我国的反垄断政策主要瞄准的是行政垄断行为。彼时我国正处于改革开放初期，市场成熟度较低，经济性垄断在市场活动中较为罕见。与之相对的是各地区具有相对完整的产品结构，地方政府对于开放性市场的重要性认识不足，行政干预资源配置的现象屡见不鲜，使得区域壁垒、特许经营和保护主义盛行，严重制约了商品的自由流通。以《国务院关于打破地区间市场封锁进一步搞活商品流通的通知》为代表的一系列政策文件的出台后，将矛头直指地方行政垄断行为，明确了反垄断的工作重点为制止和纠正地区封锁、打破地区与部门垄断。值得一提的是，此时我国对于经济领域反垄断的认识也开始表现出一定的结构主义特点，诸如"跨城市及跨省、自治区、直辖市的公司，要根据具体情况在同一行业内分别组织几个""中等以上城市应组织两个以上的开发公司""必须有一批中小公司和企业拥有外贸经营权"等表述在相关政策文件中也较为常见。

第二阶段为1993～2008年。这一阶段我国的市场开放程度进一步提升，市场交易活动逐渐活跃，反垄断政策进一步向规制具体垄断行为拓展。1993年《反不正当竞争法》出台，对公用企业歧视性采购、公共企业滥用市场支配地位、政府或所属部门滥用行政权力等行政垄断行为的法律责任进行了界定；1997年颁布的《价格法》中，严格限制了企业的串通行为、排挤竞争对手或者独占市场行为；2001年颁布的《国务院关于禁止在市场经济活动中实行地区封锁的规定》，则以法规的形式，将地区封锁、部门垄断的行为认定为违法行为。纵观上述三部法律法规，虽未明确提及反垄断这一概念，但均限制了具体的垄断行为，相关法律条文中蕴含着规制垄断行为的思想实质。2003年颁布的《制止价格垄断行为暂行规定》明确定义了价格垄断行为，严格约束了经营者操纵价格、转售价格维持、排挤损害竞争对手的掠夺性定价等滥用市场支配地位的行为，率先在价格监管领域将反垄断作为独立的目标加以明确。而2007年出台的《反垄断法》则将预防和制止垄断行为作为反垄断的重要目标，完整地定义了垄断行为的基本概念，全面地界定了垄断协议、滥用市场支配地位、经营者集中以及行政垄断等具体垄断行为，开启了对垄断行为的系统监管，标志着反垄断正式成为独立的市场监管内容。

第三阶段为2008～2018年。这一阶段我国的反垄断政策在行为规制的基础上补充了温和的结构控制。一方面，进入21世纪以来，我国竞争政策不断完善，企业的市场力量持续增强，许多行业在自由竞争的条件下出现了集中的趋势；另一方面，我国出台了一系列加快扩大对外开放的政策，营造了良好的外商投资环境，而大量涌入的外资在助力我国经济发展的同时，也加剧了国内市场的集中程度。为此，我国陆续出台了《国务院关于经营者集中申报标准的规定》《国务院反垄断委员会关于相关市场界定的指南》，以及《经营者集中申报办法》《经营者集中审查办法》《金融业经营者集中申报营业额计算办法》等一系列管理细则，规范市场集中活动，完善经营者集中管理体系，着力维护稳定合理的市场结构。同时，针对大型企业之间的并购活动，例如惠普公司收购三星电子有限公司部分业务、美国通用汽车公司收购德尔福公司、辉瑞公司收购惠氏公司、谷歌收购摩托罗拉移动等，政府往往不会直接禁止集中，而是由商务部与集中申报方展开多轮协商，规定企业合并后应当履行的义务，通过附加限制性条件这类较为温和的管理方式，对市场结构进行适度调控。

第四阶段为2018年至今。这一阶段我国确立了规范监管和促进发展并重的反垄断政策目标，并在《关于强化反垄断深入推进公平竞争政策实施的意见》中加以明确。首先，2018年国务院机构改革，在统筹国家发展改革委、商务部和原国家工商总局反垄断工作的基础上，成立了国家市场监督管理总局，专门负责反垄断执法和国务院反垄断委员会的日常工作，实现了反垄断执法权的集中，规范了反垄断工作的组织建设。其次，我国陆续出台了《禁止垄断协议暂行规定》《禁止滥用市场支配地位行为暂行规定》《国务院反垄断委员会垄断案件经营者承诺指南》以及《国务院反垄断委员会横向垄断协议案件宽大制度适用指南》等政策规定，建立了反垄断承诺制度与反垄断宽大制度，鼓励经营者履行承诺与主动报告，增强了反垄断政策的管理属性。再次，发布了《经营者反垄断合规指南》与《企业境外反垄断合规指引》，努力营造崇尚、保护和促进公平竞争的国内市场环境，不断强化中国企业的公平竞争意识，积极引导中国企业更好地参与国际竞争。最后，针对汽车业、知识产权、平台经济以及原料药等诸多领域出台了反垄断指南，重点关注国民经济关键领域与民生发展重点领域的经营行为，为国内经济的平稳、持续、健康发展提供了重要保障。

从全球范围看，强调保护市场公平竞争、加强反垄断和防止资本无序扩张，以此促进创新和规范经济持续健康发展，是世界各国特别是成熟市场经济国家的通行做法。近年来，随着经济全球化和数字经济的快速发展，各国特别是欧美等发达市场经济国家都高度重视反垄断监管，不断强化立法、执法和司法举措。

三、反垄断法的实施及其效果

（一）美国反垄断法的实施及其效果

《谢尔曼法》规定，对贸易的垄断或联合起来阴谋限制贸易均为非法。但是，该法令的条款不够具体，从而给法官的解释留下许多余地。在实践中，政府采取的拆散托拉斯组织的措施不够彻底有力，而且当时的司法部门对工商界采取相当友好的态度。此外，与巨型工商业企业有密切联系的一大批保守的共和党人也对这种政策给予支持。因此，该法案当时并未能真正有效地遏制托拉斯组织的发展。

1899年，最高法院一致判决由6家原油生产商组成的一个市场联营违反《谢尔曼法》，这表明最高法院对反垄断的态度有了变化。20世纪初，最高法院阻止了由J. P. 摩根和E. H. 哈里曼两人所有的两条大铁路的合并。后来，法院又下令将美孚石油公司划分为几家小公司。20 世纪美国著名的反托拉斯法案如表 12-3 所示。

表 12-3 美国反托拉斯法案

案例	年份	裁决与结果
美国烟草公司与美孚石油公司	1911	有罪。命令交出自己所拥有的其他公司的股份。理由：根据《谢尔曼法》，不合理的合并是非法的
美国钢铁公司	1920	无罪。虽然该公司拥有非常大的市场份额（接近于垄断），但仅仅是规模大并不违法
索卡尼—旺科姆石油公司	1940	有罪。联合的目的是固定价格，不适用于合理性
通用电气、西屋和其他公司	1961	有罪。固定价格的勾结。行政罚款并监禁
布朗鞋业公司	1962	有罪。肯尼公司的所有权问题，零售连锁，减少了竞争。命令交出肯尼鞋店的所有权
沃斯连锁店	1965	有罪。洛杉矶两个超级市场合并会限制竞争（合并后的企业拥有洛杉矶 7.5% 的市场）
国际商用机器公司	1982	作为未垄断而撤销
美国电话电报公司	1983	该公司与政府达成协议，公司自己放弃所有经营地方电话的公司，即其资产的 80%

资料来源：芮明杰. 产业经济学（第三版）[M]. 上海：上海财经大学出版社，2012.

美国对垄断、限制竞争和不正当竞争行为的规范在世界各国中是最严厉的。同时，随着社会经济的发展和人们思想观念的变化，对反托拉斯法的解释和实施也在发生变化。20 世纪 70 年代中期到 80 年代后期，美国反托拉斯法的经济学理论研究经历了一个发展高峰。在这期间，由于博弈论和信息经济学的发展，人们对反托拉斯方面的许多问题，都有了全新的理解。20 世纪 80 年代以前，人们一直认为竞争对手之间的合作，对整个经济与社会是绝对不利的。而近年来，人们对诸如科技研究与开发领域内的合作持有更宽容的态度，但对垄断、限制竞争和不正当竞争行为的规范与处罚仍然是美国政府维护市场秩序的基本原则。不可否认，在维护竞争抑制垄断方面，反垄断法发挥了极其重要的作用。

（二）中国反垄断法的实施及其效果

近年来，中国各地区各部门全面落实公平竞争审查制度。截至 2021 年，审查新出台政策措施文件 85.7 万件，发现和纠正违反审查标准的 4 100 件；清理存量政策措施 189 万件，修订废止妨碍全国统一市场和公平竞争的近 3 万件。而针对一些平台企业存在的野蛮生长、无序扩张等突出问题，我国加大反垄断监管力度，依法查处有关平台企业垄断和不正当竞争行为，防止资本无序扩张初见成效，市场公平竞争秩序稳步向好。一系列加强反垄断反不正当竞争监管力度的举措，引导市场主体更加规范健康发展，保护了市场创新活力，保障了消费者合法权益。

2022 年 6 月 8 日，市场监管总局发布《中国反垄断执法年度报告（2021）》。数据显示，

2021年全国共查处各类垄断案件175件，同比增长61.5%；罚没金额235.92亿元。其中，查处垄断协议案件11件，罚没金额16.73亿元；查处滥用市场支配地位案件11件，罚没金额218.47亿元；公开处罚违法实施经营者集中案件107件，罚款7 235万元；查处滥用行政权力排除、限制竞争案件46件。此外，审结经营者集中案件727件，同比增长53%，其中禁止1件、附加限制性条件批准4件。

报告称，2021年，市场监管总局聚焦电商、外卖等重点领域，有序平稳推进重大执法活动，依法查处阿里巴巴集团和美团"二选一"垄断案，分别罚款182.28亿元、34.42亿元，并发出《行政指导书》，要求涉案企业全面整改，立规矩、儆效尤，促使平台企业自觉规范经营行为。市场监管总局表示，阿里巴巴案作为国内外第一起网络零售平台服务领域垄断案件，在全行业起到了立规矩、儆效尤的震慑警示作用，对防止平台垄断、规范竞争秩序具有重要意义和示范作用，取得了良好的法律效果和社会效果。美团案件调查处理充分体现了国家公平公正加强反垄断监管的决心和坚决治理"二选一"行为的态度，有力维护了市场公平竞争秩序和多方市场主体的合法利益，获得社会各方面广泛支持和肯定。

2021年，市场监管总局对平台经济领域并购行为加强监管，严格审查涉及平台企业经营者集中申报案件40件，依法禁止游戏直播领域腾讯系虎牙与斗鱼合并案。该案是我国平台经济领域第一起禁止的经营者集中案件，对防止平台垄断和资本无序扩张具有重要示范作用。

市场监管总局还深入核查平台企业未依法申报经营者集中案件线索千余条，立案调查近200件，对98件未依法申报案件作出处罚并向社会公开。其中，依法对腾讯收购中国音乐集团股权案作出责令解除网络音乐独家版权等处罚，是我国第一起对未依法申报案件采取必要措施恢复市场竞争状态的案件，重塑我国网络音乐市场竞争格局。

此外，2022年12月26日，市场监管总局通报，知网因滥用市场地位实施"不公平高价"和"限定交易"行为，被罚上一年度销售额5%，共计8 760万元。在罚款之外，知网落实市场监管总局要求，公布包括与期刊、高校解除独家合作协议，数据库价格三年内下调30%以上等15项整改措施。这些整改措施的有效落实，或将有助于中国境内中文学术文献网络数据库服务市场有效竞争机制的修复，保护消费者权益。显然，反垄断执法的目的是要通过执法消除垄断行为的消极影响，恢复相关市场的竞争。在罚款的同时敦促企业全面整改，这体现了反垄断执法中坚持"依法规范和促进发展"并重的原则和理念。

四、中美反垄断法律体系和制度的差异

（一）规制领域

美国反垄断法的规制对象主要集中在经济领域。经营者可以通过多种途径影响市场竞争秩序，包括滥用市场支配地位、垄断协议、经营者集中三大类。当经营者具有市场支配地位或处于垄断地位时，可能实施垄断行为，例如抬高价格、限制产量、掠夺性定价等，影响竞争秩序和消费者福利。当市场为寡头垄断时，经营者的一种策略是实施垄断协议，在不改变市场结构的情况下取得实质上的联合市场支配地位，例如固定商品价格、分割销售市场等。经营者的另一种策略是实施并购，通过改变市场集中度提升市场控制力，例如市场内横向竞

争者之间的合并减少了企业数量，提升了市场势力和市场集中度；产业链上下游经营者之间的纵向合并，提升了经营者在产业链环节的控制力等。并购行为可能从根本上改变竞争秩序，影响市场竞争格局。美国反垄断法案以概括性的表述对上述三大类行为进行规制，并陆续修订相关法案，细化相关规制。

中国反垄断制度的规制领域包括经济垄断和行政垄断。经济垄断主要涉及垄断协议、滥用市场支配地位、经营者集中三大类。行政性垄断即滥用行政权力排除、限制竞争，立法指向地方保护主义造成的市场分割以及制定含有排除、限制竞争内容的规定。行政垄断包括两种形式：一是行政机关通过发布相关政策法规，凭借行政权力改变市场结构，例如指定经营者、限制外地商品流通等，影响市场竞争秩序和消费者福利；二是行政垄断与经济垄断叠加，例如行政机关指导或干预区域市场内的企业合作、与具有市场支配地位的企业达成垄断协议等，这种形式具有隐蔽性。

（二）立法目标

美国反垄断的目标具有一元化特征，重点关注经济效率。美国的反垄断法案将所有州际、国际商业活动中的垄断行为视为非法，通过禁止一个或多个公司创造、增强或扩大市场力量的某些做法来维持竞争市场，提升经济效率。芝加哥学派认为，保护消费者福利的最好方法就是提升经济效率，不过度关注公平、中小企业利益诉求等政治和社会因素。这为反垄断目标一元化提供了理论支撑，法院在判决中也重点考虑相关行为对经济效率的影响。

中国的反垄断目标具有多样性。2022年修订实施的《反垄断法》第一条明确指出，中国的反垄断目标包括效率、公平、创新、消费者利益和社会公共利益。效率涉及配置效率和生产效率，即有限的社会资源被有效利用，消费者获得竞争性定价的产品；公平即促进各种所有制经济公平参与市场竞争、破除行政性垄断等；创新即通过创新鼓励竞争，提升经济运行效率；消费者利益即保护消费者在市场活动中的自由选择权和公平交易权；社会公共利益关注能源节约、环境保护、救灾救助等特殊行业以及关系国民经济利益和国家安全这类行业的经营活动。

（三）执法机构设置

在联邦机构层面上，美国主要由司法部反垄断局和联邦贸易委员会负责反垄断调查工作。实际执法中，司法部反垄断局主要负责执行《谢尔曼法》和《克莱顿法》，联邦贸易委员会负责执行《联邦贸易委员会法》和《克莱顿法》。两机构在《克莱顿法》经营者集中审查的职能上存在重合，于1948年达成备忘录，约定通过事前相互通知以获得对方认可的方式进行协调。

中国由市场监管总局反垄断局统一负责反垄断执法工作。2021年，中国成立国家反垄断局，承办国务院反垄断委员会的日常工作，统一负责垄断协议、滥用市场支配地位、经营者集中和滥用行政权力排除、限制竞争等领域的执法工作。2022年《反垄断法》修正案规定，由国务院反垄断执法机构负责反垄断统一执法工作。统一执法作为一项法定制度安排由此被确定下来。在实际执法分工中，国家执法机构主要查处跨省份、在全国具有较大影响的垄断案件以及经营者集中审查工作；省级市场监管局负责本行政区域内垄断协议、滥用市场支配地位和滥用行政权力排除、限制竞争的执法工作。

（四）规制原则

本身违法原则和合理推定原则是执法机关评判某一商业行为是否需要规制的两种原则。本身违法原则主要针对具有明显限制竞争作用又缺乏积极影响的行为，例如横向竞争者达成固定价格协议，实践中只需要对行为进行确认，不允许抗辩，执法效率较高。如果某种行为本身不符合犯罪的条件，则适用合理推定原则，以"是否阻止竞争"为主要的裁决标准，重点关注行为对竞争产生的影响，例如横向竞争者之间的并购行为是否合法取决于执法机构对经营者垄断市场的实际意图及实现这种意图的能力的评估。

美国法院在反垄断司法判决中，形成了以合理推定原则为主的规制原则，本身违法原则适用范围有限。对于滥用市场支配地位、纵向协议的案件，法院在综合考虑相关行为带来的效率提升和限制竞争效应后作出裁决，对掠夺性定价行为采取宽容的态度。经营者集中板块引入了事前审查机制，执法机构在审查环节既考虑集中对竞争的潜在负向影响，也考虑市场进入程度、其他市场特征以及成本节约与效率等因素。本身违法原则主要应用在经营者达成的固定价格、分割市场、串谋招投标等具有明显限制竞争的横向垄断协议领域。

中国反垄断实际行政执法中，以本身违法原则为主，兼顾合理推定原则。垄断协议、滥用市场支配地位、滥用行政权力排除、限制竞争领域的行政执法尤其关注违法行为，执法机构大多基于当事人的行为，直接援引《反垄断法》相关条款认定违法行为，较少涉及对竞争结果的详细分析。尤其在滥用行政权力排除、限制竞争案件中，执法机关重点关注行政机关是否制定或发布文件来干预或间接干预市场公平竞争。垄断协议板块的规制原则与之类似。滥用市场支配地位案件也重点关注经营者行为，定量分析大多限于对相关市场的界定。经营者集中则由于具有效率和限制竞争两方面的效应，其经济影响具有不确定性，因而采用合理推定原则。司法机关也受理了反垄断民事诉讼案件，法院更倾向于使用合理推定原则。

（五）规制方式和强度

规制的目的在于抑制违法行为，提升经营者对垄断行为后果的可预期性，规范经营者行为。美国《反托拉斯法》的救济程序十分复杂，各种救济方式之间没有明显的分界，法院在实际司法判决中灵活运用多种救济方式：一是刑事救济，包括罚金和个人监禁；二是衡平法救济，包括许可令、终止令等；三是私人救济，任何因《反托拉斯法》禁止的行为而致使其商务或者财产受损的私人可以获得三倍于其所受损害的赔偿和诉讼费用。可见，违法惩罚的力度很大，这促使美国反垄断当事人之间容易事前达成和解。在私人案件中，由于引入了三倍赔偿原则，90%左右的私人案件达成调解或者由原告自动撤诉，被告则赔偿原告的损害以避免诉累。政府起诉的案例通常是由政府和被告达成协议，规定被告采取的特别行动，以换取政府同意不予有罪起诉，或者以同意判决结束。在经营者集中板块，经营者集中审查机制促使并购的规制方式从法院规制转向双方与审查机构之间的协商，以修正集中带来的反竞争特征。

中国对垄断行为的规制严格遵守《反垄断法》的规定程序，规制方式包括责令停止违法行为、罚款、没收违法所得等，不同规制板块的处罚方式略有差异。对于达成并实施具有抑制竞争效应的垄断协议、滥用市场支配地位的经营者，反垄断执法机构发出行政处罚书，责令经营者停止相关违法行为，并处以上一年度销售额一定比例的罚款。对于具有或可能具有限制竞争效果的经营者集中，执法机构根据申报资料进行审查，审查结果包括责令停止实施集中，或者附加限制性条件批准集中；对于未申报的违法集中处以罚款。对于滥用行政权力排除、限制竞争这一类垄断行为，违法机关如果未主动整改，反垄断执法机构可以依法向有关上级机关提出行政建议，由上级机关责令改正，并处罚相关直接责任人。整体而言，与 2008 年实施的《反垄断法》相比，2022 年《反垄断法》修正案加大了惩罚力度，但这一惩罚力度与美国相比仍然较小。

本章小结

◆企业实施垄断的主要方式在于产品的市场定价，但也可以通过非价格形式实施垄断。价格歧视、两部收费和搭配销售属于市场定价的范畴；而非价格形式主要包括纵向一体化、横向一体化和产品差异化等。

◆相对于垄断者来说，消费者处于非常弱势的地位，因此垄断者会通过制定高价或其他手段获取垄断利润，从而导致市场的低效率。反垄断政策是促进公平竞争、抑制垄断的政策，是竞争政策的重要组成部分。

◆最早的反垄断法出现于美国。其中，《谢尔曼法》《克莱顿法》和《联邦贸易委员会法》奠定了美国反垄断政策的法律基础，构成了美国反托拉斯法体系的主体，直到今天仍然具有法律效力。

◆中国的反垄断立法进程开始较晚，但党的十八大以来，以习近平同志为核心的党中央围绕反垄断、反不正当竞争，作出一系列重大决策部署，完善公平竞争制度，改革市场监管体制，加强反垄断监管，推进高标准市场体系建设，推动形成统一开放、竞争有序的市场体系。

复习思考题

1. 名词解释。

一级价格歧视　二级价格歧视　三级价格歧视　算法价格歧视　纵向一体化　横向一体化

2. 简答题。

（1）价格歧视分为哪几种？其含义和区别是什么？

（2）两部分类和搭配销售的主要内容是什么？

（3）美国反垄断法律体系的特点是什么？

（4）简述中国反垄断立法的进程及取得的成就。

3. 自评自测题。

（1）垄断企业能够通过对消费者的一些外部特征信号，将消费者分为一些相互分割的市场，从而对同一种产品在不同市场上收取不同的价格，这种行为属于（　　）。

A. 一级价格歧视　　B. 二级价格歧视　　C. 三级价格歧视　　D. 算法价格歧视

（2）最早的反垄断法是出现于美国的（　　）。

A.《克莱顿法》　　　　　　　　　　B.《谢尔曼法》

C.《联邦贸易委员会法》　　　　　　D.《塞勒—基弗维尔法》

(3) 实行价格歧视的基本条件不包括（　　）。

A. 必须有可能根据不同的需求价格弹性划分出两组或两组以上的不同购买者

B. 市场必须能够有效地隔离开

C. 同一产品不能在不同市场之间流动

D. 消费者有足够的购买欲望和支付能力

(4) 以下关于价格歧视的表述不正确的是（　　）。

A. 因成本差异而导致的产品价格的差异不属于价格歧视

B. 实施一级价格歧视的垄断者会攫取所有的消费者剩余

C. 垄断者会在需求价格弹性小的市场索取更低的价格

D. 在两部收费制中，固定费相当于消费者剩余，使用费等于平均成本

(5) 中国国务院设立（　　），统一负责垄断协议、滥用市场支配地位、经营者集中和滥用行政权力排除、限制竞争等领域的执法工作。

A. 反垄断局 B. 反垄断委员会
C. 发展和改革委员会 D. 市场监管总局

4. 延伸阅读材料。

［1］程松亮. 竞争政策目标探究——评反垄断法中经济分析的影响［J］. 江汉论坛，2014（08）：138-141.

［2］黄纯纯. 产业组织理论的新挑战：网络外部性、有限理性与社会性［J］. 教学与研究，2018，482（12）：80-86.

第十三章 规制经济学

■ 本章内容提要

本章围绕规制经济学,主要探讨以下几个方面的问题:规制经济学理论的发展;规制的依据与目标;规制的类型与工具;规制政策的改革趋势和发展方向。目的是了解如何通过政府的有效规制促进产业的竞争活力,实现资源的有效配置,确保市场经济的有序运行。

第一节 规制经济学理论的发展

一、规制经济学概述

作为经济学的分支,规制指政府依据有关法律、法规,通过支持、许可或禁止、限制的手段实施的直接、间接对企业经营活动产生影响的行为。在不同时期,研究的侧重点不同形成不同的定义,流传最广的定义是斯蒂格勒提出的"管制是产业所需要的并为其利益所设计和操作的一种法规"。规制的主体是政府,包括立法、司法、行政机构及各种协会。多数人认为,国家宏观调控属宏观经济学范畴,不属规制;与市场失灵有关的微观政策属规制,即微观规制。产业规制与产业政策是两个既有联系又有区别的概念,产业政策是产业规制的重要手段,产业规制又不能完全包含产业政策的内容,但是两者同为政府管理和调控产业经济运行与发展的重要工具。

规制经济学经历了规制(regulation)—放松规制(deregulation)—再规制(reregulation)的动态演进过程。规制经济学(economics of regulation)或称管制经济学,它主要研究在"市场失灵"情况下政府的干预问题:为什么要干预,采取什么措施干预,干预是否有效以及再干预无效,即规制失灵(regulation failures)情况下通过对规制与放松规制的成本—收益分析比较,找到次优选择。西方经济学界早在20世纪30年代就有学者对规制经济学理论作出了先驱性的研究。1970年卡恩《规制经济学》著作的出版,标志着西方规制经济学作为一门学科的诞生。1971年斯蒂格勒的《经济规制论》、1976年佩尔兹曼的《走向更一般的规制理论》、1973年贝利的《法规性制约的经济理论》、1975年鲍莫尔和奥茨的《环境政策理论:外部性、公共部门、支出与生活质量》、1992年植草益的《微观规制经济学》、1991年托里森的《规制与利益集团》等论著分别从公共事业、自然垄断行业等经济性规制的产生、依据、法律、规制的决策过程、规制价格等方面,奠定和构筑了西方规制经济学的学科基础和体系(杨公朴、干春晖,2005)。

产业规制内容、方式与研究方法的变化体现了规制理论的演进过程。早期的规制经济学文献一般将重点放在对公共事业规制的研究上:斯蒂格勒(George J. Stigler)起初也把规制看作是"为产业所需并按其利益设计并运行的国家权力"。此后,乔斯科(Joskow)和诺尔(Noll)全面总结了竞争与非竞争产业的价格与进入规制。到1981年,斯蒂格勒又将规制的范围扩展到所有的公共、私人关系中。此外,鲍莫尔(W. J. Baumol)和奥茨(Oates)对环境的规制及政策问题,维斯凯西(W. Viscusi)对产品及产业安全的规制问题也做了大量研究。这些工作将规制研究的理论背景扩展到了福利经济学、公共财政学以及不确定条件下的决策科学领域。特别是近20年来,经济学家看待经济规制的方式以及政府和国际组织应用经济规制的方式,已经或正在发生深刻的变化。

伴随着规制理论的变化,从经济学角度看,规制理论的研究方法也从传统的规范分析扩展到20世纪50年代以后以数学模型、计量经济学为主要工具的实证分析,以及目前广泛运用的经验分析。从具体运用的分析工具来看,则从传统经济学的效用、边际分析工具扩展到福利经济学的最优化效率分析工具、新制度经济学的公共选择、产权、交易成本、委托代理等在信息不对称条件下博弈等分析工具。当然任何一种分析方法都有其优势和运用的领域以及存在的局限性，面对当前政府规制理论研究的深入及实践的复杂性，研究者更加注重多种研究方法和分析工具的综合运用，使理论的结论更加可靠，更加具有广泛现实适用性和可操作性。

二、规制经济学理论的发展阶段

一般认为规制理论的发展经历了以下几个阶段，即规制的公共利益理论、规制俘获理论、规制需求理论、利益集团理论、可竞争市场理论、规制博弈理论、激励性规制理论和放松规制理论。规制的相关理论体现规制价值取向从公共利益到部门利益的演进。

（一）规制公共利益论

最早的规制理论是围绕规制目的展开阐述的。首先从公共利益的角度审视规制，规制的公共利益理论起源于国家干预的经济思想，特别是产业组织理论哈佛学派的政策主张。在市场经济中，由于垄断的弊端、公共产品的提供、经济活动的外部性和不完全信息导致市场失灵，规制的目的就是为了增加公众的福利，弥补市场失灵带来的效率损失，并得到更被社会认可的收入分配状况。因此，规制公共利益理论指的是政府作为公众利益的代表者，当公众要求对市场失灵进行纠正时，政府就应出面对相关经济领域进行干预，即市场失灵是政府进行规制的理由。

理查德·波斯纳（Richard A. Posner, 1974）认为公共利益理论建立在两个重要假设之上：一个是如果任由市场发展，容易出现运行缺乏效率和公平的情况，那它将是极端脆弱的；另一个是政府的规制行为几乎没有成本。此理论是一种规制的规范分析框架，主要解决应该怎样规制的问题。按照这个观点，规制应当主要出现在集中度高和具有外部性的产业中。但事实并非如此，政府规制的结果偏离了提高全社会福利的目标，规制公共利益理论受到了经验研究的挑战。对该理论规范分析最严厉的批判主要来自以下三个方面：

第一，规制是通过政府规制立法机构来完成，公共利益理论却缺乏对政府规制立法机构的分析，仅认为规制能够得到完成。

第二，现实中有许多既非自然垄断又不具备外部性的产业也一直存在价格规制和进入的规制，例如保险业，货车和出租车，这与公共利益理论的分析冲突。

第三，即便在自然垄断行业，实际上规制也不太能够有效约束企业的定价行为，例如乔治·斯蒂格勒和克莱尔·弗瑞兰德对 1912～1937 年美国电力事业价格规制的效果所进行的一项著名研究表明，规制导致价格下降的效应较为微小，不像公共利益理论宣扬的对价格有较大作用。

因此，此理论仅以福利经济学和市场失灵为基础的政府规制公共利益理论，根基过于狭窄，是一种不完善的规制理论。

（二）规制俘获理论

产业组织理论芝加哥学派的代表人物例如斯蒂格勒等，对美国 19 世纪以来的规制历史与实践进行了实证分析，发现规制和市场失灵之间并没有很强的相关关系。相反，19 世纪以来被规制的产业普遍具有较高的利润，即规制总是对生产厂商有利。由此他们推断，规制并不是为了公共利益而存在，而是满足了被规制产业的部门利益。这一现象的存在导致了规制俘获理论的产生。

规制俘获理论认为利益集团在公共政策形成中发挥了主要作用。该理论指的是政府规制的提供是为了满足特定利益集团的需要，规制者被特定的利益集团所俘获，成为其获得更多利润的工具，也就是说实际上规制提高了产业利润而不是社会福利。这一理论的最大贡献者斯蒂格勒于1971年指出，经济规制的中心任务是解释谁是规制的受益者或受害者，政府规制采取什么形式和政府规制对资源分配的影响。

该理论建立在三个假设基础之上：一是所有相关的利益各方都是纯粹的经济人，都是收入最大化的追求者；二是所有相关的利益各方都具有理性的预期；三是规制是没有成本的。

此理论本质上是一种极端的推断，表明了规制的整个过程是在为被规制的产业服务，规制者被规制的对象所俘获。规制机构实际是代表了社会的某一特殊利益集团，是特殊利益集团寻租的结果。从某种程度上说，由于该理论更符合当时规制状况的经验观察，而且能比较好地解释自19世纪以来规制总是有利于生产厂商的现象，所以具有一定的说服力，比规制公共利益理论进步。然而该理论仍然有缺陷，受到了以下各方面的质疑。第一，规制俘获理论缺乏理论基础，没有解释利益集团如何控制或者影响规制。第二，无法解释现实中的许多现象，例如为什么规制是被生产者这个利益集团所俘获，而不是被消费者或其他的利益集团所俘获；无法解释被规制产业既然有能力俘获现存的规制机构，那它为什么不能在最初的时候就阻止这个规制机构的产生等。第三，规制俘获理论也不能预测当一个规制机构对几个相互之间具有替代竞争关系的产业进行规制时，它会偏向于哪一产业。此外，该理论也无法解释普遍存在的交叉补贴和放松规制等问题（卢福财，2013）。

总之，该理论的总体影响是，增强了反政府规制的倾向。实践证明，公共利益理论和规制俘获理论都不全面，过于片面化，从而出现了其他的一些政府规制理论。

（三）规制需求理论

斯蒂格勒（George J. Stigler）于1971年提出该理论[①]，因此也被称为斯蒂格勒模型。

斯蒂格勒之前的经济学家通常将规制视为一个政治过程，而他在《经济规制理论》中率先从实证角度出发，运用经济学中的需求—供给、成本—收益分析经济规制，解决了"规制什么时候产生""规制为什么产生"的基本问题，为人们更好地理解规制提供了另一个途径。

该模型有三个假设：一是国家拥有基础性资源的强制性；二是规制的需求者与供给者都是理性经济人，具有利己动机，可以通过选择行为谋求最大效用；三是政治过程会遇到某些阻力，这些阻力会影响产业的利益。该理论认为规制存在的原因是社会对规制有需求和供给，在这种关于是否规制的经济中，各个利益集团希望政府做出契合它们利益的结果，被规制的消费者集团和垄断企业争夺对政府的影响力。斯蒂格勒的理论贡献是提出了第一个用经济学基本范畴和标准来研究规制问题的理论，它开创了经济规制理论的新纪元，克服了规制俘获理论有经验归纳，又缺乏理论基础的不足，也克服了公共利益理论缺乏实践基础的缺陷，意义重大。斯蒂格勒模型的重要特点是关于政治家也是自身利益最大化的追求者，而且凸显信息成本、组

[①] George J. Stigler. The Theory of Economic Regulation [J]. Bell Journal of Economics and Management Science, 1971, 2 (01): 3-21.

织在经济规制中的作用。此理论着重研究规制政策对生产者的保护,认为决定产业影响力的关键因素是组织成本,这些对后来芝加哥学派研究经济规制理论具有重要的启示作用。

斯蒂格勒将规制上升到一个一般政治运行过程的框架下决定最优政治联合体的大小问题,规制不再是一个免费商品。由于斯蒂格勒在《经济规制理论》中对模型的描述不太系统,佩尔兹曼对规制需求理论进行了发展,提出了斯蒂格勒佩尔兹曼模型,该模型可以用来预测哪个产业会受到规制。佩尔兹曼从三个方面阐释了对规制活动本质的认识。第一,政府规制的实质,是将垄断利润的最终归属的决定权授予政府规制当局。第二,政府规制条件下,受规制者往往能够对规制结果作出较为准确的预测,致使一个理性的产业显然会花完所有的垄断利润,而只保留政府认可的利润。第三,在政府规制条件下,较之不加以规制而言,真正发生明显变化的不是受规制产业的产量和价格,而是收入在各相关利益集团之间的分配(杨公朴、干春晖,2005)。

斯蒂格勒模型说明了规制的过程会受到多个集团势力的影响。佩尔兹曼在斯蒂格勒模型的基础上更加系统,使用数学方法,以政治支持函数代表多集团势力的影响,在价格和利润函数的限制下,求解政治支持函数的最大值,也就是最优规制理论政策。最优规制理论的解说明,规制决策者为寻求政治支持最大化,会在不同利益集团之间追求利益平衡点,并因利益平衡点确定规制政策,所以说,影响规制结构不是单一的利益集团。生产者利益集团会因消费者集团提供一些选票或捐助而无法主导规制决策,所以就产生了一个新的结论:政治家会为所有的利益集团服务,利益集团的利益可互换,而非俘获理论和斯蒂格勒模型所言的"生产者俘获政府规制机构[①]"。可以说该政策是以立法或规制机构为中介,消费者和厂商利益调和出的最优规制政策。

(四)利益集团论

1983年,加里·贝克尔(Gary Becker,1983)独辟路径[②],提出了利益集团为获得有利规制而展开竞争的理论。该理论从被规制者入手,研究各利益集团是如何通过施加政治影响来形成政治均衡。这个分析角度就与斯蒂格勒、佩尔兹曼规制理论不同,因为后者是从规制者寻求政治支持最大化入手。贝克尔认为政治均衡依赖于四个因素:第一,每个利益集团对规制机构施加政治压力的效率;第二,对利益集团产生的政治影响使用额外压力的效果,即在利益集团对规制活动产生一定的政治影响前提下,如果再增加一点压力,那原先的"政治影响"将如何变化;第三,各利益集团的成员数目;第四,税收和补助金的成本。最后形成的政治均衡是偏向于在政治上更具影响力的利益集团。

贝克尔的利益集团理论假定:政治家受到的激励是赢得选举。该理论认为政客、政党和选民无非是传递各利益集团的压力,而规制理论的根本所在无非是规制被用来增加最有影响力利益集团的福利。贝克尔模型独特之处是有一个福利转移中死角损失,利益集团最佳回应的相互作用决定了均衡向福利改善多、死角损失小的方向移动。

---

① Sam Pelzman. Toward a More General Theory of Regulation [J]. The Journal of Law and Economics, 1976, 19 (02): 211-240.

② Gary S. Becker. A Theory of Competition among Pressure Groups for Political Influence [J]. The Quarterly Journal of Economics, 1983, 98 (04): 371-400.

该理论修正了规制俘获理论和斯蒂格勒模型的结论，但是推论与现实并不完全符合，例如认为政治上没有达到最优的领域都要进行规制，使规制的范围无限扩大。

贝克尔的政治均衡模型（1983；1985）所说规制政策的"纳什均衡"是：假设不同政治集团的压力对政治程序的影响不同，政治家、政党、选民传递相互竞争的利益集团的压力，压力越大，相对影响力越大。最终在政治市场上更有影响力的利益集团福利增大，解决了市场失灵，降低了社会福利的无谓损失，贝克尔的政治均衡模型完善了最优规制政策模型中俘获规制者不是单一产业集团的思想，而且该模型对始于20世纪70年代西方国家的放松规制理论作出了新的解析。

比较斯蒂格勒、佩尔兹曼和贝克尔的模型，可以看出，在斯蒂格勒和佩尔兹曼的规制模型中，立法者或者规制者选择最优政策以对自己的政治支持最大化。贝克尔的规制模型则强调利益集团之间的竞争，导致规制倾向于增加具有较大影响力的利益集团的福利。由于利益集团之间为了产生更大的政治影响而进行竞争将会导致经济资源的耗尽，因此其结果是帕累托无效率的。当然，利益集团直接影响规制政策是3个模型最重要的假设；其次规制的经济理论使用了效用最大化作为规制过程中有关各方的目标函数。但对于不同的主体，效用最大化的概念模糊。安全、地位、身份等因素对于规制者而言仍然十分关键，但它的可操作性不强，阿雷西（ALessi）的可操作性研究仍不令人满意。由此，导致规制经济理论在一定程度上受到了质疑的主要原因是规制立法者不可能完全控制规制者，也不可能完全是利益集团的傀儡。

（五）可竞争市场理论

可竞争市场理论是美国著名经济学家鲍莫尔（Baumol，1982）等首先提出的[①]，也被称为"进退无障碍市场理论"，其基本假设包括：

第一，企业能够完全自由进入和退出市场（产业）。现有经营者与新进入者之间处于对称而平等的地位，竞争者之间有着近似的市场知识、同样的规制环境，可用相同的成本获得同样的技术去生产质量接近的产品。相对于现有企业，在产品成本、生产技术、质量等方面潜在进入者不处于弱势，更为重要的是退出自由。对退出的限制将会阻止进入，这样会降低来自潜在进入者的竞争压力。

第二，潜在进入者能够根据现有企业的价格水平评价进入市场的营利性。

第三，进入和退出市场的成本为零，潜在进入者能够采取"打了就跑"（Hit and Run）的策略。甚至一个短暂的赢利机会都会吸引潜在进入者进入市场参与竞争，而在价格下降到无利可图时，它们会带着已取得的利润离开市场。也就是说，厂商具有快速进出市场的能力，而且在退出市场时并不存在沉淀成本，也不存在退出市场的其他障碍。

该理论认为：在这种可竞争市场中，长期均衡要求任何潜在进入者的进入以及任何现有厂商的退出是无利可图的。与各个厂商都是价格接受者的假设相关联，可竞争性市场的价格既不会高于平均成本也不会低于平均成本。因此，均衡价格等于平均成本，此时可竞争市场既无厂商进入也无厂商退出。此理论为判定一个产业是否具有可竞争性提出了理论依据。可竞争市场理论把进入和退出视为促进竞争的力量。

[①] Baumol W. J., Panzar J. and Willing R. Contestable Makerts and the Theory of Makert Structure [M]. New York: Harcourt Brace Jovanovic, 1982.

(六) 规制博弈理论

李立威（Lee，1980）从博弈论的角度看待规制从而提出该理论，认为规制的产生可以是一个使各方都是赢家的增值博弈，此理论是以具有强制性权利的政府能够迫使各方合作，监督合同的履行为基础的。只有政府具有特殊的法律权利和税收手段能够使用较小的成本使这个联盟成为可能。这样，博弈的结果就是，消费者和垄断厂商都成了赢家，消费者因价格降低获得了好处，垄断厂商也因此避免了残酷的竞争，因为国家保护了它的专营权而不受竞争者的困扰，由此消费者压低一点价格而带来的损失远小于厂商所获得的收益。李立威的规制博弈理论意味着由政府来监督私营法人之间合同的执行能够给它们节省非常多的成本。

(七) 激励性规制理论与放松规制经济理论的发展

20世纪70年代末80年代初以来，西方规制理论的研究主题从"为什么要规制"和"规制代表谁的利益"转变为"如何有效规制"问题，这一转变是伴随着信息经济学和博弈论的发展进行的。需要解决的关键问题是，如何设计出一种激励规制合同，既能充分激励被规制企业，又能有效约束其利用信息优势采取机会主义行为，促使其做出有利于提高社会福利的行为。研究的主题是规制中的激励问题，目的是完善规制，提高规制的有效性。不像传统的规制理论关注规制的内容与方式，而是在信息不对称的假设条件下，运用机制设计的理论与工具，以最优规制为目标，探求规制的激励机制。激励性规制理论的贡献：激励性规制理论打开了规制机构的"黑箱"，将其分为企业等利益集团、规制机构（监督者）和国会（委托人）三层机构的规制体系。其中，国会追求社会福利最大化；规制机构则以自身利益最大化为目标，它可能被规制企业或其他利益集团俘获而与之合谋。其中最具有代表性的是法国著名经济学家拉丰、梯若尔等提出的一系列规制激励理论模型，包括利益集团与规制机构无合谋的规制模型；利益集团与规制机构合谋下的规制模型；多重利益集团存在时的规制模型等。

克拉克提出的有效竞争理论，现实中完全竞争的条件很难满足，但只要能限制企业提高价格和排斥竞争对手的能力，就可以实现有效竞争，改进市场效率。

鲍莫尔等的"可竞争市场"理论，提出应放松管制维持市场的可竞争性，使潜在进入者能够对产业中原有企业的垄断行为产生"进入威胁"，这样在位企业力图通过垄断定价，索取超额利润的图谋必定会挫败。

放松规制则意味着放宽或取消原有的规制制度，例如将行业禁入改为自由进入，取消价格规制等。放松规制的首要目的在于引入竞争机制、减少规制成本、促使企业提高效率、改进服务。20世纪70年代以后，以美国、日本、英国等主要国家为中心，对电信、运输、金融、能源等许多产业，都实行了放松规制。各国在放松规制过程中，根据本国情况采取了不同方式。英国的放松规制是与私有化过程相伴而生的，先后部分或全部将英国电信公司、英国煤气公司、自来水公司出售，出售后企业的效率有了不同程度的提高。

以上对规制经济学产生与发展的叙述主要是针对经济性规制而言的，因为相对于社会性规制而言，经济性规制起源较早、体系较为完善，发展较为成熟，在早期政府规制中占据着主导地位。但近年来，随着经济发展水平的提高，对生活质量、社会福利等问题关注程度日益加强，各国在逐步完善经济性规制，对经济性规制产业实施放松规制的同时，将关注点更多地投向了健康、安全、环境等社会性规制领域，社会性规制在政府规制中的地位与作用正逐步提高，规制的领域也不断扩展，规制的方法与手段也在不断改进。政府对社会性规制的重视在某种程度上是社会进步、生活质量提高的反映，更直接体现了对消费者利益的保护与对社会可持续发展问题的关注。因此，社会性规制也将成为未来政府规制中一个日益重要的组成部分。

第二节　规制的依据与目标

一、规制的依据

产业规制的原因是弥补市场失灵，保障市场效率，维护社会公平，保护社会和消费者的利益，规制的依据根源于对自然垄断理论的认识。

（一）自然垄断理论的演进

经济学家对自然垄断的认识经历了一个不断深化的过程。传统概念认为自然垄断的形成主要与资源的集中条件有关，即由于资源条件的分布集中而无法竞争或不适宜竞争所形成的垄断。

研究自然垄断最早的是约翰·斯图亚特·穆勒（John Stuart Mill），他在1848年就谈到了自然垄断问题。他观察到英国伦敦的某些公共设施，例如伦敦的煤气、自来水等仅由一家煤气公司和一家自来水公司垄断经营，而不是由许多家企业竞争性经营，就会取得巨大的经济性。

1887年，亨利·卡特·亚当斯（H. Adams）把产业按照规模效益不变、规模效益递减和规模效益递增的状况分为三种类型。他认为，对第一、第二种产业可以运用市场竞争机制，但对于规模效益递增的产业应该实行政府规制。亚当斯把自然垄断的定义简化为产业的规模经济技术状况，把政府规制看作是维护大规模生产优势，保护消费者免受垄断企业滥用垄断力量而造成损害的重要手段。

1937年，理查德·T. 伊利把自然垄断划分为三类：（1）依靠独一无二的供应资源（例如某种稀有的矿藏）而形成的自然垄断；（2）以秘密或特权（例如专利）而形成的自然垄断；（3）由于业务上的特性而产生的自然垄断，例如铁路和公共设施等，这是最重要的自然垄断。伊利将自然垄断定义为"不可竞争性"，这种"不可竞争性"可能来源于生产的规模经济状况，但也有其他因素会使竞争"自我破坏"。因而，垄断是较好的供应来源，因为它更稳定，有更高的效率。

（二）自然垄断产生的原因

自然垄断产生的原因在于存在着"规模经济"和"范围经济"。规模经济是指随着生产规模的扩大，产品和服务每一单位的平均成本出现下降的现象。在这种情况下，如果有多个不同规模的企业，那么规模最大的企业就会根据较低的平均成本定出较低的价格。这样，其他企业就会出现亏损，只能退出或被规模最大的企业兼并，由此必然形成垄断的局面。因此，需要政府对具有自然垄断特征的行业在市场准入方面进行规制，只允许一家企业在市场上拥有"特权"从事生产经营活动。范围经济是指由于生产产品种类的增加，进行联合生产的平均成本低于进行单独生产的平均成本的趋势。这样，单独生产企业的定价就会高于联合生产企业的定价，单独生产的企业就会亏损，这些企业只能退出或被兼并，这也会形成垄断的局面。

（三）自然垄断产业规制的内在必然性

传统的自然垄断理论认为，政府有必要从整个社会的利益出发对自然垄断产业进行规制。一方面，自然垄断理论的定价矛盾使得政府必须进行价格规制；另一方面，具有规模性的自然垄断产业需要政府对市场的进入进行规制，以便让一家企业独家经营获得规模经济效益。自然垄断理论的定价矛盾在于：为获得垄断利润，处于垄断地位的企业会把价格定在高于边际成本的水平上。但根据微观经济理论，社会资源要实现最有效的配置，只有在价格等于边际成本时。若要获得有效的资源配置按边际成本定价，那么价格低于平均成本，企业则处于亏损状态。

现代自然垄断理论认为：一方面，自然垄断理论中的定价矛盾不再成为必然；另一方面，因为自然垄断产业具有成本劣加性，为保证整个产业以最低成本进行生产，需要政府对市场实行进入规制。对于平均成本下降的产业，定价矛盾依然存在，价格规制有存在的理由。而在平均成本上升的产业中，仍然需要政府进行进入规制。

（四）政府对自然垄断产业的规制理由

对于自然垄断产业，政府必须采取直接规制政策的原因主要包括：

第一，处于自然垄断状态的产业的有效供给量和产品价格通常是非自由竞争的结果，消费者自由选择权力有限，政府须直接控制价格以维护消费者利益。

第二，大多数处于自然垄断状态的产业接受竞争的程度有限，在其他大多数产业中必须实现充分有效的市场竞争，而在这些产业中往往是一种反效率行为和违反资源配置基本原则的行为。也就是说，其经济效益往往与竞争程度呈反向运动，所以政府为防止"过度竞争"的发生有必要对此进行直接干预。

第三，在大多数处于自然垄断状态的产业内，通常通过生产者的联合或协调以获得较好的资源配置效益。所以政府有必要促成这种联合并将其置于自己掌控之中，而非采取反协调或反联合措施。

随着社会向前发展，自然垄断产业越来越呈现以下五个新的技术经济特征：网络经济；规模经济和范围经济效应显著；关联经济效应显著；有大量的沉淀成本；普遍服务性。虽然国家赋予特定企业垄断经营权，但在引入进入无障碍和在位垄断企业的承受力等因素后，需要规制的范围却越来越小了，这为政府对自然垄断产业放松规制改革提供了有力的理论依据。

二、规制的目标与执行机构

（一）规制目标的演进：从追求效率到追求公平

产业组织芝加哥学派指出，规制的首要目标在于克服"微观经济无效率"，保持市场的竞争性，促进经济效益。即政府规制的目标就是追求效率。这种单纯追求效率的规制目标导致了许多不公平问题，特别是普遍服务问题，引起了各国政府重视。许多垄断企业不愿提供"普遍服务"，在民营化以及放松规制后，不再对成本较高的边远农村地区提供服务。许多发展中国家出现了"看病难，看病贵"，尤其是农村贫困家庭看不起病等现象。因此，许多国家将普遍服务与公平问题提上议事日程（刘志迎，2014）。

（二）直接规制政策的目标

政府规制是对市场失灵最通常的回应，即政府规制的目的就是通过采取规制手段来解决市场失灵现象。主要目标是：纠正市场失灵，控制市场垄断，提高市场效益，协调社会成员的利益分配，保护消费者利益，提高企业等市场主体信息透明度，保护生态环境，提供社会公共产品，规范市场竞争秩序，维护民族经济利益，促进国内产业发展，从而使社会资源的配置达到最优状态。具体目标主要包括：

1. 促进资源的有效配置。有效利用资源与形成自然垄断的投资壁垒之间存在着必然的联系，因此直接规制就可以克服因市场失灵而带来有限资源的浪费。为防止垄断企业损害资源配置，滥用市场支配力，也必须对垄断价格的决定等行为进行直接限制。

2. 保证收入分配的公正性，保护消费者利益。首先，从公正分配的角度出发，有必要尽可能地限制某些不合理的差别价格，因为垄断企业在向不同的消费者提供同一产品或服务时，有可能制定差别价格。其次，经营多种服务或事业的垄断企业，进行所谓内部相互补助，即通过获取一方事业领域的超额利润来弥补另一方服务领域的过小利润。因此，也应从公正分配的角度对这种在不同事业领域的消费者之间进行的收入再分配加以限制。最后，从公正分配的角度看，必须限制垄断价格的制定以保护消费者利益，因为如果企业支配性地确定价格，就必然使消费者剩余的一部分成为企业利润而进行收入再分配。

3. 维持物价的稳定。大多数自然垄断产业实际上属于与国计民生密切相关的重要产业，因此维护这些产业的物价稳定，将对宏观经济的稳定起到相当重要的作用。稳定的物价应当是消费者可接受的价格，这一目标针对所有的自然垄断产业，倾向于消费者的利益。

4. 保证产业的长期稳定发展。这种发展主要表现为长期供给的稳定及稳定增长。首先，由于投资壁垒、利润率及其他条件的影响，使得自然垄断产业中的有关企业目光短浅，不会进行长期适当的投资，造成供给不足，影响企业的发展。其次，对于自然垄断产业，在提高其内部效率的积极性方面由于企业没有竞争压力，势必推进力度不够，只有通过政府的直接规制政策，直接促使企业内部效率的提高，或者增强有关企业提高内部效率的积极性，才能保证产业的长期稳定发展。所以，政府有必要通过稳定企业的财务状况，促使其进行适当投资以稳定产业的长期发展。

5. 维护市场公平竞争，确保市场经济的有序运行。市场经济的"法治"性质决定了市场机制的正常运行必须按一定规则和契约关系来运作，如果规则及关系被破坏，市场机制就会失效。市场机制需要一整套公认的并能够得以实施的市场行为规则来确保其发挥作用，明确产权关系，限制不正常的竞争行为，规范各类经济主体的行为，保证市场竞争和市场交易的效率和公平。所以，市场经济条件下政府的重要职能之一就是要建立和健全市场运行所需的各种法规和制度，建立维护市场秩序，确保市场机制的正常运行。

(三) 政府规制的执行机构

政府规制机构职责特殊。一是具有时效性，规制机构存在与否取决于政府的法令；二是职能具有相对独立性和局限性，规制机构是根据某项法规执行某些特殊领域的任务而存在的；三是具有很强的伸缩性，规制机构只拥有政府赋予的部分权利，规制力度取决于规制范围。此外，规制机构在一定程度上代替了法律系统对经济活动进行监督的职能，具有半司法半立法的功能。现实中规制机构既可能服从于某些特殊利益集团的特殊利益，也可能以公共利益为目标，但从理论上说规制机构的目标是社会福利最大化。中国政府规制主要是依据已经制定的国家立法机构颁布的、国务院制定及颁布的行政法规和地方性法规三个层次的相关法律法规进行规制的。我国规制机构较多，从中央到地方的很多政府职能部门都具有一定的规制权力。表13-1列举了美国的经济性规制与社会性规制机构。

表13-1　　美国的经济性规制与社会性规制机构

经济性规制	社会性规制
●联邦通信委员会（FCC），负责国内外通信，包括无线电、电话电信、电视等	●消费品安全委员会（CPSC），负责实施联邦安全标准
●联邦能源管理委员会（FERC）	●食品药品监督管理局（FDA），实施联邦食品法，负责药品实验和安全、化妆品安全等
●联邦存款保险公司（FDIC），负责银行储蓄保险、审批合（兼）并案，以及审计银行业务	●联邦航空管理局（FAA），负责规范和提升航空运输安全，以及机场管理和飞行员执照管理
●货币监理署（OCC）	●美国国家公路交通安全管理局（NHTSA）
●联邦储备体系（FED），负责银行管理、货币发行等	●职业安全与健康管理局（OSHA），制定和实施与改善工作条件有关的联邦标准和规范
●证券交易委员会（SEC），落实联邦法有关证券买卖条款	●环境保护署（EPA），负责制定和实施排污标准

资料来源：高志刚. 产业经济学（第二版）[M]. 北京：中国人民大学出版社，2020.

第三节　规制的类型与工具

一、规制的类型

日本植草益的观点认为，按照实施规制行为主体不同，规制可以分为私人规制和公共规制。私人规制是由私人施行的规制，例如家庭中对其成员的规制；企业中对其员工的规制。公共规制是由社会公共机构施行的规制，也称政府规制，例如司法机构、立法机制、行政机构对私人及经济主体的行为进行限制，又包括直接规制与间接规制。

间接规制也称为竞争性产业规制,通常指对不公平竞争进行限制,即创造公平竞争的环境,例如反垄断法、民法、商法等。间接规制不直接介入经济主体的决策,仅制约阻碍市场信息机制发挥职能的行为,并且以有效地发挥市场机制职能而建立完善的制度为目的的规制。主要内容包括以反垄断法为中心的竞争促进政策和以解决信息不对称、维护市场公平为目的的政策,例如保护消费者利益、公开信息、企业兼并、串谋、市场集中、不正当竞争等方面的规制。属于产业组织理论及政策的核心内容。

直接规制是指对公共事业中的运营实行的制约,防止出现资源配置的低效率和防止公害、保护环境、保证健康与安全等,包括进入规制、特别许可、注册制度、申报制、数量规制、投资规制、产量规制、提供服务规制、设备规制、价格规制等。价格规制的主要形式:公正报酬率规制;价格上限规制;价格下限规制等。

直接规制又分为经济性规制与社会性规制,经济性规制是针对与自然垄断或信息不对称现象有关的特定行业进行的规制,以保证服务供给的公平性和防止资源配置低效为主要目的,通过认可和许可等手段,对企业进入、退出、价格、服务的质量和数量等方面的活动进行规定或限制。因此对自然垄断产业的规制也称为经济规制,这也是产业规制一直以来关注的核心问题。社会性规制是近年来在各国逐渐施行的,主要通过设立相应标准、发放许可证、收取各种费用等方式进行的一种新的规制。西方政府的社会性规制兴起于20世纪60年代末70年代初,社会性规制主要针对社会性问题,不分行业,针对经济主体产生的外部不经济而进行的规制,以保障劳动者和消费者的安全、健康、卫生以及保护环境和防止灾害和污染为目的,对物品和服务的质量以及伴随着提供这些产品和服务过程而产生的各种活动制定一定的标准,禁止、限制特定行为的规制。本章主要阐述经济规制与社会规制。

对规制这一概念不同层次的理解可以用图13-1表示。

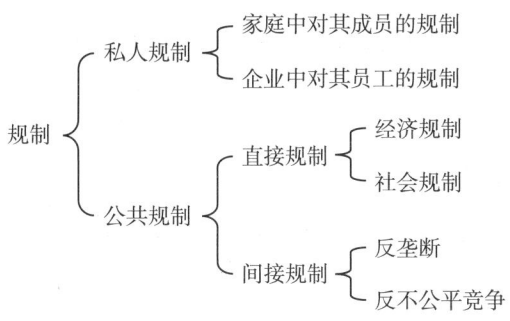

图13-1 规制的分类

二、规制政策的内容与工具

规制经济学主要内容大同小异,基本由经济规制(指对企业在价格、产量、进入和退出等方面的决策进行的限制)、社会规制(指在健康、安全和环境等方面的规制),以及反垄断规制(企业兼并、串谋、市场集中等方面的限制和豁免)三部分构成。不同著作侧重点有所不同,也有学者认为由经济规制和社会规制两部分构成。

规制产生的初期,政府规制的内容主要关注被规制企业的市场进入与产品定价问题。这些都属于经济性规制的范畴。但是随着社会的发展,规制机构越来越重视环境保护、产品质量安全等社会问题的规制,即规制内容体现为逐步从经济性规制到社会性规制的演进,规制的措施从直接规制逐步向间接规制发展。

(一) 直接经济规制的主要内容与工具

经济规制政策的主要内容包括进入规制、数量规制、质量规制、设备规制、价格规制和退出规制。

1. 进入规制。进入规制是直接规制政策的核心内容,它是指在自然垄断产业中,为确保企业的规模经济效益和提高其生产效率,由规制机构对企业的从业资格、产品及服务的内容和标准进行审查、认证,从而确定一家或极少数几家企业获准享有特许经营权,并承担该产业的供给责任,不能自由退出。或者从防止过度竞争的观点出发,由规制机关视整个产业的供求平衡情况来限制新企业的加入。主要实行申报制、注册制和许可制,但程度不一。进入规制的主要手段是对申请者进行资格审查,合格者由政府颁发许可证和工商营业执照。

（1）申报制。即政府对准备进入有关产业的企业按照一定程序提出的申报进行严格资格审核,接受申报即可进入,否则不可进入。

（2）注册制度。即政府主管部门通过审查申请进入有关产业的企业资格,对具备有关资格条件的申请者则通过履行有关工商注册程序允许其进入;对不具备有关资格条件的申请者,政府则可以拒绝注册不允许其进入。形式表现为颁发工商营业执照等。

（3）特别许可。例如政府视具体情况对垄断性的企业合并和卡特尔等予以有限的解除。形式表现为:颁发许可证、政府特别的许可文件等。一般国家的反垄断法对这种市场行为都禁止。

2. 数量规制。为了防止因投资过多（过少）或产出过剩（不足）造成价格波动和过度竞争而采取的直接规制。包括投资规制和产量规制两个方面。

（1）投资规制。指政府对有关产业中企业的投资规模进行的直接规制。其规制手段主要包括:根据产业具体情况,在一定时间范畴,在规定技术改造投资或产业固定资产最高投资规模限额的同时,可以制定申报投资企业或产业内所有企业在一定时期内的技术改造和企业重大固定资产投资配额,也就是实行投资计划配额制度;对单个企业最高和最低技术改造或固定资产投资规模以及对新进入企业的最低投资规模等,规定有关产业投资的数量限额,以防止投资过多或过少;建立特定产业重大投资计划审批制度以规定产业投资审批和决策程序等。

（2）产量规制。即政府对有关产业所提供的服务量和产品产量进行直接规制。手段包括:政府建立产量指导计划以有效控制特定产业的产出量;当特定产业产出过多或不足时,可通过规定某一特定时期内整个产业的产量最高限额或规定单个企业的最低产量限额,并对各企业实行产量配额制度或以必要的政策扶持措施刺激产量的增长。

3. 质量规制。质量规制主要是为了防止缺乏竞争的自然垄断产业提供的产品和服务质量下降的趋势,建立有关产品和服务的质量标准和不同的档次体系,避免消费者的正当权益受损所采取的规制措施。其主要内容包括:

（1）建立公开的质量标准体系和质量规范制度,规制自然垄断产业的产品和服务的质量,维护消费者利益,规定有关产品和服务所须达到的最低限度质量标准。

（2）建立有关产业的服务质量和产品定期监督、检查和消费者投诉制度，并定期颁布准许生产的有关服务和产品的目录，对达不到质量标准的企业实施必要的处罚和责任追究，直至取消其执业资格，以防止有关服务和产品的质量下滑，或不合格的服务和产品流入市场。

4. 设备规制。对自然垄断产业关键设备的规格、技术性能、安全性能和环保标准等实行直接规制，以维护其产品或服务一定的质量、性能、规格，以及安全、外部性等，旨在满足环境保护和质量规制的要求，消除自然垄断对设备更新的阻碍作用，推动该产业的技术进步。其内容包括：

（1）对关键设备建立公开审核和登记制度，不符合政府有关设备标准的企业限期做出必要的设备调整和改造并暂停其生产。

（2）确立生产设备和服务设施的标准体系，对其质量、性能、规格、安全等方面的标准作规定，确保政府有效控制产品和服务质量。

（3）对电力、供水、通信等产业统一与产品输送密切相关的设施的规格和主要技术标准，以统一有关重要设备的规格标准。

（4）设定有关设备使用的年限，对有关设备的更新、技术改造、折旧予以必要的强制规定，以保证设备使用的效用。

5. 价格规制。价格规制指采用平均成本定价法以限制自然垄断企业确定垄断价格，从资源有效配置和服务的公平供给出发，协调供应方的利润最大化取向与消费者利益的矛盾，维护双方的正当权益为目的，保障合理的利润额，对自然垄断产业产品和服务的价格水平、价格体系和价格核定方法所实施的直接规制。价格规制是政府直接规制的最重要项目，价格规制不但与实现资源配置效率的经济政策有着直接联系，而且与维持原有企业生存和健全经营也有着直接联系。价格规制表现形式是公平报酬率规制。

价格规制的基本内容包括公正报酬率规制、价格的上下限，以及价格变动的审批程序等。

（1）公正报酬率规制。公正报酬率（fair rate of return）是以完全竞争条件下均衡价格中所含的"正常利润"为基础的概念。它是通过确定负债资本比率、负债资本利率、自有资本比率和自有资本利润率来决定的。其中，负债资本和自有资本的构成比率，以企业有效率的行动为前提，根据实际营业情况确定。负债资本利率主要根据长期资金的存款利率等来加以确定。可以使用以下公式表示：

$$公平报酬率 = \left(\frac{负债资本}{资本总量}\right) \times 负债资本利率 + \left(\frac{自有资本}{资本总量}\right) \times 自有资本的合理利润率$$

公正报酬率规制中，当企业的实际事业报酬率高于公正报酬率时，政府可以指令企业降低产品或服务价格，来达到公正报酬率计划指标；当企业的事业报酬率低于公正报酬率时，政府可以容许企业适当提高产品或服务价格，进而使企业获得公正的报酬。

（2）价格上限规制，是指政府通过规定某些自然垄断产业的产品或服务价格的价格上限，以保护消费者利益，抑制企业垄断收益。主要形式是：规定绝对价格上限。这较适用于自然垄断性质的产品或服务一定时期内或年度的价格制定。所以，政府常需要定期对有关产品或服务的价格进行调整或审议，并以公布时期或是年度限价形式进行规制，规定所有自然垄断产业绝对价格水平的年度上涨幅度，有关上涨幅度是根据原材料和要素价格等参数的变化而定。

（3）价格下限规制，是指政府禁止企业任意调低价格，对某些产业产品或服务的价格变动的下限作出规定。价格下限规制的形式主要表现为：规定某一时期内或年度有关产品或服务绝对价格的最低限度。

（4）价格规制的一般程序。由受规制的企业首先向政府主管部门提出申请，要求批准受规制产品及服务的价格，包括旧产品及服务的修订价格或新产品及服务的价格。其次，政府主管部门对有关企业的需求条件和费用消耗进行分析，比较企业申报的价格，计算出合理的报酬和成本。政府对有些产业则根据整个产业的需求状况和费用消耗计算合理的成本和报酬标准。最后，政府主管部门可以经过比较，批准或拒绝其认为合理公平或不合理的申报价格；或者，政府也可以要求所有企业遵照执行其颁布统一的产品及服务价格标准。

（5）受规制价格水准的决定。价格水准，是指每一单位产品或服务的价格。平均成本和边际成本价格计算方式为其具体的设计与决定方式。平均成本计算方式，即政府主管部门以实现整个产业的收支平衡条件，在限制企业获得超额利润的同时，采取尽可能使经济福利最大化的收费水准确定方式。边际成本价格计算方式，即现代微观经济学中所指的价格必须与边际成本相等，在资源分配问题上实现所谓帕累托效率。

（6）设计受规制价格体系。受规制的价格体系是指在受规制产业中，考虑了需求结构（家庭用、业务用和产业用，少量需求和大量需求等不同种类的需求，以及高峰需求负荷和非高峰需求负荷）和成本结构（固定成本和可变成本的比例等）等因素的各种价格的构成。包括：从量计费固定单位产品或服务价格的线性定价体系和非线性定价体系。即根据不同产业不同产品或服务的需求结构和成本结构，同时根据消费者的需求量、利用机器、使用时间、企业自身的设备利用情况，对同一产品或服务采取多种定价方法。

6. 退出规制。退出规制是政府为了保障公共产品与服务的稳定供应、防止直接关系到公众生活安定的公用事业产业供应中断，而不允许像电力、自来水、煤气等自然垄断产业的经营者（特别是民间企业经营）随意撤出原生产与服务领域的直接规制。

在实际操作中直接规制的局限性表现为：首先，直接规制不利于发挥经营者的创新能力，阻碍了资源使用率的改善，在相当程度上制约着被规制企业的经营自主权。其次，进入规制和数量规制常使得资源难以达到规制目标所要求的最佳配置状态，导致有关企业间过度的"配额"交易行为。最后，不能缺乏有效的监督机制；否则，容易滋生某些"寻租"（rant seeking）行为，为政府官员滥用职权留下隐患。直接规制产业中的"寻租"行为，是指在规制费用与规制收益之间存在着明显的不经济。同时，一些自然垄断产业独家经营效率最高的性质由于现代科学技术的突飞猛进发生了变化，从20世纪70年代后期以来，发达市场经济国家通常通过竞争机制来改变垄断产业的低效率问题，出现了放松规制的倾向。

（二）社会性规制的目的和方式

1. 社会性规制的目的。

（1）解决外部性问题。环境污染、对不可再生资源的掠夺性和枯竭性开采行为都是外部性最具有代表性的例子。单个使用者过度使用这些物品，其行为犹如"搭便车"，不考虑不可再生资源具有共同产权的特性，忽视了其他人的公共权利，实际上是增加了其他人使用共同产权的成本。政府可收取排污费并且根据总环境容量核定排污企业的排污量和排污标准;通过限定飞机噪声的控制水平、规定汽车中催化转炉的使用、限制排放有毒物质等以减少负外部性。政府可以普遍采取的规制手段包括:防止掠夺性的资源开采,例如强制复垦、猎捕权许可、采矿权许可以及收取资源补偿费等。政府还可通过规制手段提供例如义务教育、公共环保项目、医疗保健、疫苗接种及其他公共福利项目等一些公共物品,有效配置市场资源。

(2) 解决不完全信息问题。为了解决信息不对称引起的市场不完全性问题,政府被授权可以进行准入标准以及信息披露要求等,建立许多直接对私人交易和合约进行干预的制度。在广告管理、消费者权益保护、预防职业危害、安全生产等社会性规制制度中,大量体现对产品特性和合约条款的规制。政府会要求厂商向消费者公开必要的信息以保护消费者利益,保证他们获得有关商品的完全信息,例如要求销售者的产品出售之前取得许可证、在食品上贴上生产日期与保质日期的标签等。

(3) 处理非价值物品。在经济活动中产生社会问题的物品通常为非价值物品,可分为"功德物品"和"不受欢迎的市场结果"。对于例如强制性义务教育、安全预防产品和强制性保险计划等"功德物品",以及义务教育、疫苗接种、汽车安全带、医疗保险等,政府可强制购买使用。对不受欢迎的市场结果例如毒品、枪械等进行预防和矫正,除经济原因外,还有伦理原则和对公正的关照等。因道德、伦理或其他社会因素,政府可直接禁止或限制其生产和交易,还有限制特殊类型药物、禁止毒品交易、限制核设施、枪械管制等,以消除不受欢迎的市场结果。

2. 社会性规制的方式。社会性规制的方式主要包括直接限制、行政手段、经济手段和信息提供,具体如下:

(1) 直接规制。为了保障劳动者和消费者的安全、健康、卫生以及保护环境和防止灾害,必须进行直接规制,具体手段包括禁止特定行为、限制经营性活动、资格制度、检查与鉴定制度、基准与认证制度等。

①资格制度,是指从事与健康、安全、环保有关的经营活动必须通过有关部门对其专业知识、经验、技能等的认定和证明。资格制度包括执行资格限制(例如医生、律师)、业务必备资格(例如危险管理)和专业技能资格(例如程序员)等。

②基准与认证制度,是指从确保产品的安全性和设备运转的安全性出发,制定其结构、强度、爆炸性、可燃性等安全标准,没有经过鉴定或没有标明认证标志的产品,则禁止其销售和使用。

③检查与鉴定制度,是为了确保产品的安全和设备的安全运转而规定有关部门对象有义务进行各种检查(例如定期检查、事前检查、事后检查)。

④限制经营性活动,是通过批准、认可制度对提供公共物品或非价值物品的有关对象进行营业场所的限制,例如禁止未成年人进入某些营业场所等。

⑤禁止特定行为,即直接禁止因公共物品、外部性、信息不对称所带来的对消费者有害的特定行为及非价值物品所带来的不良社会行为,例如禁止排放特种污染物、发布非法广告或持有毒品等。

(2) 行政手段。是指依据安全、环境与健康等社会性规制的基本政策,结合民法、商法、产品责任法等法律规章,政府运用行政权力向规制对象明晰违反法律章程将予以罚款、损害赔偿等制裁。行政手段是惯用的社会性规制方式,一般包含制定标准、发布实施、执行检查、实施处罚等步骤。而"规章型规制"指的就是利用这种方法强调对违反规章的行为进行惩罚的社会性规制手段。

（3）经济手段。为达到社会性规制的目的，利用经济利益关系对规制对象的活动进行调节的政策措施即为社会性规制的经济手段。根据作用的原理不同，社会性规制的经济手段可以分为"诱因型规制"和"诱导型规制"两种类型。诱因型规制手段包括：①押金—退还制度。②市场的开创，例如排污权交易市场。诱导型规制手段包括：①税收和收费，例如污染税。②补贴，对使用环保设备的企业进行补贴，例如执行鼓励金、财政补助、税收优惠、低息贷款等。经济学家主张运用科斯定理将外部性内部化，科斯定理认为要使得市场机制自动地产生资源的最优配置，只需把财产权加以明晰确定、交易费用为零。即外部性的问题可以通过当事人的直接交易而"内部化"。有些经济学家认为科斯定理的条件过于苛刻，例如交易成本太高使得交易双方难以聚在一起；外部性所涉及的产权难以界定；信息不对称；企业使用策略性的讨价还价手段等。但还是可以对科斯定理加以适当的应用。

（4）信息提供与公开。解决社会性规制领域存在的信息不对称问题，政府可以通过市场调查、产品质量检查等方式收集有关信息，向市场展示有信誉的厂商信息。也可以利用行政法规手段，例如要求有关厂商必须在药品包装上标明配方、药品有效期、适用范围、使用方法、批号等方面的真实内容，强制厂商向市场提供真实的、比较全面的信息。

（三）竞争性产业的政府规制（间接规制）的主要内容

1. 竞争性产业规制的原因。竞争性产业规制的原因在于通过政府规制克服由于信息不对称所导致的市场失灵；可以限制市场中的过度竞争；可以保障广大消费者的生命安全。当前主要指对金融业和高新技术产业的规制。

2. 金融业规制。

（1）金融业规制目标。金融业规制最基本的目标在于保证金融机构乃至金融市场健康的发展，从而保护存款人和投资人的利益，推动经济发展。金融业社会性规制包括对银行业、证券业、保险业、信托业及金融衍生品等领域的公共规制。

（2）金融业规制目标主要分三类。

第一类是美国。"建立美国境内更有效的金融规制制度"——《美国联邦储备法》开宗明义指出制定该法的目的之一。四个具体目标是：为建立一个有效的和有竞争的金融系统服务；维持公众对一个安全、完善和稳定的金融系统的信心；允许金融体系适应经济的变化而变化；保护消费者、存款人和投资者。美国金融业的制度变迁决定了后两个目标是美国独有的。

第二类是加拿大、法国、德国、韩国、日本、新加坡和我国的台湾地区。《加拿大银行法》认为"中央银行职员是规范信用与货币，谋求国计民生的最大利益，及在货币政策的可能范围内，控制并保护本国货币对外价值，缓和受其影响的国内生产、贸易、物价和就业波动，促进金融和经济的协调发展"。其重点在于维护金融体系的正常运转，从而促进国民经济的发展。德国、法国、日本、韩国和新加坡在金融规制目标上与加拿大较为相似。

第三类是英国、新西兰和我国香港特别行政区。《英国银行法》在前言中指出："本法令用以管理在经营业务时接收存款；授权英格兰银行行使职权对接受存款的机构予以管制；对存款人予以保护，对接受存款的广告要制定条款……禁止使用欺骗性的经济手段接受存款……"《新西兰银行法》也规定："注意金融体系的效率及健全"，为此授予中央银行"银行注册及注册银行的谨慎监管"。规制目标主要侧重于对存款人的保护和金融的有效经营。

相比较而言，美国金融业规制目标比较具体和理想，较适合于发达国家对金融规制的要求和银行业的性质，然而美国自己却未能够坚持履行这一目标，过度放松金融规制导致2008年的次贷危机，这些正是我国在加强金融规制方面需要借鉴的。

(3) 金融业规制的三种主体模式。世界各国由于具体金融体制及组织形式的不同，使金融市场结构及运行模式各具特色，从而形成了不同的规制模式。目前，世界上较为流行的金融规制模式主要有以下三种：

第一种是"二元多头"模式，是指中央和地方两级政府均有若干机构负责执行金融规制职能。实行此种规制模式的国家有美国和加拿大，其基本条件是市场经济较为发达，且地方政府拥有较大的独立性。在美国，"中央"一级的规制主要由联邦储备委员会、财政部通货总监和联邦存款保险公司合作执行；"地方"一级主要由各州银行监理官和相应规制机构共同执行。加拿大则主要通过联邦政府和地方政府在金融规制方面的合理分工来实现，同样有效避免了重复交叉和规制冲突的出现。

第二种是"单一集中"的规制模式，主要是指规制机构由一家机构负责全国金融市场和金融组织的规制工作。而这一机构基本上都是各国的中央银行。该模式在一些发达国家和发展中国家比较普遍，例如英国、荷兰、意大利、澳大利亚等。由于发达国家市场体系较为完善，经济发展相对平稳，中央银行具有较高的独立性。实施金融规制更为方便有效。而在印度、巴西、埃及、泰国等发展中国家，由于国内市场体系不健全，金融制度结构单一，政治风险性较大，经济发展主要依赖政府的推动，因此政府干预金融是其体制的必然结果。发展中国家中央银行一般独立性较差，其规制金融的职能更多地体现了政府配给金融资源的意志。

第三种是"一元多头"的规制模式，主要是指国家金融规制权限集中在中央，但在中央却有两家以上的机构负责执行金融规制职能。该模式主要由德国、日本和法国采用。例如德国联邦政府对金融的规制主要由联邦信贷机构监督局和德意志联邦银行合作执行。日本政府对金融的规制由日本银行负责，大藏省对政府金融机构、民间金融机构和日本银行的行政及业务进行管理，并设立银行保险局、证券局和国际金融局，分别负责银行保险的行政管理、证券行政管理和国际金融行政管理。此外，大藏省还设有金融制度调查会和审议会，以加强金融规制。法国的金融规制结构较为复杂，经济财政部、法兰西银行、国家信贷委员会和银行管理委员会共同负责执行金融规制。"一元多头"模式突出了中央政府在规制中的核心作用，也有效形成了规制机构间相互配合和相互制衡的有效机制。

比较三种金融规制模式，"一元多头"和"二元多头"中规制结构的安排较重要，"单一集中"的规制规模研究比较重要。随着原银监会、证监会、原保监会的建立，中国金融规制模式也由原有的中国人民银行一家监管的"单一集中"的规制模式转向"一元多头"规制模式。

(4) 金融业规制的方式和手段。金融业规制的方式主要有规范化规制和灵活性规制两种。美国是规范化规制方式的典型代表，其金融规制模式法网周密，规制严厉，机构林立，注重制度化、规范化。欧洲大陆许多国家和日本均属于此类。美国金融机构通常同时受两个以上的规制机构监督。规制法律法规众多，涉及范围非常广泛，所有细则均以条例方式规定。其模式的规范化特点还表现在金融规制过程中严格的数量分析。英国是灵活性规制方式的典型代表，其主要采用"自我管理"的方式，通过"君子协定""道义的劝说"等弹性较大的方式对金融机构的交易行为和业务活动进行规制。

金融业规制的手段：由于各国国情的不同，实施金融规制的具体手段各具特色。例如英国、澳大利亚、新西兰等一些国家的金融规制当局主要靠对金融机构报送的统计资料的监控和分析；而美国、日本、意大利的规制当局则主要靠现场稽查；比利时、德国和瑞士等国家则主要依赖外部审计。不过近年来各国在规制手段上的差异正在缩小，大部分国家是几种规制手段配合使用。

（5）金融业规制内容。按照各国金融规制的侧重点不同主要有五个方面：①市场准入与机构合并的规制；②对金融业务范围的规制；③风险控制；④流动性要求；⑤资本充足率与风险损失准备。

3. 高新技术产业的规制。

（1）高新技术产业规制的原因。高新技术产业因其拥有对某项技术的专利权和对某项知识产品的知识产权，在一定时间内拥有垄断权和排他权的使用权；从生产投资到最终成果转化，高新技术产业周期长、投资大，加上市场的高度不确定性，企业要承担很大的风险；性能复杂的高新技术产品成果转化的各个阶段都存在着信息不对称问题；高新技术在转化过程中具有不同程度的外溢效应，即外部性。

高新技术产业具有的外部经济效应，包括市场竞争效应；人才流动效应；示范效应；前波后及效应；产业结构效应等。使其创造的技术、知识和创新产品产生的效益惠及自身和其他经济单位，并能产生额外的收益。然而高新技术的外溢效应对国家的长期发展不利，因为该效应会造成市场失灵并导致高新技术投资原动力和积极性的退化。此外，对于支付了巨大研发成本的投资者来说显然也是不公平的，因为投资研发者的利益被他人无偿分享。因此，政府的职责就是建立一定的规制制度以完善市场，要对具有深远外部影响的高新技术产业给予适当的激励。总之，高新技术产业中存在的信息不对称、外部性、风险性等市场失灵现象，使政府制定规制政策成为必然。

（2）高新技术产业规制政策。

①信息不对称的规制。信息不对称问题主要存在于两个方面：一方面，政府要建立企业与孵化器之间的中介评估机构，减少双方的信息不对称情况，还要加快相关法律的制定，规范孵化器市场，确保双方信息的真实性；另一方面，政府要在研发机构与企业之间建立信息高速公路，实行产、学、研合作是解决这一问题的最佳措施。

②风险性的规制。政府利用其高信用度，以有限的资金引导和促进大量的民间资本投向有竞争力的高新技术产业，并且通过制定相关风险投资法律以保障风险投资运作规范化。

③外部性的规制。首先是产权激励；其次是服务激励；再次是优惠政策；最后是相关的法律规制。简言之，就是政府在市场经济体系下全面运用法律手段对被规制产业进行限制、约束和规范以及督促经济行为主体符合这些行为和措施。法律规制是当代最重要的政府规制之一，在对高新技术产业的发展和知识技术创新的激励方面发挥着越来越重要的作用。

我国为推动高新技术产业的发展，提高经济的整体素质和国际竞争力，先后制定了一系列的法律法规。例如《发明奖励条例》《自然科学奖励条例》《科技进步奖励条例》《合理化建议和技术改进奖励条例》《技术成果转化法》《专利法》《国家高新技术产业开发区税收政策的规定》《国家安全税务总局关于高新技术企业如何适用税收优惠政策问题的通知》等。这些法律法规无疑对高新技术产业的发展和技术知识的创新起到相当程度的激励作用。

案例 13.1　国务院明确要求电信企业 2018 年 7 月 1 日起取消流量漫游费

按照国务院部署，近年来网络提速降费成效明显。下一步围绕促进经济升级和扩大消费，督促电信企业加大降费力度，2018 年 7 月 1 日起取消流量漫游费。确保 2018 年流量资费降幅达到 30% 以上，推动家庭宽带降价 30%、中小企业专线降价 10%～15%，进一步降低国际及港澳台地区漫游资费。

同时，加快高速宽带城乡全覆盖，2018 年提前实现 98% 行政村通光纤，重点支持边远地区等第四代移动通信基站建设，推动飞机上互联网接入业务，支持在酒店、机场、车站等扩大免费上网范围。2018 年《政府工作报告》中提出，取消流量漫游费，移动网络流量资费年内至少降低 30%，让群众和企业切实受益。

随后，中国移动、中国联通、中国电信三大运营商纷纷表态，坚决贯彻落实加大网络提速降费力度的相关要求，确保相关举措全面尽快落地实施，将有利于进一步推动网络提速降费工作实施，促进我国数字经济发展和网络消费增长，对拉动内需、促进就业和引领产业转型升级发挥重要作用。

资料来源：根据新华社新闻《7月1日起流量"漫游"费正式取消》整理改编，2018-07-01.

思考题：请您谈谈国务院的这一明确要求是否属于产业规制行为？若是，请问属于什么类型的规制行为？为何做出这种规制？其意义何在？

第四节　规制政策的改革趋势与方向

公用事业通常也被称为自然垄断行业。20 世纪 80 年代以后，在欧美等西方国家的规制实践中，出现了官僚腐败、规制成本高昂、自然垄断行业或公用事业单位运营效率低下等规制失灵问题，引发了一场规制改革和放松规制的运动，同时也促使人们对传统规制理论和规制方式进行反思，并开始探索更合理的规制理论和更科学有效的规制方法。进入 20 世纪 90 年代，随着博弈论、委托-代理理论、信息经济学等微观经济学中的前沿理论和分析方法被引入，一种新的规制理论——激励性规制理论的产生，使西方规制经济学达到一个新的发展巅峰。早期传统的规制理论，包括规制公共利益理论、规制俘获理论等，关注的核心问题是：为什么要规制（Why）？规制代表谁的利益（Who）？而激励性规制理论研究的主要问题是：如何有效规制（How）？

一、规制失灵的主要表现

传统的规制手段，例如价格规制、收益率规制、市场准入、购并限制、纵向约束、专利保护、污染控制等，在实践中往往产生逆反作用，达不到预期的效率。也就是出现了规制无效或失灵的状况，从质的方面看，也就是规制后的效率低于规制前的效率等现象；从量的方面看,也就是规制成本大于规制收益,这有些类似体制改革中的"一管就死"。那么如何避免"一管就死",又不会出现"一死就放""一放就乱"呢?关键在于尽量发挥激励性规制的效果。所谓激励性规制主要就是要研究出适当的规制规则和规制政策,使被规制者感到约束的同时,还有足够的动力去追求与规制政策一致的目标。因此,实行激励性规制与部分放松规制便成为政府规制政策改革的新趋势和发展方向。规制失灵的主要表现有:

(一) 规制的目标难达成

规制的目的在于限制产业内过度竞争,但因为规制机构与被规制企业相比,在各个方面都处于劣势,再加上双方之间信息不对称,所以难以收到预期效果。

(二) 企业内部低效率

规制机构在自然垄断产业中实行公平报酬率规制,企业不再面对外部强大的竞争压力,削弱了企业降低成本的激励机制,管理创新、内部技术创新、服务创新行动缓慢。

(三) 企业因规制滞后蒙受损失

所谓"规制滞后"是指价格修改一般需要相当长的时间,规制时滞的延长,企业会因为自身的行为不能适应市场信息的变化而蒙受一定的损失。

二、规制的改革

规制改革包括激励性规制和规制放松,实现规制的优化与重构。规制的优化与重构是指规制方式与规制机制及规制模式的更新设计与构建,实质上都是在承认规制必要性前提下的一种规制改革路径。

(一) 采取激励性规制

规制的改革方向,关键是改革而不是简单放松,实施激励性规制主要是通过设计合理的制度来克服传统政府规制所存在的缺陷,给予被规制企业提高内部效率的激励,从而减少规制成本,同时提高企业资源配置效率。

激励性规制理论作为一种新的规制理论,运用了信息经济学和博弈论等前沿理论和分析方法。该理论认为规制问题实质上是一个委托—代理问题,规制者与被规制企业间存在着信息不对称,双方进行的是非对称信息博弈。而解决问题的关键是设计出既能充分激励被规制企业,又能有效约束其利用特殊信息优势谋取不正当利益的激励规制合同或机制[①]。简单来说,激励规制包括两个方面的内容:一方面,现有运营商充分考虑其成本以提高劳动生产率,通常被称为以业绩为基础的规制或激励规制;另一方面,赋予运营商更多确定服务收费的自由度,更加趋于按商业原则经营。具体来说,西方国家的激励性规制主要包含特许投标规制理论、价格上限规制、区域间竞争规制、菜单规制、延期偿付率规制、利润分享规制、

---

① 朱明,谭芝灵. 西方政府规制理论综述——兼谈金融危机下我国规制改革建议 [J]. 华东经济管理,2010 (10).

联合回报率规制、社会契约制度等。

1. 特许投标规制。特许投标理论是德姆塞茨在《为什么规制基础设施产业》这篇论文中首次提出的。所谓特许投标，是指政府和公共团体在提供公共服务或公益事业服务时，认定由某一特定企业承包有效的前提下，给予企业特许垄断权。为了给企业以提高效率的刺激，在一定的特许期限后，再由竞争投标来决定将特许权授予能以更低（最低）价格提供服务的企业。因此，可以把特许经营权看作是对愿意以最低价格提供产品或服务的企业的一种奖励。采用这种方式，如果在投标阶段有比较充分的竞争，价格就可望达到平均成本水平，获得特许经营权的企业也只能得到正常利润。这样，既保证了规模经济效益，又实现了福利最大化。尽管特许投标规制可以在一定程度上提高企业内部效率，但不一定能保证有效竞争。当参与投标的企业数量较少时，就存在着企业之间串谋的危险，并且已经取得特许权的企业在拥有特许权期间可以获得丰富的经验，这使得它在与新加入的投标企业进行竞争投标时可以保持战略上的优势。

2. 价格上限规制。价格上限规制是一种高强度的激励机制，它是作为公平报酬率规制的替代方案而提出来的。最早由英国政府在20世纪80年代初推行的规制改革和英国电信公司民营化时，为找到一个能够有效地控制垄断企业价格的办法，由李特查尔德设计了一种新的价格规制方式——价格上限规制，也为了抵消直接控制价格的副作用。价格上限规制的目的不仅是将价格和利润维持在合理水平之内，而且能够激励厂商降低成本，提高效率。其具体做法是在规制者和受规制企业之间以类似于契约的形式签订价格调整合同，将价格变动与零售价格指数和生产效率挂钩，并据此规定价格的上限，原则上价格调整只能在这个上限以下自由变动。价格上限规制的基本形式是 RPI – X 模型，使用公式表示为 $P_t = P_{t-1}(1 + RPI - X)$。RPI 表示零售价格指数，即通货膨胀率。$X$ 一般由规制者确定，表示在一定时期内生产效率增长的百分比，规制者设定 X 归消费者享有，高于 X 的部分归企业所有。因此，价格上限规制能够在一定程度上激励企业降低成本。但是在实际中，如何合理确定 X 值成为一个技术难点，从而导致这种规制存在一定的缺陷。价格上限规制在英国的电信产业、煤气产业和电力产业中被广泛采用，在西方国家使用最广、最为流行。植草益认为，价格上限规制是在给予企业提高内部效率刺激的基础上旨在节约行政费用的划时代的价格规制方式[①]。

3. 区域间竞争规制。区域间竞争规制是指将受规制的全国性垄断厂商分为几个地区性厂商，规制者利用其他地区厂商的成本等信息来确定地区厂商的价格，通过不同地区的竞争刺激厂商降低成本，提高自身内部效率。区域间比较竞争理论是一种借助政府规制机制，以促进不同地区的被规制企业间竞争的限制理论。出于区域间的比较竞争并不是处于同一市场上不同企业之间的直接竞争，而是不同地区市场上企业之间的间接竞争，因此竞争的作用究竟有多大令人疑惑。这就要求规制机构必须确保在获得有效经营下成本和服务信息的基础上制定规制价格，促使各地区性企业为降低成本和增加利润而展开间接竞争，才能实施最佳规制。

4. 菜单规制。菜单规制是一种综合性规制方式，它将多种规制形式组合成一个菜单，供受规制企业选择。

5. 其他激励性规制措施。利润分享规制（profit sharing regulation），是允许顾客参与被

[①] ［日］植草益. 微观规制经济学 [M]. 北京：中国发展出版社，1992.

规制者的超额利润或分组亏损,具体包括事后偿还和未来购买产品时降低价格。其他规制包括:选择权、社会契约、成本调整契约;延期偿付率规制,就是允许消费者先消费商品或服务,在一定时期后再付费的规制方式;联合回报率规制(banded rate of return regulation),是以投资回报率规制为基础的一种规制方式,它规定了一定的投资回报率范围,受规制企业可以在这一范围内根据企业目标确定回报率大小。

激励性规制的实践最早开始于英国,是在1979年撒切尔夫人的保守党政府上台后,大力推行电信、电力、供气、供水等主要公用事业私有化和自由化的同时逐渐产生的,很快得到广泛应用,不仅在几乎所有的网络产业——发电和输电产业、供气、供水、电信和交通等,而且在一些"竞争性"产业——石化、公共汽车、造船、飞机制造以及钢铁等行业也实施了激励性规制计划。激励性规制在澳大利亚、新西兰等英联邦国家的公用事业部门也相继得到采用。美国的激励性管制首先在电信产业实施,推动了电信产业自由化和部分放松规制。与英国不同的是,由于在实行激励性规制之前,长期实行公平回报率规制,拥有深厚的规制传统;此前国有成分不高,没有伴随大规模的私有化;政府的推动作用较小,因此美国的激励性规制实行比较缓慢,也比较艰难。因此,美国除了采用价格上限规制外,投资回报率价格规制在美国仍然有较大的市场,同时还在不同产业采用了特许投标规制、延期偿付率规制、区域间竞争规制和菜单规制等多种形式的激励性规制。

总之,激励性规制适用于当企业比规制机构拥有更多的信息,并且企业的目标与社会的目标不完全一致时的规制环境。在这样的环境下,精心设计的激励性规制能激发企业运用自己的信息优势去满足更大范围内的社会利益。

(二) 规制放松

1. 规制放松的含义。规制放松(deregulation),是指政府取消或放松对自然垄断或其他产业的进入、价格等方面直接的行政、法律监管。规制放松是对政府规制失灵的一种矫正。包括以下两层含义:

一是完全撤销对受规制产业的各种价格、进入、投资、服务等方面的限制,使企业处于完全自由的竞争状态;

二是部分地取消规制,原来较为严格烦琐、苛刻的规制条款变得较为宽松开明。例如在某些领域,把原来的审批制改为登记制,就是一种比较典型的进入规制放松。

2. 规制放松的原因。第一,为政府规制改革、放松与重构提供理论依据的是关于政府规制理论研究的一系列新进展。随着规制失灵的存在和对自然垄断经济特征的认识深入,公共利益论受到批评,放松规制的理论观点纷纷提出,典型的有"规制俘获"理论、"可竞争市场"理论、"X—非效率"理论等。其中,"可竞争市场"理论和"规制俘获"理论对放松规制政策的选择产生较大的影响。哈维·莱本斯坦提出"X—非效率",认为受规制产业中的垄断者丧失成本最小化与利润最大化动力的原因在于:规制使垄断企业中的成员都显露出人的惰性,久而久之则变为惯性,从而导致X—非效率。

第二,政府进行经济性规制的理论依据因技术经济条件的变化逐渐消失。最典型的是电信行业。在20世纪70年代以前,西方各国的电信行业不是由政府国营,就是在政府严格的规制下运行,被认为是自然垄断性质的。但是自20世纪80年代以来,由于光纤、计算机技术、卫星通信的运用,减少了对电信的依赖,其基础设施的投资规模也随之减少,其自然垄断性质发生了变化。因此，美国和英国打破了原来自然垄断的格局，自 20 世纪 70 年代开始相继在电信行业中引入竞争。

第三，导致市场容量扩大的经济全球化发展引发放松规制的要求。一个产业内厂商的最优规模（即平均成本达到最低的厂商产量水平）与全部市场规模的比较，决定了该产业的自然垄断结构能否成立。如果随着市场容量的扩大，厂商最优规模相对于扩大了的市场规模而言比较小，该产业就具备多家企业竞争的技术基础；反之，如果厂商最优规模相对于市场规模而言比较大，该产业就具备自然垄断产业的技术基础。

第四，受规制产业发展受到限制，产业间替代竞争加剧，放松规制有利于这些产业更好地适应市场竞争。在自然垄断产业中，传统理论认为由于垄断的存在，消费者没有权利选择其他卖主。其实，任何产品都存在替代品，自然垄断产业也一样。例如公路、铁路、航空等运输部门，即所谓的"结构性竞争产业"，正是这种产业由于存在着替代产品之间的竞争，所以需要及时作出生产、投资、服务、价格等决策。而由于政府规制的存在，受规制产业因政府规制部门的审批过程延缓了反应时间，使得企业在竞争过程中处于被动。

3. 放松规制的效果。规制失灵引发规制改革与放松规制的要求，当然也有出于经济效率和政治等方面的原因。放松规制浪潮始于美国 20 世纪 70 年代对证券市场的股票委托手续费规定的取消，之后相继在航空、铁路和交通运输、能源、银行、电信等部门实行放松规制，充分发挥市场机制的作用。

对自然垄断产业是实行规制还是放松规制，采取何种规制方式，应视具体产业而定，并且最终取决于规制的成本—收益分析。当然，关于具体规制的成本收益分析是一个难度较大的问题，这里仅运用微观经济学原理进行简单的分析。规制收益等于非规制中垄断价格下的生产者剩余与资源配置效率损失之和；而规制成本则由实施规制所耗费的人、财、物等机会成本及其他规制的引致成本所构成。下面，结合图 13 – 2 对公用事业规制的成本—收益进行分析。

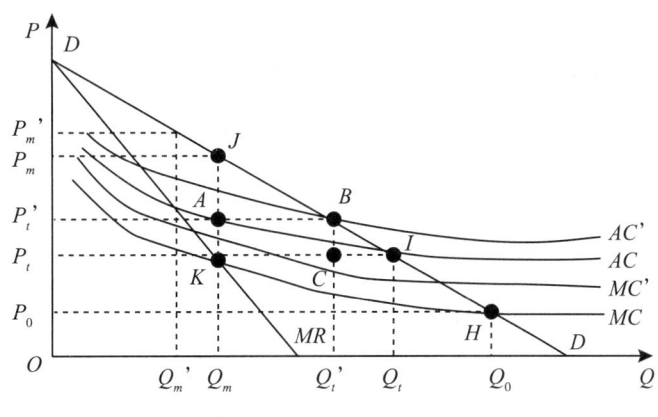

图 13 – 2　规制的成本与收益

资料来源：王俊豪. 产业经济学（第四版）[M]. 北京：高等教育出版社，2021.

图 13 – 2 以横轴表示产量，纵轴表示价格，D、MR 分别表示需求曲线与边际收益曲线，AC 和 MC 表示未规制时的平均成本曲线和边际成本曲线，而 AC' 和 MC' 表示规制之后的平均成本曲线和边际成本曲线。假设规制成本全部通过价格转嫁给消费者，由于规制引起成

本增加，平均成本定价中的规制价格由 P_t 上升至 P_t'，此时消费者要负担规制引起的成本 $P_t'BCP_t$；非规制中的垄断价格条件下的生产者剩余 P_mJKP_t 和资源配置效率损失 JKI 之和构成了规制收益 P_mJIP_t。当规制收益 P_mJIP_t 大于规制成本 $P_t'BCP_t$ 时，该规制的存在是有意义的；反之，则有必要放松规制或对规制进行改革。

关于放松规制效果，多数学者研究认为放松规制增加了社会福利，但是也有少数领域的实践表明不合理的放松规制导致福利的损失，典型案例就是 2001 年美国加利福尼亚州发生的电力危机。加州电力市场于 1996 年实行厂网分开、竞价上网改革。所有的电力都要在市场上竞价出售，公用事业公司卖出自己所有的全部电厂，并且电力终端用户也可以自由选择供应商，打破了加州三大电力公司的垄断。因政府只放开上网电价冻结了零售电价，电价比改革前下降了约 10%。政府曾经估计更多的电力供应商会因为放松规制吸引参与竞争，这样就会增加电力供应，上网电价将下降，市场会得到更加低廉的电力。而电力企业的服务质量也会因众多供应商之间的竞争得到一定程度提高。可是，今天加州人为确保电力供应的可靠性，开始呼吁重新对电力市场实行规制。因为加州承担电力供应的三大公用事业公司因此而濒临破产的边缘：加州自从电力市场改革之后没有投入资金改造电网，也未建造一座大型发电厂，市场对电力的需求与电力供应失调。上网电价因政府只开了上网电价以及电力供应不足而不断升高，供电公司因电力终端用户的电价被封死而被迫以高价从市场购买大量电力，并且重新出售给自己用户的电力价格低于买入价。

总之，产业规制是一个动态调整的过程，不是一成不变的。近年来出现放松规制和加强规制并存的状况，趋势是经济性规制和竞争性产业规制倾向放松，社会性规制倾向加强。

（三）规制改革的内容与措施

综观各国规制改革的实践可以看出，政府规制改革基本上要体现市场原则，实行民营化改革和引入竞争机制，不仅要完善经济性规制，进一步强化社会性规制，而且要加强对规制者的规制，以避免规制领域内的寻租行为。主要表现在以下几个方面（巨荣良和王丙毅，2009）。

1. 放松对自然垄断产业的价格与准入规制。从 20 世纪 70 年代后半期开始，很多国家都放松了针对自然垄断和特殊产业直接价格与准入规制。美国较为典型，在证券领域，1975 年取消了固定手续费规制措施，将其改为由需求动向来决定。在航空领域，1978 年通过了放松航空业规制法案，取消航线认可、取消认可运费、解散民间航空委员会等。在铁路、卡车、公共汽车等方面彻底放松运费和市场准入规制。在能源领域主要是放松天然气和石油的价格规制，以抑制通货膨胀和节约能源。在金融领域，取消了存款利率的规制，并对办理同样存款业务的所有金融机构的准备率实现均等化，还放宽了筹措资金幅度的限制。此外，准许商业银行进入证券市场，放松银行业的地理限制和证券的业务规制。1998 年的亚洲金融危机和 2008 年的全球性金融危机，使得国际货币制度与金融体系改革、强化金融的直接与间接监管成为金融领域政府规制改革的发展趋势。

2. 重构规制模式及其制度体系。规制方式的选择与规制机制设计及其优化组合，成为新的规制模式与制度体系的发展方向。20 世纪 80～90 年代以来，世界上许多国家为建立更有竞争力的环境，都以信息经济学、可竞争市场理论、特许投标理论及激励性规制理论为指导，逐步重视规制和竞争的相互依赖性，强调规制方式的选择与规制机制的设计，更多地从直接规制转变为间接规制，并重新设计了针对价格、准入、产品质量、内部性问题、财务管理与企业内部治理结构的规制机制，构建新的规制制度体系与竞争促进性规制框架。以电信产业为例，在电信拆分之后，规制机构采用了激励性定价机制，采用了最高限价规制、区域间标尺竞争规制、特许投标制、利润分享制等，取得了良好的效果，使得规制体制更加具有弹性。

3. 实施民营化改革和分业经营，引入竞争机制。20世纪80年代末到90年代，发达国家在自然垄断和公用产业进行了私有化运动。有三种方式：一是出售国有资产；二是打破国家对行业垄断的格局，取消限制新企业进入的政策法规；三是通过招投标，鼓励私人部门提供可市场化的产品和服务。20世纪80年代初，英国政府通过出售国有资产、取消限制新企业进入规制法律和特许权投标等措施，以电信改革为开端，相继在铁路运输、电力、煤气和自来水等产业进行民营化改革，形成有效竞争，逐步消除原国有垄断企业效率低下和"政企合一"不规范经营的弊端。20世纪90年代，英国对电力公司发电、输电、供电业务实行分业经营，在发电和供电市场引入竞争机制，输电则由电网公司独家经营，形成一家输电公司和多家发电公司、供电公司并存的竞争格局，有效地提高了电力产业的运行效率。日本在20世纪80年代也对电信电话公司和国铁进行民营化改革，在其他自然垄断产业引入竞争。20世纪90年代上半期，日本原则上解除了发电部门的进入许可制度，建立了剩余电力收购制度，使发电部门新企业的进入成为可能，形成了供给主体的多元化。美国在自然垄断产业引入竞争机制成功的案例当属电信业拆分，1984年被强制拆分成7个地区性经营公司，其结果把原来垄断性的电信市场结构转变为竞争性的电信市场结构，形成有效竞争的格局。

4. 完善法律法规，强化间接经济规制和社会性规制。各国在规制改革过程中都制定了较为完善细致的法律法规，使整个规制改革过程有法可依。例如英国政府规制改革也是以立法为先导的，1984～1990年先后颁布了《电信法》《煤气法》《自来水法》《电力法》等。美国政府于1976～1982年，在交通运输领域就颁布了《铁路振兴和规制改革法案》《航空货运放松规制法》《航空客运放松规制法》《汽车运输法》《铁路法》《公共汽车管理改革法》等一系列法案。日本在规制改革期间，也制定了许多法律，例如《电力事业法》《铁路事业法》《电气通讯事业法》等。

从各国规制改革与重构的总体趋势看，其基本走向是放松直接经济性规制，强化间接经济规制与社会性规制。其实任何国家都没有放松对不正当竞争行为和垄断行为的规制，甚至还在加快反垄断立法的进程，加强与完善间接经济规制制度。重心逐步从经济性规制转向社会性规制，强化质量、环境、最低服务水平和劳动保障等社会性规制，更多地发挥社会与公众的监督作用，建立监督体系。

5. 改革规制体制，强化对规制者的规制。在规制改革过程中，强化对规制者的规制，减少规制领域内的寻租行为。针对这种情况，各国都调整规制机构和规制体制，在规范和缩小规制范围与权限的同时，通过构建各种民主程序和制度机制，强化对规制者的规制和监督，实现规制的独立性、透明性、有效性和高效性。例如，英国规制体系设置的特色是在整个政府规制运行过程中，各产业的政府规制总监与负责各产业的国家大臣发挥着关键的作用，包括建立各种新的规制机构，建立垄断与兼并委员会和公平交易办公室。美国政府在规制改革过程中的特点是发展了独立的规制机构系统，有意地将它们与主管部门分开。委员会由各规制机构内5～7名中立的委员组成，下设反映消费者意见的听证会和担当行政事务的秘书处等组织。目前，洲际贸易委员会、联邦能源规制委员会、联邦通讯委员会等组成对自然垄断产业规制的主要联邦规制机构。

案例13.2 美国铁路经济规制的历史沿革

自1830年第一条美国铁路诞生以来，铁路对美国社会及经济的发展起着举足轻重的作用。1830年之后美国铁路蓬勃发展，在1916年运营里程达到顶峰；1880~1970年由于越来越严格的规制改革让铁路发展逐渐举步维艰，同时公路运输及水路运输的发展给铁路带来了较大冲击，其间还遭遇1930年前后的经济大萧条，种种不利因素让铁路运输在1970年基本到了崩溃的边缘。而1980年的《斯塔格斯铁路法案》让美国铁路重获生机，法案的主要内容为放松管制、给予铁路公司更多市场化的经营权利，之后美国铁路生产力大大提高、铁路费率显著下降、铁路私人投资回升。美国铁路可以被称为全世界最安全、最有效的货运铁路系统。

1. 无序竞争时期。从1865年南北战争结束后，美国铁路运输业步入发展的"黄金时代"。19世纪70年代，铁路公司众多，各大铁路公司之间竞争激烈，经常展开恶性价格战，价格歧视行为盛行。

2. 强化经济规制。1906年，美国政府为了稳定运价，缓解铁路运输业的过度竞争，通过《郝伯恩法》，授予"州际商业委员会"（ICC）经济规制权利，进行最低限价、市场进入和退出规制，导致铁路丧失竞争活力，服务质量差，效率低下，在运输市场上所占份额日趋下降，致使铁路行业由盛转衰。

3. 放松经济规制。1970~1979年，占全美铁路里程22%的10家大铁路公司申请破产，对美国经济造成严重影响。公路、航空等迅速崛起，铁路面临的竞争性加强，其自然垄断特征日趋弱化。1980年，通过《斯塔格斯铁路法案》全面放松了对铁路运输业的经济规制，奠定了美国铁路走向自由化的基础。

4. 美国铁路改革的具体举措。

(1) 客货分离，实行"网运分离"的运营模式。

(2) 帮助铁路公司进行资产重组。

(3) 允许市场进入和退出，裁撤无利可图的铁路线路。

(4) 推动铁路运输业的内部整合，产业集中度大大提高。

(5) 放松价格规制。

(6) 展开"平行线竞争"和"线路内竞争"。

5. 结果：生产率提高、市场份额上升、运价下降、投资回报率提升、铁路安全改善。

资料来源：根据中国产业信息网《美国铁路的发展及改革历程》整理改编，2013-04-07。

思考题： 美国铁路经济规制有什么特点？对我国规制改革有什么启示？

三、中国自然垄断产业放松规制的政策取向及目标

中国自然垄断产业放松规制的政策取向是加快自然垄断性国有企业产权改革进程，构建有效竞争基础；完善规制法律体系，完善规制机构；垂直分解与剥离重组相结合，引入竞争与激励机制。

（一）我国自然垄断产业的规制现状

20世纪80年代末以来，我国以西方发达国家的改革经验作为借鉴，初步改革一些自然垄断产业的规制体制，主要以分拆方式，以引入竞争机制为主要目标，取得了一定的成效，但仍然处于相对滞后的状态，并未触及自然垄断产业的各方面。我国自然垄断产业规制还存在以下问题：第一，政府仍然在自然垄断产业发展的各方面起着重要的决定作用，政企一体化现象十分严重，造成自然垄断产业投资不足，经营效率低下，缺乏国际竞争力。第二，缺少全面和透明的规制法律系统。目前我国规范自然垄断产业行为的法律主要有两类：一类是规范一般市场竞争行为的法律，例如《反不正当竞争法》，对自然垄断产业有关的规定过于简单粗糙，不能满足建立与维护自由、公平、有效竞争秩序的需要；另一类是特定领域的产业法，例如《铁路法》《电力法》等法律。我国现行这两种产业法是为了保证国家基础设施的安全，制定于规制改革前，已经越来越不适应对自然垄断产业市场行为的规制。《反垄断法》也未能触及我国垄断行业的关键，无法动摇其形成的根源。

（二）自然垄断产业规制改革的目标

1. 实现政企分开，提高行政效率。建立独立的规制机构，规制机构应依照法律对电力企业监督、对违法行为处罚，监督电力系统的运行，处理各方面的利益关系；而政府应侧重于制定宏观经济政策，确保国民经济稳定健康运行。

2. 引入国际竞争机制，提高市场效率。通过联合、重组、购并等手段全力打造大型企业和企业集团，培育自己的跨国公司，避免由于简单的分拆使行业分裂，使企业实现可持续发展。

3. 建立健全反垄断法，维护公平竞争秩序。一方面，建立健全与市场经济相适应的自然垄断产业规制的法律法规，以使政府规制具有明确的法律依据和实施程序，提高法律的权威性和统一性，确保市场经济健康有序地运行；另一方面，要注重与国际社会通行的法律规定和惯例保持一致或相衔接，借鉴西方立法的经验，提高立法的先进性和开放性。

总之，近些年中国在政府规制方面取得了很大的成绩，但是在规制改革方面，我国从计划经济体制转化而来的政府规制观念、体制、结构等存在诸多问题，规制改革势在必行。在运用市场配置资源的过程中，政府要借鉴西方国家新的规制理论和经验，结合中国的实践，更多地运用经济和法律等手段加强监管，改变管制方式，调整管制政策，采取放松与强化激励并重的策略，解决改革中出现的新问题，致力于创造一个公平有效的竞争环境，有利于不同规模的企业在合理的规则和自愿的基础上开展正常的竞争与并购重组，实现独立、高效、合理、法定、公正的规制改革目标。

案例13.3　依法规制数字经济平台发展

近日，国家市场监督管理总局依法对阿里巴巴集团实施"二选一"垄断行为作出行政处罚，罚款182.28亿元。这是我国数字经济平台领域第一起重大典型的垄断案件，标志着该领域反垄断执法进入了新阶段，也是我国建立健全数字经济治理体系、推动数字经济规范健康发展的里程碑事件。

目前，我国数字经济平台企业出现的违规行为，主要是实施"大数据杀熟"和"二选一"，以及客户隐私保护不力等。"大数据杀熟"是指同样的商品或服务，老客户看到的价格反而比新客户要高，这是榨取更多消费者剩余的价格歧视行为；"二选一"本应是消费者的权利，但平台企业却要求在网络平台上开设店铺的商家作出选择，这种利用平台优势限制商家的行为实际上是侵害了消费者的利益；客户隐私保护不力带来的则是电信诈骗、骚扰电话屡禁不止等诸多问题。如何适应数字经济发展的特点和需要，更好地规范和促进数字经济平台企业发展，已经成为世界各国都在研究和探索的重要课题。

1984年，美国因通信科技巨头AT&T涉嫌垄断，对其拆分。几年后，AT&T的市场占有率从90%下降到50%，通话价格也下降了40%，为此后更多高科技通信企业的诞生提供了空间。2020年，美国众议院司法委员会反垄断委员会发布数字化市场竞争调查报告，认定脸书、谷歌、亚马逊、苹果等利用其平台垄断地位打压竞争者、压制行业创新，并建议对反垄断法进行全面改革以适应数字时代的变化。在欧洲，2013年，微软因为未能达成浏览器反垄断协议的承诺，而被欧盟反垄断机构处以5.62亿欧元的巨额罚单；2018年，谷歌因滥用其智能手机操作系统以确保其搜索引擎霸主地位，被欧盟处以创纪录的43.4亿欧元罚款。2020年12月，欧盟委员会公布了《数字服务法案》和《数字市场法案》两部草案，旨在对平台巨头进行更为严格的监管并规制其垄断行为。这些法案将对不守法的垄断平台巨头进行三重惩罚：第一重是罚款，最高可占到该公司全球年营业额的10%；第二重是惩罚性缴费，最高可占到该公司日均营业额的5%；第三重是额外惩罚措施，包括剥离业务等严厉手段。

可以看到，数字经济领域的先行国家针对数字经济平台巨头的反垄断规制越来越明确。更需要注意的是，这些国家对微软、苹果、谷歌、亚马逊等平台巨头的反垄断规制，并没有让这些企业失去核心竞争力，反而促使其积极做强核心业务，实现可持续的健康发展。

公平竞争是市场经济的核心。只有在公平的竞争环境中，资源才能实现有效配置，企业才能实现优胜劣汰；而垄断则会阻碍公平竞争、扭曲资源配置、损害市场主体和消费者的利益乃至抑制技术进步。对此，欧美已经开始了对数字经济平台的反垄断规制，我国也需强化对数字经济平台竞争政策、法规的制定与实施，更好地推动市场化、法治化、数字化协同创新。2021年阿里巴巴集团因垄断行为受到行政处罚，就释放出一个清晰的信号：国家鼓励和促进平台经济发展，同时也注重强化反垄断监管，有效预防和制止平台企业滥用数据、技术和资本等优势损害竞争、创新和消费者利益等行为。

从数字经济平台企业的长远发展来看，对其依法规制与支持其更好地发展并不矛盾，而是相辅相成的。优化事前合规、事中审查、事后执法的全链条数字经济平台反垄断规制，可以厘清数字经济市场竞争与垄断的边界，促进技术创新和竞争。在鼓励创新的同时进行有效监管，方能以良法善治更好地规范和引导数字经济平台持续健康创新发展。

资料来源：根据胡继晔. 依法规制数字经济平台发展 [J]. 经济日报整理，2021-05-21.

思考题：反垄断规制和经济规制有什么区别？我国如何更好地规范和引导数字经济平台为经济高质量发展服务？

本章小结

◆ 规制指政府依据有关法律、法规，通过支持、许可或禁止、限制的手段实施的直接、间接对企业经营活动产生影响的行为。规制经济学主要研究在"市场失灵"情况下政府的干预问题。规制经济学理论的发展主要经历了以下几个阶段，即规制的公共利益理论、规制俘获理论、规制需求理论、利益集团理论、可竞争市场理论、规制博弈理论、激励性规制理论和放松规制理论。规制的相关理论体现规制价值取向从公共利益到部门利益的演进。

◆规制的原因是弥补市场失灵，保障市场效率，维护社会公平保护社会和消费者的利益，规制的依据根源于对自然垄断理论的认识。规制目标的演进：从追求效率到追求公平。规制具体目标主要包括：促进资源的有效配置；保证收入分配的公正性，保护消费者利益；维持物价的稳定；保证产业的长期稳定发展；维护市场公平竞争，确保市场经济的有序运行。

◆规制可以分为私人规制和公共规制，公共规制亦称政府规制，又包括直接规制与间接规制。直接规制又分为社会性规制与经济性规制，直接规制内容与工具主要包括进入规制、数量规制、质量规制、设备规制、价格规制和退出规制。社会性规制的目的是针对外部性、不完全信息和非价值物品所进行的规制，社会性规制的方式主要包括直接限制、行政手段、经济手段和信息提供与公开。间接规制也称为竞争性产业规制，竞争性产业的政府规制当前主要指对金融业和高新技术产业的规制。

◆20世纪七八十年代以后，在欧、美等西方国家的规制实践中，出现了官僚腐败、规制成本高昂、自然垄断行业或公用事业单位运营效率低下等规制失灵问题，实行激励性规制与部分放松规制便成为政府规制政策改革的新趋势和发展方向。政府规制改革基本上要体现市场原则，实行民营化改革和引入竞争机制，不仅要完善经济性规制，进一步强化社会性规制，而且要加强对规制者的规制，以避免规制领域内的寻租行为。中国自然垄断产业放松规制的政策取向是加快自然垄断性国有企业产权改革进程，构建有效竞争基础；完善规制法律体系，完善规制机构；垂直分解与剥离重组相结合，引入竞争与激励机制。

复习思考题

1. 名词解释。

间接规制 直接规制 社会性规制

2. 简答题。

（1）简述规制经济学理论的基本观点及发展过程。

（2）简述规制的概念、目标与分类。

（3）简述直接规制政策的主要内容与工具。

（4）简述社会性规制的目的与方式。

（5）什么是激励性规制？其主要形式有哪些？

（6）什么是规制放松？实施规制放松的原因有哪些？

（7）为什么要进行规制改革？规制改革的内容与措施有哪些？我国要如何进行规制改革？

3. 自评自测题。

（1）依照规制实行主体，以下不属于产业规制的是（　　）。

A. 政府规制　　　　B. 社会规制　　　　C. 公司规制　　　　D. 行业自律规制

（2）对产品质量和工作环境安全规制属于（　　）。

A. 经济规制　　　　B. 社会规制　　　　C. 公司规制　　　　D. 间接规制

(3) 以下不属于规制的原因是（　　）。
A. 弥补政府失灵　　　　　　　　B. 保障市场效率
C. 维护社会公平　　　　　　　　D. 保护社会和消费者的利益

(4) 市场经济较为发达，且地方政府拥有较大的独立性的国家金融规制模式属于（　　）。
A. "单一集中"的规制模式　　　　B. "一元多头"的规制模式
C. "二元多头"的规制模式　　　　D. "三元多头"的规制模式

(5) 以下不属于激励性规制主要内容的是（　　）。
A. 特许投标规制理论　　　　　　B. 价格上限规制
C. 利润分享规制　　　　　　　　D. 风险性规制

4. 延伸阅读材料。

[1] 杜传忠. 政府规制俘获理论的最新发展 [J]. 经济学动态, 2005 (11): 72-76.

[2] 和军, 谢思. 改革开放以来我国规制经济学研究演进 [J]. 经济问题探索, 2019 (07): 18-25.

[3] 于良春, 付强. 公平竞争审查制度与竞争政策的基础性地位——第十届"反垄断与规制经济学"学术研讨会观点综述 [J]. 中国工业经济, 2017 (02): 195-196.

[4] 郭琎. 新规制经济学的产生、发展与前沿理论综述 [J]. 中国物价, 2018 (05): 27-30.

[5] 刘义圣, 张亚光. 让·梯若尔对新规制经济学的贡献——2014年度诺贝尔经济学奖得主获奖成就评介 [J]. 经济学动态, 2014 (12): 91-104.

[6] 翁一. 梯诺尔的学术贡献及评价 [J]. 中国经济报告, 2015 (01): 61-64.

第十四章 产业发展理论

■ 本章内容提要

本章首先介绍了产业发展的基本概念和影响因素，厘清了产业发展的机制。在此基础上，介绍了产业发展的生命周期理论和经济增长理论，重点分析了产业发展的未来趋势和中国在产业发展战略方面的选择。

第一节 产业发展概述

产业发展与经济发展类似,是一个从低级向高级不断演进、具有内在逻辑、不以人们意志为转移的客观历史过程。研究并揭示这一客观历史过程的规律性,无疑是产业经济学的一项十分重要的内容或任务。本章首先探讨有关产业发展的含义,在此基础上,分别从单个产业发展和总体产业发展两个不同角度出发,论述产业发展的生命周期理论和经济增长理论;其次,从新兴产业的含义入手,分析世界各国新兴产业不断发展的规律;最后,探讨并论述中国在产业发展过程中的战略选择问题。

一、产业发展的含义

产业发展是指产业的产生、成长和进化过程,既包括单个产业的进化过程,又包括产业总体,即整个国民经济的进化过程。而进化过程既包括某一产业中企业数量、产品或者服务产量等数量上的变化,也包括产业结构的调整、变化、更替和产业主导位置等质量上的变化,而且主要以结构变化为核心,以产业结构优化为发展方向。因此,产业发展包括量的增加和质的飞跃,包括绝对的增长和相对的增长。

经济发展包含产业发展。产业发展则是经济发展的必要条件、关键因素和强大动力,产业发展的状况直接决定着整个国民经济发展的状况。因此,研究产业发展对促进国民经济的发展具有特别重大的意义。

产业发展不同于产业增长,产业增长主要是指产业生产能力、经济潜力的增加,或者是指从产出角度来看的产业量的增长;产业发展则包含了更广泛、更深刻的内涵。产业发展水平可从四个方面进行评价:(1)产业的增长,具体指标可以是多样的,例如产业综合生产能力指数、产业产品指数、收入的增长指数等;(2)产业的均衡发展,一方面是产业部门间的均衡发展,另一方面是产业发展的稳定性,即从时间序列的产业波动性评价产业的均衡发展程度;(3)产业的协调发展,主要在于评价产业部门、产业要素在产业发展中协调一致的程度,协调性差,产业间发展过程中的诸要素会相互拖滞,部门间发展联系将被扭曲甚至切断,从而阻碍产业整体发展进步;(4)发展的效率,实质上是要考察产业发展的质量和效果。这四个方面概要刻画了一定时期某个国家的产业发展状况。

产业发展包含着产业增长;而产业增长则只是产业发展集合中的一个子集。产业发展与产业增长既有联系,又有区别,产业增长是产业发展的前提。产业发展首先是产业产出的增加,它不等于产业增长但包含着产业增长,没有增长就必然没有发展。因此,区别产业增长与产业发展两个概念是十分必要的。

第一,区别产业增长与产业发展的概念,有利于经济稳定增长和产业均衡协调发展。如果对产业增长和产业发展混淆不清,很容易导致人们片面追求增长速度,忽视国民经济各部门间的平衡协调发展关系,造成基础产业部门发展滞后,最终迫使经济发展降速。因此,必须明确,增长不等于发展,不能做有增长无发展的事情。

第二,区别产业增长和产业发展的概念,有利于产业结构合理化和高级化。如果对产业发展的全面性、系统性认识不足，偏爱以产值、速度为特征的产业增长，片面追求增长的高速度，必然带来产业结构不尽合理。如果从产业发展的全面性出发，坚持适当的速度和结构均衡，在产业发展中注意各产业之间以及各产业内部的均衡协调，使产业结构合理化、高级化，则更有利于提高产业增长的质量。

二、影响产业发展的因素

产业是介于宏观经济即国民经济总量（例如国民生产总值、国内生产总值、国民收入、总投资、总消费等）和作为微观经济的企业和家庭等个体经济行为之间的中观经济。其影响因素有宏观方面的，也涉及微观方面，可以认为包括政治、社会、心理、市场、自然环境等多个方面，例如政府政策、人口、科学技术、战争、投资变化、能源供应、自然灾害、人们的消费和收入预期、市场供需变化等。

同时，我们应该看到，21世纪可能存在一些阻碍全球产业发展的因素：首先是劳动力配置失衡问题。老龄化、国际劳动标准、工资刚性化、失业率高升、人力资源数量与质量的增长等，在要素流动的自由化趋势下，可能会进一步加剧劳动力配置失衡问题的严重性。其次是金融经济问题。产业经济的健全发展必须以实体经济为基础，并发挥好金融经济作用，但近年来频繁爆发的世界经济和金融危机，已经警示我们：过度脱离实体经济的金融经济活动可能会危及实体经济的根基，冲击产业的发展。再次是资源与环境问题。全球范围的气候变化、水资源短缺、雨林破坏、环境污染、废弃物处理等都可能成为产业发展的障碍因素，但也可能是产业发展转型的一次机遇。最后是政治社会的不稳定。国际经济社会的贫富差距、文化差异、种族矛盾、政治主权观念、价值观与信仰的分歧等，都可能对未来全球产业发展产生重要的影响。

三、产业发展机制

产业发展过程是一个受多种因素影响的复杂过程。在这个过程中，如果产业的竞争力强，就有助于产业的形成，并迅速吸纳社会资源，技术快速进步，占领广阔市场，扩大市场容量，实现产业成长，进而走向产业成熟，甚至理想地延长产业的成熟期，在国际市场竞争中处于优势地位。相反，如果产业的竞争力弱，产业就必然会走向衰退。因此，产业发展的机制应该包括动力机制、供求机制、内在机制、外在机制、决策机制和创新机制。

（一）产业发展的动力机制

利益驱动是产业发展的原动力。产业形成与发展的基本条件是市场需求，但如果仅仅有市场需求，没有利益驱动（包括厂商和政府的利益），资本是难以聚集的，生产要素也就不能向该产业流动，产业也就不能形成，即使已经形成也得不到发展。当现有产业的边际收益迅速递减，出现 $MR<MC$ 时，产业扩张就会停止。当新领域投资预期回报诱人时，就会强力吸引社会资源。一般来说，在市场需求、产业政策、资源供给等相关条件存在的情况下，投资回报率越高、利润率越高，产业引力就越大，产业就会迅速地形成与发展。反之，产业的形成与发展就缓慢，甚至衰退。

（二）产业发展的供求机制

市场需求是产业发展的前提条件。随着生产的发展、国民收入总量的增加，人们的收入总量和需求总量也就会随之增长。居民收入水平的不断提高，导致恩格尔系数逐渐下降，市场对农产品的需求将相对减少。在需求的第一阶段，市场为轻工业和纺织业的形成和发展提供需求支持。进入第二阶段，人们对耐用消费品的消费需求增加，这就对资本密集型的原材料工业的形成与发展提供了需求支持。进入第三阶段，人们追求时尚与个性化消费，要求社会生产出品种和规格更多的新产品，这就为高加工度产业的形成与发展提供了需求支持。

（三）产业发展的内在机制

任何产业都有其自身的技术经济特点，它是产业内在本质的规定性，包括规模起点、资本数量、技术条件、生产要素、生产组织与方式、市场容量等。一般来说，技术进步快、科技创新活跃的产业，形成与发展也比较快。区域的要素禀赋状况对要素密集型产业的发展具有决定性影响，劳动力丰度是劳动密集型产业成长的条件，资本供给丰度对资本密集型产业的成长极为关键，自然资源的密集程度对资源密集型产业的形成与成长具有决定性影响，市场需求量的大小决定着产业发展空间的大小。

（四）产业发展的外在机制

外部环境对产业发展具有巨大的约束力和间接推动力。人口是产业发展的外生变量，其数量与素质对产业的发展具有举足轻重的作用，人口增长能够提高社会总需求量、产生更大的需求压力、扩大市场规模，同时能够为产业发展提供更多的劳动力资源，以促进产业的形成与发展。对外贸易是产业发展重要的外部推动力，通过对外贸易促进产业充分利用国内外两种资源、开拓和服务国内外两个市场，从而有力地推动产业的发展。

（五）产业发展的决策机制

政府决策对产业发展具有非常重要的作用，政府的社会经济发展战略、产业政策、产业结构调整等直接影响着产业兴衰。政府可在均衡发展战略与非均衡发展战略、开放战略与非开放战略之间进行选择，其决策结果对产业发展必然会带来不同的形成与发展条件。政府可以通过其拥有的、独特的强制力在全社会范围内调剂经济资源，超常地形成和发展某个产业，通过制定产业政策来扶持正在萌芽的产业、保护幼稚产业、确立主导产业和支柱产业、支持优势产业、发展基础产业和高新技术产业，决定产业发展。

（六）产业发展的创新机制

产业主体的创新活动是推动产业发展的重要机制。创新使劳动生产率得到大大的提高、产品成本得以下降、市场得到扩大；创新使资源消耗强度下降，可替代资源增加，从而改变生产需求结构；创新使消费品升级换代，改变了消费需求结构。

第二节 产业生命周期理论

一、理论概述

对于单个产业的产生、成长和进化过程,我们可以用产业发展的生命周期理论来描述。和其他任何事物一样,每一个产业都有一个产生、发展和衰退的过程,即具有自己的生命周期。对某单个产业而言,从本质上看它无非是一些具有某种相同生产技术或产品特性的企业的集合。因此,可以说该产业存在的基础是这些企业及其产品。而企业,尤其是产品,是有生命周期的,一般可划分为四个阶段,即投入期、成长期、成熟期和衰退期。在产品的整个生命周期中,其销售额和利润额的变化表现为倒 U 型曲线,如图 14 - 1 所示。

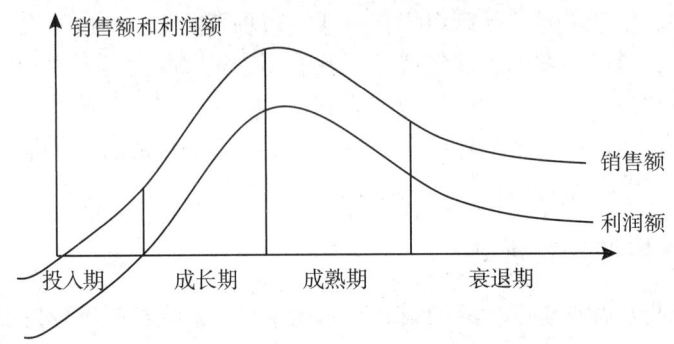

图 14 - 1 产品生命周期的四个阶段

既然某一产业是以其具有代表性的产品为基础的,所以我们可以借用产品生命周期的阶段划分方法,同样把一个产业的生命周期也划分为四个阶段,即形成期、成长期、成熟期和衰退期。但是,由于一个产业的产出往往由多种相似的产品所组成,很难用某一产品的生命周期来代表整个产业的生命周期,这就造成了两者之间的差异,主要表现在以下几个方面:

1. 产业生命周期曲线的形状更为平缓和漫长,这是因为一个产业往往集中了众多相似的产品。因此,从某种意义上说,其生命周期是所有这些众多相似产品各自生命周期的叠加,故反映其生命周期变化的曲线比单个产品的生命周期曲线会显得更加平缓而漫长,如图 14 - 2 所示。

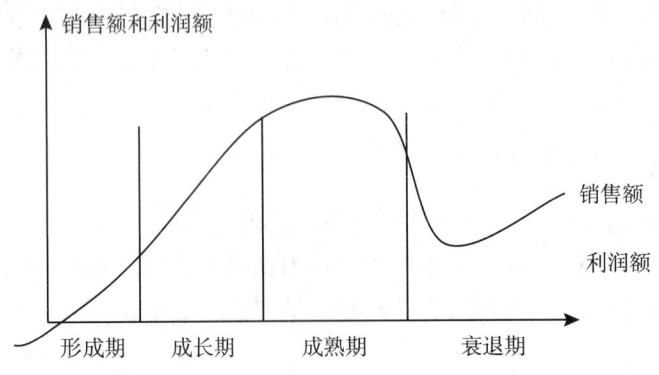

图 14 - 2 产业生命周期的四个阶段

2. 产业的生命周期具有明显的"衰而不亡"的特征。一个产业进入衰退期,意味着该产业在整个产业系统中的比重将不断下降。但世界各国产业结构演进的历史都表明,进入衰退期的产业占整个产业的比重不会下降为零,表现出"衰而不亡"的特征。主要原因是,随着新兴产业的不断形成和发展,原有产业的比重必然会下降,但对该产业产品的市场需求不会完全消失。因此,大多数产业都表现为"衰而不亡",真正"死亡"或"消失"的产业并不多见。

3. 产业生命周期曲线往往会产生突变,"起死回生"进入下一个发展周期。有些产业虽已进入衰退期,但由于技术进步或市场需求变化等原因,往往会重新焕发"青春",再次显示出成长期甚至成熟期的一些特征。因此,有些经济学家认为,只有"夕阳技术",没有"夕阳产业"。

产业生命周期曲线只是一条抽象化的典型曲线,实际情况要远远复杂得多。因此,准确判断某产业处于哪一个阶段是非常困难的。如果判断错误,往往出现战略上的失误。影响一个产业发展的因素很多,关系复杂,不能简单根据几个反映产业生命周期的因素判断,要全面考虑,例如政策环境、整体经济环境等。所以应将产业生命周期分析与其他分析方法结合起来使用,以免陷入分析的片面性。

二、产业生命周期的特殊形式

(一) 漫长型产业生命周期

在社会经济实际运行过程中,各种不同产业的生命周期具有各自不同的特点。例如,人类基本生活所必需的产业(如粮食、服装等),以及一些基础产业(如电力、运输等),这些产业生命周期特别长,甚至永远也不会退出市场。我们将这一类产业的生命周期归纳为漫长型,其形状如图 14-3 所示。

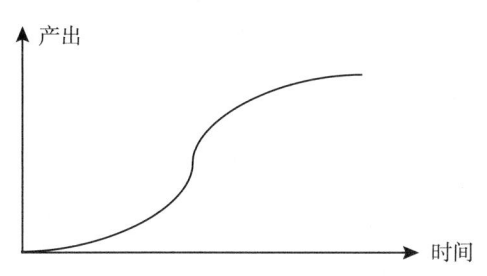

图 14-3 漫长型产业生命周期

(二) 快速型产业生命周期

在实际经济运行中,也有一些产业形成后快速成长又快速衰退。例如热潮型产品(如呼啦圈等)的产业,投资少,工艺简单,适合短期内大量生产,主要是为了满足人们一时的强烈需求。但是,当产生这种强烈需求的原因消失后,产业迅速衰退或消失,呈现出快速型产业生命周期形式,如图 14-4 所示。

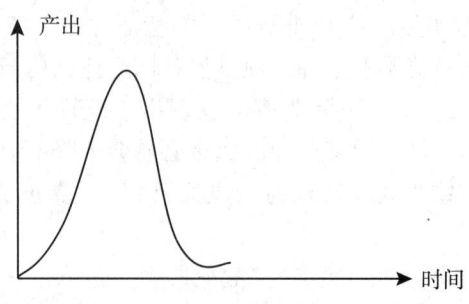

图 14-4　快速型产业生命周期

（三）夭折型产业生命周期

某些产业进入市场后，经过一定时期的成长，还没有进入成熟期就被淘汰。这是由于新技术造就了更好的替代产品，或者新产品存在技术不完善、功能障碍等原因，刚刚形成的产业不得不退出市场，如图 14-5 所示。例如最初使用电子管制作的计算机仅仅经历了短短几十年时间，就由于新材料的替代而被淘汰。

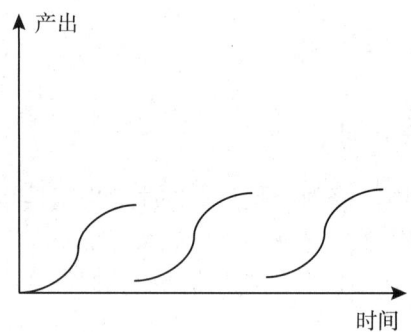

图 14-5　夭折型产业生命周期

（四）突变型产业生命周期

某些产业在进入成熟期和衰退期后，通过实现重大技术创新而重新开拓了新的市场，从而进入新一轮的成长期，成为突变型产业生命周期，如图 14-6 所示。

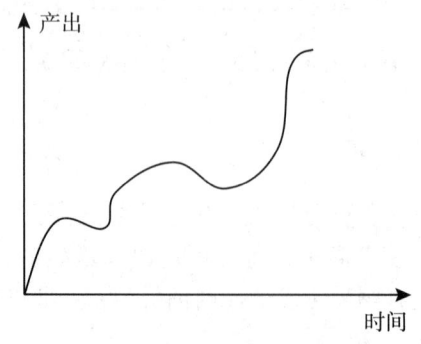

图 14-6　突变型产业生命周期

三、产业生命周期理论模型扩展

一般来说,无技术突破、无新技术范式出现时,产业技术进步呈现渐变的特征,技术成长曲线呈 S 型,包括研发期、投入期、成长期、成熟期。伴随着技术的进步,产业成长呈现出生命周期特征,其生命周期包括形成期、成长期、成熟期和衰退期。

但当今世界科学技术发展迅速,新技术范式出现的间隔越来越短,可能会出现技术突变的情况,此时产业和产业生命周期如图 14-7 所示。这时候产业规模曲线分为形成期(Ⅰ)、成长期(Ⅱ)、成熟期(Ⅲ)、调整期(Ⅳ)和衰退期(Ⅴ)五个阶段,而且随着技术的进步再次突破,从而进入下一轮的周期循环。调整期是新旧产品系列的替代时期,旧产品系列的需求规模和利润下降,新技术不够成熟,配套资源缺乏,新产品系列尚未形成,产业规模增长缓慢,利润较小甚至为负,而且整个产业转型需要支付高额的转换成本,需要投入巨大的研究开发费用,因此,产业发展面临着巨大的技术和市场风险。另外,这个时期企业技术竞争非常激烈,给企业带来技术创新,给小企业带来挑战大企业的机遇。伴随着技术范式下技术不断成熟、配套资源不断跟上,新产品系列进入成长和成熟期,从而迎来产业的振兴时期。

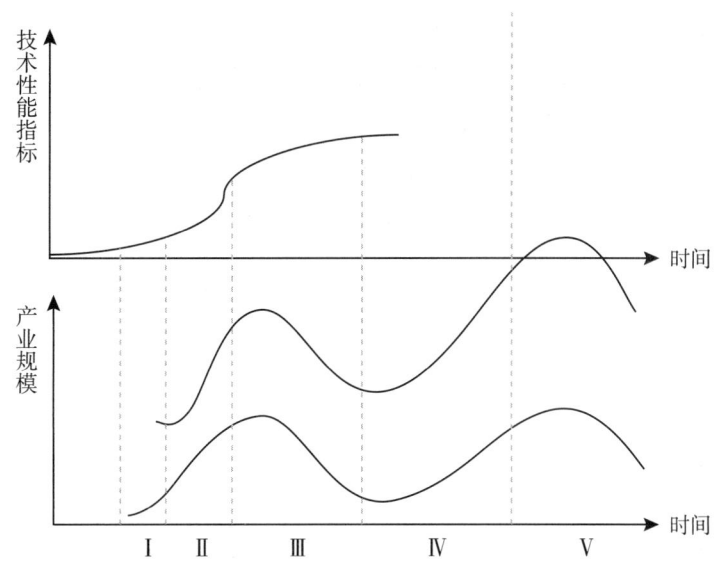

图 14-7　技术突变下产业生命周期

将产业生命周期理论放在更加复杂和现实的情况下考虑,例如将发达国家和发展中国家放在一起进行比较,分别考虑技术渐变和突破情况下的两种模式。在这两种情况下,后发国家具有后发优势。后发优势论的创立是由美国经济学家申克龙提出的,他在总结德国、意大利等国家经济发展经验的基础上,提出了后发优势论。他认为工业化前提条件的差异将影响发展的进程,相对落后程度越高,其后发的增长速度就越快。之所以如此,在于这些国家具有一种得益于落后的后发优势。

图 14-8 是渐变技术情况下两国产业发展生命周期模型。在第一阶段,发达国家产业处于成长期,发展中国家由于无技术且难于引进技术,产业处于萌芽阶段。在第二阶段,发达

国家产业进入成熟期,发达国家通过商品贸易极力向发展中国家转移一些滞后的技术,从而使发展中国家的产业虽然技术进步滞后于发达国家,但也有一定的发展。随着技术的引进,发展中国家依靠自身低成本的劳动力、土地供给和交通运输在本国市场同发达国家展开竞争,从而促使发达国家通过兼并、收购等方式直接在发展中国家进行投资,进而实现技术和产业的转移。因此,后发国家的产业规模处于迅速上升的加速发展阶段,而且成长速度快于发达国家在成长阶段的增长速度,其投入期和成长期比发达国家经历的阶段要短得多。在第三阶段,技术进步接近极限,发展中国家的技术与发达国家的差距越来越小,由于技术引进和劳动力成本优势的结合,发展中国家对发达国家的产业优势迅速显现出来,从而加速了发达国家产业的衰退,产业实现从发达国家向发展中国家的大规模转移,是发展中国家的产业进入成熟并向发达国家出口产品的时期,出现了较长的产业黄金期。

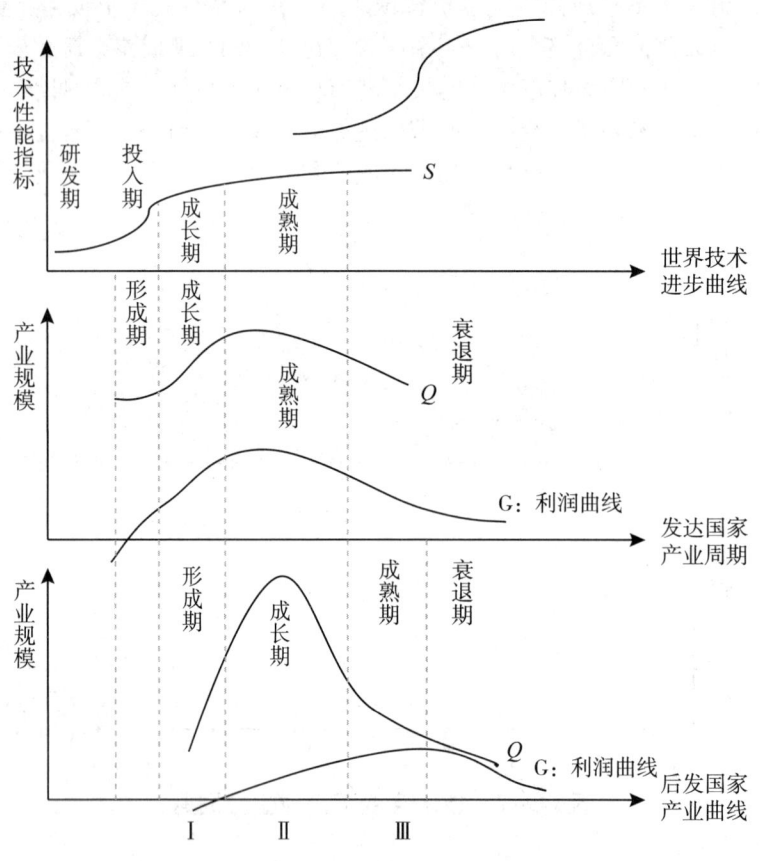

图 14-8 技术渐变下两国产业发展生命周期模型

技术突变下发达国家与发展中国家产业成长如图 14-9 所示。在第一阶段,原技术范式主导产业的发展,在原技术范式下的技术进步已趋于极限,新的技术范式在发达国家处于酝酿期,发达国家产业在原技术范式下已处于成熟期,产业规模已有下降趋势,产业利润也开始下降;发展中国家在技术引进的作用下,产业发展处于迅速成长时期,产业利润也进入增长期。在第二阶段,发达国家的产业进入调整时期,新的技术开始出现,新技术范式支持下的产业进入成长期,原技术范式下的设备和技术加速寻求向发展中国家转移,从而使原技术范式下的产业规模迅速下降,进入新老交替的调整期,虽然新技术范式下的投入巨大,产业规模和利润都较小,原技术范式下的产业规模和利润也在下降,还面对巨大的转换成本,但是发达国家可以向发展中国家进行技术和产业转移,转嫁转换成本,可以通过实施产业保护政策减缓原技术范式下产业规模和利润的下降速度。在此阶段,发展中国家的产业规模和利润在原技术范式下达到很高的水平并逐渐开始下降。进入第三阶段,发达国家的技术逐步走向成熟,原技术范式下的产业已基本全部退出,新技术范式下的产业正处于扩展时期;发展中国家进入产业的调整时期,原技术范式下的产业进入衰退时期,而且通过国际市场减缓原技术范式下的产业尚处于形成期,技术引进和产业发展需要巨大的投入。在第四阶段,新的技术已经成熟,发达国家的产业在国内已基本趋于饱和状态,开始向发展中国家输出产品、技术和产业;发展中国家在经过调整期后,通过技术引进和资本输入后的不断成长又进入产业的扩展时期,从而使产业调整进入新的振兴时期。

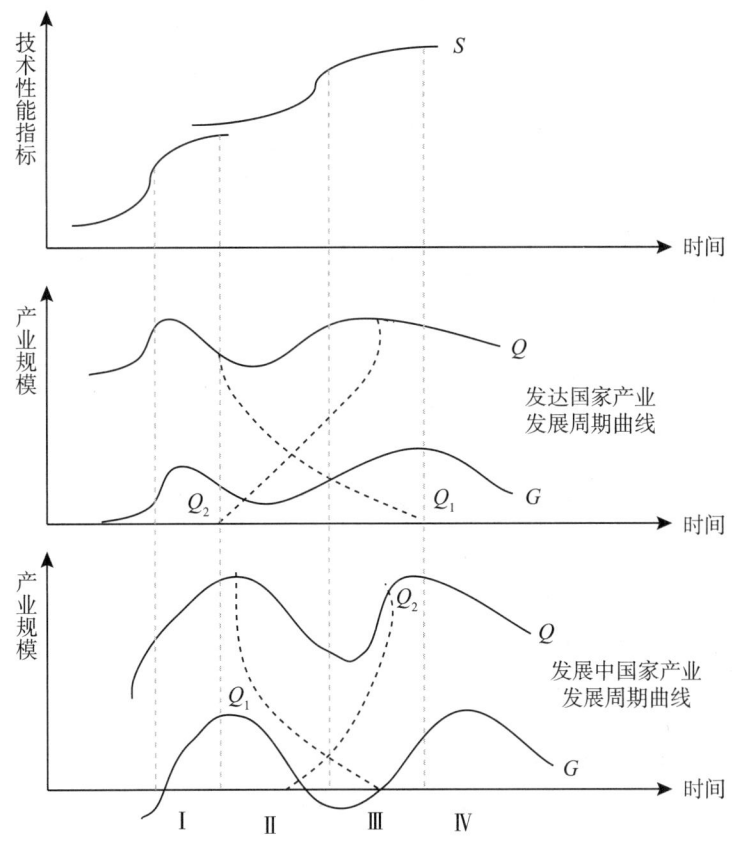

图 14-9　技术突变下两国产业发展生命周期模型

四、理论应用和展望

(一) 基于产业生命周期的营销战略动因分析

理论界普遍认为,一个完整的产业生命周期应包括自然垄断阶段、全面竞争阶段、产业重组阶段与蜕变创新四个阶段,但这是从产业组织竞争状态和技术成熟角度划分的。从产业营销角度来看,产业发展也可根据产业平均营销水平程度划分为四个阶段,其中在自然垄断阶段产业的营销水平比较低;在全面竞争阶段营销水平开始提升;在产业重组阶段达到顶峰;在蜕变创新阶段又逐步回落。

(二) 基于产业生命周期的物流企业并购形式演变

依据产业生命周期理论,把物流产业在各发展阶段分为初创、成长、成熟、衰退四个阶段,进一步在产业生命周期模型上构建了物流企业并购形式演变模型。物流产业的发展也是一个从弱到强的发展阶段。从物流产业提供的产品形式来看,物流服务产品升级换代比较慢,市场容量大、需求稳定,生命周期比较长,尤其表现在物流产业生命周期的初创期和成长期。

(三) 基于产业生命周期理论的企业危机管理动态分析

不同阶段的企业有自己成长的特点,所以在处理危机时也会有所不同。企业危机也有自己的成长阶段,危机有潜伏期、征兆期、发生期、总结期和恢复期。实际上,无论是企业还是危机都具有生命周期的特点。每一个发展阶段的企业在危机的不同阶段都有它比较脆弱的地方,有针对性地提出企业的特殊使命和需要重视的重点问题十分必要。这样做有助于企业采取的方法更加适应内部、外部环境的任何变化,从而有效地实现风险的预警和预控,降低危机对企业的损害程度,提升企业生命力和抗风险能力。

因此,产业生命周期理论在各行业运用得十分广泛,能够有效地对各行业的健康和有效发展提供一个可靠的理论指导。

第三节 经济增长理论

经济增长是经济学家关注的永恒主题。斯密(Smith)、马尔萨斯(Malthus)、李嘉图(Ricardo)等古典经济学家对经济增长问题都有深入的研究。古典增长理论具有丰富的经济思想,这对现代经济增长理论,尤其是对内生增长理论发展有深远的影响。通常认为现代经济增长理论的起源是哈罗德(Harrod,1939)和多玛(Domar,1946)建立的 Harrod-Domar 模型。该模型将凯恩斯框架的短期分析拓展到长期分析,其认为经济系统是不稳定的。索洛(Solow,1956)建立的新古典增长模型通过假设生产函数中资本与劳动存在替代关系,旨在回应 Harrod-Domar 模型经济增长不稳定的问题。以罗默(Romer,1986)与卢卡斯(Lucas,1988)为代表的内生增长模型在新古典增长模型基础上内生化经济增长率,进一步深化了人们对经济增长问题的认识。经济增长理论博大精深,除了新古典增长模型和内生增长模型外,20 世纪 50 年代以来还有一些重要的研究,包括卡尔多(Kaldor)经济增长模型、卡莱斯基(Kaleckian)经济增长模型、演化经济增长模型等。需要说明的是,尽管现代经济增长理论学派众多,但纵观其发展过程,新古典增长理论以及在此基础上发展起来的内生增长理论是现代经济增长理论的主流,沿着这条线索发展的经济增长理论也被称为"正统"经济增长理论,运用其他分析范式建立的经济增长理论被视为是"非正统"经济增长理论

(Dutt，2007)。因此，本节选择从新古典增长理论到内生增长理论这条线索介绍现代经济增长理论。

一、新古典增长理论

新古典经济增长模型对哈罗德—多马模型进行了修正，它放弃了哈罗德—多马模型中关于资本和劳动力不可替代及不存在技术进步的假设，重新提出了自己的前提条件。并在此条件下得出结论，建立了新的经济增长模型。由于他们的理论具有凯恩斯以前的传统经济学的痕迹，因而被称为新古典经济增长模型。

（一）新古典经济增长理论的假定

新古典经济增长模型有如下几个假定：(1) 社会储蓄函数为 $S = sY$，s 为储蓄率。(2) 劳动力按照一个不变的比率 n 增长。(3) 技术水平不变。(4) 生产的规模报酬不变。(5) 在完全竞争的市场条件下，劳动和资本是可以通过市场调节而充分地相互替代。

根据以上四个假定，生产函数可以表示为人均形式：$y = f(k)$。式中，y 为人均产量；k 为人均资本量。$y = f(k)$ 表示，人均产量取决于人均资本量，人均资本量的增加会使人均产量增加，但是，由于报酬递减规律，人均资本量会以递减的速度增长。

新古典经济增长模型的基本方程：

$$sy = \Delta k + (n + \delta)k \qquad (14-1)$$

式（14-1）就是新古典经济增长模型的基本方程。式中，sy 为人均储蓄；Δk 为人均资本增量。$(n + \delta)k$ 由两部分组成：一部分是 nk——人均储蓄中用于装备新增劳动力的花费；另一部分是 δk——人均储蓄中用于替换旧资本的花费，即人均折旧量。$(n + \delta)k$ 被称为资本的广化。人均储蓄中超过资本的广化的部分会使得人均资本增多，即 $\Delta k > 0$，Δk 就是资本的深化。因此，新古典增长模型的基本方程可以表述为：人均储蓄是资本深化与资本广化之和，或者说，人均储蓄用于资本深化与资本广化两部分。

（二）稳态分析

稳态是指一种长期稳定、均衡的状态，是人均资本与人均产量达到均衡数值并维持在均衡水平不变。在稳态下，k 和 y 达到一个持久的水平。这就是说，要实现稳态，资本的深化为零，即人均储蓄全部用于资本的广化。因此，稳态条件是：$sy = (n + \delta)k$。稳态时，$\Delta k = 0$。虽然在稳态时 y 和 k 的数值不变，但总产量 Y 与总资本存量 K 都在增长。所以，总产量 Y 与总资本存量 K 的增长率必须与劳动力数量 N 的增长率 n 相等。这就是说，在稳态时，总产量与总资本存量的增长率相等，且都与劳动力的增长率 n 相等。

总之，新古典增长理论假设外生技术进步，强调要素投入对跨国收入差异的重要性。新古典增长理论面临的批评主要包括以下三个方面：第一，新古典增长理论通过假设外生技术增长来解释经济增长，并没有揭示经济增长的真实源泉。在新古典增长框架下，技术增长外生给定，属于"黑匣子"。第二，新古典增长理论并不能很好地解释不同国家和地区之间的收入水平差距。经验分析的经典文献在指标选取、内生性处理、假设样本中所有国家具有相同的技术、假设经济处于均衡状态（steady state）等方面都存在问题。例如，克莱诺和罗德里格斯·克莱尔（Klenow & Rodriguez-Clare，1997）修正了曼丘等（Mankiw et al.，1992）关于人力资本投资水平的测度指标，基于明瑟方法（Mincer-based）估算人力资本，发现物质资本和人力资本对跨国收入差异的解释能力不超过15%，全要素生产率对跨国收入差异的解释能力不低于85%，这彻底颠覆了曼丘等（Mankiw et al.，1992）的结论。第三，新古典增长理论强调经济是收敛的，即距离均衡状态越远，经济增长速度越快。现实经济中相同储蓄率和技术水平国家的人均收入并没有收敛于同一水平，这不支持新古典增长理论的结论（Grossman & Helpman，1994；Romer，1994）。

二、内生增长理论

（一）资本驱动的内生增长理论

新古典增长理论模型设定上存在的缺陷以及解释现实经济中存在的不足，例如，完全竞争市场的假定未能真实反映核心经济特征事实；通过假设外生变量增长来解释经济增长的理论逻辑遭到批判；现实经济数据并不支持新古典增长理论强调的经济收敛结论等，这些都促成了内生增长理论的产生。内生增长理论兴起于20世纪80年代中后期，罗默和卢卡斯（Romer，1986；Lucas，1988）是内生增长理论的标志性工作。需要说明的是，20世纪60年代的经典研究，阿罗（Arrow，1962）、弗兰克（Frankel，1962）、乌扎瓦（Uzawa，1965）为内生增长理论的产生提供了闪亮的思想。内生增长理论本质上是对新古典生产函数 $y = Af(k)$ 的改进，其中 y 表示人均产出；A 表示技术水平；k 表示人均资本存量。资本驱动的内生增长理论将新古典生产函数拓展为 $y = Af(k_1, k_2, \cdots)$，其中 k_i 表示第 i 种类型的可累积性资本。在资本驱动的内生增长框架下，通过引入更多种类型的资本避免了新古典生产函数中物质资本的边际产量随资本投入增加严格递减。生产函数最终可以化成 AK 型，因而资本驱动的内生增长理论也被称为 AK 理论。给定生产函数 $y = Af(k)$，假设 A 为大于零的常数，新古典增长理论与资本驱动内生增长理论的核心区别是：在新古典增长框架下，若资本数量足够大，资本的边际生产率趋向于零，即 $\lim_{k \to +\infty} Af'(k) = 0$；而在资本驱动的内生增长模型中，若资本数量足够大，资本的边际生产率应收敛于大于零的常数，$\lim_{k \to +\infty} Af'(k) = \Omega > 0$。$AK$ 理论要求生产函数中资本对应的指数等于1，关于 AK 函数现实合理性的一个解释是将 K 理解为广义资本，其不仅包括狭义的物质资本，也包括人力资本、公共资本、健康资本等，不同类型资本的产出弹性加总可以等于1（Mankiw et al.，1995）。

需要强调的是，在新古典生产函数基础上考虑更加现实的假定就可以推导出 AK 生产函数。巴罗和萨拉（Barro & Sala-I-Martin，2004）假设第 i 个企业的生产函数，$Y_i = F(K_i, A_i L_i)$，该生产函数满足新古典生产函数的各种性质。在此基础上考虑两点更加现实的假设：第一，假设经济中存在溢出效应，也即企业之间可以共享技术，假设总的技术水平为 $\bar{A} = \sum A_i$，据此生产函数修正为 $Y_i = F(K_i, \bar{A} L_i)$；第二，假设经济中存在干中学（learning by doing），技术水平等于资本存量，$A_i = K_i$，从而 $\bar{A} = \sum A_i = \sum K_i = K$，据此生产函数可以修正为 $Y_i = F(K_i, KL_i)$。生产函数满足常数报酬，进而可以得到总产出函数：

$$Y = \sum Y_i = \sum F(K_i, KL_i) = F(\sum K_i, K\sum L_i) = F(K, KL) = F(1, L)K$$
(14-2)

假设人口增长率等于零,式(14-2)中,$F(1,L)K \triangleq A$ 为常数,从而式(14-2)对应的是 AK 型生产函数。新古典增长理论要求生产函数中资本的指数小于1,式(14-2)体现的资本指数等于1。将 Y 设为 AK 型生产函数代入资本动态积累方程,可以得到:$\dot{K} = sAK - \delta K$。在此基础上,可以求得资本增长率:

$$\dot{K}/K = sA - \delta$$
(14-3)

根据式(14-3),在 AK 框架下,即使技术没有进步(A 为常数)和劳动力增长,只要满足 $sA > \delta$,则资本的增长率大于零,即依靠经济自身的力量可以实现持续增长。

事实上,资本驱动的内生增长理论旨在将新古典生产函数 $y = Ak^\alpha$,$\alpha \in (0,1)$,拓展为 $y = Ak^\alpha X$,其中 X 表示其他可积累变量,并最终将生产函数化成 $y = Ak$,从而为 AK 型生产函数提供理论依据。我们以巴罗(Barro, 1990)经典的模型为例予以说明。巴罗(1990)假设生产函数为 $y = Ak^\alpha g^{1-\alpha}$,其中 g 表示公共支出。可以看出,资本 k 对应的指数小于1,满足新古典生产函数的性质。巴罗(1990)假设政府通过收入税为公共支出融资,税率为 τ,政府预算约束方程为:$g = \tau y = \tau A k^\alpha g^{1-\alpha}$,简单整理可得:$g = (\tau A)^{\frac{1}{\alpha}} k$,将其代入生产函数可以得到:$y = A(\tau A)^{\frac{1-\alpha}{\alpha}} k$。可以看出,化简后生产函数中资本对应的指数等于1。我们可以将资本前面的系数 $A(\tau A)^{\frac{1-\alpha}{\alpha}}$ 看作常数,从而将新古典生产函数转化为 AK 型生产函数。

(二)创新驱动的内生增长理论

创新驱动的内生增长理论强调内生技术进步对经济增长的决定作用,在新古典增长理论基础上给出了实现技术进步的微观机制。这对应将新古典生产函数 $y = Af(k)$ 中的技术水平 A 内生化,也即将新古典增长理论中外生技术进步这个"黑匣子"打开。与阿罗(Arrow, 1962)和罗默(Romer, 1986)强调的"干中学"不同,创新驱动经济增长理论强调技术进步是企业特意的行为,追寻垄断利润是激励企业创新的动力。区别于新古典增长理论和资本驱动的内生增长理论,创新驱动经济增长理论强调垄断竞争的市场结构。区别于资本和劳动等传统生产要素,知识具有非竞争性,一种知识可以同时被很多企业使用,这使得生产函数可以产生递增规模报酬。根据创新模式的划分,主要包括水平创新和垂直创新。水平创新是指产品种类不断扩张;垂直创新是指产品质量不断提高。水平创新驱动的经济增长理论强调企业为获得垄断利润,增加 R&D 投入,生产出更多种类的新产品。垂直创新框架继承了熊彼特的创造性毁灭(creative destruction)的思路,创新成功的企业将在位企业排挤出市场,下次创新成功的企业又将在位者排挤出市场,以此类推。

水平创新经济增长理论的代表性工作是罗默(Romer, 1990),其给出的核心方程是知识生产函数 $\dot{A} = \delta L_A A$,其中 A 表示知识存量,$\dot{A}$ 表示新生产的知识,L_A 表示研发部门科学家、工程师的数量,根据该方程可以得到知识增长率 $\dot{A}/A = \delta L_A$。因此,科学家、工程师的数量越多,知识增长速度越快,经济增长率越高。垂直创新驱动经济增长理论的代表性工作是阿吉翁和豪伊特(Aghion & Howitt,1992),他们认为创新成功者可以获得垄断利润,直到下一个创新成功者将其排挤出市场。阿吉翁和豪伊特(1992)假设创新概率 $\lambda\varphi(n)$ 服从泊松分布,其中 n 为研发部门的技术性劳动力,取决于劳动力在生产部门之间配置的无套利条件。在上述两类模型基础上,豪伊特(Howitt,1999)构建了同时包含水平创新和垂直创新的内生增长模型。这类模型可以更好地拟合现实,包括经济中不存在规模效应,宏观经济政策通过影响劳动力在水平创新部门和垂直创新部门之间的配置,进而影响经济增长(Jones,1999)。

创新驱动内生增长理论争论的一个问题是关于罗默(Romer,1990)模型中存在规模效应(scale)的设定是否准确。琼斯(Jones,1995)提出了半内生(semi-endogenous)增长模型,假设知识生产函数 $\dot{A} = \delta L_A A^\varphi$,知识溢出效应参数满足 $\varphi<1$。这种情况下,为实现知识的持续增长,劳动力必须持续增长。在琼斯(1995)模型中,企业为追寻利润进行创新,这具有内生增长理论的特征。同时,给定知识生产函数和劳动力增长率就决定了经济增长率,这又具有外生经济增长理论的特征。琼斯(1999)总结了不同创新驱动经济增长模型对应的参数条件。

三、经济增长理论评述

经济增长理论的贡献主要体现在以下三个方面:第一,经济增长理论为解释经济增长源泉和不同国家之间的收入差距提供了基准分析框架,加深了我们对经济增长动力机制的认识。第二,经济增长理论为研究其他学科问题提供了重要分析框架,促进了学科交叉融合。现有文献将经济增长理论与制度经济学、人口经济学、环境经济学等学科结合起来,为经济增长提供了更多解释,也可以从经济增长视角研究这些学科的问题。第三,经济增长理论为宏观经济政策评估提供了重要分析框架。可以将需求侧政策(包括财政政策、货币政策等)和供给侧政策(包括知识产权保护政策、人口政策、就业政策等)引入模型,从经济增长或社会福利的视角通过定性分析和定量分析考察宏观政策的经济效应,从而为最优政策的设计提供理论依据。

然而,新古典增长理论和内生增长理论强调要素投入和技术进步对经济增长的决定作用。诺思和汤马斯(North & Thomas,1973)和阿塞莫格鲁(Acemoglu,2005)则认为这些都是经济增长的表现,或者说是经济增长的相近原因,制度是经济增长的根本原因。现有文献将制度引入内生增长模型,从作用机制上来看,制度通过保护产权、降低交易成本等渠道促进经济增长。可以考虑一般意义上的广义制度,研究制度质量、制度柔韧性(flexibility)对经济增长的影响;或是考虑一种特定的制度,例如,知识产权保护制度、法律制度对经济增长的影响。从模型设定来看,可以将制度作为外生变量引入模型框架,从而研究制度影响经济增长的传导机制和作用效果。此外,按照政治经济学的思路,考虑不同阶层之间的冲突,研究最优制度设计。可以将制度引入全要素生产率,制度通过影响微观经济主体的最优化行为,进而影响经济增长,这使得经济增长框架更加微观化。

此外，关于现实经济数据更支持哪类经济增长理论没有达成共识。经济增长理论的发展推动了从实证视角检验增长理论适用性的工作，一大批文献运用计量经济方法检验何种理论更能获得数据支持。迄今学术界就关于哪类增长理论能最确切地反映现实并没有达成共识。我们认为这主要是两点原因：（1）每种模型都只能捕捉部分特征事实，适用性都相对有限。即使同一个国家，在其不同发展阶段，经济增长动力也存在差异，不同发展阶段可能适用不同的经济增长理论。（2）实证分析结果依赖于回归方程设定、变量选取、数据样本、计量分析方法等。因此，争论哪种模型在反映现实经济方面完全占优可能是没有意义的。

第四节 产业发展趋势

发展新兴产业和未来产业成为各国产业发展的重要趋势和政策导向，我国在2009年也提出培育战略性新兴产业。培育战略性新兴产业必须从新兴产业的性质、特点和形成规律出发，制定有效的战略和政策。

一、新兴产业的含义和特点

新兴产业是指随着新的科研成果和新兴技术的发明应用，而出现的新的部门和行业。世界上讲的新兴产业主要是指电子、信息、生物、新材料、新能源、海洋、空间等新技术的发展而产生和发展起来的一系列新兴产业部门。

总结起来，新兴产业一般都具有如下四个主要特点：

1. 生态性。传统产业以石油、煤炭、天然气等化石能源为动力，农业是机械化和化学化的高排放、高污染产业。新兴产业以太阳能、风能、生物质能、核能、水能等可再生能源为动力，农业则是生态农业。

2. 循环性。传统产业大量消耗土地、森林、水、钢铁、水泥、有色金属等资源，产出率较低，造成巨大的资源浪费；新兴产业是循环经济，强调的是减量化、再利用、资源化。

3. 智能性。传统产业是自动化的；而新兴产业则以现代通信与信息技术、计算机网络技术、智能控制技术为支撑，人、物、机相结合，生产智能化。

4. 福利性。传统产业是过度消费性产业，提倡奢侈消费、超前消费、过度消费，追求产值最大化；而新兴产业则把生产规模维持在合理的水平，追求福利最大化。

二、新兴产业发展的一般规律

（一）先进技术的创新和应用是新兴产业发展的制高点

世界各国和地区产业发展的历程告诉我们，新兴产业的发展是建立在对先进技术的掌握和应用基础之上的，不断进行技术创新，努力发展具有自主知识产权的先进制造业，是保证新兴产业健康发展的关键因素。

美国经济的持续强劲发展与其对先进技术的掌握和应用是密不可分的。1993年以来，美国对先进技术的研究与开发总投资每年都达到1 600亿美元以上。2002年，制造业所从事的研发活动占全美的71%，所提供的研发经费约占66%。但是，也正是由于美国在20世纪80年代对先进技术应用上的忽视，才导致日本经济对其产业的赶超。美国在接受这一教训之后，将科技研发和推广作为全国最重要的战略决策，促进了产业创新能力的不断增强和新兴产业的快速崛起，才出现了"新经济"时期的再度辉煌。德国制造业的长期繁荣，也与其对先进技术的掌握密不可分。德国以技术创新和高端制造闻名全球，19世纪以来始终作为全球新兴产业发展的主要引领者。进入21世纪，德国面临各国争夺科技制高点的激烈竞争，发现其原有的产业链条不够紧密，周期较长，已不能满足创新发展的需要，因而在2006年出台了《德国高技术战略》，确立了17个高技术创新领域，以确保未来的全球竞争力和技术领先地位，此举在德国历史上尚属首次。该战略的实施取得良好效果，使德国重新确立了新兴产业在全球价值链中的有利位置。2010年7月，德国发布了《思想、创新、增长——德国2020高技术战略》。新战略确定以气候能源、健康营养、交通、安全和通信等五大需求领域开辟未来新市场，并从创业条件、中小企业、风险投资等方面入手，将积极营造友好创新环境作为战略重点。工业4.0就是《德国2020高技术战略》中所提出的十大未来项目之一。2017年，德国开始强化数字经济战略，力促关键技术创新。德国先后召开首届G20数字部长会议、德国"数字峰会"，以及发布"数字战略"，积极推动高速互联网的普及，在更广泛的领域更全面地推广数字经济。近年来，德国继续加大在关键战略领域的创新力度，加强研究与产业合作，积极支持"工业4.0"，在已有11个卓越工业4.0中心的基础上，计划再推出13个全新的卓越工业4.0中心。同样，日本、韩国和我国台湾地区的技术创新，也是新兴产业发展的主要支撑因素。

与美国、德国不同的是，日本、韩国和中国台湾地区的技术创新均是从引进、模仿先进技术开始的。据统计，1950～1978年，日本共引进技术31 738项，其中技术含量较高的甲类技术21 435项，占引进技术总数的67.5%；韩国在1962～1983年，从美、日等国共引进技术2 641项；中国台湾地区从1952～1979年，引进的先进技术项目达1 185件。这种引进、模仿的学习方式使其在较短的时间内，以较少的资金获得了发达国家较为先进的科技知识，弥补了自身科研经费短缺、科研力量不足的缺陷；同时，也通过这些科学技术的应用，快速提高了本国和本地区新兴产业产品的科技含量，促进了工业结构的升级。在对先进技术大力引进的同时，还对每一项引进技术都集中科研力量进行消化、吸收、改进和再提高。尤其是日本，在这一方面表现得最为突出。此外，这三个国家和地区都设立了专门的开发和研究机构和一些科学园区，用于开发尖端技术，培养高级科研人才。据统计，在日本技术创新成就最辉煌的1979～1986年，研究投资从4万亿日元猛增到19万亿日元，年均增长率约为29.6%。正是在不断引进、消化、吸收、改进先进技术，以及努力研究开发尖端技术的推动下，新兴产业才具有了强大的竞争优势，并真正成为传统产业的有效替代者。

与此相反，英国作为一个历史上最先进的资本主义国家，在第二次世界大战后对制造业的技术创新重视程度不够，致使新兴产业缺乏竞争力，难以形成对传统产业的有效替代，造成了长期的经济不景气。同样，日本在20世纪90年代以后，由于在先进技术研发和应用上的明显滞后，致使"IT革命来得过迟，施之过缓"，造成了经济的持续衰退。

（二）有力的产业扶持是新兴产业发展的必要保证

新兴产业在其发展初期，大多为缺少竞争优势的弱势产业，对这些产业进行必要的培育和扶持，是促使它们快速发展的重要条件。在世界各国和地区的产业发展中，无论是以市场经济为主导的欧美国家，还是以政府主导型经济为主导的东亚国家和地区，大多都会对未来需要重点发展的新兴产业给予必要的培育和扶持。扶持的重点一方面体现在相关配套政策体系的建立上；另一方面则更多地表现在对这些产业技术研发、支撑体系建设等的资金投入上。

以美国为例，其国家纳米倡议（NNI）旨在调动整合全美纳米研发和产业化资源。该计划于 2001 年设立，截至 2021 年共投入 360 亿美元。NNI 本质上是一套涉及 20 个联邦部门的复杂且有效的协调机制，通过推动形成共同的愿景、制定规划文件、促进对话等各种机制，促进支持纳米技术相关部门和机构开展合作，协调纳米技术相关的研发和产业化力量形成合力。而"曲速行动"（operation warp speed）是美国协调型举国体制的最新案例。为大幅缩短新冠疫苗的研发、检测、生产和上市周期，2020 年 5 月，原特朗普政府推出"曲速行动"新冠疫苗攻关计划，整合政府、军方和药企三方力量，投资 180 亿美元补贴企业，加大政府对实验性产品采购力度，简化行政审批流程，协调国际供应链等，一揽子推进新冠疫苗快速上市。

日本在历史上对每一个阶段的新兴产业都曾给予一定程度的资金扶持，在 2000 年 11 月推出的"信息技术国策"中更是明确规定，要用规模高达 1 000 万亿美元的投资来全面发展信息技术产业等新兴产业，以此提升产业结构、拉动经济回升。2021 年岸田文雄内阁成立以来，将日本初创企业的重要性提高到前所未有的高度，在其一手打造的经济施策——"新资本主义"构想中，初创企业被列为四大核心内容。2023 年 3 月下旬，由日本经济产业省拨款 1 000 亿日元，具体由国立研究开发法人新能源和产业技术综合开发机构（以下简称"NEDO"）负责分配管理的"深度科技初创企业支持项目"基金项目正式向社会公开征集资助企业。该项目由经济产业省负责制定基本政策、资助纲要等，并与相关方将进行协商，灵活调整；由 NEDO 根据基本方针执行项目，在未来五年间，每年向社会公开征集资助企业 4 次。项目对于研发支持设定了指标来衡量是否创造出新的附加值，包括在支持结束一年内是否实现了下一轮融资等。除了上述 1 000 亿日元，日本政府还为加速创立初创企业的各种项目追加了约 1 万亿日元，并提出到 2027 财年要实现创立 100 家独角兽企业和 10 万家初创企业的目标。

韩国为了尽快实现经济的跨越式发展，在推动新兴产业发展的过程中也曾多次明确提出，要集中财力、物力、人力，发展重要的新兴产业。20 世纪 80 年代以后，为了加快处于弱势地位的新兴产业的发展步伐，韩国专门设立了"特定研究开发事业费"，以扶植"有希望的幼稚产业"的技术开发。针对不同时期的新兴产业发展，韩国还设立了不同的专项基金，例如 1981 年建立了机械工业振兴基金和纤维工业现代化基金，1983 年建立了电子工农业振兴基金等，仅 1983 年韩国政府就对 131 个新兴产业领域的企业中的 182 个重点项目提供了 2 800 万美元的资助，半导体和生物工程中的另外 7 个项目获得了 4 000 万美元的资助。进入 21 世纪后，面对信息产业的发展需要，韩国在 2000～2004 年将 4 万多亿韩元用于集中进行互联网、光通信、数字广播、无线通信、软件、计算机等 6 个新兴产业的技术研发上，同时投资5 000多亿韩元的巨资用于开发光因特网技术的基础核心设备及备件。而2023年韩国政府发布了其首个五年计划，旨在通过扩大补贴、培养人才和放宽监管等措施，支持民营企业大举投资半导体、显示器、电池和生物等先进产业。据韩国贸易、工业和能源部称，该计划旨在帮助战略性产业的企业在2027年之前顺利完成500万亿韩元（3 776.7亿美元）的计划投资，以确保技术实力，并更好地确保经济安全。根据该计划，韩国政府将投入4.6万亿韩元用于研发事业，以帮助企业开发关键技术。强大的资金扶持对韩国不同时期的新兴产业发展起到了极大的促进作用。同样，英国、德国、我国台湾地区在新兴产业的扶持上均投入了巨大的资金，这也是新兴产业得以快速发展的必备条件。

（三）产业政策的正确引导是新兴产业崛起的重要手段

产业的发展是否需要产业政策的引导，这是困扰一些国家和地区的一个棘手问题。但是从很多国家和地区的产业发展历程看，制定合理的产业政策，通过产业政策的积极引导，可以促进各种要素资源向新兴产业的集中和倾斜，这确实是发展新兴产业一种十分有效的手段。

以自由市场经济体制为主的美国，在克林顿政府之前对产业政策并不是十分重视，但是克林顿总统上台后，将制定具有前瞻性、整体性的产业政策作为美国产业振兴的关键，这也是克林顿政府在寻求"政府功能"与"市场经济"平衡点上的结果。为了实现美国产业结构的调整和提高美国产业的国际竞争力，美国进行了广泛的政府干预，由以往不直接干预产业发展转为推行一系列积极并卓有成效的产业政策，并制定了包括"信息高速公路计划"等在内的一系列中长期科学技术发展规划和计划，从而强有力地推动了美国以高新技术产业为主的新兴产业的飞速发展；1993年9月，克林顿总统公布国家出口战略，确定半导体、电脑、通讯、环境保护、咨询软件工业及服务业等高科技产业和知识密集型产业为6大重点出口产业；对"军民两用"的技术例如计算机程序、电子机器人、人工智能等领域的合作与开发给予扶持等。这些有效的产业政策促进了美国经济的再度繁荣，使以信息产业为主的新兴产业蓬勃发展。此后几届的联邦政府也越来越重视产业政策对经济的带动作用，尤其是金融危机爆发后，美国把创新驱动作为新兴产业发展的总纲领，分别于2009年、2011年和2015年连续出台三个版本的《美国创新战略》，其主题分别为"推动可持续增长和高质量就业""确保经济繁荣增长""维持美国创新生态"。同时，美国高度重视重点领域突破，在三个版本的《美国创新战略》中，都把发展先进制造业、生物技术、清洁能源等作为优先发展的领域，持续推进技术突破和产业发展。

在东亚，产业政策在产业发展中的作用更加明显。日本、韩国和我国台湾地区在经济发展的各个时期都认真研究本国和本地区的发展条件，积极采纳专家和学者的建议，制定了详细的产业发展政策，明确每一发展阶段的重要出口导向型产业和进口替代型产业，并制定每一阶段的发展策略。日本作为产业政策的最早提出国，产业政策一直在日本的经济政策体系中居于主导地位，它对促进日本经济的高速发展，实现国民经济的现代化起到了重要作用。1945~1960年，日本采取了倾斜生产方式、产业合理化、产业扶持与振兴政策等一系列产业政策，有效地促进了经济的全面复苏和起飞。进入到经济的高速增长时期后，日本政府及时出台了《关于产业结构的长期展望》，把发展重化学工业、提高产业的竞争能力作为实施产业政策的重要目标。20世纪70年代以后，针对重化学工业的迅速发展所带来的资源和环境问题，日本又提出了"知识密集型"的产业政策。20世纪90年代之后日本提出了"创造性知识密集型"的产业政策，并先后确立了"新技术立国"和"科学技术立国"的战略方针。但由于这一时期产业政策实施不力，而且随后的政府一直没能拿出更加有效的产业政策来促进产业结构的调整，导致日本经济陷于停顿。进入21世纪，日本为全面提振经济，制定实施了包括文化立国战略、IT立国战略、知识产权立国战略、观光立国战略、投资立国战略、新国家能源战略、环境立国新战略、创新立国战略、新经济增长战略等在内的一系列战略，形成以促进日本科技创新、经济增长、文化发展为核心的战略体系。一方面，日本积极大规模编制技术战略图，加快发展新兴产业。政府加大了企业开发3D打印等尖端技术的财政投入；快速更新制造技术，提高产品制造竞争力；通过机器人、无人搬运机、无人工厂、"细胞生产方式"等打破成本瓶颈。2010年6月，日本推出《日本新增长战略》，着重支持环保型汽车、电力汽车、太阳能发电等产业的发展。另一方面，日本注重信息技术的应用和开发。2009年3月，日本出台信息技术发展计划，促进IT技术在医疗、行政等领域的应用。

（四）产业链的延伸是新兴产业提升的有效途径

新兴产业往往是产业关联性较强的产业。新兴产业的发展不仅要实现自身的快速扩张，还必须通过产业链的有效延伸，达到产业提升的目的。只有这样，才能真正发挥新兴产业对经济的带动作用，促进经济的全面进步。

英国不仅在第一次科技革命时代发明了蒸汽机，而且通过蒸汽机的使用带动了其他产业的发展，从而使英国成为当时最为先进的资本主义国家。美国在工业化初期选择铁路建设作为新兴产业，通过后向关联，在铁路建设的基础上，大力发展钢铁、煤炭、机械制造等产业，促进了依赖铁路提供原材料和设备的工业部门的发展，而且通过旁侧关联，带动了纺织业、食品加工、木材加工、烟草、皮革、造纸、印刷等部门的发展。

日本在经济发展的初期选择了纺织、食品两大产业作为当时的新兴产业，不仅大力发展这两大产业，而且通过前向和后向等关联效应，带动了与之相关的农业、机械制造业等的发展，为日本的经济起飞奠定了良好基础。在工业化的中期阶段，日本政府有针对性地选择了汽车、机械、电子等技术含量高的产业作为新兴产业，并积极促进产业链的延伸，例如通过汽车制造向汽车销售、维修、钢铁、石油、公路建设和运输等产业延伸，也促进了相关产业的迅猛发展。

由此可见，新兴产业只有加强产业链的有效延伸，才能获得持久的生命力。产业链的延伸不仅促进了相关产业的发展，而且又会反过来对新兴产业的发展产生促进作用，从而使经济驶入多种产业共同发展的良性轨道。

（五）合理的空间布局是新兴产业发展的良好载体

合理的产业空间布局可以对新兴产业的发展提供有效的载体，促进新兴产业的快速发展。新兴产业的发展不仅需要产业自身的发展，同时需要一系列配套产业的支持，尤其是进入到信息经济时代以后，信息技术等高新技术的发展，使产业之间的融合性不断增强。通过规划和建设新兴产业的工业园区，实现新兴产业在地理、资金、人力资本等方面的空间集中，形成产业簇群，已经成为世界很多国家和地区扶持新兴产业发展的普遍做法。

美国在以信息产业为主的新兴产业的发展过程中,围绕科研院所形成了硅谷这样的产业集群,从而有效缩短了技术溢出的空间距离,为科技成果的转化提供了便利。同时也吸引了大量生产性服务业向硅谷集中,为信息产业的发展提供了良好的产业配套。德国工业在莱茵河流域的集中,也为新兴产业的发展提供了条件。

三、未来产业的发展趋势

未来产业是代表未来科技和产业发展新方向且具有前瞻性和先导性的产业,市场潜力大、带动作用强,前瞻谋划未来产业已是大势所趋,世界主要国家和地区正纷纷加速研究与布局。我国也高度重视未来产业发展,"十四五"规划已提出明确目标。基于此,我们紧密跟踪全球未来产业发展最新动向,研判其发展并展望演进趋势。

(一) 颠覆性研究集群式、融合式创新加速,催生新的未来产业发展方向

1. 基础研究的突破为未来产业发展奠定基础。在基本粒子研究方面,费米国家实验室和中国科学家联合进行了缪子反常磁矩实验,以前所未有的测量精度,揭示缪子的行为与标准模型理论预测不相符,为新物理的存在提供强有力的证据。在量子领域,美国国家标准技术研究所团队使用微波脉冲让两张小的铝片膜进入量子纠缠状态,发现宏观物体量子纠缠的直接证据,有助于量子网络、暗物质及引力波研究。在新材料领域,美国研发出一种富含纳米颗粒的新型碳纤维增强复合材料 ZT-CFRP,不仅比传统铝制结构轻,比钢更坚固,且与传统的碳纤维增强复合材料相比,不容易受到机械冲击破坏的影响,未来应用前景广阔。

2. 应用技术创新进一步推动未来产业发展。美国研究人员利用人工智能(AI)和进化分析,构建出真核生物蛋白相互作用的三维模型,深度融合生物信息学和生物学。星链(Starlink)已经完成 2 600 颗星链卫星的发射入轨,覆盖四大洲、32 个国家和地区,可以轻量级地替代部分"地面光纤"传输网络通道,天地一体化信息网络进入发展新阶段。哈佛大学和麻省理工学院开发出可编程量子模拟器,能运行 256 个量子比特,有助于科学家在材料科学和通信技术等多领域实现重大突破。

3. 以元宇宙、人工智能、卫星互联网等为代表的未来产业变革加速演进。2021 年,元宇宙概念席卷全球,国内外科技巨头加快布局,在 AR/VR、区块链、物联网等数字技术推动下,元宇宙产业将呈现高速增长态势。算法、算力和数据是人工智能发展的核心驱动要素,随着超大规模预训练模型不断成熟、单点算力持续提升,以及数据规模化、精细化和定制化深入发展,人工智能产业不断发展壮大。各国高度重视太空领域的技术竞赛和战略布局,以星链为代表的低轨卫星互联网发展迅速,随着在轨卫星数量不断增多、卫星网络覆盖不断完善以及用户群体不断壮大,卫星互联网上下游产业链将迎来新的发展高潮。"双碳"目标倒逼能源革命,加速第四代高温气冷堆核电项目实现并网发电,氢能产业启动。

(二) 新冠疫情、数字鸿沟、气候变化等国际普遍性问题日益凸显,加快未来产业培育的步伐

新冠疫情客观上推动了生物医药技术创新和产业快速发展,以新冠疫苗为代表的生物医药产品在应对疫情方面发挥巨大作用,包括疫苗、血液制品、单抗、基因工程药物和体外诊

断等多个领域都取得显著成效。其中，mRNA 疫苗、人工智能辅助药物研发、数字化医疗等新兴技术创新和产业化步伐不断加快，成为生物医药产业发展的重大机遇。

为弥合数字鸿沟，全球主要国家和地区一方面加快部署诸如低轨宽带互联网星座系统等新型数字基础设施，为偏远地区提供成本可控、持续稳定的互联网接入方式，解决上网通道的基础性问题；另一方面，加大 5G 网络建设，通过提高数据传输速率、减少延迟、增加连接数量，为个人信息消费、生产制造、交通运输、医疗健康等领域提供改善性的网络支撑，拓展了应用场景。此外，我国为解决老年人运用智能技术困难的问题，通过技术创新，不断提供丰富的智能化适老产品和服务，促进智能技术的有效推广和应用，形成新的产业驱动力。

气候变化在全球范围内影响空前，导致粮食生产面临威胁、海平面上升引发灾难性洪灾的风险也在增加。为实现碳中和目标，全球范围内正在加速进行能源转型，以氢能为代表的新型清洁能源将在未来社会能源供给中占有更大比例，同时也蕴藏着巨大投资机遇。近年来，氢能已受到各国政府的关注，中、美、日、法、英、德等国已将氢能提升到国家能源战略高度，全球多个国家和地区出台氢能发展国家战略，加快氢能技术创新和产业发展进程。

（三）未来产业成为大国博弈新赛道，全球主要国家聚焦关键领域，抢占竞争制高点

2022 年 2 月，美国国家科学技术委员会（NSTC）发布了新一版关键和新兴技术（Critical and Emerging Technologies，CETs）清单。该清单以美国 2020 年《关键和新兴技术国家战略》为基础，对其中的关键和新兴技术领域列表作了更新和调整，并具体列出各领域内的核心技术子领域清单；2022 年美国《政府研发预算优先事项》中提到，要大力支持国家安全、未来工业、能源环境和空天科技等领域的基础和应用研究。

欧盟于 2020 年 3 月发布《欧洲新工业战略》，支持发展对欧洲未来工业有重要战略意义的关键使能技术：机器人技术、微电子技术、高性能计算和数据云基础设施、区块链、量子技术、光子学、工业生物技术、生物医学、纳米技术、制药、先进材料和技术，以增强欧盟在全球产业竞赛中的竞争力和地缘政治角逐中的战略自主性。

日本政府于 2021 年发布的《第 6 期科技创新基本计划》提出，要激发研究学者的内在动力，不断产出新知识新技术，建立面向解决社会问题的综合知识系统。2022 年 3 月，日本首相岸田文雄对外宣称，将制定一项国家战略，通过政府部门和私企合作，大力促进量子技术和人工智能的发展。

我国在《国民经济和社会发展第十四个五年规划和 2035 年远景目标纲要》中明确提出，在类脑智能、量子信息、基因技术、未来网络、深海空天开发、氢能与储能等前沿科技和产业变革领域，组织实施未来产业孵化与加速计划，谋划布局一批未来产业。

（四）坚持发展与规范并重，对未来产业相关领域进行合理化规制、设定红线已成共识

以人工智能为例，国际社会高度重视由人工智能技术广泛应用而产生的伦理风险、隐私泄露、数据安全等一系列问题，并加快制定人工智能技术规范发展的法律法规和相关政策措施。

在国际组织层面，2021年，联合国教科文组织（UNESCO）发布了人工智能伦理领域的首份全球性规范文件——《人工智能伦理建议书》，为进一步形成人工智能伦理有关的国际标准和国际规则奠定基础。

在国家和地区层面，美国通过了《2021年国家人工智能倡议法案》，成立国家人工智能倡议办公室，美国政府问责局、美国联邦贸易委员会和美国平等就业机会委员会等部门发布了诸多文件，旨在对算法治理、算法决策、劳动力保障等方面提供指导。欧盟从《通用数据保护条例》（GDPR）开始，陆续在数据治理、算法治理等特定领域出台相关法律法规，且持续开展关于人工智能的规则制定方案研究。2021年，欧盟通过了《人工智能法》提案，该提案以保障公众和企业的隐私安全和基本权利为主要出发点，将推动建立关于人工智能技术的统一规则。我国在2021年发布《数据安全法》《个人信息保护法》等与人工智能相关的法律法规，并出台了《关于加强互联网信息服务算法综合治理的指导意见》《互联网信息服务算法推荐管理规定》等政策文件，对如何平衡好大数据应用、算法推荐等技术的创新发展与安全风险作了重要的制度性安排。

其他如生命科学领域，2021年，世界卫生组织（WHO）发布《人类基因组编辑管治框架》和《人类基因组编辑建议》，首次提出将人类基因编辑作为公共卫生工具的全球建议，并论证了其安全性、有效性和伦理问题。2023年2月18日，国家卫健委等四部委联合发布了《关于印发涉及人的生命科学和医学研究伦理审查办法的通知》，将适用对象由生物医学研究扩展至生命科学和医学研究，强调人的尊严、隐私保护，强化知情同意。

（五）各国政府将出台更有力的产业政策，持续推动本国未来产业加速发展

从根本上讲，发展未来产业是为了更好地服务于人类，其中，智能、低碳和健康是人类追求的长远目标。要想有更智能的生活，就需要传感、连接和计算等信息技术进一步打通原子世界和比特世界的壁垒，人工智能、卫星互联网、量子信息、先进计算和人机交互等领域的新变革有望重塑信息基础设施，全面提升智能化水平。

低碳是一种以低耗能、低污染、低排放为特征的可持续发展模式，对可持续发展具有重要意义。以可再生能源、先进核能、氢能和储能技术为代表的碳零排关键技术是实现碳中和的关键抓手，是建设低碳绿色能源体系、实现碳中和目标的核心工作，也将是未来一段时间全球技术创新和产业变革的焦点之一。

随着现代生命科学的快速发展，以及生物技术与信息、材料、能源等技术的加速融合，高通量测序、基因组编辑和生物信息分析等现代生物技术突破与产业化快速演进。新冠疫情加速了生物经济时代的到来，生物、信息和物质跨界大融合；未来医学、生物医药、未来医院、生物信息学、疫苗研发和基因技术等将是各国布局的重点。

新一轮科技革命迎来多点爆发式发展，以人工智能、区块链、量子技术、空天信息、绿色低碳等为代表的前沿技术和未来产业加速发展，有望形成全球经济新的增长极并驱动经济社会变革式发展。为对冲新冠疫情、地缘政治冲突等多重因素造成的不利影响，世界各国除采用短期刺激经济手段外，均已在长远布局经济增长新动能。随着国际形势的变化，由国家主导的产业政策在各国政府中的地位和作用将进一步凸显，政府与市场的关系也在发生变化。美、德、日等发达国家政府高度重视产业政策的作用，不断强化产业政策工具的使用，特别是聚焦前沿技术和未来产业，国家对市场的干预趋于增强。

四、中国产业发展战略选择

2016年12月,国务院发布了《"十三五"国家战略性新兴产业发展规划》,其主要内容包括:推动信息技术产业跨越发展,拓展网络经济新空间;促进高端装备与新材料产业突破发展,引领中国制造新跨越;加快生物产业创新发展步伐,培育生物经济新动力;推动新能源汽车、新能源和节能环保产业快速壮大,构建可持续发展新模式;促进数字创意产业蓬勃发展,创造引领新消费等。在诸多有利政策支持下,近年来我国战略性新兴产业实现快速发展,充分发挥了经济高质量发展引擎作用。同时,产业发展呈现出重点领域发展壮大、新增长点涌现、创新能级跃升、竞争实力增强等诸多特点,形成了良好的发展局面。但是,当今世界正经历百年未有之大变局,"十四五"乃至更长一段时期内,我国战略性新兴产业将面临更加严峻的内外环境,需要在产业布局优化、创新能力提升、发展环境营造、国内需求释放以及深化开放合作等方面采取更加科学有效的针对性措施,从而推动产业进一步壮大发展。因此,中国应该在以下五个方面做好产业战略规划。

(一)精准推动产业布局调整

目前战略性新兴产业集群建设的政策体系已经初步建立,下一步应从两个方面丰富相关内容,形成完整的政策体系。一方面是进一步完善集群建设体系。第一批国家级战略性新兴产业集群建设名单中所涉及的战略性新兴产业领域仅是目前产业领域的一半左右,其他例如数字创意、新能源汽车等具备高度集群式发展倾向的领域都没有出现,这方面的工作还有待进一步拓展。另一方面是进一步完善集群考评机制。国家级战略性新兴产业集群目前尚未明确其进入退出机制。从进入机制看,《"十三五"国家战略性新兴产业发展规划》提出要建设一百个左右特色集群,因此下一步尚有较多发展空间。从退出机制看,国家级集群的建设应是一个长期过程,需要有退出机制来更好适应产业的发展变化。因此,还需进一步明确相关机制才可以更好地开展相关工作。

(二)加强产业创新能力建设

为了应对"十四五"时期内外环境变化带来的重大挑战与重大机遇,应结合我国具体发展基础和下一步重大发展需求,从三方面统筹出发,加大工作力度,推动创新驱动战略性新兴产业加快发展的实现:一是"补短板"。国际竞争形势的变化使得我们必须高度重视自身产业链中的核心短板,只有把关键核心技术掌握在自己手中,才能从根本上保障国家经济安全、国防安全和其他安全。针对我国战略性新兴产业中的集成电路生产基础工艺与核心设备、高端功能材料等重点"卡脖子"领域,必须发挥举国体制优势,加大投入力度,集中攻关予以突破。二是"促长板"。战略性新兴产业要想在我国国内经济发展方式转型和国际产业竞争力提升方面发挥应有的作用,就必须要牢牢掌握住创新主动权、发展主动权,也就必须加快形成能够在国际产业链体系中拥有制衡能力的重点"长板"。"十四五"期间要重点在第五代移动通信、人工智能、新能源、新能源汽车等我国已经具备一定竞争实力的领域,加强整体创新体系建设,在一批产业领域形成中国具备引领能力的产业标准与认证体系。三是"强基础"。战略性新兴产业的发展需要体现其长期战略性,只有夯实产业基础能力才是产业市场长期可持续发展的根本。基础研究是整个科学体系的源头,基础材料、基础工艺是整个产业发展的源头,只有打好基础,才能长远发展,始终保持立于潮头。为了保证战略性新兴产业的长期发展能力,需在新材料、量子信息、可控核聚变等重点领域、重点技术方面长期持续投入,久久为功,以图长远。

(三) 强化产业发展环境营造

"十四五"时期我国战略性新兴产业发展的核心还是要营造一个适合当前产业发展阶段的发展环境,通过形成良好生态,进一步激发创新、鼓励创新,实现产业的健康快速发展。因此,应从三方面着手做好相关工作:一是创建有利于战略性新兴产业发展的良好生态环境。进一步深化创新体制改革,破除有碍创新的各类障碍,加快突破新药审批、空域管理、数字产权确权等长期困扰产业发展的体制瓶颈,积极推行敏捷治理,参与式治理,形成包容审慎的适应性监管体系。二是做好资源引导工作。战略性新兴产业的发展离不开资源的投入,一方面要在基础研究等市场失灵领域进一步加大政府投入,争取形成颠覆性突破,加强战略性新兴产业战略性作用的发挥。另一方面建议进一步加大力度推进创新相关的减税降费工作,利用金融等市场化手段引导社会资源向创新领域集聚。为战略性新兴产业的新兴领域提供充足支撑。三是进一步做好以开放促进发展的相关工作。通过"引进来"与"走出去"并进,促进我国战略性新兴产业与全球创新体系实现同步发展。一方面是要加大我国开放力度,建立与国际规则接轨的创新政策体系,扫除创新要素流动的制度障碍,通过更新工作居留等制度,为企业引入全球创新资源,尤其是引入国际人才创造便利条件。另一方面是加强参与国际规则制定,在全球数字贸易规则,平台经济治理等热点领域,从中国自身基础和现实情况出发,尽可能发动"一带一路"倡议共建的国家,积极提出并践行中国解决方案,为我国战略性新兴产业企业发展谋求更为有利的国际发展环境。

(四) 持续释放强大国内需求

一是加强体制机制改革,破除制约统一市场形成的障碍。加强政策研究,强化部门协同,积极推动制约全国统一市场形成的各种障碍,重点破除新技术新产品新服务的地方保护主义,打造公平竞争市场氛围。二是制定释放新技术新产品需求的政策体系。配合供给侧高质量发展目标,制定基于供需协同发力的需求侧创新政策。鼓励政府和企事业单位采购新兴产业领域自主的新技术新服务,积极营造产品应用场景。通过更为有效的减税降费手段直接刺激新技术新产品消费。研究探索推动形成统一的消费积分交易平台。三是加快推动新型消费发展。例如,加速5G网络建设和场景应用,完善配套新型基础设施布局,促进超高清视频、虚拟现实等新型消费发展,扩大电子商务、电子政务、网络教育、网络娱乐等方面消费,把在疫情防控中催生的新型消费培育壮大起来,加快释放新型消费潜力。

(五) 高效推进对外开放合作

一是鼓励参与有关国际标准制定。鼓励支持企业、高校、科研院所参与战略性新兴产业及其细分领域国际标准的制定,充分发挥企业在参与国际标准化活动中的作用,强化国际市场话语权和新兴产业发展引导力。广泛开展国际标准跟踪研究,加强国际和国内标准制定修订工作的衔接以及国际与国内标准之间的协调。加强主要贸易国家和地区的标准信息收集与研究，深化技术性贸易措施研究和体系建设，推进国家标准互认。加快推广我国优势产业标准，保持产业标准领域领先地位。二是重点推动自主知识产权国际布局。大力发展重点产业知识产权联盟，鼓励研发具有自主知识产权的技术和装备，鼓励布局和申报 PCT 国际专利。建立关键技术评估遴选机制，确保高价值专利海外充分布局。积极探索完善与国内产业和行业协会的信息沟通交流机制，利用多种信息渠道，及时掌握"走出去"过程中遇到的知识产权问题，鼓励知识产权联盟成立联合专利诉讼应对基金。三是大力发展国际化服务机构。借鉴创新券模式，通过政府补贴服务费用等方式，发展一批高水平国际化中介服务机构，推动国际化的金融、人力、知识产权、会计、管理和咨询等服务发展，为战略性新兴产业企业走出去提供高质量服务。

本章小结

◆产业发展是指产业的产生、成长和进化过程，既包括单个产业的进化过程，又包括产业总体，即整个国民经济的进化过程。其影响因素有宏观方面的，也涉及微观方面，因此，产业发展的机制包括动力机制、供求机制、内在机制、外在机制、决策机制和创新机制。

◆对于单个产业的产生、成长和进化过程，我们可以用产业发展的生命周期理论来描述。与其他任何事物一样，每一个产业都有一个产生、发展和衰退的过程，即具有自己的生命周期。我们可以借用产品生命周期的阶段划分方法，同样把一个产业的生命周期也划分为四个阶段，即形成期、成长期、成熟期和衰退期。

◆新古典经济增长模型对哈罗德—多马模型进行了修正，它放弃了哈罗德—多马模型中关于资本和劳动力不可替代及不存在技术进步的假设，重新提出了自己的前提条件。并在此条件下得出结论，建立了新的经济增长模型。内生增长模型则弥补了新古典经济增长模型的不足，主要分为资本驱动和创新驱动两种模型，前者强调资本深化对经济增长的作用；后者突出了内生技术进步对经济增长的决定作用。

◆发展新兴产业和未来产业成为近年来各国产业发展的重要趋势和政策导向。新兴产业是指随着新的科研成果和新兴技术的发明应用，而出现的新的部门和行业。而未来产业是代表未来科技和产业发展新方向且具有前瞻性和先导性的产业，市场潜力大、带动作用强，前瞻谋划未来产业已是大势所趋，世界主要国家和地区正纷纷加速研究与布局。

复习思考题

1. 名词解释。

产业发展　产业增长　产业生命周期　经济增长　内生增长理论　新兴产业

2. 简答题。

（1）产业发展的含义及影响产业发展的因素是什么？

（2）简述产业发展的生命周期理论的主要内容。

（3）新古典经济增长模型和内生增长模型的区别是什么？

（4）新兴产业的特点是什么？未来产业将怎样影响产业发展趋势？

3. 自评自测题。

(1) 以下属于产业发展外在机制的是（　　）。

A. 市场需求量　　　B. 对外贸易　　　C. 技术进步　　　D. 资本供给

(2) 一些基础产业，例如电力、运输等，这类产业的生命周期属于（　　）。

A. 漫长型产业生命周期　　　　　　B. 快速型产业生命周期

C. 夭折型产业生命周期　　　　　　D. 突变型产业生命周期

(3) 区别于新古典增长理论和资本驱动的内生增长理论，创新驱动经济增长理论强调（　　）的市场结构。

A. 完全竞争　　　B. 完全垄断　　　C. 垄断竞争　　　D. 寡头垄断

(4) 以下不属于新兴产业的特点的是（　　）。

A. 生态性　　　B. 营利性　　　C. 循环性　　　D. 智能性

(5) 关于产业发展和产业增长的含义，以下阐述正确的是（　　）。

A. 产业发展表现为产业增长

B. 产业增长包含着产业发展，而产业发展则只是产业增长集合中的一个子集

C. 产业的均衡发展不是产业发展的评价标准

D. 产业增长主要是指产业生产能力、经济潜力的增加，或者是指从产出角度来看的产业量的增长；产业发展则包含了更广泛、更深刻的内涵

4. 延伸阅读材料。

［1］柳卸林，葛爽. 探究20年来中国经济增长创新驱动的内在机制——基于新熊彼特增长理论的视角［J］. 科学学与科学技术管理，2018（11）：4-18.

［2］刘伟，范欣. 现代经济增长理论的内在逻辑与实践路径［J］. 北京大学学报（哲学社会科学版），2019，56（03）：35-53.

第十五章 数字化背景下的中国产业发展展望

■ 本章内容提要

本章首先回顾了新中国成立以来我国产业发展的历程,在此基础上,分析了数字化背景下我国产业发展的未来趋势,探讨了数字化转型对中国制造业、服务业高质量发展的影响,并结合经济现实提出了相关对策建议。

第十五章 数字化背景下的中国产业发展展望

第一节 中国产业发展历史回顾

一、国民经济恢复时期（1949~1952年）

新中国成立初期，百废待兴。长期战争的破坏和国民党反动派的掠夺，使得中国经济处于全面崩溃的局面，工农业生产大幅下降，通货膨胀十分严重，人民生活极其困苦。如表15-1所示，1949年中国社会总产值仅为557亿元，其中农业产值为326亿元；工业产值为140亿元。此时的国民经济畸形发展，经济结构严重失衡，工业（特别是重工业）尤其落后。

表15-1　　　　　　　　1949~1952年社会总产值及其构成

年份	社会总产值	农业	工业	建筑业	运输业	商业
社会总产值（按当年价格计算，亿元）						
1949	557	326	140	4	19	68
1950	683	384	191	13	19	76
1951	820	420	264	24	24	88
1952	1 015	461	349	57	35	113
社会总产值构成（按当年价格计算，%）						
1949	100.0	58.5	25.1	0.7	3.4	12.2
1950	100.0	56.2	28.0	1.9	2.8	11.1
1951	100.0	51.2	32.2	2.9	2.9	10.7
1952	100.0	45.4	34.4	5.6	3.4	11.1

注：国家统计局未公布1949~1952年的国内生产总值相关数据，《国民经济统计提要》（1949~1986年）提供了社会总产值。国内生产总值与社会总产值的关键区别在于，国内生产总值计算的是增加值；而社会总产值计算包括中间投入在内的社会产品的总价值。

资料来源：国民经济统计提要（1949~1986年）。

1949年9月中国人民政治协商会议第一届全体会议通过了临时宪法性质的《中国人民政治协商会议共同纲领》（以下简称《共同纲领》），它不仅是建立新民主主义社会的经济形态的纲领，又是恢复国民经济的纲领，更是改变产业结构全面严重失衡的纲领。《共同纲领》具体规定了经济恢复时期发展各产业的任务，提出发展新民主主义经济的总目标为：以公私兼顾、劳资两利、城乡互助、内外交流的政策，达到发展生产，繁荣经济之目的。国家应在经营范围、原料供给、销售市场、劳动条件、技术设备、财政政策、金融政策等方面，调剂国营经济、合作化经济、农业和手工业的个体经济、私人资本主义经济和国家资本主义经济，使各种社会经济成分在国营经济领导之下，分工合作，各得其所，以促进整个社会经济的发展。

1952年，经过三年恢复，新中国的国民经济得到了一定发展，工农业生产能力均超过新中国成立前的最高水平，产业结构的变化特征同整个经济恢复时期相适应逐渐趋于协调，并呈现出工业化初期起步阶段特征。

首先，产业整体得到恢复和发展。1952年的社会总产值达到1 015亿元，较1949年增长82.2%。农业产值为461亿元，较1949年增长41.4%，粮食、棉花、糖料等农产品均超过历史最高水平。工业发展速度较快，1950～1952年全国工业总产值平均年均增长速度达到了35.6%，而重工业平均增长速度则达到了48.5%，工业在工农业总产值中的占比三年内上升了13.0个百分点。这一期间投资效益、劳动生产率、设备和原材料动力利用率都有很大提高，生产成本下降幅度也较大。经济整体效率的提高，根本原因在于经济变革导致的劳动者的劳动生产积极性提高也有与生产技术的提高以及与之相联系的人力资本的增长直接相关。这期间工业生产技术水平快速提高，突出表现在工业基本建设和工业生产领域创造和推广了许多先进技术和方法。同时，高等学校毕业生人数的增加明显反映出了人力资本增长，1949～1952年大专院校和研究生毕业生人数分别达到了9万人和1 059人。

其次，产业内部结构趋于协调。工业内部轻重工业比例趋于协调，农业内部各产业部门关系趋于协调。1949～1952年，农业在社会总产值的比重下降了13.1个百分点；工业产值上升了9.2个百分点。这些数据既体现了工业化发展的要求，又体现了工业和农业的对比关系大体协调。这期间工业的高速增长是建立在农业也有较快增长的基础上，初步改变了旧中国重工业发展滞后的状况，使得轻工业和重工业的对比关系走向协调。1950～1952年，轻工业产值和重工业产值的年均增速分别为29.0%和48.8%，轻工业在工业总产值中的占比由1949年的73.6%下降到1952年的64.5%；重工业占比则由26.4%上升到35.5%。农业内部各产业部门之间的对比关系大体上趋于协调。经济恢复时期农业（即种植业）、林业、牧业、副业和渔业占农业总产值的比重分别由1949年的82.5%、0.6%、12.4%、4.3%、0.2%变化为1952年的83.1%、0.7%、11.5%、4.4%、0.3%。除牧业产值有所下降外，其他产业产值均有所上升。这期间产业结构趋于协调发展，在第三产业的各个领域（包括商业、财政、金融和外贸）也明显表现出来。

但是在这阶段也存在一些问题。例如，对农业、轻工业和第三产业存在一定程度的忽视，这些产业未得到应有的发展。受到快速实现社会主义的思想影响，民族资本主义经济没有得到应有的发展。部分地区受到传统理论的影响，认为服务业是非生产性，以致第三产业没有得到应有的发展。上述问题的主要原因是由于产业发展缺乏经验，并受到当时历史条件限制，在探索中前进。

二、社会主义工业化基础初步建设时期（1953～1957年）

经过1949～1952年的休养生息，国民经济得到全面恢复和初步发展，随后进入由新民主主义社会到社会主义社会的过渡时期，此时总路线为毛泽东同志提出的党的过渡路线，即这条路线包括了社会主义生产和建设问题，发展产业经济、推进产业结构演进的问题，以及社会主义改造的问题。

1953年9月8日，在《过渡时期的总路线》报告中，作出对过渡时期推进产业发展的任务安排，包括首先集中力量发展重工业，同时要发展作为先行部门的交通运输业，并相应地发展轻工业和农业，还强调了通过发展教育等途径培养技术人才的重要性。依据党在过渡时期的总路线和国民经济恢复时期结束时的情况,1955年7月30日第一届全国人大第二次会议通过了《中华人民共和国发展国民经济的第一个五年计划》(1953~1957年)。"一五"计划的基本任务是:集中主要力量进行以苏联帮助我国设计的156个建设单位为中心的、由限额以上的694个建设单位组成的工业建设,建立我国的社会主义工业化的初步基础;发展部分集体所有制的农业生产合作社,并发展手工业生产合作社,建立对于农业和手工业的社会主义改造的初步基础;基本上把资本主义工商业分别地纳入各种形式的国家资本主义的轨道,建立对于私营工商业的社会主义改造的基础。"一五"计划是过渡时期发展产业经济和推动产业结构演进的纲领性文件,提出了经济社会发展的各项具体任务和各产业部门的生产指标。

"一五"期间经济总量和各个产业都获得了持续高速增长(见表15-2),在产业经济总量增长的基础上,产业结构演进取得了巨大的成就。

表15-2　　　　　　　1953~1957年国内生产总值及其构成

年份	国内生产总值	第一产业	第二产业	第三产业
国内生产总值(按当年价格计算,亿元)				
1953	824.4	378.0	191.6	254.8
1954	859.8	392.0	210.8	257.0
1955	911.6	421.0	221.5	269.1
1956	1 030.7	443.9	280.4	306.5
1957	1 071.4	430.0	316.6	324.8
国内生产总值构成(按当年价格计算,%)				
1953	100.0	45.9	23.2	30.9
1954	100.0	45.6	24.5	29.9
1955	100.0	46.2	24.3	29.5
1956	100.0	43.1	27.2	29.7
1957	100.0	40.1	29.6	30.3

资料来源:中国国家统计局。

总体来看,经济总量持续增长,各产业生产能力提高,经济增速提升、经济效益较好。国内生产总值从1953年的824.4亿元增加为1957年的1 071.4亿元,逐年增长,这个增速高于之后的各个时期。这也促进作为积累和消费源泉的国民收入获得了较快增长。分产业看第一产业增加值从1953年的378.0亿元增加到1957年的430.0亿元;第二产业增加值从1953年的191.6亿元增加到1957年的316.6亿元;第三产业增加值从1953年的254.8亿元增加到1957年的324.8亿元。其中作为主导产业的工业增加值及其占比上升幅度均居于各产业的首位,我国工业技术水平显著提高,现代化水平度进一步提高。

"一五"期间,三次产业内以及其内部各部门之间,总体发展相对协调。与经济恢复时期相比,产业结构不再是恢复性的演进,而是在经济恢复时期成就的基础上实现了发展性的演进,进一步趋于协调发展。1953~1957年,从工业内部各产业部门的关系看,轻工业和重工业产值的年均增速分别为12.9%和25.4%;轻工业比重由64.5%下降到55.0%,重工业比重由35.5%上升到45.0%。在一定程度上存在重工业发展过快,轻工业发展过慢的问题。但这种对比关系的变化体现了社会主义工业化的方向要求,整体发展并未失衡。1957年,从第三产业内部各产业部门来看,批发和零售业增加值在国内生产总值中的占比为10.8%;交通运输、仓储和邮政业增加值的占比为4.6%;住宿和餐饮业增加值的占比为2.2%;金融业增加值的占比为1.5%。服务业的整体发展相对缓慢,其主要服务经济发展(特别是工业)和人民生活的需求,发展较于工业供需不足。

"一五"期间开展了以156项建设为中心的经济建设,为我国工业化奠定了基础,真正意义上开启了新中国现代工业的发展道路,为我国社会主义工业化的持续推进奠定了坚实的物质基础,是新中国现代工业化进程的开端。

三、社会主义建设探索时期(1958~1978年)

从第二个五年计划时期开始到1978年改革开放之前,中国进入了社会主义建设探索时期。在曲折中负重前行,我国先后经历了一系列重大事件,尽管这一阶段的经济发展历经磨难,但总体发展趋势向好,并建立了完整的工业体系,为未来的产业发展奠定了坚实的基础。

1958~1960年,由于"大跃进"运动和人民公社化运动的实施,国民经济遭到严重破坏,产业结构严重失衡。一方面,这个阶段全国上下自力更生,艰苦奋斗,动员了空前规模的人力、物力、财力,在经济的某些方面有很大进展。另一方面,在"左"的指导思想下,三次产业建设大大超过了当时的国力,在"以钢为纲"的方针指引下国民经济的合理比例遭到了破坏,农业基础的破坏进一步导致了产业结构的严重全面失衡。1966~1972年面对复杂的国际环境,"三五"计划提出了加快"三线"建设,逐渐改变工业布局,40%左右的投资都集中于"三线"地区。1966~1976年的"文革"期间,我国经济又经历了社会主义国家经济发展史上前所未有的曲折过程。

这一期间经济总量和各个产业增加值呈现波动增长趋势,但是整体的增速下降,总体上处于工业化初期阶段,经济发展水平落后。首先,经济总量和各个产业增加值有所发展。国内生产总值从1958年的1 312.3亿元增加到1978年的3 678.7亿元;第一产业增加值从445.9亿元增加到1 018.5亿元;第二产业从483.6亿元增加到1 755.1亿元;第三产业从382.8亿元增加到905.1亿元。其次,中国从传统的农业国逐步变为工业占主导的国家,农林牧渔业在经济总量中的占比趋于下降,工业的占比逐步上升并且超过了农业产业的占比,工业生产能力扩大,工业增加值有很大增长,从415.9亿元增加到1 621.4亿元,并且工业部门结构和技术的某些方面有了改善和提高。1958~1978年,农林牧渔业增加值从449.9亿元增加至1 027.5亿元,其占比从34.3%下降为27.9%;而工业增加值从415.9亿元增加到1 621.4亿元,其占比从31.7%上升到44.1%。最后,经济发展速度大幅下降。1958~1978年,国内生产总值年均增速为6.4%,下降了3.3个百分点;

第一产业增加值年均增速为4.6%,下降了0.2个百分点;第二产业增加值年均增速为11.1%,下降了7.8个百分点;第三产业增加值年均增速为5.5%,下降了5.7个百分点。

在"左"的路线支配下,长期片面地优先发展重工业,产业结构全面严重失衡,三次产业之间及其内部各部门之间都陷入了严重失衡状态。第一,三次产业结构失衡。1958年第一产业增加值在国内生产总值中的占比为34.0%;第二产业增加值占比为36.9%;第三产业增加值占比为29.2%。1978年,第一产业增加值占比降为27.7%;第二产业增加值占比增为47.7%;第三产业增加值占比24.6%。第二产业增加值占比过度上升;第一产业增加值过度下降;第三产业增加值还出现了极不正常的不升反降的情况。第二,工业与农业的比例关系失衡。1958~1978年,第一产业增加值占比从34.0%下降为27.7%;工业增加值占比从31.7%上升到44.1%,片面地优先发展工业而忽视了农业作为基础产业的重要性,人民的基本生活受到影响。第三,工业内部的比例关系严重失衡。1958~1978年,在"左"的路线支配下,长期片面地优先发展重工业,致使重工业和轻工业的对比关系发展到严重失衡的地步。这期间在基数大大增长的情况下,重工业年均增速仍然高达11.2%,而轻工业只有8.4%;1978年前者在工业总产值中的占比进一步上升到56.9%,后者下降到只有43.1%。第四,工业和第三产业比例严重失衡。工业发展与第三产业的关联度较大,但是到1978年工业增加值占比达到44.1%的情况下,第三产业增加值占比只有24.6%。综上,此期间我国的产业结构已经全面陷入了严重失衡状态(见表15-3)。

表15-3　　　　　　　　　　1958~1978年国内生产总值及其构成

年份	国内生产总值	第一产业	第二产业	第三产业	年份	国内生产总值	第一产业	第二产业	第三产业
国内生产总值(按当年价格计算,亿元)									
1958	1 312.3	445.9	483.6	382.8	1969	1 962.2	736.2	695.0	531.0
1959	1 447.5	383.8	616.7	447.0	1970	2 279.7	793.3	918.1	568.3
1960	1 470.1	340.7	652.6	476.8	1971	2 456.9	826.3	1 029.9	600.6
1961	1 232.3	441.1	393.5	397.7	1972	2 552.4	827.4	1 091.6	633.3
1962	1 162.2	453.1	363.9	345.1	1973	2 756.0	907.5	1 180.3	668.4
1963	1 248.3	497.5	412.8	337.9	1974	2 827.7	945.2	1 199.8	682.7
1964	1 469.9	559.0	519.3	391.6	1975	3 039.5	971.2	1 378.7	689.6
1965	1 734.0	651.1	608.5	474.4	1976	2 988.6	967.1	1 346.0	675.6
1966	1 888.7	702.2	715.4	471.1	1977	3 250.0	942.2	1 517.8	790.1
1967	1 794.2	714.2	608.0	472.0	1978	3 678.7	1 018.5	1 755.1	905.1
1968	1 744.1	726.3	542.6	475.3					

续表

年份	国内生产总值	第一产业	第二产业	第三产业	年份	国内生产总值	第一产业	第二产业	第三产业
国内生产总值构成（按当年价格计算，%）									
1958	100.0	34.0	36.9	29.2	1969	100.0	37.5	35.4	27.1
1959	100.0	26.5	42.6	30.9	1970	100.0	34.8	40.3	24.9
1960	100.0	23.2	44.4	32.4	1971	100.0	33.6	41.9	24.4
1961	100.0	35.8	31.9	32.3	1972	100.0	32.4	42.8	24.8
1962	100.0	39.0	31.3	29.7	1973	100.0	32.9	42.8	24.3
1963	100.0	39.9	33.1	27.1	1974	100.0	33.4	42.4	24.1
1964	100.0	38.0	35.3	26.6	1975	100.0	32.0	45.4	22.7
1965	100.0	37.5	35.1	27.4	1976	100.0	32.4	45.0	22.6
1966	100.0	37.2	37.9	24.9	1977	100.0	29.0	46.7	24.3
1967	100.0	39.8	33.9	26.3	1978	100.0	27.7	47.7	24.6
1968	100.0	41.6	31.1	27.3					

资料来源：中国国家统计局。

到改革开放前的1978年，中国经济实力相比新中国成立之初得到重大发展，三次产业均得到了较大发展，建立了重工业为主的完整工业体系，人民生活水平相对新中国成立之初得到了显著提升，但是也存在三次产业发展失衡、农轻重比例失衡等突出问题。

四、从计划经济向社会主义市场经济转轨时期（1979~2011年）

从1978年12月党的十一届三中全会召开至2012年11月党的十八大召开，是改革开放和社会主义现代化建设新时期。改革开放以来，经济持续稳定高速地发展，各产业全面协调发展，产业结构优化升级。

首先，经济持续稳定地高速增长，产业总量发生了"翻天覆地"的变化。1979~2011年，国内生产总值从4 100.5亿元增加到487 940.2亿元；第一产业增加值从1 259.0亿元增加到44 781.5亿元；第二产业增加值从1 925.3亿元增加到227 035.1亿元；第三产业增加值从916.1亿元增加到216 123.6亿元。其中，农林牧渔业增加值从1 270.2亿元增加到46 122.6亿元；工业增加值从1 786.5亿元增加到195 139.1亿元；建筑业增加值从144.6亿元增加到32 926.5亿元；交通运输、仓储和邮政业增加值从193.7亿元增加到21 842.0亿元；批发和零售业增加值从200.9亿元增加到43 734.5亿元；金融业增加值从75.9亿元增加到30 747.2亿元。这一期间的年均增速达到了新中国成立后新高度，国内生产总值年均增速达到16.2%；第一产业增加值年均增速达到12.4%；第二产业增加值年均增速达到16.2%；第三产业增加值年均增速达到18.3%。农林牧渔业、工业和服务业增加值均呈现均衡发展，农林牧渔业增加值年均增速达到12.5%；工业增加值年均增速达到15.9%；建筑业增加值年均增速达到18.6%；交通运输、仓储和邮政业增加值年均增速达到15.9%；批发和零售业增加值年均增速达到 19.5%；金融业增加值年均增速达到 20.8%。这个阶段，服务业进入全面开放阶段，信息技术的快速发展也为服务业发展带来了革命性变革，各个服务业增加值迅速增长。

其次，打破了 1958～1978 年已成为"常态"的三次产业结构和各产业内部部门之间关系的严重失衡局面，使经济区域全面协调发展。第一，三次产业结构趋于协调。1979～2011年，第一产业增加值占比由 30.7% 下降为 9.2%；第二产业增加值占比由 47.0% 下降为 46.5%；第三产业增加值占比由 22.3% 上升为 44.3%。第二，工业和农业的关系趋于协调。1979～2011 年，工业增加值在国内生产总值中的占比由 43.6% 正常地回落到 40.0%；相应地，农林牧渔业占比合乎规律地由 31.0% 下降到 9.5%。第三，工业内部轻重工业产值增速及其在工业总产值中的占比趋于协调。1979～2011 年，重工业的年均增速虽然上升到 15.8%，但轻工业年均增速也上升到 15.7%。第四，适应我国工业发展阶段和改革开放时代特征的要求，我国产业结构中出现一系列新的战略性产业，其中相关产业正在成为新的支柱产业。高技术产业作为现代化产业最重要的载体，呈快速增长之势。文化产业在我国优秀传统文化基础上发展，并与现代生产技术相结合，实现较快增长。生产性服务业在整个服务业中占比上升，反映了我国工业化和现代化发展要求。

最后，我国是在现代化时代条件下发展工业化的，不仅存在现代科学技术与工业生产技术融合的问题，还存在现代科学技术与手工业技术融合的问题。目前第一种融合的重要性已经形成了广泛的共识。并取得了巨大成就，其突出表现就是作为现代科学技术最重要载体的信息化与工业化的深度融合。21 世纪以来，我国数字经济发展迅速，已经达到很大规模，据计算，仅在 2002～2011 年，我国数字经济占国内生产总值的比重由约 10% 上升到 15% 以上。然而，后一种融合的重要性似乎还未引起足够重视。实际上，后一种融合对我国经济发展也有重要作用。其突出的典型事例，就是被誉为"中国水稻之父"的袁隆平运用现代农业科学技术改良水稻品种，以及由此创造的水稻产量的大幅增长。这种良种在农业上的运用，不仅仅只依靠农业机械实施的，必须依赖手工工具的实施。

1979～2011 年，在新中国成立后的经济发展史第一次表现了经济的持续稳定高速发展。这期间的经济发展战略在优化产业结构方面的积极作用则更为显著。科学发展观等战略的实施，从根本上改变了在 1958～1978 年已经成为"常态"的工业和农业以及第一、二、三产业之间的严重失衡，使之趋于全面协调发展。不仅如此，为适应我国工业化从中期阶段向后期阶段，现代化阶段转变的要求，产业结构方面实现了一系列的优化（见表 15-4）。

表 15-4　　　　　　　　　1979～2011 年国内生产总值及其构成

年份	国内生产总值	第一产业	第二产业	第三产业	年份	国内生产总值	第一产业	第二产业	第三产业
国内生产总值（按当年价格计算，亿元）									
1979	4 100.5	1 259.0	1 925.3	916.1	1984	7 278.5	2 295.6	3 124.7	1 858.2
1980	4 587.6	1 359.5	2 204.7	1 023.4	1985	9 098.9	2 541.7	3 886.4	2 670.8
1981	4 935.8	1 545.7	2 269.0	1 121.1	1986	10 376.2	2 764.1	4 515.1	3 097.0
1982	5 373.4	1 761.7	2 397.6	1 214.0	1987	12 174.6	3 204.5	5 273.8	3 696.3
1983	6 020.9	1 960.9	2 663.0	1 397.1	1988	15 180.4	3 831.2	6 607.2	4 742.0

续表

年份	国内生产总值	第一产业	第二产业	第三产业	年份	国内生产总值	第一产业	第二产业	第三产业
1989	17 179.7	4 228.2	7 300.7	5 650.8	2001	110 863.1	15 502.5	49 659.4	45 701.2
1990	18 872.9	5 017.2	7 744.1	6 111.6	2002	121 717.4	16 190.2	54 104.1	51 423.1
1991	22 005.6	5 288.8	9 129.6	7 587.2	2003	137 422.0	16 970.2	62 695.8	57 756.0
1992	27 194.5	5 800.3	11 725.0	9 669.2	2004	161 840.2	20 904.3	74 285.0	66 650.9
1993	35 673.2	6 887.6	16 472.7	12 313.0	2005	187 318.9	21 806.7	88 082.2	77 430.0
1994	48 637.5	9 471.8	22 452.5	16 713.1	2006	219 438.5	23 317.0	104 359.2	91 762.2
1995	61 339.9	12 020.5	28 676.7	20 642.7	2007	270 092.3	27 674.1	126 630.5	115 787.7
1996	71 813.6	13 878.3	33 827.3	24 108.0	2008	319 244.6	32 464.1	149 952.9	136 827.5
1997	79 715.0	14 265.2	37 545.0	27 904.8	2009	348 517.7	33 583.8	160 168.8	154 765.1
1998	85 195.5	14 618.7	39 017.5	31 559.3	2010	412 119.3	38 430.8	191 626.5	182 061.9
1999	90 564.4	14 549.0	41 079.9	34 935.5	2011	487 940.2	44 781.5	227 035.1	216 123.6
2000	100 280.1	14 717.4	45 663.7	39 899.1					

国内生产总值构成（按当年价格计算，%）

年份	国内生产总值	第一产业	第二产业	第三产业	年份	国内生产总值	第一产业	第二产业	第三产业
1979	100.0	30.7	47.0	22.3	1996	100.0	19.3	47.1	33.6
1980	100.0	29.6	48.1	22.3	1997	100.0	17.9	47.1	35.0
1981	100.0	31.3	46.0	22.7	1998	100.0	17.2	45.8	37.0
1982	100.0	32.8	44.6	22.6	1999	100.0	16.1	45.4	38.6
1983	100.0	32.6	44.2	23.2	2000	100.0	14.7	45.5	39.8
1984	100.0	31.5	42.9	25.5	2001	100.0	14.0	44.8	41.2
1985	100.0	27.9	42.7	29.4	2002	100.0	13.3	44.5	42.2
1986	100.0	26.6	43.5	29.8	2003	100.0	12.3	45.6	42.0
1987	100.0	26.3	43.3	30.4	2004	100.0	12.9	45.9	41.2
1988	100.0	25.2	43.5	31.2	2005	100.0	11.6	47.0	41.3
1989	100.0	24.6	42.5	32.9	2006	100.0	10.6	47.6	41.8
1990	100.0	26.6	41.0	32.4	2007	100.0	10.2	46.9	42.9
1991	100.0	24.0	41.5	34.5	2008	100.0	10.2	47.0	42.9
1992	100.0	21.3	43.1	35.6	2009	100.0	9.6	46.0	44.4
1993	100.0	19.3	46.2	34.5	2010	100.0	9.3	46.5	44.2
1994	100.0	19.5	46.2	34.4	2011	100.0	9.2	46.5	44.3
1995	100.0	19.6	46.8	33.7					

资料来源：中国国家统计局。

五、全面深化改革时期（2012~2022年）

党的十八大以后，尤其是2013年党的十八届三中全会通过了《中共中央关于全面深化改革若干重大问题的决定》（以下简称《决定》），《决定》强调经济体制改革是全面深化改革的重点，核心是处理好政府与市场的关系，使市场在资源配置中起决定性作用和更好发挥政府作用。

从2013年开始，中国的经济运行已经呈现出增速趋缓、结构趋优、动力转换的"经济新常态"特征。从实际GDP增速看，这个阶段已经从8%~10%的高速增长区间下降到6%~8%的中高速增长区间，2012~2022年，实际GDP增速从7.9%下降到3.0%。从结构看，产业的高级化趋势明显，第三产业GDP占比迅速提升，第一、二产业占比逐步下降。2012和2013年第三产业增加值占比开始超越第二产业增加值占比。2012年第三产业增加值占比为46.9%；第二产业增加值占比为44.2%。我国产业结构已经开始实现由二三一到三二一的转变。这个转变不仅意味着我国工业化已经步入后期阶段，而且意味着在很大程度上实现了现代化（见表15-5）。

表15-5　2012~2022年国内生产总值及其构成

年份	国内生产总值	第一产业	第二产业	第三产业	年份	国内生产总值	第一产业	第二产业	第三产业
国内生产总值（按当年价格计算，亿元）									
2012	538 580.0	49 084.6	244 639.1	244 856.2	2018	919 281.1	64 745.2	364 835.2	489 700.8
2013	592 963.2	53 028.1	261 951.6	277 983.5	2019	986 515.2	70 473.6	380 670.6	535 371.0
2014	643 563.1	55 626.3	277 282.8	310 654.0	2020	1 013 567.0	78 030.9	383 562.4	551 973.7
2015	688 858.2	57 774.6	281 338.9	349 744.7	2021	1 149 237.0	83 216.5	451 544.1	614 476.4
2016	746 395.1	60 139.2	295 427.8	390 828.1	2022	1 210 207.2	88 345.1	483 164.5	638 697.6
2017	832 035.9	62 099.5	331 580.5	438 355.9					
国内生产总值构成（按当年价格计算，%）									
2012	100.0	9.1	45.4	45.5	2018	100.0	7.0	39.7	53.3
2013	100.0	8.9	44.2	46.9	2019	100.0	7.1	38.6	54.3
2014	100.0	8.6	43.1	48.3	2020	100.0	7.7	37.8	54.5
2015	100.0	8.4	40.8	50.8	2021	100.0	7.2	39.3	53.5
2016	100.0	8.1	39.6	52.4	2022	100.0	7.3	39.9	52.8
2017	100.0	7.5	39.9	52.7					

资料来源：中国国家统计局。

经济新常态以来，我国经济正在从工业化的粗放式发展阶段迈向服务化的高质量发展阶段，持续推动产业结构转型升级成为经济高质量发展的内在要求。但是当前我国产业结构转型还存在三次产业内结构性矛盾的根本性障碍。农业方面，增产导向型的发展模式已经不适应品质化、多样化、绿色化的农产品需求结构，导致我国农业发展面临技术贡献度低、效益水平差、增产不增收等问题。农业内部的结构优化是发展模式朝向质效导向型的转变。工业方面，我国制造企业长期处于全球价值链的中低端环节，在技术、品牌、标准、服务等环节的价值创造能力较低，外加禀赋优势逐渐消失和企业利润率持续下降，导致以成本导向型的发展模式面临既难以退出又难以为继的窘境。服务业方面，我国第三产业内部存在严重的结构性失衡问题，即生活性服务业占据绝对比例，生产性服务业尚未形成大规模的集聚发展，公共服务业的高质化、均等化水平偏低，对生产要素的优化配置形成较大阻碍，难以建立起与制造业和农业之间的良性支撑关系。综上，在技术、质量、效益等"短板"没有得到有效弥补条件下的制造业规模快速下降，会导致"过早去工业化"，对产业结构转型有害无益。2020年我国服务业增加值占GDP的比重高达54.5%，成为规模第一大产业。但事实表明，我国现阶段的经济服务化是政府不断提高服务业比重政策引导下的结果，更多地表现为产业间的资源错配，存在脱实向虚的风险。

随着互联网、大数据、人工智能等新一代信息技术为核心的数字经济席卷全球，数字经济作为与实体经济深度融合后形成的新经济形态，在优化资源配置、提升经济效率等方面产生了巨大影响，是朝向经济高质量发展的必然要求。根据中国信通院发布的《中国数字经济发展白皮书（2021年）》，2020年，中国数字经济增加值规模高达39.2万亿元，占GDP比重达38.6%，其中产业数字化增加值规模约为31.7万亿元，占GDP比重由2005年的7%提升至2020年的31.2%。以数字技术与实体经济深度融合形式呈现的产业数字化规模远高于数字产业化的规模，这说明数字经济的优化结构效应在产业内的作用范围更大，效果更明显。因此，推动数字产业核心技术突破和传统产业数字化改造，实现先进制造业和现代服务业融合发展，是实现产业结构转型的高质量发展目标的突破点。

第二节 数字化转型与中国制造业高质量发展

一、制造业数字化转型的概念、原因和发展现状

（一）制造业数字化转型的概念和内涵

数字化转型是一项全面的、战略性的变革，其目的在于通过充分利用数字技术的优势和新兴技术的应用（例如互联网、物联网、大数据、云计算、人工智能等），实现对企业、产业、政府等的全面升级，从而使其更具竞争力和创新能力，进而为员工、客户、市民等用户创造更多的价值。数字化转型涉及组织架构、业务流程、人才培养等方方面面，需要全面、系统性地进行规划和执行，其成功不仅取决于技术的应用和投入，更需要高层领导的战略引领和全员的积极参与。"数字化转型"（digital transformation）一词经常与"数字化转换"和"数字化升级"混淆，但其实这三者均是数字化过程中的三个不同阶段，而要达到数字化转型最普及的阶段，需要先经历数字化转换和数字化升级这两个更加渐进的阶段。其中，数字化转换指的是将模拟信息转化为0和1的二进制编码，以便计算机可以存储、处理和传输这些信息，也可以理解为将模拟信号转换为数字信号的技术过程，例如将手写的文本或黑胶唱

片上的音乐转换为数字形式并存储在计算机上；数字化升级是在数字化转换将实物编码为数字格式的基础上，更进一步地对数字信息进行特定操作，以优化业务运营、提升效率和质量，例如 Microsoft Office 类的办公软件和企业资源计划系统（ERP）等。数字化转型是数字化过程中的高级阶段，通过云计算和大数据技术打破传统边界，建立起开放、协作、共赢的生态系统，使得各方之间能够实现更深度、更广泛的协作，形成更高效、更灵活、更创新的生态系统，例如数字孪生（digital twins）、物联网（IoT）和工业物联网（IIoT）等。虽然数字化转换和数字化升级都是数字化过程中非常关键的环节，但又不足以替代下一个环节，两者虽都是关于技术层面的突破，因数字化转换更多的是关心用户的体验。

制造业数字化转型将数字技术应用于制造过程的各个环节，涵盖设计和开发、生产计划和调度、生产过程控制和检测、物流和供应链管理以及售后服务和反馈等多个领域，是促进制造业技术进步和提升全要素生产率、实现制造业全方位和全链条的全面连接，推动制造业企业形态、生产方式发生根本性变革的关键过程。根据"十四五"规划，推动产业数字化转型要深化研发设计、生产制造、经营管理、市场服务等环节的数字化应用，培育发展个性定制、柔性制造等新模式，加快产业园区数字化改造。因此，制造业数字化转型是推进产业数字化过程中的关键一步，对于推动经济转型升级、实现高质量发展具有重要的意义。

（二）制造业数字化转型兴起的原因

1. 数字技术的发展。首先，云计算技术的成熟，使得制造业企业可以将数据和计算能力转移到云端进行管理和处理，从而实现更高效的数据共享和管理；其次，人工智能技术的发展为制造业数字化转型带来了更多的可能性，生产控制、供应链管理、售前售后客服等都变得智能化和高效化；最后，物联网和大数据的出现，让大量的设备、工具和系统能够通过互联网互相交流、共享数据，提供更高效的生产和管理方式。

2. 产业转型的需求。我国目前的产业结构单一，传统制造业占比较大。然而，随着人力成本的不断上升，传统制造业的优势减弱，逐渐成为制约我国经济发展的一个瓶颈。与此同时，我国的高端制造业发展滞后，产品的国际竞争力不强，这难以支撑我国制造业的高质量发展。近年来，在贸易保护主义抬头和国际形势变得更加严峻和复杂的背景下，缺乏自主创新能力和核心竞争力不强使得我国企业频频出现供应链断供和"卡脖子"等问题，许多制造业企业面临着生存压力。此外，全球环境问题日益严重，人们的环保意识不断提高，这迫使企业转变过去粗放式的生产方式，减少资源浪费和污染。这也说明了我国产业结构需要进行调整，向着智能、绿色、高端化的方向转变，以适应当前和未来的发展趋势。

3. 市场需求的多元化。2015年11月，中央财经领导小组第十一次会议上强调，供给侧结构性改革的目的在于扩大有效供给，提高供给结构对需求变化的适应性和灵活性，以更好地满足广大人民群众的需求。随着互联网、移动互联网和社交媒体等新技术的迅猛发展，消费者获取信息的渠道不断拓宽，消费需求也变得越来越品质化、多元化、个性化、时尚化。传统的生产制造方式和服务模式已经无法满足消费者的需求，因此企业必须能够实现更快速有效的产品个性化设计、智能化生产和服务定制。在这种情况下，供给侧结构性改革成为推进经济转型升级、实现高质量发展的重要抓手。企业需要积极响应国家的政策号召，加强技术创新和研发投入，加快推进智能化制造和服务升级。只有通过提高供给的质量和效率，才能更好地满足消费者的需求，推动经济高质量发展。

4. 政策的支持和引导。近年来，世界制造业大国纷纷制定并出台了制造业数字化转型的相关战略和文件，例如美国推出了《先进制造业国家战略》；德国提出了《国家工业战略2030》；日本发布了《日本互联工业价值链的战略实施框架》等，全球经济正处于动能转换的换挡期。为了抓住新一轮工业革命所带来的新机遇，我国也相继采取了行动并制定相关政策，例如国务院于2015年颁发了《中国制造2025》；国务院于2020年发布了"数字化转型伙伴行动"倡议；工信部于2021年印发了《"十四五"信息化和工业化深度融合发展规划》，为推动我国制造业实现质量变革、效率变革和动力变革。

（三）制造业数字化转型在中国和全球的发展现状

制造业数字化转型是全球制造业发展的趋势，也是我国推动和加速数字经济发展的重要方向之一。随着各国政府在数字经济领域的重视以及相关政策的推动，制造业企业在数字化转型方面的投资也不断增加，根据国际数据公司（international data corporation，IDC）发布的《2021年V2全球第三平台支出指南：制造业》，2021年全球制造业IT相关支出达到7 897.9亿美元，并预测到2025年全球制造业IT市场投资将达到1.1万亿美元。数字化转型为制造业企业降低了成本、提高了生产效率、加强了创新能力，据罗兰贝格（Roland Berger）的预测数据，2016～2025年数字化将为制造业潜在创造6.4万亿美元的价值。

近年来，在国际形势复杂多变和信息技术快速发展的情况下，中国越来越多的制造业企业意识到数字化转型的重要性，开始制定数字化转型战略规划、培养数字化转型专业团队、组织数字化转型内部培训、推进数字化设施建设等，不断加大数字化转型的投资力度。然而，IDC的数据显示，2021年中国制造业IT支出为1 156.5亿美元，仅占全球制造业IT支出的14.64%，这与中国世界第一制造大国地位、制造业增加值占全球制造业近三成形成鲜明对比。此外，根据《2022埃森哲中国企业数字化转型指数》的数据，多年来中国企业数字化转型虽总体上稳步推进，有17%的中国企业数字化转型成效显著，然而却出现了与其他企业两极分化的现象，两者之间的差距逐渐拉大，也因此导致其他企业从数字化转型中获得的绩效回报远落后于转型成效显著的企业。目前，我国制造业企业普遍面临以下三大障碍：一是数字基础设施配套不足，企业无法自身实现转型的"不会转"；二是数字化转型投入成本高，企业缺乏资金支持的"不能转"；三是数字化转型需要长时间的持续投入，企业无法承担前期成本收益失衡的"不敢转"。因此，为鼓励制造业企业进一步加大对数字化转型的投入，我国也着力在金融创新、政策扶持、优化营商环境和加强网络安全保障等领域对制造业企业给予大力的支持，并出台了一系列的相关政策，例如《"十四五"智能制造发展规划》《中小企业数字化转型指南》等。

二、中国制造业高质量发展的内涵和背景

（一）中国制造业高质量发展的概念和内涵

习近平总书记在党的十九大报告中首次提出经济高质量发展，我国经济已由高速增长阶段转向高质量发展阶段，是中国面临经济增速放缓、结构性矛盾凸显、生态环境恶化等背景下作出的重大战略选择。制造业作为我国国民经济的支柱产业，是工业化和现代化的主导力

量,是衡量一个国家或地区综合经济实力和国际竞争力的重要标志。而制造业高质量发展是创新成为第一动力、协调成为内生特点、绿色成为普遍形态、开放成为必由之路、共享成为根本目的的经济发展模式,推动着我国制造业朝高端化、智能化、绿色化的方向发展。因此,制造业的高质量发展是经济高质量发展的基础和前提,关系到全面建设社会主义现代化国家的关键战略,从根本上决定着我国未来的综合实力和国际地位。

(二) 中国制造业高质量发展当前面临的问题和挑战

随着制造强国战略的实施,党的十九大与党的二十大报告关于制造业的指示精神的落实,中国制造业逐渐向高质量发展的方向迈进。然而,在面临国内外市场变化和产业结构升级的大背景下,中国制造业高质量发展也面临着一系列的问题和挑战。

1. 技术创新不足。近年来,虽然我国在科技创新领域取得了很大的进步,但是与发达国家相比,我国在核心技术上仍然存在较大差距。缺乏核心技术的支撑,"卡脖子"问题难以突破,制造业难以实现转型升级。同时,我国制造业企业技术创新的积极性不足,部分企业沉浸在"低质量、低技术含量、低附加值"的竞争中,缺乏长远的战略眼光。我国每年的研发总投入一直居于世界第二,仅次于美国,年增长率平均超过10%,但与其他国家相比,在研发活动投入结构方面,我国则更关注试验研究,而在基础研究和应用研究方面的投入相对薄弱。如图15-1所示,以2019年为例,中国在基础研究和应用研究的投入分别为317亿美元和594亿美元,占当年研发总投入的6.03%和11.28%,与美国的15.24%和19.64%形成鲜明对比,在一定程度上造成我国基础研究和应用研究长期落后于世界先进水平。

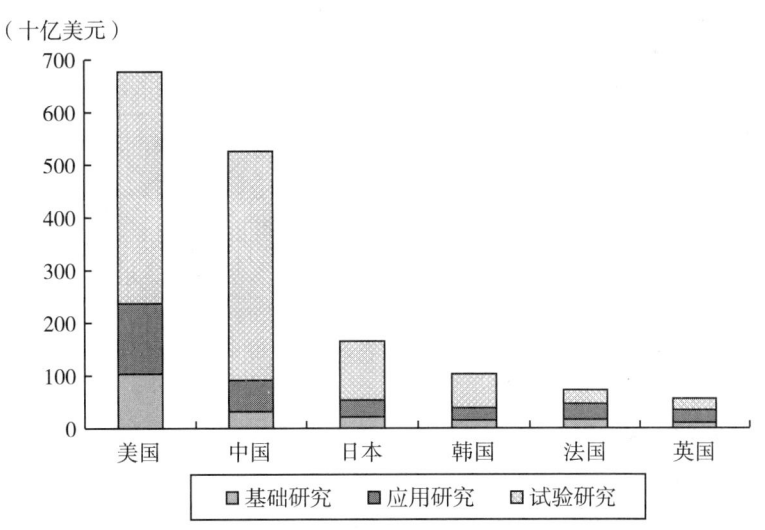

图15-1 世界主要国家2019年各类研发活动投入情况

2. 产业结构失衡。改革开放40余年来,我国充分利用人口优势和结构优势,积极参与国际分工,一跃成为世界第二大经济体和第一制造业大国,但也意识到我国对外贸易井喷式的增长依赖于外向型出口模式,资源能源消耗大、自主创新能力低、产品附加值不高,在全球生产中居于价值链的中低端。同时,我国低端制造业长期以来占比较高,逐渐形成了路径依赖，阻碍创新驱动机制的环境，不利于传统产业的转型升级；而高端制造业由于核心技术的缺乏、供应链的安全问题、高端人才的匮乏等问题尚未形成真正的竞争优势。

3. 人力资源短缺。近年来，我国正面临着出生率降低、人口老龄化和劳动人口减少的问题，使得我国制造业人口红利的优势日渐消失，以往靠要素驱动经济增长的方式已不再行得通，急需寻找新的经济增长动力。此外，我国人力资源短缺还体现在技能型人才和创新型人才的紧缺上。首先，我国制造业科技含量较低，对生产技术和工艺的要求不高；其次，我国职业教育观念的落后使得"工匠精神"难以培养，无法为现代制造业源源不断地提供熟练的技术工人。创新型人才方面，我国正面临着本土人才培养质量不高且不断外流的问题，严重制约着核心技术的研发和创新能力的提高。

4. 资源消耗过度。长期依赖各类矿产资源、土地资源和能源资源使我国陷入了粗放式的发展模式。一方面，资源的过早过度开发利用造成了资源的短缺，加剧了国内制造业企业对生产原料的竞争，提高了企业的生产成本，不利于制造业企业竞争力的形成。另一方面，在全球变暖加剧、极端天气频发、生态环境恶化等环境问题威胁人类社会生存、世界各国都正提高环保标准的背景下，可持续发展逐渐成为现代制造业发展的主流，这对我国产业转型与升级带来严峻的挑战。

5. 品牌意识薄弱。中国制造业起步较晚，品牌建设经验缺乏，品牌保护机制尚不健全，国际上制造业中的知名品牌较少。根据英图博略（Interbrand）的数据，在2022年全球最佳品牌前100的排行榜中，中国仅有小米和华为入选，且排名分别为84和86。品牌是质量、创新、标准以及知识产权、诚信体系、商业模式诸方面综合内涵的集中体现，但我国制造业产品质量不高，世界知名品牌较少，严重打击国际消费者对我国产品的信心。国内知识产权保护不够全面，不断侵蚀国内知名品牌的价值，阻碍其走向世界的步伐。

6. 国际竞争激烈。在2008年国际金融危机后，西方国家重新认识到实体经济的重要性，纷纷推行"再工业化"战略，着力振兴实体经济，例如美国的"制造业复兴计划"、德国的"工业4.0战略"、英国的"高价值制造战略"等。同时，由于国内人力、原料成本的上升，国际资本开始往越南、泰国、印度尼西亚等东南亚国家转移。在高端制造业由传统老牌制造业大国回归、低端制造业由发展中国家展开"逐底竞争"的双重压迫下，我国世界工厂的地位受到了威胁。同时，在中国制造业企业参与国际分工，通过引进先进技术和工艺不断提高生产制造能力的过程中，会遭受到国际大买家和跨国公司的双重阻击和控制，企图通过这种方式抑制中国高端制造业的崛起，最终导致我国制造业长期的"低端锁定"。

三、数字化转型对制造业的影响

（一）数字化转型对制造业生产的影响

机器人是数字化在制造业生产流程中影响最深且最为熟知的应用。机器人出现在生产流水线上已经是20世纪的事情。一般认为，机器人可以代替人类从事一些烦琐的工作，例如搬运、装配、包装等；一些危险的工作也能由机器人来承担，例如打磨、喷涂、焊接等；而由机器完成的工作一般具有更高的精度和稳定性，因此，机器换人可以降低产品的生产成本，进而提高生产效率和质量。在数字经济时代，虽然机器人的应用和20世纪在流水线上的别无两样，但今天及未来机器人的智能化和自主化程度会更高。机器人可以通过学习先前行为的不足不断改善自己的性能和操作，与其他机器连接性的提高使得机器人在自动驾驶、灵巧搬运方面表现更为出色，模式识别技术的改善也在增强人机融合程度以协助人类更好地完成各项任务。

工业物联网技术的发展正使得制造业生产流程更为数字化和智能化。工业物联网对生产流程最主要的影响就是通过传感器、数据采集与监视控制系统（SCADA）和分散控制系统（DCS）实时收集和分析机器、产品、生产环境和劳动者的数据，运用高级算法和人工智能为生产决策、生产故障、流程改进、质量控制等方面提供洞察和见解。另外，通过无线网络技术和云平台，企业内的设备实现了数据的互联互通，产品的设计、生产、物流、分销和服务实现高度的自动化和集成化。

增材制造（additive manufacturing），俗称"3D打印"，正在为改善我国制造业生产流程注入新动能。首先，增材制造可以按照所需设计进行打印，消除了刚性和不易变形材料的限制，以前需要进行焊接或钎焊的零件现在可以作为一个整体设计和制造，逐步实现设计自由；然后，与传统制造过程不同，增材制造只需使用制造零件所需的材料，大大减少了边角料的浪费，而由于无须处理这类材料，能耗也相对减少，对发展绿色工业具有重要意义；最后，增材制造由于其逐层打印的特点，使其能够达到许多其他技术无法实现的高精度水平，不断提高产品的出厂质量。

数字孪生（digital twins）技术的应用逐渐渗透到制造业生产的各个领域。借助数字孪生，制造业企业可以在产品正式问世之前对其进行反复的测试，识别出在生产过程中可能出现的任何故障，企业便可以提前做出应对措施，降低了企业的试错成本，并提高了生产线的可靠性。数字孪生甚至可以模拟出整个生产车间，车间内所有的物资都将被数字孪生所捕捉，管理者可以对工厂进行实时检测，进而对潜在问题进行识别并提出正确的解决方案，车间内的信息数据化使企业管理者将更好地进行成本收益分析。

区块链技术已成为制造业生产的新基建。区块链通过为产品的每个部件创建一个数字身份，加上其不可变性和可溯源性，可以在整个供应链中跟踪其来源、所有权和位置，帮助制造厂商验证原料的真伪，提升产品的质量管理和服务水平。区块链允许制造商根据机器的实际性能来支付使用费用，而不是购买或租赁机器，大大降低制造商的资金要求和进入门槛，为科技初创型企业节约了大笔的资金。

（二）数字化转型对制造业创新的影响

数字技术的内嵌是数字化对产品创新最直接的影响。通过在产品中嵌入各种传感器和计算机控制系统，产品可以自主地感知和响应周围的环境，自主地完成某些任务和操作，例如智能探测器、智能家居、智能穿戴设备等。二维码的普及将图像信息转化为数字信息，极大地方便了用户的日常生活，例如扫码支付、健康码、订阅关注等。人工智能的嵌入使得产品更智能化，更好地理解用户的需求并作出相应的反应，例如语音识别、图像识别等。

数字化转型将给现有工业设计软件带来更新和变化。主流工业设计软件例如AutoCAD、Creo、Rhino等提供的三维建模、可视化渲染、仿真测试等多种设计工具可以有效辅助工业设计师更快、更精确创建和修改产品的模型，同时也提高了产品开发的效率和质量。人工智能、虚拟现实（VR）、增强现实（AR）等现代数字的发展与工业设计软件的融合为制造业产品创新带来新的机遇。例如人工智能可以通过其生成能力为工业设计师提供灵感和建议，也可以通过其预测能力评估不同的设计方案；虚拟现实和增强现实可以让工业设计师以更直观和真实的方式展示和体验自己的设计，增加沟通和反馈的效率。

制造业生产过程的数字化转型为产品的提升提供了空间。借助大数据和工业物联网，产品生产过程中的各种参数和指标将上传至云平台上，企业便可对大量数据进行整理和分析，了解制造过程中存在的瓶颈，更好地跟踪产品的质量、性能及生产过程，进而改进并优化产品的设计、提高生产效率。数字孪生的出现让工业设计师在数字世界中不断地试错，进而改良产品的设计，提高产品生产过程中的合格率；此外，数字孪生还允许客户测试尚未在现实世界中存在的新产品，通过用户的体验和意见完善产品的设计。由于"3D 打印"的不断普及，设计师可以快速向客户展示设计产品的现实雏形，进而得到客户对新产品的反馈，正如史蒂芬·乔布斯（Steve Jobs）所言：人们不知道他们想要什么，直到你给他们看，"3D 打印"让设计灵感直接成为现实，大大缩短了与客户的沟通时间，降低了沟通成本。

大数据的应用加速了产品的开发过程。随着社交媒体的普及，企业通过算法和机器人在论坛、博客、微博、微信等其他社交媒体上大量搜集用户的数据。这些数据包含了用户的喜好、偏好以及使用产品时遇到的问题等信息，可以为企业的产品开发提供重要的参考依据。通过对大量的数据进行分析和挖掘，企业能够更加深入地了解用户的需求、市场竞争情况和产品特点，有针对性地进行产品设计和改进，从而更好地满足市场需求和客户个性化和定制化的需求。同时，大数据技术还可以帮助企业快速识别和解决产品开发中的问题，包括生产过程中的缺陷和瑕疵，大大减少产品开发周期，并提高产品的质量和可靠性。

（三）数字化转型对制造业营销的影响

数字化转型帮助制造业企业更好地进行品牌建设。通过各类互联网平台和社交媒体软件，例如微博、微信、小红书、抖音等，制造业企业可以更好地推广和宣传品牌，向更广泛的用户传播品牌信息，进而提高品牌的知名度和曝光度。由于数字化转型改变了以往的生产模式，工厂生产逐渐由以往的大规模生产转换为大规模定制和全球化个性化定制，制造业企业通过各类平台和软件了解到个性化需求，推出个性化差异化的产品，抓住长尾市场，提升品牌的竞争力。

数字化转型帮助制造业企业拓展更多的营销渠道。随着电子商务的兴起，制造业企业纷纷建立起自己的网站以打破传统面对面的销售模式，开始在网上对企业进行宣传和曝光。而随着电商平台的迅猛发展，创建网店、视频推广、"种草"经济、直播带货等各类新型销售模式的兴起，越来越多的制造业企业意识到建立自己的电商团队对企业的发展至关重要。另外，通过使用大数据分析和人工智能技术，分析用户上网的浏览内容、浏览时长等习惯，逐渐把握用户的需求、爱好和痛点，制造业企业实现更为精准的营销，提高营销转化率。

数字化转型帮助制造业企业提升用户体验。数字技术的应用实现了下单的自主化，加快了产品的设计，改善了供应链的运营，推进了生产线的自动化，提高了产品的生产效率和质量，不断提前产品的交付期。数字化转型还可以提高用户在作购买决策时的全过程参与感。例如，各类在线直播带货、测评视频等让用户对产品拥有更深入的了解，并通过其他用户或心仪主播的推荐，提高对产品的好感度；通过 VR 和 AR 技术，用户可以全方位更好地了解产品和服务，在进行个性化定制时也可以实时看到效果，提升其购买决策的准确性和信心；购买后，用户甚至可以实时查询商品的生产、配送情况，对产品的动态做到随时监测。

数字化转型帮助制造业企业维护好客户关系。现代数字化转型维护客户关系时不仅仅是把售前售后客户从线下转化为线上，而是通过数字技术更好地了解客户的需求，增强客户对企业的信任度。例如，通过在产品中加入传感器，可以实时监控产品的运行状况，及时发现产品运行过程中出现的问题和故障，一方面，可以为产品的改良提供方向；另一方面，也可以通过在线客服、社交媒体等方式反馈给客户，解答客户的疑问。通过对用户的浏览记录、购买历史、消费习惯等数据的挖掘和分析，制造业企业可以更精准地满足用户的需求，并根据不同的需求制定相应的生产计划和生产流程，实现定制化生产，大大提高客户的满意度。

（四）数字化转型对制造业管理的影响

数字化转型改变了制造业生产管理的模式。传统流水线需要大量工人操作、监控和维护；而自动化的生产流水线通过数字技术的协助，能够实现自主控制和优化，生产效率和质量得到了大幅提升。传统生产计划和调度依赖于人工的经验、沟通和协调，往往会出现计划与生产脱节、部门间信息沟通阻塞等各种问题；但数字化转型不仅打通了部门间的信息壁垒，实现跨部门数据的互联互通，还可以通过大数据和人工智能技术对市场需求进行预测，进而制定更符合实际情况的生产计划，同时还可以实现快速调整以应对变化。

数字化转型转变了制造业人才培养的重点。传统制造业的工人从事着大量枯燥的、重复性高的生产工作，但随着企业进入数字化转型，生产线上越来越多的人类工作者被自动化和机器人所替代，企业对车间工人技能的培养也从以往的熟悉某个生产步骤转变为熟练掌握操控机器人。产品、技术和营销的创新仍然是数字经济时代下的主线，但与以往不同，数字化转型要求创新型人才的培养以提高数字素质为主，加强数据的分析和挖掘能力，以提高企业的运营效率和市场竞争力。

数字化转型加速了制造业企业组织结构的转换。工业经济时代，制造业企业往往采取集权式、如金字塔般的组织结构，是因为在这种形态下每个层级都有明确的职能和职责分配，有利于企业高层管理人员控制和协调企业的生产经营活动，保证信息的高效有序流动，实现规模化、标准化、流水线化的生产方式。然而，在数字经济时代，市场变幻莫测，客户需求多变不定，传统等级制的组织结构已无法满足这种快速变化的环境，制造业企业需要拥有一种可以感知和即时响应市场环境动态变化的组织结构，因此，网络式、扁平化的适当分权式的组织结构应运而生。在这种结构下，企业可以通过内部的数字化平台，将不同部门的信息进行整合，企业内部的信息共享和知识交流变得更加容易。由于部门壁垒和组织隔阂被打破了，企业得以更加敏捷和高效地协同合作，实现更好的业务成果。决策也无须经过复杂的层层上报和审批，而是充分发挥每个人的潜力和才能、鼓励员工创新和冒险，促进组织的创新和变革。企业响应速度的提高使得企业能更快适应市场环境和消费者偏好的变化，及时调整应对措施，更好地满足顾客个性化、多样化的需求。

（五）数字化转型对中国制造业全球价值链地位的影响

数字化转型推动我国制造业企业全球价值链地位的提升。在全球价值链的微笑曲线中，处于两端的活动会为产品带来更多的附加值，即研发设计和品牌营销，数字化转换在这两个方面同时对我国制造业全球价值链地位的提升同时发力。首先，数字化转型提高了中国制造业企业的创新能力和创新水平。大数据和人工智能技术帮助制造业企业可以更加便捷地获取和分析市场信息和用户反馈，从而更快地了解市场需求，加速产品的创新和研发；VR、AR、"3D打印"等数字技术更是为产品的研发提供便利，降低产品开发成本；数字化转型带来的组织结构转换既实现了无缝协作和信息共享，又极大地激发了研发人员的创新热情，实现创新周期的大幅缩短；数字技术的应用也扩大了创新知识的来源，使研发人员的知识面不局限于本行业，可以设计出更多跨界融合的产品。其次，数字化转型强化中国制造业企业的品牌建设和国际地位。品牌建设的基础还是产品质量的提高，数字化转型通过多种途径改进产品的研发设计和生产工艺，为提升中国制造业的品牌建设提供了强有力的支撑。区块链技术使得数字信息的传输和存储变得更加安全和透明，数字经济相关法律法规的完善不断加大对知识产权的保护力度，两者共同加强了制造业企业对知识产权保护的意识，提高中国企业在全球价值链中的地位和话语权。数字化技术的应用为企业提供了更加开放和灵活的交流平台，促进了中国企业与跨国公司的交流与合作，为中国企业创造大量拓展海外市场的机会，不断提升品牌的国际知名度和影响力。

西方发达国家的数字化转型抑制我国制造业全球价值链地位的提升。近年来，随着我国对自主创新、数字经济的愈加重视，中国制造业企业在国际上扮演着越来越重要的角色，这威胁了西方发达国家在全球价值链中长期霸占的"链主"地位，中国企业受到国际"狙击"，例如跨国公司减少订单、国际资本逃离中国、技术巨头设置壁垒等。西方发达国家数字经济起步较早，技术较为成熟，在挤压我国制造业全球价值链上升空间的同时，而且经常出现"抱团"行为，企图通过技术同盟的方式进行垄断，继续维持其"链主"地位。

第三节　数字化转型与中国服务业高质量发展

一、服务业数字化转型的概念、原因和发展现状

（一）服务业数字化转型的概念和内涵

数字化转型的两大主要领域是制造业和服务业。如果说制造业数字化转型的目的是通过数字化改造，提高制造业企业的创新水平、生产效率和价值链地位，那么服务业数字化转型则是指利用数字技术改变服务业的发展经营模式，以提高服务质量、提升服务效率、优化管理流程和实现业务拓展，其目的一方面在于进一步扩大内需，满足消费者对更高质量、更多样化服务的需求；另一方面在于促进对外服务贸易，帮助企业在国际市场上获得更多的机会和竞争优势。因此，随着中国经济进入以服务业为主的发展阶段，服务业数字化转型自然成为中国今后带动其他产业升级的动能和扩大经济总量的重要源泉。

服务业通常可以分为生产性服务业和生活性服务业。按照国家统计局《生产性服务业统计分类（2019）》和《生活性服务业统计分类（2019）》的规定，生产性服务业的范围包括为生产活动提供的研发设计与其他技术服务，货物运输、通用航空生产、仓储和邮政快递服务，信息服务，金融服务，节能与环保服务，生产性租赁服务，商务服务，人力资源管理

与职业教育培训服务，批发与贸易经纪代理服务，生产性支持服务；生活性服务业的范围包括居民和家庭服务，健康服务，养老服务，旅游游览和娱乐服务，体育服务，文化服务，居民零售和互联网销售服务，居民出行服务，住宿餐饮服务，教育培训服务，居民住房服务及其他生活性服务等。由此可见，生产性服务业和生活性服务业的最大区别就是其消费者是否为最终消费者，而正由于其服务对象、服务内容和服务方式不同，两类服务业数字化转型的重点和内涵也存在一些差异。生产性服务业数字化转型利用数字技术和信息化手段，以提高生产效率、优化服务流程、降低成本和提升服务质量，促进生产性服务业和制造业的深度高效融合。生活性服务业数字化转型是指通过数字技术与生活性服务业深度融合，培育新的业态和市场，不断提升服务品质和提供个性化、多样化服务的能力，以提高效率、增加服务内容和质量、创造新的产品和服务模式的过程。总的来说，生产性服务业数字化转型主要针对制造业等生产领域的服务，协助其全球价值链地位的跃升；而生活性服务业数字化转型更加强调消费者体验和个性化需求的满足，服务内容更为多元化、细分化，也更加注重服务的创新和创造性。

（二）服务业数字化转型兴起的原因

1. 驱动经济增长的需要。根据工业化理论和对西方发达国家的国际经验分析，随着工业化后期阶段的到来，制造业的发展重心逐渐从追求产能和规模扩张转向提高产品质量、提高技术含量和提高附加值等方面，制造业的高速增长期基本结束。2012年我国第三产业增加值占GDP比重首次超过第二产业；2022年第三产业增加值上升至638 697.6亿元，占GDP的52.8%，成为我国经济发展的支柱产业。服务业的数字化转型为消费者提供了更加高效、便利、智能化和个性化的服务，同时也为生产者提供了更加精细化、灵活化和定制化的生产方式。服务业从数字技术和数字基础设施的投资入手，不断提高消费体验和消费需求，带动国内消费和国际贸易的扩大。因此，服务业数字化转型将重新驱动经济增长的"三驾马车"，其能否实现质与量的同时升级决定了我国经济总量能否进一步扩大。

2. 制造业与服务业数字化转型的相互推动。随着制造业和服务业数字化转型的不断深入，两者之间的融合与协同也变得越来越紧密。服务业数字化转型为制造业数字化转型提供了技术支持和数据支撑；而制造业数字化转型则为服务业数字化转型提供了可靠的硬件平台和基础设施。服务业数字化转型为制造业提供了更加精细化、灵活化的生产流程，帮助制造业实现更高效的生产和供应链管理。制造业数字化转型为服务业提供了更加智能化、便捷化、个性化的服务，满足消费者的不同需求。两者融合的过程中，数据的共享和交流也成为关键环节，通过数据共享和交流，实现生产和服务的更加精准、高效和个性化。

3. 消费需求的升级。随着经济发展和社会进步，消费者对产品和服务的质量、安全、便利性和个性化提出了新的要求。这些新要求促使生产性服务业不断创新和提升服务水平，为制造业提供更加精准、高效、灵活的服务，以满足不断变化的市场需求。其中，ERP系统、数据库、网络平台等数字技术的应用，可以提高制造业生产过程的精度、可控性和透明度，实现生产流程的灵活性和定制化，提高售后服务的质量和效率。这些服务的提供，为制造业企业带来了更好的生产效率和质量，同时也为消费者提供了更好的产品体验和服务保障。针对服务的新要求，服务业通过数字技术实现服务供给的在线化、智能化、自动化、定制化和共享化，打破了传统服务业同步、同时、同点的时空限制，为消费者提供更加符合他们需求的服务。

(三) 服务业数字化转型在中国和全球的发展现状

数字化转型更容易发生在固定成本低、交易成本高、与数字技术融合门槛较低的行业，服务业则是受影响最为广泛的行业。根据中国信通院的数据，从全球范围来看，服务业是三次产业中数字经济渗透率最高且增长最快的产业。2019年，全球服务业、工业、农业数字经济渗透率分别为39.4%、23.5%和7.5%，较2018年分别提升1.5个、0.7个和0.5个百分点。然而，服务业数字化转型呈现出显著的国家异质性。2019年，高收入、中高收入和中低收入国家服务业数字经济渗透率分别为46.7%、30.3%和16.4%，分别比2018年提升1.7个、1.5个和0.5个百分点，呈现收入越高的国家服务业渗透率越高且增长越快的马太效应趋势。以德国、英国和美国为首的西方发达国家的服务业数字经济渗透率更是遥遥领先，2021年均超过了60%，形成较为明显的极化现象。

2020年，我国产业数字化规模达31.7万亿元，农业、工业和服务业数字经济渗透率分别为8.9%、21.0%和40.7%，服务业成为我国与数字技术融合最深、数字化转型最快的产业，推动着零售业、住宿餐饮业、金融业、交通物流业等服务行业的高质量发展。中国互联网络信息中心《第50次中国互联网络发展状况统计报告》称，2022年，我国即时通信、网络视频、网络支付的用户规模超过9亿人，覆盖全国超过86%的网民。然而，服务业的数字化转型在不同细分行业中存在较大差异，以生活性服务业为例，根据《中国生活服务业数字化发展报告》的数据显示：2019年，我国电影票务、旅游、出行和餐饮的在线化率分别为86%、37%、29%和13%。此外，随着我国服务业数字化转型的步伐加快，转型效率远超制造业和农业，产业链上下游的数字化转型未能及时跟上，数字化转型速度的差异带来了一些不可忽视的问题。制造业的数字化转型往往需要更多的实体设备和固定资产，尽管生产性服务业的数字化转型可以提高制造业的生产效率并降低成本，但由于制造业的数字化转型程度未能追上服务业，造成了大量资源的浪费；生活性服务业的产品依赖于制造业的生产能力和供应链管理，但是上游制造业并未及时跟上数字化转型的步伐，这就导致了生活性服务业所提供的产品无论在质量还是多样性方面都无法满足消费者的需求。

二、中国服务业高质量发展的内涵和背景

(一) 中国服务业高质量发展的概念和内涵

制造业的高质量发展可以归结为一种改善生产工艺、提高创新水平和产品质量、追求低碳绿色的发展模式。与制造业不同，服务业门类繁多，不同类型服务行业的服务对象、服务内容和服务方式不同，其高质量发展的概念和内涵自然有所差别。但总的来说，服务业的高质量发展是指通过产业融合、服务创新和转型升级的方式，提高服务水平和技能、改善服务技术和管理方法，为企业、组织和消费者提供更优质高效的服务，以不断降低成本和提高服务业的行业竞争力。具体来讲，生产性服务业的高质量发展要求服务业与现代农业和先进制造业等行业实现深度融合，为企业提供专业化、精细化和个性化的服务，旨在通过自身的转型与升级，提升下游企业的效率、创新和竞争力，支持下游企业的高质量发展；生活性服务业的

高质量发展要求与人民日益增长的美好生活需要紧密相连，为个人和家庭提供便捷性、个性化和高品质的服务，旨在进一步释放生活消费潜力，不断提高人民的生活水平和幸福感。

（二）中国服务业高质量发展面临的问题和挑战

1. 创新活力和生产率低下。按照《全国企业创新调查年鉴2021》的数据，2020年，我国规模以上工业企业有开展创新活动的有23.81万家，占规模以上企业总数的59.6%；但规模以上服务业企业有开展创新活动的有12.41万家，占比仅为29.7%，该数据与2016年的28.9%相近。服务业是我国经济的重要组成部分，创新活力不足可能会对第三产业生产率的提高造成不利影响。按2003年不变价计算，我国第二产业的劳动生产率从2003年的3.94万元/人上升至2021年的13.04万元/人，增长率达231.16%。相应地，第三产业的劳动生产率从2.67万元/人上升至7.91万元/人，增长率为195.87%，但第三与第二产业劳动生产率的比值却从67.91%下降至60.67%。资本生产率方面，虽普遍认为我国在市场经济期间，资本生产率的增长率为负，但在2003~2021年的18年间，第二产业的资本生产率仅下降了3.98%，而第三产业下降了12.61%，2021年第三产业的资本生产率仅为第二产业的48.66%。我国第三产业占GDP的比重早在2015年已经过半，其扩大趋势仍在继续，但第三与第二产业生产率之间的差距却在不断拉大，在目前国内外市场需求疲软、国际形势复杂多变的情况下，这将进一步减缓我国经济增长的速度。

2. 供给侧结构性问题突出。发达国家的产业结构普遍存在"两个70%"现象，即服务业占GDP的70%；生产性服务业占服务业的70%。相比之下，我国2022年第三产业增加值为63.87万亿元，仅占GDP的52.8%。此外，服务业供给质量不高且存在较为严重的供给侧结构性问题，主要体现为低端服务业供给过剩，中高端服务业供给不足。生产性服务业中，高级技术与管理人才短缺是制约我国生产性服务业突破性发展的重要瓶颈，服务行业标准化程度不高、行业监管不到位等问题导致我国生产性服务业缺乏基础保障。生活性服务业方面，服务质量参差不齐、品质品位不高、服务供给便捷化、精细化不足，市场准入门槛低下等问题一再限制我国生活性服务业的高质量发展。

3. 与制造业融合力度不强。尽管我国服务业数字化转型的速度远超制造业的转型速度，但是目前服务业的数字化转型主要集中在低端服务业领域，高端服务业的数字化转型仍然相对滞后。低端服务业的数字化转型主要是通过在线平台、移动支付、智能化设备等方式来提升服务品质和效率，但是高端服务业的数字化转型需要更多的技术和人才投入。如果低端服务业比重过高的现状不改变，实现数字化转型的只有低端服务业。随着我国从追求经济增长的数量向追求经济增长的质量转变，对产品和服务质量的要求越来越高，服务业未能对先进制造业的转型升级起到推进作用，对先进制造业的增值作用微弱，降低了两者之间的关联融合程度。此外，服务业与制造业的融合程度还呈现出显著的地域差异，东部地区两业融合水平明显高于中、西部地区，不利于中西部地区承接来自东部地区的产业转移。

4. 对外开放程度不高。经合组织（OECD）的数据库每年都会公布世界主要国家不同服务行业的服务贸易限制指数（service trade restrictiveness index，STRI），表15-6为各国历年来22个服务行业STRI的平均值，该值越大表示一国对服务业的贸易和投资的封闭程度越大。可以发现：多年来我国STRI一直处于较高水平且没有明显的变动，这表明与其他国家相比，我国服务业对外开放程度仍然不足。造成该指数较低的原因包括：运输、旅游和咨询服务等传统服务业贸易占比过高，知识密集型、高附加值的行业与发达国家相比尚不具备比较优势；创新型人才存在流失问题，本土服务型企业难以与国际企业竞争；服务业对外开放的市场准入存在一定的限制，外资服务型企业在华经营活动仍遇到不少阻力。

表15-6 世界主要国家历年22个服务业STRI的平均值

国家	2014年	2015年	2016年	2017年	2018年	2019年	2020年	2021年	2022年
俄罗斯	0.4014	0.4118	0.4182	0.4192	0.4204	0.4204	0.4271	0.4296	0.4749
印度	0.4446	0.4373	0.4301	0.4524	0.4522	0.4556	0.4432	0.4419	0.4407
印度尼西亚	0.4658	0.4658	0.4265	0.4253	0.4258	0.4287	0.4283	0.4167	0.4167
中国	0.3770	0.3733	0.3687	0.3944	0.3947	0.3788	0.3769	0.3769	0.3766
墨西哥	0.3238	0.3173	0.3173	0.3260	0.3260	0.3287	0.3279	0.3279	0.3279
韩国	0.3309	0.3297	0.3114	0.3168	0.3177	0.3177	0.3269	0.3269	0.3177
马来西亚	0.3153	0.3155	0.3155	0.3155	0.3155	0.3155	0.3056	0.3056	0.3056
巴西	0.3041	0.3050	0.3184	0.2905	0.2919	0.2915	0.2889	0.2737	0.2710
新加坡	0.2613	0.2572	0.2568	0.2516	0.2517	0.2517	0.2515	0.2509	0.2509
美国	0.2155	0.2155	0.2152	0.2156	0.2156	0.2156	0.2156	0.2149	0.2149
法国	0.2172	0.2171	0.2249	0.2249	0.2152	0.2071	0.2071	0.2076	0.2076
加拿大	0.2106	0.2106	0.2106	0.2106	0.2092	0.2075	0.2075	0.2075	0.2075
澳大利亚	0.2040	0.2040	0.2045	0.2040	0.1905	0.2004	0.2092	0.2107	0.1910
日本	0.1708	0.1578	0.1575	0.1682	0.1682	0.1658	0.2054	0.2051	0.1655
德国	0.1470	0.1470	0.1476	0.1476	0.1476	0.1576	0.1576	0.1575	0.1655
西班牙	0.1518	0.1518	0.1518	0.1485	0.1485	0.1485	0.1623	0.1628	0.1628
英国	0.1678	0.1688	0.1695	0.1774	0.1774	0.1774	0.1794	0.1566	0.1566

资料来源：世界经合组织统计库，http://stats.oecd.org/Index.aspx?DataSetCode=STRI.

三、数字化转型在服务业中的影响

（一）数字化转型与鲍莫尔成本病

美国著名经济学家鲍莫尔（W. J. Baumol）于1967年提出了"鲍莫尔病"（Baumol's Cost Disease）的理论假说，该假说提出了"两部门宏观经济增长模型"，按照生产率增长速度的高低，这两个部门可以分为"进步部门"（主要指制造业部门）和"停滞部门"（主要指服务业部门）。通过对模型的分析，鲍莫尔认为：(1) 受益于技术进步，增长速度较快的"进步部门"会使用技术来替代劳动力，导致劳动力向增长速度较慢的"停滞部门"转移，"停滞部门"劳动力占全社会劳动力的份额将不断上升；(2) 技术的进步同时带来了名义工资的上升，进而提高两个部门的生产成本，但"进步部门"由于生产技术的改进、生产成本的下降，可以更多地抵消由于生产率的提升而导致的名义工资上升，但"停滞部门"所能产生的抵消效应更弱，导致"停滞部门"只能不断提高产品的价格，将劳动力成本转嫁给消费者；(3) 在两部门实际产出比例保持不变的情况下，"进步部门"的劳动力会不断转移到"滞后部门"，直到"滞后部门"的劳动力占比达到100%，此时整个国家的劳动生产率的增长趋于停滞。简单来说，鲍莫尔认为如果一个国家的第三产业部门在国民经济中持续扩张，则会阻碍一国经济持续增长的能力。

我国第三产业增加值占GDP的比重越来越大，虽与西方发达国家的发展历史相似，但按照鲍莫尔的理论，这将大大降低我国经济增长的速度，不利于经济长期稳定地发展。要破解鲍莫尔成本病，首先需要解决的是服务业技术进步缓慢的问题，使服务业脱离"停滞部门"，促进服务业在各方面取得创新；其次需要降低服务业的生产成本，提高服务业的生产效率，增强服务业的竞争力。为此，应充分发挥数字经济的作用，推动数字技术与服务业的深度融合，提高服务业的对外开放程度，加快服务业的数字化转型。

（二）数字化转型对服务业创新的影响

1. 数字化转型创新了服务业的生产模式。数字化转型使得服务业企业可以通过客户的购买历史、行为数据和反馈信息等了解客户的偏好、需求和兴趣，更加准确地预测客户的消费取向，来提供更加个性化的服务，推动客户从搜索型消费向推荐型消费转变；通过引入大数据、人工智能等数字技术，实现自动化日常管理任务，自动化处理客户订单和支付甚至自动化服务产品的供给，提高工作的智能化水平并降低工作的错误率；通过即时通信工具和社交媒体平台，可以实现与客户的实时响应，为客户提供更迅速和更高效的售前售后服务；通过分布式账本、加密技术等可以将客户的数据上传到一个去中心化的存储系统，确保客户数据和隐私安全，维护客户信任和忠诚度。

2. 数字化转型创新了服务业的商业模式。数字经济催生了各种在线平台，服务业可以基于平台型商业模式，实现服务的高效生产和流通，打破传统服务业地域和时间的限制，实现服务的生产和交付的在线化，扩大服务业的市场规模。数字经济的发展为生态化商业模式的实现提供了技术支持和数据支持，促进了服务业生态化商业模式的普及，推动服务业通过资源共享、协同创新、智能化管理等方式，实现企业与消费者、供应商、合作伙伴之间的良性互动和共赢。数字经济催生出的O2O商业模式，服务业可以通过线上平台引流，将用户转化为线下消费者，实现线上与线下的融合。具体地，商户可以通过互联网平台以文字、图片、短视频、直播等方式展示商品的详细情况，促成服务订单的线上达成，同时提供线下的实体服务，让消费者获得更好的购物体验。

（三）数字化转型对服务业效率的影响

1. 数字化转型降低了服务业的成本。供给成本方面，人工智能、虚拟助理的运用可以辅助或替代部分人工服务，降低了服务业企业的人力成本；物联网、5G网络的运用减少了办公场地和设备的投入，降低了物力成本；移动支付、电子合同、数字证书的运用减少了交易时间和手续费，降低了交易成本。营销成本方面，通过对客户信息的收集和分析，服务业企业可以针对客户投放个性化广告或将广告更精准地投放到企业的目标客户，降低广告成本的浪费，提高广告的投资回报率。管理成本方面，多种不同的软件例如ERP、CRM、BPM

等，可以帮助服务业企业优化组织结构和流程，提高内部流程的可视性和可控性，从而减少人工监管和管理成本。售后成本方面，智能客服机器人的使用能够处理大量的客户请求，减少了对真人客服的需求；同时，数字技术的不断改进也提高了服务质量，减少了客户投诉和退款的数量，进而降低了售后处理成本。

2. 数字化转型提高了服务业的协同能力。数字化平台提供了多种协同合作的方式，例如在线协同工具、在线会议、团队协同软件等，包括研发人员、专家、厂商、消费者在内的各个主体之间可以依托平台进行协同合作和并联推进，从而实现研发项目的高效率完成，提高服务业研发能力和协同能力。在数字技术特别是5G网络的加持下，各个服务流程可以不再被限制在一个相对局限的空间内，而是可以通过网络实时同步和信息共享的方式进行服务业的分工，促进了服务业新业态、新模式的不断出现。数字化的供应链中，各个环节之间的信息流、物流和资金流都能够得到有效整合和优化，实现各类服务业与上下游之间的信息共享、数据协同，从而提高服务业的协同能力。

3. 数字化转型打造了服务业的规模经济优势。通过将文字、音频、视频将知识载体产品，甚至通过VR、AR等技术将现实世界转化为二进制的形式加以储存，服务业实现了从不可标准化向可标准化的转变，这类可标准化的服务生产出来，增加一单位消费所需要付出的成本趋近于零。随着这类产品销量的增加，该产品的平均成本不断下降，从而实现了服务业的规模经济。互联网的"梅特卡夫定律"认为，网络的价值与节点数的平方相等，表明随着网络中节点数量的增加，其价值呈现指数级增长，这是一种规模效应的体现。因此，服务业企业所拥有的数据规模越大、质量越好，越有助于提高企业算法机器人的优化程度，进而提高企业对广泛用户的了解程度，提供更为个性化的服务。

4. 数字化转型扩大了服务业的对外开放程度。数字技术的运用帮助服务业企业实现业务流程优化和自动化，为其提供了更多创新和升级服务的空间和机会，服务的供给质量得到显著提升，进而增强了国内服务业企业的国际竞争力。此外，通过搭建覆盖全球的数字化服务平台，服务业企业能够更广泛地面向国内外市场，不受时空限制地为来自全世界不同国家的企业和消费者提供更为便捷和高效的服务；同时，利用该服务平台，服务业企业可以加强国际化运营，从而更好地实现对外合作，扩大国际市场份额，进一步拓展企业的国际业务。

（四）数字化转型对服务业与实体经济融合的影响

1. 服务业与农业的融合。除了利用互联网平台提供的农技服务、推广农科研发、智能管控农业生产之外，农业生产性服务业还可以通过各种形式的数字化技术，实现更加高效的管理和营销，实现与农业科研、生产、销售的融合。一方面，农业生产性服务业可以利用数字化技术对农业生产进行全方位的管理。例如，对农产品进行全程跟踪和溯源，不仅可以提高农产品的质量和安全，还可以增加消费者对农产品的信任和满意度。同时，利用人工智能、机器学习等技术，对农业生产中的大数据进行分析和挖掘，可以为农民提供更加科学的决策支持，提高农业生产的效益和质量。另一方面，农业生产性服务业还可以通过数字化技术实现农产品的线上销售和物流配送，提高销售效率和范围。例如，利用在线视频和直播平台，可以对农产品进行网络销售，增加消费者对农产品的认知和信任度；同时，通过物流配送的数字化管理，可以实现对农产品的快速配送和交付，提高消费者的购买体验和满意度。

2. 服务业与制造业的融合。第一，服务商利用传感器、智能设备和物联网技术等手段，对制造过程中产生的数据进行采集和存储，并通过算法和算力连接至制造商的生产运营中，从而加强服务商对制造端生产数据和消费端使用数据的获取和分析能力，提高制造商的生产效率和质量。第二，在获取大量数据后，服务商便可构建数字化商业生态网络，用以连接供应商、生产商、零售商和消费者的信息流、物流和资金流，实现资源的共享和协同，改善供应链的管理、优化产品的分发并维护好客商关系。第三，在互联网视频、图片、信息、软件等各种线上付费内容越来越成为人们日常生活和娱乐消费重要内容的背景下，服务业企业也开始向制造业企业延伸，通过贴牌生产、外包生产等方式，为制造业提供各种线上内容生产和加工服务的同时，挖掘需求更加多样化的长尾市场，推动服务业与制造业的融合。第四，顾问咨询、工业设计、人才招聘、职业培训、金融科技、环境治理等多个领域的服务业企业通过数字化技术、智能化管理、协同工作等方式，与制造业进行深度融合，为制造业企业提供更加高效、便捷、专业的全周期服务。

第四节　数字化与产业高质量发展

一、中国产业发展历史

从产业发展看，中国从一个落后的农业大国转变为一个工业大国，而现在"工业大国""大而不强"是中国工业发展的基本情况。从工业化进程看，总体上中国的工业化进程从初期阶段快速地发展到工业化后期阶段，到2035年基本实现新型工业化，但发展进程存在着发展不平衡不充分问题。从产业结构演进看，我国产业结构不断趋于优化升级。从产业政策看，中国正确处理了政府与市场的关系，在产业政策操作层面努力做到政府在一定程度上干预资源配置，又尽量避免直接介入资源配置。

但是，在认识中国产业发展取得伟大成就的同时，必须看到中国工业"大而不强"的现状，必须认识到产业发挥的不平衡不充分问题；在认识到中国工业化取得巨大成就的同时，也必须看到人民日益增长的美好生活需要，以及工业化进程中存在的发展问题；在认识到服务业成为我国规模第一大产业、我国步入经济服务化阶段的现况，还需要认识到我国产业存在技术、质量、效益等"短板"亟须弥补和存在脱实向虚的风险，也必须认识到实现现代制造业和现代服务业融合发展对我国经济高质量发展的重要性。

二、数字化转型与中国制造业高质量发展

在当前国际竞争加剧、逆全球化浪潮汹涌、全球正面临经济、科技、政治、安全等方面深刻调整的背景下，党的二十大报告指出，要加快发展数字经济，促进数字经济和实体经济深度融合，打造具有国际竞争力的数字产业集群，这是中国政府决心发展数字经济的体现，也是数字化转型在中国经济发展的重要方向，说明数字化转型已成为推动中国制造业高质量发展过程中重中之重。

制造业数字化转型是对制造业要素结构、生产方式、商业形态的根本性变革，对制造业的生产、创新、营销、管理和全球价值链地位产生重大且深远的影响。生产方面，多种现代数字技术的应用大大提高了制造业企业的自动化和智能化，减轻了人类劳动负担，降低了企业的生产成本，改善了产品出厂质量。创新方面，通过在设备中嵌入新型技术，赋予了智能设备更多样的功能。同时，数字化转型为产品设计和研发提供了便利，缩短了产品开发周期，提高了企业的研发效率。营销方面，数字化转型通过品牌建设、营销渠道、用户体验和客户关系四个方面的提升，提高企业在国内乃至国际上的知名度和品牌价值，为企业带来了更多的机遇和竞争优势。管理方面，生产管理模式的改变提高了生产的效率和质量，人才培养重点的转变提高了企业的运营效率和市场竞争力，组织结构的转换更是从根本上增强了企业对市场的适应能力。全球价值链地位方面，数字化转型正通过改善我国制造业的生产方式、创新能力、营销策略和管理模式提高我国在全球价值链中的地位。

三、数字化转型与中国服务业高质量发展

随着经济发展和消费升级，服务业在我国国民经济中的比重逐年提高，已成为经济增长的重要动力和支柱。服务业数字化转型不仅可以提高服务质量和效率，促进服务业的升级和优化，还推动我国产业结构的转型升级和现代经济的发展，成为我国经济高质量发展的中坚力量。

由于服务业与经济发展和社会民生关系密切，降低国民经济整体增速和生产率的"鲍莫尔成本病"长期以来受到广泛的关注。数字化转型为治愈服务业"鲍莫尔成本病"提供了一方良药，对服务业的创新、效率和与实体经济融合程度具有重要意义。创新方面，数字化转型为服务业的生产模式和商业模式带来了翻天覆地的变化，不仅提高了服务供给的质量，还破解了传统服务业受时间和地域限制的难题。效率方面，数字化转型降低了供给、营销、管理和售后成本，提高了服务业的协同能力和规模经济优势，为扩大服务业的对外开放程度提供了技术基础和创新动力。与实体经济融合程度方面，服务业的数字化转型为农业生产提供各种云技术支持的同时，为农业打通了线上线下的销售渠道，加深了与农业的融合程度；此外，服务业的数字化转型通过为制造业提供更现代化、智能化的配套服务，进一步提高了制造业对服务外包的依赖，强化了与制造业的融合。

本章小结

◆从"一五"计划到如今的"十四五"规划，我国产业发展经历了国民经济恢复时期、社会主义工业化基础初步建设时期、社会主义建设探索时期、从计划经济向社会主义市场经济转轨时期和全面深化改革时期共五个时期，使我国基本实现工业化、逐步实现现代化，并推动着我国经济向高质量发展方向前进。

◆我国制造业高质量发展面临技术创新不足、产业结构失衡、国际竞争激烈等问题和挑战，数字化转型能为制造业的生产、创新、营销、管理等提供全方位的技术支持和变革动力，推动我国制造业在全球价值链中的位置提升。

◆我国服务业高质量发展面临创新活力和生产率低下、供给侧结构性问题突出、与制造

业融合力度不强、对外开放程度不高等困难和障碍,数字化转型可以帮助服务业创新、提高生产效率、实现与实体经济的融合,逐渐克服"鲍莫尔病"。

复习思考题

1. 全面深化改革时期,我国采取了怎样的产业结构和产业政策?
2. 什么是制造业和服务业的数字化转型?
3. 为什么要进行制造业的数字化转型?
4. 核心技术的缺失如何阻碍我国产业的数字化转型?
5. 简要说说生产性服务业和生活性服务业数字化转型的区别。
6. 自评自测题。

(1) 我国产业结构从(　　)开始由"二三一"转变为"三二一"。

A. 2011 年　　　　B. 2012 年　　　　C. 2013 年　　　　D. 2014 年

(2) (　　) 不属于制造业数字化转型兴起的原因。

A. 我国科技创新型人才不断向外流失

B. 云计算、人工智能、大数据等数字技术的发展

C. 消费者需求的日益多元化

D. 发达国家与我国国内政策的支持和引导

(3) (　　) 属于数字化转型的例子。

A. 把音乐以光盘的形式储存

B. 在电子表格记录公司经营的相关数据

C. 在电子文档记录公司会议的内容

D. 利用 AR 和 VR 技术改进产品设计流程

(4) 我国服务业高质量发展所面临的问题不包括(　　)。

A. 服务业供给侧结构性问题突出

B. 服务业对外开放程度不高

C. 服务业劳动生产率和资本生产率不断下降

D. 服务业与制造业的融合程度较低

(5) (　　) 不属于数字化转型在服务业与实体经济融合中的应用。

A. 收集农作物生产、销售数据,为农民提供科学决策

B. 减少企业人力、物力的投入,降低企业生产成本

C. 利用互联网平台对农产品进行推广和销售

D. 通过积累的数据,为制造业企业提供顾问咨询、工业设计等服务

7. 延伸阅读材料。

[1] 中国信息通信研究院. 中国数字经济发展报告 (2022 年).

[2] 中国信息通信研究院. 全球数字经济白皮书 (2022 年).

[3] 中国互联网络信息中心. 第 50 次中国互联网络发展状况统计报告.

[4] OECD: Digital Economy Outlook 2020.

参考文献

[1] 安理律师事务所. 新修订《反垄断法》转售价格维持反垄断规制评析 [EB/OL]. http://www.anlilaw.com/100031/1992. 2022-08-24.

[2] 白硕, 孙俊. 我国专利法律制度的历史沿革 [J]. 法制与社会, 2010 (09): 41-42.

[3] 白雪洁, 杜传忠. 产业经济学 [M]. 北京: 经济科学出版社, 2021.

[4] 白雪洁, 宋培, 李琳. 数字经济发展助推产业结构转型 [J]. 上海经济研究, 2022 (05): 77-91.

[5] 曾晶. 转售价格维持垄断行为的解释论分析——以茅台与五粮液案为具象 [J]. 湖南师范大学社会科学学报, 2015 (03).

[6] Colin Clark. The Conditions of the Economic Progress, Edition: 3rd [M]. MacMilan. Place of Publication: London, 1957.

[7] 陈晓红, 李杨扬, 宋丽洁等. 数字经济理论体系与研究展望 [J]. 管理世界, 2022, 38 (02): 208-224, 13-16.

[8] 陈秀山, 孙久文. 中国区域经济问题研究 [M]. 北京: 商务印书馆, 2005.

[9] 戴伯勋, 沈宏达. 现代产业经济学 [M]. 北京: 经济管理出版社, 2001.

[10] 丹尼斯·卡尔顿, 杰弗里·佩罗夫. 现代产业组织 [M]. 上海: 上海三联书店, 上海人民出版社, 1997.

[11] 杜创, 王佰川. 中国式反垄断的逻辑——比较制度分析视角 [J]. 社会科学战线, 2023 (04): 70-81.

[12] 费艳颖, 任文华, 凌莉. 专利制度中国化及其实现路径 [J]. 东北大学学报 (社会科学版), 2017, 19 (05): 512-517.

[13] 冯素玲, 后小仙. 当代产业组织理论研究综述 [J]. 经济纵横, 2007 (14): 84-87.

[14] 干春晖. 产业经济学教程与案例 (第2版) [M]. 北京: 机械工业出版社, 2015.

[15] 高志刚. 产业经济学 (第二版) (新编21世纪经济学系列教材) [M]. 北京: 中国人民大学出版社, 2020.

[16] 国家统计局网站, 统计标准之国民经济行业分类 (GB/T 4754-2017) [EB/OL]. http://www.stats.gov.cn/sj/tjbz/gmjjhyfl/202302/P020230213400314380798.pdf.

[17] 韩君, 高瀛璐. 中国省域数字经济发展的产业关联效应测算 [J]. 数量经济技术经济研究, 2022, 39 (04): 45-66.

[18] 郝守义, 安虎森. 区域经济学第二版 [M]. 北京: 经济科学出版社, 2004.

[19] 何滔. 转售价格维持规制的域外经验与中国启示 [J]. 国际贸易, 2014 (09).

[20] 何雨霖, 陈宪, 何雄就. 本世纪以来的西方经济增长理论 [J]. 上海经济研究, 2020 (04): 118-127.

［21］胡安俊. 中国的产业布局：演变逻辑、成就经验与未来方向［J］. 中国软科学，2020（12）：45-55.

［22］黄纯纯. 产业组织理论的新挑战：网络外部性、有限理性与社会性［J］. 教学与研究，2018，482（12）：80-86.

［23］黄桂田. 产业组织理论［M］. 北京：北京大学出版社，2012.

［24］黄群慧. 改革开放40年中国的产业发展与工业化进程［J］. 中国工业经济，2018（09）：5-23.

［25］惠宁，刘鑫鑫. 新中国70年产业结构演进、政策调整及其经验启示［J］. 西北大学学报（哲学社会科学版），2019，49（06）：5-20.

［26］简新华. 产业经济学（第二版）［M］. 武汉：武汉大学出版社，2009.

［27］江小涓，靳景. 数字技术提升经济效率：服务分工、产业协同和数实孪生［J］. 管理世界，2022，38（12）：9-26.

［28］金雪军编著. 产业经济学案例［M］. 杭州：浙江大学，2004.

［29］巨荣良，王丙毅编著. 现代产业经济学［M］. 济南：山东人民出版社，2009.

［30］卡布尔. 产业经济学前沿问题［M］. 北京：中国税务出版社，2000.

［31］李孟刚，蒋志敏. 产业经济学理论发展综述［J］. 中国流通经济，2009，23（04）：30-32.

［32］林恩·佩波尔，丹·理查兹，乔治·诺曼. 产业组织：现代理论与实践［M］. 北京：中国人民大学出版社，2014.

［33］［法］拉丰，梯若尔. 政府采购与规制中的激励理论［M］. 上海：上海人民出版社，2014.

［34］刘传江，李雪. 西方产业组织理论的形成与发展［J］. 经济评论，2001（06）：104-106.

［35］刘和旺，王春梅. 西方新产业组织理论述评［J］. 学习与实践，2013（07）：47-55.

［36］刘俊杰. 西方产业组织理论及其研究范式的演进［J］. 西北师范大学学报（社会科学版），2006（05）：128-132.

［37］刘瑞. 国民经济管理学概论［M］. 北京：中国人民大学出版社，2009.

［38］刘伟. 工业化进程中的产业结构研究［M］. 北京：中国人民大学出版社，1995.

［39］刘志彪. 产业经济学（第二版）［M］. 北京：机械工业出版社，2021.

［40］刘志迎. 现代产业经济学教程（第二版）［M］. 北京：科学出版社，2014.

［41］卢福财. 产业经济学［M］. 北京：高等教育出版社，2022.

［42］卢福财. 产业经济学［M］. 上海：复旦大学出版社，2013.

［43］聂亚珍，陈冬梅. 产业经济学新编［M］. 北京：中国古籍出版社，2017.

［44］牛晓帆. 西方产业组织理论的演化与新发展［J］. 经济研究，2004（03）：116-123.

［45］庞卫宏. 企业纵向并购的竞争与协同效应研究［D］. 沈阳：东北大学，2018.

［46］裴长洪，倪江飞，李越. 数字经济的政治经济学分析［J］. 财贸经济，2018，39（09）：5-22.

［47］戚聿东，肖旭. 数字经济时代的企业管理变革［J］. 管理世界，2020，36（06）：135-152，250.

[48] 芮明杰. 产业经济学 [M]. 上海：上海财经大学出版社, 2012.

[49] 芮明杰. 产业经济学（第三版）[M]. 上海：上海财经大学出版社, 2016.

[50] 芮明杰. 第三次工业革命与中国选择 [M]. 上海：上海辞书出版社, 2013.

[51] 石奇. 产业经济学 [M]. 北京：中国人民大学出版社, 2022.

[52] 苏东水, 苏宗伟. 产业经济学 [M]. 北京：高等教育出版社, 2021.

[53] 孙久文, 叶裕民. 区域经济学教程第二版 [M]. 北京：中国人民大学出版社, 2010.

[54] 孙智君. 产业经济学 [M]. 武汉：武汉大学出版社, 2010.

[55] 唐·E. 瓦尔德曼, 伊丽莎白·J. 詹森. 产业组织理论与实践 [M]. 北京：中国人民大学出版社, 2014.

[56] 唐晓华, 王伟光. 产业经济学导论（第二版）[M]. 北京：经济管理出版社, 2018.

[57] 唐晓华. 产业经济学教程 [M]. 北京：经济管理出版社, 2007.

[58] 王传荣. 产业经济学 [M]. 北京：经济科学出版社, 2009.

[59] 王建军, 曹巍. 西方产业组织理论的演化与新发展 [J]. 生产力研究, 2007 (06): 20-22.

[60] 王健等. 政府经济管理概论 [M]. 北京：中国人民大学出版社, 2007.

[61] 王俊, 魏作磊. 产业经济学 [M]. 北京：高等教育出版社, 2022.

[62] 王俊豪. 产业经济学（第四版）[M]. 北京：高等教育出版社, 2021.

[63] 王明友, 高小珺, 崔纯. 现代产业经济学 [M]. 北京：经济科学出版社, 2019.

[64] 王雅丽, 毕乐强. 公共规制经济学（第三版）[M]. 北京：清华大学出版社, 2011.

[65] 卫志民, 刘仕宇. 中国反垄断制度：政策演变、现实挑战与路径优化 [J]. 理论学刊, 2023 (03): 77-86.

[66] 卫志民. 20世纪产业组织理论的演进与最新前沿 [J]. 国外社会科学, 2002 (05): 17-24.

[67] 卫志民. 近70年来产业组织理论的演进 [J]. 经济评论, 2003 (01): 86-90.

[68] 魏农建, 产业经济学 [M]. 上海：上海大学出版社, 2008.

[69] 吴国林等. 产业哲学导论 [M]. 北京：人民出版社, 2014.

[70] 吴汉洪. 西方产业组织理论在中国的引进及相关评论 [J]. 政治经济学评论, 2019, 15 (01): 3-21.

[71] 吴鸣. 公共政策的经济学分析 [M]. 长沙：湖南人民出版社, 2004.

[72] 西蒙·库兹涅茨. 各国的经济增长 [M]. 北京：商务印书馆, 1985.

[73] 夏大慰, 史东辉等. 政府规制：理论、经验与中国改革 [M]. 北京：经济科学出版社, 2003.

[74] 肖兴志. 产业经济学 [M]. 北京：中国人民大学出版社, 2016.

[75] 熊彼特. 经济发展理论 [M]. 北京：商务印书馆, 1997.

[76] 徐召红, 王元华, 横向并购对我国房地产市场结构的影响 [J]. 山东财经大学学报, 2016 (01).

[77] 许和连,金友森,张琴韵. 湖南省会展业的产业关联效应——基于投入产出模型和灰色关联理论的实证分析[J]. 湖南大学学报(社会科学版),2018,32(04):55-62.

[78] 闫二旺. 产业经济学概论[M]. 北京:中国财政经济出版社,2017.

[79] 严成樑. 现代经济增长理论的发展脉络与未来展望——兼从中国经济增长看现代经济增长理论的缺陷[J]. 经济研究,2020(07):191-208.

[80] 杨凤. 产业经济学[M]. 北京:清华大学出版社,2017.

[81] 杨公朴,干春晖主编. 产业经济学[M]. 上海:复旦大学出版社,2005.

[82] 杨治. 产业经济学导论[M]. 北京:中国人民大学出版社,1985.

[83] 于立宏,孔令丞. 产业经济学[M]. 北京:北京大学出版社,2017.

[84] 余东华. 论新产业组织理论的演进与发展[J]. 天津社会科学,2004(03):77-81.

[85] 余东华. 新产业组织理论及其新发展[J]. 中央财经大学学报,2004(02):49-54.

[86] 余淑秀,卢山冰. 中国汽车产业关联和产业波及效果分析[J]. 统计与决策,2017,477(09):88-92.

[87] 张爱民,易醇. 我国三次产业发展历程及政策启示[J]. 求实,2011(02):36-39.

[88] 张红霞,夏明,苏汝劼等. 中国时间序列投入产出表的编制:1981-2018[J]. 统计研究,2021,38(11):3-23.

[89] 张维迎. 博弈论与信息经济学[M]. 上海:上海三联书店,上海人民出版社,1996.

[90] 张欣,曲创. 纵向分离、进入壁垒与电信行业改革[J]. 经济与管理研究,2017,38(01):45-56.

[91] 赵惠芳,杨苏,徐晟. 专利最优保护期限的经济学分析[J]. 合肥工业大学学报(自然科学版),2008(07):1037-1041.

[92] 赵玉林,汪芳. 产业经济学原理及案例[M]. 北京:中国人民大学出版社,2020.

[93] 赵玉林. 产业经济学(第二版)[M]. 武汉:武汉理工大学出版社,2008.

[94] 钟廷勇,许超亚,李江娜. 行业进入壁垒与中国文化产业高质量发展:保护还是抑制?[J]. 上海商学院学报,2022,23(02):59-72.

[95] 朱平芳,王永水,李世奇,谢婼青. 新中国成立70年服务业发展与改革的历史进程、经验启示[J]. 数量经济技术经济研究,2019,36(08):27-51.

[96] [日]植草益. 微观规制经济学[M]. 北京:中国发展出版社,1992.